V&R

Abhandlungen zur Musikgeschichte

In Verbindung
mit Ulrich Konrad und Hans Joachim Marx
herausgegeben von Martin Staehelin

Band 4

ARMIN BRINZING

Studien zur instrumentalen Ensemblemusik im deutschsprachigen Raum des 16. Jahrhunderts

Band I: Darstellung

Mit 24 Abbildungen, 37 Notenbeispielen
und 6 Tabellen

VANDENHOECK & RUPRECHT IN GÖTTINGEN

Die Deutsche Bibliothek – CIP-Einheitsaufnahme

Brinzing, Armin:
Studien zur instrumentalen Ensemblemusik im deutschsprachigen Raum des 16. Jahrhunderts / Armin Brinzing. –
Göttingen : Vandenhoeck und Ruprecht
ISBN 3-525-27903-5

Bd. 1. Darstellung : mit 6 Tabellen. – 1998
ISBN 3-525-27903-5

D7
Göttinger philosophische Dissertation

Druck: Hubert & Co., Göttingen

Vorwort

Die hier vorgelegten Untersuchungen wurden 1996 vom Fachbereich Historisch-Philologische Wissenschaften der Georg-August-Universität Göttingen als musikwissenschaftliche Dissertation angenommen. Während der Text nur geringfügig überarbeitet wurde, mußte der Notenband aus Raumgründen deutlich gekürzt werden. Dagegen blieben (trotz einiger Bedenken) die teils recht umfangreichen Quelleninventare erhalten. Denn eine möglichst genaue Kenntnis der Quellen ist gerade für die hier behandelten Fragen eine Grundvoraussetzung für weitergehende Untersuchungen.

Danken möchte ich an erster Stelle meinem verehrten Lehrer, Herrn Professor Dr. Martin Staehelin, der die Arbeit mit stets spürbarem Interesse verfolgt und mit großer Geduld, vielfachen Ermunterungen und Anregungen begleitet hat. In diesen Dank mit einschließen möchte ich Herrn Professor Dr. Ludwig Finscher, der die Arbeit in der Anfangsphase betreut und bis zu ihrem Abschluß begleitet hat. Ferner danke ich Herrn Professor Dr. Ulrich Konrad sehr herzlich für die Übernahme des Korreferates.

Wesentlich gefördert wurde diese Arbeit durch ein Stipendium im Rahmen des Göttinger Graduiertenkollegs „Kirche und Gesellschaft im Heiligen Römischen Reich des 15. und 16. Jahrhunderts".

Zu Dank verpflichtet bin ich auch zahlreichen Bibliotheken und Archiven, die mir ihre Bestände zugänglich machten und mich durch verschiedene Hinweise unterstützten.

Allen Herausgebern möchte ich meinen Dank für die Aufnahme dieses Buches in die Reihe *Abhandlungen zur Musikgeschichte* aussprechen, ebenso dem Verlag Vandenhoeck & Ruprecht für die verlegerische Betreuung.

Stellvertretend seien ferner genannt: Matthias Schneider (Frankfurt/M.), der mich in generöser Weise an seiner gewaltigen Quellensammlung teilhaben ließ, sowie Herr Dr. Jürgen Kindermann und Herr Dr. Rainer Birkendorf, die mir großzügig die Bestände des Deutschen Musikgeschichtlichen Archivs in Kassel zugänglich machten. Vielen Freunden möchte ich für ihre fachliche und moralische Unterstützung danken, u.a. Gottfried Heinz, Heinz-Jürgen Winkler, Gudrun Litz, Uta Schaumberg und Matthias Feldmann.

Göttingen, im Januar 1998 Armin Brinzing

Inhaltsverzeichnis

Band I: Darstellung

Band II: Editionen

Zitierweise und Abkürzungen

Quellen, Literatur und Neuausgaben werden in dieser Arbeit in verkürzter Weise zitiert. Dabei werden für Quellen vier verschiedene Typen von Siglen verwendet: Handschriften erhalten ein Sigel, das sich aus einer Kurzform von Bibliothek und Signatur zusammensetzt (z.B. „MünchenSB 3155“). Sammeldrucke sind durch ihre Siglen im RISM (Erscheinungsjahr mit hochgestellter Ordnungszahl) gekennzeichnet. Musikdrucke einzelner Komponisten werden unter Angabe des Komponisten und des Erscheinungsjahres zitiert, musiktheoretische und (im weitesten Sinne) literarische Quellen dagegen mit Kurztiteln. Diese Siglen werden im Quellenverzeichnis in den entsprechenden Rubriken aufgelöst (mit Ausnahme der im RISM leicht auffindbaren Sammeldrucke).

Quellenzitate werden nach heutigem Lautwert wiedergegeben, folgen ansonsten aber den Originalen (z.B. *und* statt *vnd*).

Alle Übertragungen und Notenbeispiele wurden, sofern nicht anders angegeben, nach den jeweils genannten Quellen angefertigt. Die Notenwerte wurden dabei halbiert; originale Mensurzeichen werden jeweils über den modernen Taktzeichen angegeben. Die Angaben zu originalen Schlüsseln entsprechen deren Position im Fünfliniensystem, jeweils von der untersten Linie an gerechnet. Dabei bezeichnet der c-Schlüssel (𝄡) den Ton c^1, der f-Schlüssel (𝄢) den Ton *f* und der G-Schlüssel (Γ) den Ton *G* (z.B.: „c1-Schlüssel“ = c-Schlüssel auf der untersten Notenlinie).

Ferner werden folgende spezielle Abkürzungen verwendet:

A	Alt (Altus)
B	Baß (Bassus)
D	Diskant (Discantus)
Ed.	Edition(en)
ed.	ediert
Intav.	Intavolierung(en)
Konk.	Konkordanz(en)
M	Mensur
T	Tenor
V	Vagant (Vagans)
5	Quinta vox
6	Sexta vox (usw.)

I. Einleitung

Vokal oder instrumental? – Dies ist ein Problem, das bei der Beschäftigung mit Quellen mehrstimmiger Musik vor 1600 immer wieder begegnet. Während die Musik für die Orgel und andere Tasteninstrumente seit dem 14. und die für die Laute und andere Zupfinstrumente seit dem 16. Jahrhundert durch jeweils eigene Formen der Tabulaturnotation relativ eindeutig zu fassen ist, wirft die Suche nach der Musik für ein Ensemble aus Melodieinstrumenten vielfältige Fragen auf. Zentrales Problem ist bei der Untersuchung mensural notierter Quellen, ob eine bestimmte Komposition für eine vokale oder eine instrumentale Ausführung gedacht ist. Daß diese so grundlegende Frage häufig schwer zu entscheiden ist, hat verschiedene Gründe. Der wichtigste ist die erst allmähliche Entwicklung einer speziellen Terminologie der Bezeichnung instrumentaler Kompositionen (Sinfonie, Sonate usw.). Die in den Quellen begegnenden Bezeichnungen bedürfen daher einer genauen Untersuchung, oft fehlen diese jedoch völlig. Eine zusätzliche Schwierigkeit ist hierbei, daß gerade deutsche Quellen eine große Zahl von ursprünglich textierten Kompositionen italienischer oder französischer Herkunft enthalten, die entweder mit stark veränderten Textanfängen oder ohne jeden Hinweis auf ihren ursprünglichen Text erscheinen.

Aufgrund der terminologischen Probleme wurden in der musikwissenschaftlichen Literatur auch verschiedene musikalische Kriterien herangezogen, die der Unterscheidung des Vokalen vom Instrumentalen dienen sollen. Diese verschiedenen Aspekte sollen daher im Anschluß an eine allgemeine Einführung (Kapitel II) diskutiert werden (Kapitel III). Es ist dabei ein besonderes Anliegen vorliegender Arbeit, die angedeuteten Erscheinungen nicht isoliert vom Bereich der Vokalmusik zu betrachten. Vielmehr sollen stilistische, quellenkritische, terminologische und aufführungspraktische Untersuchungen zeigen, daß ein nicht unbeträchtlicher Teil des bisher überwiegend instrumental interpretierten Repertoires nur im Rahmen vokaler Traditionen zu verstehen ist (Kapitel IV).

Welche der erhaltenen Quellen des 16. Jahrhunderts wurden von Instrumentalisten benutzt? Diese Frage steht im Zentrum der nachfolgenden Quellenstudien. Grundüberlegung ist dabei, daß die Ermittlung solcher Quellen die verläßlichste Basis für die Untersuchung des instrumentalen Repertoires bietet. Die zeitliche Eingrenzung ergibt sich zum einen durch die frühesten Quellen, die sich eindeutig der instrumentalen Musikpraxis zuordnen lassen: sie stammen aus der Zeit um 1520. Da um 1600[1] die Produktion von Instrumentalmusik schlagartig zunimmt und sich hier auch bereits der Stilwandel zum Frühbarock hin abzeichnet, wurde die Grenze nach vorne um das Jahr 1590 festgelegt.

---

1 Beginnend mit Paul Lütkemans *Der erste Theil Newer lateinischer und Deutscher gesenge [...] nebenst nachfolgenden schönen Fantasien / Paduanen und Galliarden*, Helmstedt 1597.

Dieser pragmatische Ansatz, d.h. die Konzentration auf mit einiger Sicherheit von Instrumentalisten benutzte Quellen, ergibt einen überschaubaren Bestand an Handschriften und Drucken. Deren Repertoire besteht zum einen aus instrumental ausgeführter Vokalmusik und zum anderen aus Tanzmusik. Aufgrund dieser Beobachtung werden andere Formen, die (bei aller angebrachten Vorsicht) als instrumental interpretiert werden könnten, hier nicht behandelt. Einzelne Beispiele für instrumentale Liedbearbeitungen und verschiedene freie Instrumentalkompositionen finden sich meist verstreut in Sammlungen, deren Repertoire ganz überwiegend für eine vokale Ausführung gedacht ist. Bei diesen Kompositionen müßte letztlich in jedem einzelnen Fall die Frage „vokal oder instrumental" erörtert werden, was den Rahmen dieser Arbeit sprengen würde.[2] Aufgrund dieser Zweiteilung des Repertoires, wie es sich in den Quellen darstellt, werden in Kapitel V solche Quellen untersucht, die zwar instrumentales Aufführungsmaterial darstellen, aber neben einigen Tänzen ausschließlich Vokalmusik enthalten.

Die Tanzmusik wird im anschließenden Kapitel VI behandelt. Nach der Untersuchung der in der Handschrift Augsburg 142a überlieferten Tänzen als den frühesten mehrstimmigen Beispielen im deutschsprachigen Raum steht die monumentale zweibändige Tanzsammlung der Gebrüder Hess im Zentrum dieses Kapitels. Diese bislang kaum untersuchten Bände sollen zunächst bibliographisch unter Heranziehung anderer europäischer Tanzsammlungen (sowohl für Ensemble als auch für Soloinstrumente) erschlossen werden. Daran schließen sich Untersuchungen zu den verschiedenen Tanzformen, Kompositionstechniken und der Aufführungspraxis an. Ergänzt wird dies durch weitere Quellenstudien, die das Bild der Verbreitung der Tanzmusik im Deutschland des 16. Jahrhunderts abrunden sollen.

Bei allen Untersuchungen soll versucht werden, ein möglichst umfassendes Bild von der Entstehung und Verwendung der Quellen zu entwerfen. Grundlegend hierfür sind als erstes Ermittlungen über deren Herkunft und den Entstehungskontext. So lassen sich Informationen über mögliche Besetzungen gewinnen oder auch konkrete Zuweisungen an feste Ensembles (wie z.B. das einer bestimmten Hofkapelle) ermitteln. Dies macht es möglich, das Repertoire und die musikalische Praxis dieser Ensembles zu untersuchen und in den jeweiligen Kontext der Musikpflege verschiedener Personen, Gruppen oder Institutionen einzuordnen.

Eine wichtige Voraussetzung für die eingehendere Würdigung ist sodann eine detaillierte Erfassung der einzelnen Kompositionen und deren Konkordan-

---

2 Zu erwähnen wären hier insbesondere Thomas Stoltzers *Octo Tonorum Melodiae*, die in einer wissenschaftlichen Neuausgabe vorliegen (in EdM 22, S. 69–86) und bereits mehrfach Gegenstand eingehender Untersuchungen waren (vgl. vor allem Meier, *Octo Tonorum Melodiae* und die dort genannte weitere Literatur).

zen. Auf diese Weise können ggf. die Komponisten anonym überlieferter Werke ermittelt werden, darüber hinaus aber lassen sich dadurch auch Erkenntnisse über deren Verbreitung und die möglichen Wege gewinnen, auf denen sie in die jeweiligen Sammlungen gelangt sein könnten. Durch die Heranziehung der Parallelüberlieferung in anderen Quellen eröffnen sich zudem Ansatzpunkte für Vergleiche verschiedener Fassungen. So lassen sich beispielsweise Untersuchungen darüber anstellen, ob eine Komposition bestimmten instrumententypischen Veränderungen unterworfen oder in anderer Form (z.B. durch die Hinzukomposition von Stimmen) für spezielle Ensemblebesetzungen bearbeitet wurde.

Durch die so gewonnenen Erkenntnisse ergeben sich schließlich weitere Ansatzpunkte zur Untersuchung der Aufführungspraxis und der Ensemblezusammensetzungen. Da jede Quelle, bedingt durch Ort und Zeit ihrer Entstehung, spezifische Charakteristika aufweist, sollen Fragen des Instrumentariums und der möglichen Besetzungen jeweils gesondert untersucht werden. Die hier unternommene Verbindung von Quellenstudien mit Untersuchungen zum musikalischen Repertoire und dessen Aufführungspraxis bietet die Chance, umfassende Kenntnisse über die musikalische Praxis und deren gesellschaftlichen Kontext anhand konkreter Beispiele zu gewinnen. Zwar sind aufgrund der Quellenlage nur punktuelle Einblicke möglich, doch sind die Quellen zeitlich und räumlich immerhin so weit gestreut, daß abschließend der Versuch unternommen werden kann, Fragen nach Entwicklungstendenzen bezüglich des Repertoires, der Aufführungspraxis usw. zu erörtern.

II. Die Instrumentalmusik im Musikleben des 16. Jahrhunderts

Seit dem 14. Jahrhundert läßt sich sowohl an den Höfen als auch in den Städten ein gesteigertes Interesse an Instrumentalmusik nachweisen, das seinen Ausdruck findet in der zunehmenden festen Anstellung von Instrumentalisten.[3] Die Musik befreit sich dabei mehr und mehr von rein funktionalen Aufgaben (militärische Signale usw.) und wird nun als Mittel der Repräsentation angesehen, in der Prunk und Kunstliebe ihren hörbaren Ausdruck finden. Während diese Entwicklung vor etwa 1500 meist nur indirekt verfolgbar ist, d.h. durch archivalische Zeugnisse, die die Anstellung von Musikern (und nur selten deren konkrete musikalische Aufgaben) belegen, tritt nun das musikalische Repertoire in größerem Umfang selbst hervor. Der Übergang von der schriftlosen Spielmannspraxis zur Ausführung schriftlich fixierter Kompositionen ist ein Prozeß, in dem zwei sich gegenseitig beeinflussende Faktoren zum Tragen kommen: Auf der einen Seite wächst bei Adel, Bürgertum und Kirche das Interesse an einer Instrumentalmusik, die nicht mehr hinter dem Kunstanspruch der gewachsenen Vokalmusik zurückbleibt. Auf der anderen Seite sind es die Musiker selbst, die sich die in der Vokalmusik entwickelten Ansprüche, namentlich die Fähigkeiten zur Reproduktion, und zunehmend auch zur Produktion, mehrstimmiger Kompositionen aneignen und daraus auch ein neues Selbstbewußtsein gewinnen.

Es soll nun im folgenden versucht werden, diese Entwicklung anhand schriftlicher und bildlicher Quellen in groben Zügen darzustellen; im Blick auf die Musik selbst soll dies dann in den nachfolgenden Kapiteln anhand der musikalischen Überlieferungen ausgeführt werden.

1. Instrumentalisten an den Höfen

Durch seinen Vleysz begriff er in kurzer Zeit den Grund des Gesangs und aller Saitenspiel. Und als er kam in sein gewaltig Regierung, hat er aufricht ain söliche Canterey mit einem sölichen lieblichen gesang von der Menschen stym, wunderlich zu hören, und söliche liebliche Harpfen von newen Werken und mit süeszem Saitenspiel, das er alle Kunig übertraf und ime nyemands geleichn mocht.[4]

Mit diesen Worten charakterisiert Kaiser Maximilian I. in seinem *Weißkunig* den Titelhelden, hinter dem sich kein anderer als der Kaiser selbst verbirgt. Mit seiner 1498 gegründeten Hofkapelle unter Heinrich Isaac und dessen Nachfolger Ludwig Senfl etablierte Maximilian erstmals im Reich eine musikalische Institution von internationalem Rang.[5] Sie ist Mittel der Repräsentation und definiert sich in ihrer Bedeutung, wie aus dem Zitat deutlich wird, durch ihre Kon-

3 Vgl. dazu Polk, *German Instrumental Music*, S. 1–12.
4 Zitiert nach Henning, *Musica Maximiliana*, S. 7.
5 Vgl. dazu auch unten S. 139ff.

kurrenz zu anderen Hofkapellen, die es zu übertreffen gilt. Die Musik gliedert sich bei Maximilan in ein umfangreiches System künstlerischer und literarischer Selbstdarstellung ein, das sowohl auf die Mehrung des Ruhms in seiner Zeit als auch auf die Erlangung eines bleibenden Nachruhms zielt.[6]

Maximilian ist sicherlich ein besonders ausgeprägter Fall des Strebens nach Ruhm und Nachruhm, doch begegnet gerade das Moment der Konkurrenz immer wieder in verschiedenen Zeugnissen, so etwa wenn es darum geht, besonders aufwendige und teure Instrumente zu kaufen oder besonders begehrte Instrumentalisten zu gewinnen.[7]

Ein kleines Beispiel möge verdeutlichen, daß die Fürsten sich auch ganz unmittelbar für musikalische Belange interessierten, wenn es um die Verbesserung ihres Instrumentalkörpers ging: Herzog Albrecht V. von Bayern wandte sich 1563 in einem Brief an Kurfürst August von Sachsen und erkundigte sich darin nach den Krummhörnern, die er in Augusts Kapelle gehört hatte:

Zue frankfort jungst wie wier beysamen gewesen hab Ich in deiner music under andern ein sortt khrumbhörner gehöret welche mich ser guot und lieblich gedunken haben / bitt dich derhalben gantz freuntlich wöllest[?] *mich mitt nechster bottschafft berichten wo du* [Orig.: *dir*] *sÿ bekomen hast / In Italia frankreich oder Engeland* [...].[8]

Albrecht nämlich wollte, wie aus dem Brief weiter hervorgeht, selbst einige dieser Instrumente erwerben. In seiner Antwort berichtet August, er habe seine Instrumentalisten der Krummhörner wegen befragt und von ihnen erfahren, daß diese bereits unter seinem Bruder Kurfürst Moritz (er regierte 1541 bis 1553) von einem Nürnberger Händler erworben worden seien, der sie seinerseits von einem Instrumentenbauer in Memmingen bezogen habe.[9] Wie sich aus der näheren Beschreibung der Instrumente ableiten läßt, wurden diese von Jörg Wier (gestorben vermutlich 1549) gebaut, dem wohl bedeutendsten Hersteller dieser Instrumente.[10]

Dieser Briefwechsel ist nun in mehrerer Hinsicht bemerkenswert: Er zeigt, daß Albrecht, dessen Kapelle seit 1563 von Orlando di Lasso geleitet wurde, ein ganz unmittelbares Interesse auch für die Belange der Instrumentalmusik hatte und sich selbst mit dem Instrumentarium seiner Hofkapelle befaßte. Die ganze Angelegenheit war ihm zudem so wichtig, daß er sie zur „Chefsache“ machte und aus eigener Hochschätzung der betreffenden Instrumente heraus sein Anliegen dem sächsischen Kurfürsten übermittelte.

---

6 Vgl. hierzu grundlegend Müller, *Gedechtnus*.

7 Für solche Zeugnisse, die den Statuswert besonderer Instrumente belegen, vgl. auch unten S. 288.

8 Dresden, HStA, Loc. 8506, Bl. 10. Der Brief wurde m.W. bislang noch nicht veröffentlicht.

9 Dieses Antwortschreiben ist abgedruckt bei Kade, *Scandellus*, S. 554.

10 Vgl. dazu Boydell, *Crumhorn*, S. 52f. (zu diesem Schreiben) und 164–182 (zu Jörg Wier).

Für eine intensive Beschäftigung der Fürsten mit musikalischen Belangen sprechen auch verschiedene andere Zeugnisse, allen voran die seit der Mitte des 16. Jahrhunderts von vielen Fürsten erlassenen „Kantoreiordnungen". Der Begriff Kantorei bezeichnet ursprünglich zwar in erster Linie die Vokalkapelle, umfaßt dann aber auch die Instrumentalisten.[11] Ein interessantes Beispiel für die zunehmende Einbeziehung der Instrumentalisten sind die verschiedenen Kantoreiordnungen der Dresdner Hofkapelle: Die erste Ordnung, die Kurfürst Moritz von Sachsen (1521–1553) 1548 erließ, läßt die Instrumentalisten (von den Organisten abgesehen) noch unerwähnt.[12] Sein Nachfolger August (1526–1586) erließ 1555 eine neue Ordnung, die ausdrücklich auf die frühere Ordnung Bezug nimmt und darauf zielt, die Kapelle nicht nur zu erhalten, sondern auch *mehr Zuzieren, Zubessern unnd Zuerhöhen.*[13] In ihr wird der Komponist Matthaeus Le Maistre als oberster Kapellmeister genannt, dem ausdrücklich auch die Instrumentalisten unterstellt werden. Aus dem Text geht hervor, daß die Instrumentalisten zusammen mit den Sängern sowohl bei der musikalischen Gestaltung der Gottesdienste als auch dem musikalischen *Aufwarten* bei der Tafel mitwirkten.[14] Das rein instrumentale Musizieren erscheint demgegenüber als Ausnahme, deren Berechtigung eigens erwähnt werden muß, denn in den Anweisungen zur musikalischen Umrahmung der Tafel heißt es hier:

Wollen alsdann die Welschenn Instrumentisten In Ire Instrument sinngenn oder unns zu Ehrenn nach Irer arth welsche Stuck für sich sinngen, das sol Inen der Capellnmeyster nicht wehren.[15]

Die italienischen (*welschen*) Instrumentalisten, unter denen sich auch der spätere Kapellmeister Antonio Scandello als Zinkenist befand, bilden hier, wie an verschiedenen anderen Höfen, eine eigene Gruppe.[16]

Das Musizieren an der Tafel ist eine vielfach auch auf Bildzeugnissen dargestellte Tätigkeit der Instrumentalisten. Als besonders interessantes Beispiel sei hier auf die Darstellung eines Banketts des Böhmischen Königs Maximilian (des späteren Kaisers Maximilian II.) im Jahre 1560 hingewiesen (siehe Abb. 1, S. 7).[17]

---

11 Die Organisationsformen dieser „Hofmusikkollegien", wie sie Ruhnke treffender bezeichnet, können dabei sehr unterschiedlich sein, gerade bei der Trennung bzw. Einbeziehung der Instrumentalisten. Vgl. dazu grundlegend Ruhnke, *Hofmusikkollegien*, der einen umfassenden Überblick über Besetzungen und Aufgaben dieser Institutionen im Deutschland des 16. Jahrhunderts gibt.

12 *Unsers Gnedigisten Hern des Churfürsten zu Sachsen Cantorei Ordenung und Underhaltung*; Edition in Hausswald, *Dresdner Kapellbuch*, S. 63–67.

13 Edition bei Fürstenau, *Canntoreiordnung*, hier S. 235.

14 Ebd., S. 240.

15 Ebd., S. 241.

16 Zu der zunehmenden Beschäftigung italienischer Instrumentalisten an deutschen Höfen vgl. Ruhnke, *Hofmusikkollegien*, S. 306ff.

17 Diese Radierung von F[rancesco Terzi?] ist 1564 datiert (vgl. auch Salmen, *Musikleben*, S. 158f.). Die beiden Gambisten neben dem Bläserensemble sind, wie ihre Haltung zeigt, nicht an der Aufführung beteiligt. Sie gehören offensichtlich zu einem anderen, gerade

Abb. 1: Bankett Maximilians II. im Jahr 1560 (Kunstsammlungen der Veste Coburg, Inv. Nr. I 210.2 – Ausschnitt)

Diese Darstellung ist besonders dadurch wertvoll, daß sie (im Gegensatz zu vielen anderen) ein reines Instrumentalensemble zeigt, das aus auf einem Tisch liegenden Stimmbüchern musiziert. Das Ensemble aus zwei Posaunen, drei Pommern und einem Zinken führt also eine notierte mehrstimmige Komposition auf – eine Beobachtung, die für die weiteren Untersuchungen noch von einiger Bedeutung sein wird.

Das Musizieren nach Noten nämlich wird fast ausschließlich bei Aufführungen eines gemischt vokal-instrumentalen Ensembles, vornehmlich von Kirchenmusik, dargestellt. Die Mitwirkung bei der Kirchenmusik, wie sie bereits oben

---

nicht beschäftigten Ensemble. Eine vereinfachte Nachbildung dieser Radierung bietet Rüxner 1566, fol. 36v (dort nur fünf Bläser und ein Gambist).

für Dresden erwähnt wurde, wurde um 1500 zu einer der Hauptaufgaben der Instrumentalisten.[18] So lesen wir etwa in der Beschreibung der Hochzeit Herzog Johanns von Sachsen mit Sophia von Mecklenburg im Jahre 1500, daß die Sänger des Herzogs zwei Messen gesungen hätten *mit hulf der orgall dreyer pasawn und eins zincken / desgleichen vier bromhorner* [Krummhörner] *zum positief fast* [sehr] *lustig zehoern.*[19]

Auch die Hofkapelle Maximilians I. musizierte bei feierlichen Anlässen in gemischter Besetzung. In einer Beschreibung der Brautmesse anläßlich der Hochzeit des Markgrafen Casimir von Brandenburg mit Dorothea Pfalzgräfin bei Rhein auf dem Augsburger Reichstag 1518 wird berichtet, daß diese *mit großer Solemnität unnd Zirheit unnd sunnderlichen durch key. Mst. Cantores, Organisten, Paßawner unnd Zinckenplaßer Triumphlich gehalten worden* sei.[20] So ist denn auch die einzige Darstellung, die Instrumentalisten Maximilians beim Spielen nach Noten zeigt, jene des sog. *Triumphzuges*, in der diese zusammen mit den Sängern musizieren (Abb. 2). Das große Chorbuch, aus dem sowohl Sänger als auch Instrumentalisten ablesen, deutet darauf hin, daß es sich hier um eine Aufführung geistlicher Musik handelt, die vorzugsweise in dieser nicht nur praktischen, sondern auch repräsentativen Weise notiert wurde.

In dem Bildprogramm, das Maximilian 1512 seinem Geheimschreiber Marx Treitzsaurwein zum *Triumphzug* diktierte, wird diese Darstellung überschrieben: *Musica Canterey*. Wie aus dem Text weiter hervorgeht, handelt es sich bei dem Posaunisten um Hans Steidl (Steudl), der Zinkenist ist Augustin Schubinger.[21] Die den beiden Instrumentalisten dort zugedachten Verse lauten:

Posaun und Zinckhen han wir gestelt
zu dem Gesang, wie dann gefelt
der Kaiserlichen Mayestat

---

18 Die genaue Form dieser Mitwirkung ist für die frühe Zeit schwer zu rekonstruieren, insbesondere die Frage, ob Instrumentalisten und Sänger tatsächlich zusammen musizierten. Häufiger scheinen, gerade bei besonders feierlichen Gottesdiensten anläßlich von Krönungen usw., z.B. Trompeter feierliche Fanfaren zwischen den liturgischen Stücken geblasen zu haben. Vgl. dazu Žak, *Repräsentation*. Zur Praxis des 16. Jahrhunderts vgl. Ruhnke, *Hofmusikkollegien*, S. 277.

19 Nach der Originalhandschrift der anonymen Hochzeitsbeschreibung (Weimar, THStA, Reg. D 46, fol. 91ᵛ; in demselben Aktenband findet sich noch eine zweite Niederschrift des Berichts in identischem Wortlaut). Die musikgeschichtlich interessanten Abschnitte sind auch zitiert bei Aber, *Pflege der Musik*, S. 81ff., hier (in leicht abweichender Lesart) S. 82. Bei einem späteren Maskenaufzug haben drei als wilde Männer verkleidete Musiker (ohne Beteiligung vonm Sängern) *uf zweyen pfeiffen und einer pasawnen gesetzte* [d.h. mehrstimmig komponierte] *muteten geblasen* (ebd., fol. 94ᵛ).

20 Ebd., S. 83. Vgl. dazu auch Pietzsch, *Fürstenhochzeiten*, S. 35f.

21 Der Text ist ediert bei Schestag, *Triumph*, S. 159f. Auf einem Probeabzug, den das Dresdner Kupferstichkabinett verwahrt, wurden von alter Hand verschiedene Namen eingetragen, darunter auch die von Steidl und Schubinger; vgl. Staehelin, *Isaac*, Bd. 2, S. 133f., Anm. 22 sowie die Abbildungen 3f und 3d*. Zu Schubinger vgl. auch unten S. 135 und 140.

dardurch sich offt erlustigt hat
aufs frölichist mit rechtem grundt
wie wir desselben hetten kundt.[22]

Abb. 2: Hans Burgkmair d.Ä.: Hofkapelle Kaiser Maximilians I. (aus dem *Triumphzug*)

Diese Tradition der Bläserverstärkung setzt sich auch nach dem Beginn der Reformation fort, und zwar sowohl in katholischen als auch in lutherischen Gebieten. Jedoch ist es wohl kein Zufall, daß diese Praxis in den lutherischen Gebieten des öfteren ausdrücklich theologisch begründet und gerechtfertigt wird (und dies gilt noch deutlicher für die Kirchenmusik der städtischen Pfarrkirchen; vgl. unten). So weist Markgraf Georg von Brandenburg-Ansbach 1538 in einer Anweisung an die Schule zu Wunsiedel, sich verstärkt der Lehre des ein- und mehrstimmigen Gesangs zu widmen, darauf hin, daß er selbst in seiner Residenz Ansbach den Kirchengesang mit Posaunen und anderen Instrumenten verstärken läßt:

22 Nach Schestag, *Triumph*, S. 160.

So lassen wir auch soliche geseng als nemblich psalmen und ander ding, aus heiliger gotlichen schrift gezogen, und nit weltliche, zu unzucht raizende liedle, hie zu Onoltzbach [Ansbach] *als in unserm furstlichen anwesen (zu geburlicher zeit) nit allein singen, sonder denselben gesengen mit pusaunen und andern dergleichen instrumenten beistand tun – nit zu unserm oder der unsern wollust, sonder zuvorderst, ja auch allein zu der ehre Gottes des Almächtigen, dahin auch solichs wie sonst alles anders entlich gerichtet und gemeint sein sölle –, wie auch hie zu allen hochzeiten* [Festtagen] *in der kirchen nit unzimblich geschicht und gehalten wurdet.*[23]

Hier dient also der prächtig durch Bläserklang verstärkte Gesang nicht mehr der „Erlustigung" des Herrschers, sondern allein der Ehre Gottes.

Voraussetzung für die in den Beispielen genannte Mitwirkung von Instrumentalisten in der Kirchenmusik, bei der Stimmen von Instrumenten verdoppelt oder ersetzt wurden, war freilich die Beherrschung der Mensuralnotation, worauf auch die beiden Schlußzeilen des Maximilian-Zitats (*mit rechtem grundt*) anspielen. Hierauf nehmen auch zahlreiche Dokumente Bezug, die insbesondere bei Trompetern zwischen den einfachen Feldtrompetern, die nur Signale und einfache Fanfaren bliesen, und den „musikalischen Trompetern" unterscheiden, die auch andere Blasinstrumente, aber auch Streichinstrumente beherrschten.[24] Diese anderen Instrumente (vorzugsweise Zinken und Posaunen) konnten auch zur Verstärkung der Sänger eingesetzt werden.[25]

Was hat diese gemischte vokal-instrumentale Aufführungspraxis, die ja nicht im Zentrum dieser Arbeit steht, mit instrumentaler Ensemblemusik zu tun? Für die weiteren Untersuchungen bleibt festzuhalten, daß die Form der Beteiligung der Instrumentalisten an Aufführungen mehrstimmiger, komponierter Musik hauptsächlich in der Verstärkung von Sängern bestand. Mithin also ist ihr Repertoire zu einem wesentlichen Teil von der Aufführung von Vokalmusik bestimmt, die Fähigkeit hierzu war geradezu eine Voraussetzung für ihre Tätigkeit

---

23 Zitiert nach Sehling, *Kirchenordnungen*, Bd. 11, S. 397.

24 Zu den Tätigkeiten der Trompeter gehörte allerdings auch noch das anspruchsvolle Clarinblasen, bei dem durch die Verwendung der höchsten Lage auch diatonische Tonfolgen gespielt werden konnten; doch auch das Clarinblasen war ausschließlich einem reinen Trompetenensemble vorbehalten, wobei die unteren Stimmmen lediglich einfache Naturtöne spielten. Vgl. Ruhnke, *Hofmusikkollegien*, S. 280ff. So unterscheidet beispielsweise ein Dokument aus dem Jahre 1565, das sich mit der Umstrukturierung der herzoglich sächsischen Instrumentalkapelle beschäftigt, unter den *Trummetern* die *personen, so zur Musica gehorigk* (vier Zinkenisten, zwei Posaunisten und zwei *Geyger*) sowie andererseits sieben *Felt Trummeter.* Wegen der hohen Kosten wird empfohlen, einen Teil der Feldtrompeter zu entlassen. Bereits im Jahre 1561 weist ein Memorandum darauf hin, daß die Trompeter, *die zu der Musica dienlich* seien, auch den Dienst der Feldtrompeter übernehmen könnten (siehe Aber, *Pflege der Musik*, S. 106).

25 So setzt sich der Trompeter Johann Friedrichs II. von Sachsen Paul Herbstedt 1557 für die bessere Bezahlung eines Lehrjungen ein, der *vor einen Trommeter, desgleichen In andernn Instrumenten* [...] *woll bestehet.* Dieser sei weiter *In der Musicken dermaßen also erfarenn, das Ime kein stuck, Es sey wasserley arth oder composition dasselbige gesetzet, so weis er es uff Instrumenten, auch In der Cantorey mitzumachen* [...]. (Zitiert nach Aber, *Pflege der Musik*, S. 107f.)

und ihre wachsende Wertschätzung als vollwertige Mitglieder der höfischen Kapellen. Daraus folgt, daß die Aneignung der Schriftlichkeit durch die Instrumentalisten wesentlich von dieser Praxis befördert wurde. Ob dies auch für die anderen Bereiche des Musiklebens gilt, und inwiefern sich dies im musikalischen Repertoire niedergeschlagen hat, soll in den folgenden Abschnitten untersucht werden.

2. Die Stadtpfeifer

Die Entwicklung städtischer Instrumentalistenensembles verläuft in deutlicher Parallelität zu jener der höfischen Ensembles. Die privilegierte und sozial geregelte Stellung städtischer Musiker entwickelt sich besonders seit dem 14. Jahrhundert. Rechte und Pflichten der ortsansässigen Spielleute werden erstmals in der Wismarer Spielleuteordnung von 1343 genau geregelt und bilden in dieser Form die Grundlage der Stadtpfeiferordnungen der folgenden Jahrhunderte.[26] Diese umfassen im allgemeinen das alleinige Recht zur Bestreitung aller musikalischen Aufgaben in der Stadt (namentlich Auftritte bei Hochzeiten und anderen Feierlichkeiten), wofür allerdings genaue Honorare festgelegt wurden. Zu ihren Pflichten gehörten Auftritte bei offiziellen städtischen Veranstaltungen (Tanzveranstaltungen des Rates usw.), Türmerdienste (Melden von Feuer und herannahenden Reitern usw.), mitunter auch regelrechte Freiluftkonzerte in einem städtischen „Vergnügungspark“[27] oder an einem anderen Ort der Stadt.[28]

Zu einer wichtigen Aufgabe wird im 16. Jahrhundert die Beteiligung der Stadtpfeifer an der Kirchenmusik. Die Verstärkung der zumeist aus Lateinschülern bestehenden Kantoreien wird auch hier oft ausdrücklich mit der Aufführung mehrstimmiger Musik in Zusammenhang gebracht; so heißt es in der Halleschen Stadtpfeiferordnung von 1571, die Stadtpfeifer sollten, *wan in der Kirchen figurirt* [d.h. mehrstimmige Kompositionen gesungen werden], *mit zu Chore blasen*.[29] Auch bei den Stadtpfeifern und anderen städtischen Musikern wie den Türmern[30] wird in diesem Zusammenhang verstärkt darauf Wert gelegt, daß diese nach Noten spielen konnten, um so bei der Aufführung mehrstimmiger

---

26 Vgl. dazu Schwab, *Anfänge*, S. 57ff.

27 Schwab, S. 58 (in Wismar 1343).

28 So in der Stadtpfeiferordnung von Halle 1513: *Item alle Sonabende sollen sie offm schrancke* [einem Podium?] *nach mittage wie gewonlich ein hoferecht* [„Ständchen“] *machen* [...]. Zitiert nach Serauky, *Halle*, Bd. 1, S. 156; vgl. ebd., S. 157.

29 Ebd., S. 282.

30 Die Grenze zwischen beiden Gruppen ist oft nicht deutlich zu ziehen. Häufig wurden die Stadtpfeifer auch zu Türmerdiensten herangezogen (Melden von Feuern usw.), andererseits übernahmen die Türmer auch andere Aufgaben wie das Aufspielen zum Tanz oder eben die Verstärkung der Kirchenmusik.

Kirchenmusik mitwirken zu können. In einem Zwickauer Ratsprotokoll aus dem Jahre 1568 wird dementsprechend vermerkt:

Dem Türmer ist angezeigt, daß dem Rat ein Gelegenheit zugestoßen, die sie ein lange Zeit gesuchet, als daß er ein Musikus ist, der in der Kirchen die Kantorei zieren mag und auf ehrlichen Wirtschaften mit den Instrumenten sie zieren könne.[31]

In der Bestallung des Türmers aus dem Jahre 1569 heißt es denn auch ausdrücklich: *Inn der Kirchenn so oft man figural singet, soll er mitt den Instrumentenn den Chor stercken helffen.*[32]

Aus diesem Zusammenhang geht eindeutig hervor, daß den Türmer seine Fähigkeit, bei der mehrstimmigen Kirchenmusik zusammen mit dem Chor der örtlichen Lateinschule zu spielen, als *Musikus* auszeichnete. Dagegen war der Türmer 1530 noch allein dazu verpflichtet, zu bestimmten Zeiten *mitsampt seinem sone tageweysenn unnd andere lieder* zu blasen.[33]

Wie diese durchaus typischen Beispiele zeigen, setzt die Einbeziehung von Instrumenten verstärkt nach der Jahrhundertmitte ein, doch finden sich ähnliche Dokumente bereits im 15. und frühen 16. Jahrhundert.[34] Es sei hier nur an den Leipziger Thomaskantor Georg Rhau (später vor allem durch seine Wittenberger Druckertätigkeit bedeutend) erinnert, der 1519 im Rahmen der Leipziger Disputation zwischen Luther und Eck *mit seinen Cantoribus und den Stadtpfeifern* auch geistliche Kompositionen aufführte.[35]

Es bleibt somit festzuhalten, daß die Entwicklung weg von der Ausführung rein mündlich überlieferter Stücke (wie Liedern und *tageweysenn*) hin zu der komponierter Mehrstimmigkeit den Beobachtungen zur höfischen Praxis entspricht. Der Begriff des *Musicus* (bzw. der *Musica*) erfährt in diesem instrumentalen Kontext eine pragmatische Umdeutung: Der *Musicus* ist nicht mehr der gelehrte Kenner der *Ars musica* im Rahmen der sieben freien Künste, im Gegensatz zu dem rein reproduzierenden *Cantor*;[36] der Begriff meint nun lediglich jenen Musiker, der imstande ist, komponierte mehrstimmige Musik nach Noten auszuführen.

Wie bei den höfischen Musikern führte diese Fähigkeit auch bei deren Kollegen in städtischen Diensten zu einem wachsenden Selbstbewußtsein. Eines der wenigen schriftlichen Zeugnisse, die dies dokumentieren, ist die Antwort zweier Bamberger Stadtpfeifer auf das Angebot der Stadt Eger, gemeinsam mit ihren Lehrjungen in deren Dienste zu treten (1581). In ihrem Brief danken die Stadt-

31 Nach Niemeyer, *Zwickauer Stadtpfeifer* (II), S. 64. Man hatte diese Praxis wohl schätzen gelernt, als 1565 oder 1566 vier fremde durchreisende Pfeifer *in der Kirchen in die Cantorey geblasen* hatten und dafür belohnt wurden (nach ebd., S. 62).

32 Nach Göhler, *Cornelius Freundt*, S. 61.

33 Nach Niemeyer, *Zwickauer Stadtpfeifer* (II), S. 39f.

34 Vgl. auch die zahlreichen Nachweise bei Niemöller, *Untersuchungen*, S. 574f. und 677ff.

35 Vgl. Blankenburg, *Walter*, S. 36 sowie Herrmann, *Dresdner Hofmusik*, S. 100ff.

36 Vgl. dazu Gurlitt, *Isidor*.

pfeifer für das Angebot, machen jedoch einige Änderungen in dem von der Stadt vorgeschlagenen Dienstvertrag zur Bedingung,

alß, das wir des einsamen oder alleine blaßens des morgens, mittags und nachts möchten überhoben sein, dan es uns, wie etwa andern gemeinen haußleuten,[37] *zu thun nicht möglich, viel weniger bey andern unser musicen mit consorten löblich und rhümlich ist. Do aber ir E*[uer] *E*[hrenveste] *und Erb*[are] *W*[ohlgeboren] *solch blaßen, wie dan auch wol biellig, von uns nicht wollen unterlaßen haben, sindt wir erbötig, das wir alle tag zu mittag umb 11 uhr und abendts umb 5 uhr ein stück, zwey oder drey entweder von pfahrthurn oder aber von radthauß blaßen wollen, nur alleine, wie vermeldet, das wir nicht getrennet werden, dan die etle musica lests nicht nach, ob wir gleich gerne den herren wielfahren wollten. Auch wollen uns ein ehrenvester hochweiser radt gunstiglich erlassen das anpfeiffen der eintzlichen reutter, dan solches uns alß musicis nicht wol geburen wiel. Do aber je der reutter viel und die frembde herrschaft, so einziehen möchten, was stattlich, wollten wir diese in schneller zusammenkunft mit 4 bosaunen gar gerne empfahen und anblaßen.* [38]

Dieses Schreiben läßt in seiner Deutlichkeit nichts zu wünschen übrig: Es ist (auch in anderen Stadtpfeifergesellschaften) gegen das eigene Kunstverständnis, alleine lediglich Signale zu blasen, es ist geradezu unmöglich geworden. Als *musici* willigen die Stadtpfeifer gerne ein, *der cantorey in der kirchen beyzuwohnen*, doch auch bei all ihren anderen Pflichten erachten sie es als unter ihrer Würde, nicht mehrstimmig komponierte Musik aufzuführen.[39]

Insgesamt läßt sich festhalten, daß sich im Laufe des 16. Jahrhundert die Aufführung mehrstimmiger Musik durch die Stadtpfeifer etabliert hat und dies, wie bei den höfischen Instrumentalisten, wesentlich durch ihre Aufgabe gefördert wurde, die vokale Kirchenmusik zu verstärken.

Neben den in städtischen Diensten stehenden Musikern sollten jedoch auch noch jene erwähnt werden, die ohne deren privilegierte Stellung in den Städten ihre Dienste anboten. Deren Tätigkeit ist allerdings schwerer zu beurteilen, da sie eben nicht in einem Dienstverhältnis mit dem Rat standen und daher auch selten in den archivalischen Überlieferungen auftauchen. Relativ gut bekannt sind die

---

37 Ursprünglich Bezeichnung für die Türmer, hier aber als Bezeichnung für städtische Musiker zu verstehen, die nicht nur den Türmerdienst versahen (vgl. dazu auch Werner, *Vier Jahrhunderte*, S. 201).

38 Zitiert nach Riess, *Eger*, S. 20f. (Sperrungen vom Verfasser). Das Schreiben ist unterzeichnet: *Johannes Bennemann Leonhardus Beck stadtpfeiffer samt ihren jungen*. In diesem Brief wird zwar vom Spiel auf *4 bosaunen* gesprochen (siehe das Zitat unten), doch ist in der Bestätigung der Forderungen durch den Rat der Stadt Eger und in weiteren Dokumenten die Rede von fünf Stadtpfeifern; vgl. Riess, *Eger*, S. 22.

39 Ein wohl vereinzelt dastehendes musiktheoretisches Zeugnis, das in diesem Zusammenhang erwähnt werden sollte, ist der 1491 in Bern niedergeschriebene Musiktraktat *Ein tütsche Musica des figurirten gsangs*. Wie Arnold Geering darlegte, wurde der Traktat für Spieler von Blasinstrumenten, vermutlich die Berner Stadtpfeifer, verfaßt. In diesem Text, den Geering Bartholomäus Frank zuschreibt, werden die Grundlagen der Menuralnotation erläutert, um den Stadtpfeifern die nötigen Kenntnisse zur Mitwirkung in der mehrstimmigen Kirchenmusik zu vermitteln. Vgl. Geering, *Ein tütsche Musica* und ders., *Ein tütsche Musica (Faksimile)*.

in Städten wie Nürnberg ansässigen Lautenisten, die sich mit privatem Instrumentalunterricht, dem Aufspielen bei Bürgerfesten oder auch dem Bau von Instrumenten verdingten (so z.B. Hans Gerle; zu ihm vgl. unten S. 89).[40]

Als Beispiel für die Vielseitigkeit und offenkundige Qualität „freiberuflicher" Musiker sei hier ein Ausschnitt aus der Zwickauer Chronik des dortigen Kantors Paul Greff zitiert:

1522 die Petri et Pauli [29. Juni] *Sindt gen Zwickawe Singerin kommen, Zwo Erbare, höffliche, zierliche weiber von Adelichen, hochprengichen geschmuk, aber von solchen kunstreichen, lieblichen Singen, welches bey uns unerhört, mit zuchtigen geperden, mit reinen, lieblichen colorieren, das do nicht das geringste an ihrem munde beweglich, allein so der text und wörter dieses ursach gaben. Die Köstlichsten Motteten in Latein, Psalmen* [und] *ander Chorgesang, Item höfflicher, tapfer Wolgesang, Item mit hübschen, Sittigen und unbekanten Tänzen, nicht wie wir groben holzpock lauffen, kriechen wie unsinnige.* [...] *Ihr Namen: der einen ist Fraw Lucia, die discantirt so uber trefflich rein und schlegt aber* [oder] *greifft 4 zu zeiten 3* [Stimmen] *uff der lauten – Ist dabey eine Köstliche Meisterin uff der harffen, geigen, auch auff andern dergleichen Instrumenten. Diese Lucia hat neben ihr einen Ehelichen Man mit Namen Nicolaus Thomas, ein reinen, lieblichen, scharffen Baß. Die andre mit namen Fraw Benigna, die Altirt, ein Wittwe, Sind 2 Schwestern. Sind nicht landstörer wie sonsten, Sondern auff hochvleissige bethe* [Bitte] *großer hern und fursten, dann auff dismal gefordert zu u*[nserem] *g*[nedigen] *h*[errn] *herzog Jörgen zu Sachsen, sonsten wonhafft zu Nürnberg.*[41]

Das so überschwenglich beschriebene Trio stellt einen neuen Typus des Musikers dar, der schon fast an die reisenden Virtuosen des 19. Jahrhunderts erinnert und, wie Greff ausdrücklich betont, den wenig angesehenen Typus des fahrenden Spielmanns ersetzt. Wir erfahren, daß bei den Konzerten (von solchen kann man ja schon fast sprechen) auch lateinische Motetten zur Aufführung kamen und insbesondere die unbekannten Tanzformen Aufsehen erregten. Die Beschreibung dieser Tänze läßt vermuten, daß es sich um eine Art von Schautänzen handelte, möglicherweise handelte es sich um die zu jener Zeit in Deutschland mehr und mehr Verbreitung findenden italienischen Tänze.[42]

---

40 Das Musizieren bei Feiern war wegen der Privilegierung der Stadtpfeifer für solche Aufführungen immer wieder Anlaß zu Auseinandersetzungen; man vgl. z.B. den durch Dokumente gut belegten Streit zwischen den Augsburger Stadtpfeifern und dem Lautenisten Melchior Neusidler. In diesem besonderen Fall entzündete sich der Streit an der Tatsache, daß Neusidler zusammen mit drei Stadtpfeifern eine *stille Musica* aufführte, worüber die drei anderen Stadtpfeifer sich beklagten (vgl. Sandberger, *Bemerkungen*, S. LVIII–LXI). Dies belegt nicht nur die Zusammenwirkung von städtischen und „selbständigen" Musikern, sondern auch, daß die Stadtpfeifer nicht nur laute Blasinstrumente (Zinken, Posaunen usw.), sondern auch „stille" Instrumente wie Gambe oder Blockflöte spielten und diese in einem Ensemble zusammen mit der Laute einsetzten. Zu den Augsburger Stadtpfeifern vgl. auch unten S. 160.

41 Zitiert nach Vogel, *Musikgeschichte Zwickaus*, S. 30.

42 Vgl. unten, Kap. VI.2.

3. Das Instrumentenspiel in Kreisen des Adels und des Bürgertums

Das Interesse in Kreisen des Bürgertums und des Adels an kunstvoller Instrumentalmusik führte auf der anderen Seite auch zu dem Wunsch, nicht nur passiv, sondern auch aktiv an der Musik teilzuhaben. So wurde auch im privaten Kreis von Liebhabern neben Vokal- auch Instrumentalmusik aufgeführt. Wichtigstes Instrument der Hausmusik war, neben Tasteninstrumenten wie dem Clavichord, die Laute. Doch auch andere Instrumente wie die Blockflöte und verschiedene Streichinstrumente erfreuten sich wachsender Beliebtheit.

Relativ spärlich sind die Hinweise auf aktive Musikausübung in Kreisen des Adels. So wissen wir aber beispielsweise, daß Kaiser Maximilian I. sich selbst nicht nur zum Kenner des Gesangs und verschiedener Instrumente stilisierte (vgl. das Zitat oben S. 4), sondern tatsächlich schon in jungen Jahren das Lautenspiel erlernte.[43]

Reicher sind dagegen Zeugnisse aus Kreisen des Bürgertums, wobei der Grundstein für die Wertschätzung von Gesang und Instrumentalspiel häufig schon in der Studienzeit gelegt wurde. So schreibt der seit 1555 in Wittenberg studierende Edo Hilderian rückblickend über seine Wittenberger Studentenzeit:

Invenies artis nulla instrumenta sonorae,
Cognita non quorum vox, Witeberga, tibi.
Turpe putabatur non artem nosse canendi,
Turpe fuit Doctas non habuisse manus.
Discipulis imitanda dabant exempla magistri,
Cuique erat aequales vincere cura suos.
Paene locum nullum Witeberga beata tenebat,
Auribus hauries non ubi laeta tuis.[44]

Auch Martin Agricola versuchte in seiner *Musica Instrumentalis Deudsch*, seine Schüler in Magdeburg mit einem Verweis auf die reiche vokale wie instrumentale Musikpflege an den Universitäten (namentlich in Wittenberg) zum Erlernen der verschiedenen Instrumente zu motivieren:

Ich habe wunder vernomen
Wenn sie gen Wittemberg kommen
Und sonst zur Universitet
Wie es ihn bey der Burse geht /
Welche / wenn sie zu Tissche [sic] *gan*
Odder widder dar von auffstan /

---

43 Vgl. unten S. 132.

44 Zitiert nach Jauernig, *Ergänzungen*, S. 155. Deutsche Übersetzung nach Steude, *Untersuchungen*, S. 89: „Du wirst keine Instrumente der klingenden Kunst finden, deren Stimme dir, Wittenberg, unbekannt ist. Man hielt für schimpflich, die Kunst des Singens nicht kennen zu lernen, es war schmählich, keine geübten Hände zu haben. Die Magister gaben den Studenten nachahmenswerte Beispiele, und jeder hatte das Bestreben, seinesgleichen zu übertreffen. Das glückliche Wittenberg hatte kaum einen Ort, wo man nicht fröhlich mit seinen Ohren hätte genießen können."

Sich üben frölich im singen
Auch auff Instrumenten klingen
Als Lauten / Geigen / und Pfeiffen
Odder die Harffen angreiffen
Und ander Instrumenta zwar
So sitzen diese zertling dar
Gleich ob sie nirgent wern gwesen
Da man Musicam hett glesen /
Odder sonst den gesang geübt
Wie die nassen katzen betrübt /
Sie wissen wol geld inn der Tasschn
Und nicht ein löffel zuwasschen [sic]
Zu solcher ehrlichen kurtzweil
Man solt sie nennen grobe keyl[45]

Die Musik, und insbesondere die Instrumentalmusik, wird im pädagogischen Schrifttum des 16. Jahrhundert gerade den Studenten als Mittel der *recreatio* empfohlen, worauf ja auch Agricola mit der Bemerkung von der *ehrlichen kurtzweil* anspielt.[46] Ganz in diesem Sinne, jedoch aus dem persönlichen Erleben heraus, sind auch die bedauernden Worte zu verstehen, mit denen der Kölner Ratsherr Hermann von Weinsberg (1518–1598) in seiner Autobiographie rückblickend über seine Studienzeit berichtet. Weinsberg studierte von 1534 bis 1537 an der Kölner Universität und bemerkt zum Jahr 1537, als er sein Studium mit dem Magister artium abschloß, unter der Überschrift *Was ich in musica geleirt ader nit geleirt hab*:

umb diss zit vur und nach hett ich wol uff der luten ader virginail ader clavicordio ader pfeifen leren spilen umb ein geringt vur zitverdreif, dan gemeinlich alle studenten leirten dermaissen etwas. Aber min fatter wolt es mir nit gestaden, sprach, ich sult daruff uis sin, das mir ein ander spilte und das ich nit andern spilte. Min fatter meint es wol, hatt allet etwas grois in sinne, wan mir got die gnade ader gluck darzu verlenet hett; aber ich wolt, das ich es gelert hette, zu zeiten swarmoit damit zu vertriben. Aber in figurativis hab ich etwas geleirt, das ich ein partei in discant mit kunte halten. Das war zu zeiten min recreation und kurzweil, auch kunt ich zum teil cantum Gregorianum.[47]

Aus Weinsbergs Bemerkungen ersehen wir, daß sich das Spielen verschiedener Instrumente unter den Kölner Studenten ebenfalls großer Beliebtheit erfreute. Zwar schätzte Weinsberg auch den mehrstimmigen Gesang als Erholung und Unterhaltung (*recreation und kurzweil*), doch lassen seine Worte keinen Zweifel daran, daß er es besonders bedauerte, kein Instrument spielen zu können, um damit von Zeit zu Zeit die „Schwermut zu vertreiben".[48]

---

45 Agricola, *Musica instrumentalis* 1545, fol. 11^r–11^v.

46 Vgl. dazu Niemöller, *Bildungsideal*, S. 253.

47 Zitiert nach Pietzsch, *Universitäten*, S. 112.

48 Diese Vorstellung findet sich auch in Luthers Gedicht *Fraw Musica*, dessen erste Zeilen lauten: *Fur allen freuden auff erden / Kan niemand keine feiner werden / Denn die ich geb mit meinem singen / Und mit manchem süssen klingen. / Hie kan nicht sein ein böser mut /*

Das Musizieren war freilich nicht auf die Stuben der Bürgerhäuser oder die Studentenbursen beschränkt. Gerade die Studenten zogen gerne unter dem lauten Klang von Blasinstrumenten und Trommeln durch die Straßen oder brachten in leiserer Besetzung ein Ständchen vor dem Haus ihrer Geliebten, wie dies etwa Felix Platter in seiner Lebensbeschreibung schildert.[49]

Vor der Untersuchung der musikalischen Quellen, die Aufschlüsse über das instrumentale Repertoire geben, sollen in den beiden folgenden Kapiteln einige grundlegende Fragen erörtert werden, insbesondere das Problem „vokal oder instrumental".

Wo da singen gesellen gut / Hie bleibt kein zorn, zanck, hass, noch neid / Weichen mus alles hertzeleid. (Walter, *Lob und preis*, fol. A II^r^.)

49 Vgl. dazu Staehelin, *Platter*, bes. S. 75.

III. Möglichkeiten der Identifizierung von Instrumentalkompositionen

Die Kriterien zur Identifizierung von Instrumentalkompositionen lassen sich in zwei Bereiche unterteilen: 1. Quellenkritische Kriterien (Textlosigkeit, Titelgebung usw.), 2. Musikalische Kriterien (Unterscheidungsmerkmale zur Abgrenzung von der Vokalmusik). Diese beiden großen Bereiche mit ihren zahlreichen Schwierigkeiten und daraus abgeleiteten Fragestellungen sollen zunächst untersucht werden. Grundgedanke der folgenden Darlegungen ist, daß vor jeder Diskussion musikalischer Kriterien instrumentalen Stils oder instrumentaler Formen die Quellen daraufhin zu untersuchen sind, wie unter überlieferungsgeschichtlicher und aufführungspraktischer Sicht das Phänomen der Textlosigkeit (als Ausgangspunkt für die Suche nach Instrumentalkompositionen) zu beurteilen ist. Zunächst soll daher aufgezeigt werden, daß das Phänomen Textlosigkeit auch im Rahmen vokaler Überlieferungs- und Aufführungszusammenhänge zu verstehen ist. Erst nach Ausschluß einer vokalen Bestimmung (sei es einer bestimmten Quelle, sei es der ursprünglichen Bestimmung der Komposition selbst) kann dann auf einer gesicherten Grundlage das Problem des Instrumentalen angegangen werden.

1. Quellengestalt und Überlieferungsform als Identifizierungskriterium

Die wichtigsten Hinweise zur Identifizierung bietet die Form der Überlieferung einer Komposition in den musikalischen Quellen. Die Notationsform betrachtet Dietrich Kämper als „sicherste Handhabe zur Unterscheidung vokaler und instrumentaler Sätze"; dabei sei „unter Notationsform nicht allein Stimmenanordnung, Mensurzeichen und Schlüsselkombination zu verstehen, sondern auch Form und Umfang der Textunterlegung sowie die Titelgebung der Stücke".[50] Quellenkritische Überlegungen bleiben bei dieser Betrachtungsweise jedoch ganz außer acht, d.h.: Es fehlt hier die dringend notwendige Unterscheidung zwischen dem Verwendungszweck einer Komposition in einer bestimmten Quelle und der ursprünglichen Bestimmung einer Komposition. Wie nämlich genauere Untersuchungen vieler Quellen zeigen, ist häufig ein großer Teil von in einer einzelnen Quelle textlos überlieferten Kompositionen in anderen Quellen mit Text überliefert.[51] Für die Beurteilung einer Komposition ist es daher entscheidend festzustellen, ob noch andere Quellen existieren, in denen diese möglicherweise mit einem Text überliefert ist; hierbei ist natürlich auch zu untersuchen, welche Quellen *autornäher* sind. Gerade in Quellen aus dem deutschsprachigen Raum

50 Kämper, *Studien*, S. 40f.
51 Vgl. hierzu die Quellenbeschreibungen in Kap. V.

sind viele Kompositionen enthalten, die außerhalb entstanden sind, so daß bei jeder Quelle aufs neue die oft schwierige und aufwendige Suche nach primären Quellen unternommen werden muß. Die Frage, welche Quelle jeweils autornäher ist, muß in jedem Fall gesondert untersucht werden. Gerade bei Kompositionen, die aus französischen oder italienischen Quellen stammen ist eine Entscheidung meist nicht schwierig, da sich hier im allgemeinen gut zeigen läßt, aus welchen Quellen (namentlich Drucken) jeweils geschöpft wurde. Praktisch bedeutet dies also beispielsweise: Erweist sich eine in einer deutschen Quelle textlos überlieferte Komposition z.B. als eine französische Chanson, die in einer französischen Quelle mit Text überliefert ist, so ist diese französische Quelle als die primäre anzusehen.[52]

Sodann führt die Suche nach den Gründen für das mögliche Weglassen der Texte in bestimmten Quellen zu der Frage des Zusammenhangs zwischen Notationsform und Aufführungspraxis. Hier sollten sehr viel strengere Kriterien als bisher angewandt werden, bevor aus der Textlosigkeit auf eine instrumentale Verwendung einer bestimmten Quelle geschlossen wird. Dabei sind folgende Punkte zu bedenken:

1. Die Möglichkeit einer getrennten Aufzeichnung von Text und Musik bzw. die Möglichkeit, daß bestimmte Texte als bekannt vorausgesetzt wurden.
2. Die Frage, ob eine Komposition in der Form, in der sie in einer Quelle erscheint, tatsächlich für den praktischen Gebrauch bestimmt war.
3. Die im 16. Jahrhundert, insbesondere für pädagogische Zwecke, vielfach belegte Praxis des textlosen Singens.

Der erste Punkt wird von Kämper und anderen Autoren mit dem weitgehenden Fehlen entsprechender Textsammlungen sowie dem Hinweis abgelehnt, daß es kaum vorstellbar sei, daß eine größere Zahl von Texten tatsächlich allgemein bekannt gewesen sei.[53] Zur Frage der getrennten Aufzeichnung von Text und Musik konnte jedoch John Kmetz außerordentlich aufschlußreiche Erkenntnisse vorlegen. Am Beispiel zweier Handschriften, die der Basler Goldschmied Jacob Hagenbach etwa 1560–1565 anfertigte (Basel F.IX. 59–62 und F.X. 17–20), konnte Kmetz zeigen, daß die dort überwiegend textlos überlieferten Kompositionen mit Texten gesungen wurden, die separat aufgezeichnet wurden.[54] Viele

---

52 Jickeli, der sich mit textlosen Kompositionen um 1500 beschäftigt, bemerkt zwar, daß die Textlosigkeit allein kein hinreichendes Kriterium sei, läßt bei seinen analytischen Untersuchungen quellenkritische Fragen jedoch weitgehend außer acht (vgl. Jickeli, *Textlose Kompositionen*, S. 59). So kommt er z.B. bei der Betrachtung von Heinrich Isaacs nur mit einer Textmarke überlieferten *Comment poit* zu dem Schluß, eine vokale Bestimmung sei „unwahrscheinlich" (ebd., S. 79). Er übersah dabei aber, daß es sich hier um das aus Isaacs gleichnamiger Messe herausgelöste *Et incarnatus* handelt, dessen vokale Bestimmung unstrittig ist (siehe Staehelin, *Isaac*, Bd. III, S. 49).

53 Vgl. Kämper, *Studien*, S. 42f.

54 Siehe Kmetz, *Singing Texted Songs* sowie Kmetz, *Basel Songbooks*, S. 187–224 und 275–279.

dieser Texte finden sich in einer von dem Basler Arzt und Musikliebhaber Felix Platter geschriebenen Handschrift, der nach eigener Aussage mit Hagenbach gemeinsam musizierte. Diese Texte lassen sich nach Kmetz in drei Kategorien einteilen: 1. Deutsche Übersetzungen von Chanson- und Madrigaltexten, 2. neue deutsche Texte für Chansons und Madrigale, 3. Übersetzungen französischer Chansontexte, die zur Musik deutscher Tenorlieder und sogar zur Musik von Instrumentalkompositionen gesungen werden sollten. In der Texthandschrift finden sich neben den neuen Texten Hinweise auf die Textvorlage bzw. auf den zu verwendenden musikalischen Satz, so daß in vielen Fällen eine genaue Zuordnung der neuen Texte zu den mehrstimmigen Kompositionen möglich ist.

Kmetz weist mit Nachdruck darauf hin, daß nach der zeitgenössischen Notierungspraxis davon auszugehen sei, daß Text und Musik getrennt erarbeitet wurden. Nur so wird die Praxis verständlich, entweder nur die erste Strophe der Musik zu unterlegen oder den Text insgesamt im Anschluß an die Musik zu notieren.[55] Einen direkten Hinweis auf diese Praxis gibt auch Lukas Osiander, der im Vorwort zu seinen *Fünfftzig Geistliche Lieder und Psalmen* (1586) empfiehlt, zuerst möge jeder Sänger seine Stimme auswendig lernen und erst danach den Text unterlegen.[56]

Bei der Mehrzahl der neu zu textierenden Kompositionen in den Basler Stimmbüchern handelt es sich um Chansons oder Madrigale, die nur durch ein Textincipit kenntlich gemacht sind. Diese Form der Überlieferung von Kompositionen mit französischen oder italienischen Texten ist ein in vielen Quellen aus dem deutschsprachigen Raum des 15. und 16. Jahrhunderts zu beobachtendes Phänomen. Die Untersuchungen von Kmetz machen nun deutlich, daß diese Überlieferungsform keineswegs als stichhaltiges Indiz für eine instrumentale Verwendung dieser Quellen herangezogen werden kann.[57]

Die Rezeption ausländischer volkssprachlicher Gattungen im deutschsprachigen Raum wäre angesichts der weiten Verbreitung von Chansons und Madrigalen in deutschen Quellen eine ausführliche Untersuchung wert.[58] Die in unserem Zusammenhang entscheidende Frage ist, ob die textlose Überlieferung als Indiz für eine instrumentale Ausführung dieser Kompositionen in deutschen

---

55 Erstgenanntes findet sich z.B. in den Liedersammlungen Georg Forsters, die zweite Form z.B. in Arnt von Aichs Liedersammlung 1519[5].

56 Vgl. Tolle, *Grundformen*, S. 112.

57 So etwa bei Brennecke, *Regensburg*, S. 74. Kmetz, *Singing Texted Songs*, S. 136, Anm. 41, nennt eine Reihe von Beispielen (die genannten Basler Handschriften, RegensburgBZ A.R. 940/41, St. Gallen 463, Ulm 236 und 237), die sich noch lange fortsetzen ließe. Nicht korrekt ist allerdings sein Verweis auf die 1540 in Augsburg von Melchior Kriesstein gedruckten und von Sigmund Salminger herausgegebenen *Selectissimae necnon familiarissimae cantiones* (1540[7]). Tatsächlich nämlich ist dies der erste deutsche Druck, in dem Chansons und Madrigale mit vollständig unterlegten Texten gedruckt wurden.

58 Ansätze hierzu bieten neben den genannten Arbeiten von Kmetz insbesondere: Staehelin, *Kontrafakturpraxis* sowie Just, *Bemerkungen*.

Quellen gedeutet werden muß. Ein wichtiger Grund für das Weglassen der Texte waren sicherlich mangelnde Sprachkenntnisse. Dies freilich hilft noch nicht weiter bei der Beantwortung der Frage nach der Form der Aufführung: Wie die weiteren Untersuchungen zeigen werden, läßt sich für einige Quellen eine instrumentale Verwendung solch textloser Chansons und Madrigale tatsächlich nachweisen; jedoch muß zunächst klargestellt werden, daß auch andere Deutungen in Betracht gezogen werden müssen.

Neben den von Kmetz gemachten Beobachtungen an den Basler Handschriften und seinen Überlegungen zur Aufführungspraxis bieten auch ein Blick auf die Überlieferungsform und die Repertoirezusammenstellung in anderen Quellen wichtige Hinweise. Zunächst sei ein kleiner Überblick über die verschiedenen Formen der Überlieferung von Chansons und Madrigalen in deutschen Quellen gegeben:

1. Die Kompositionen sind mit einem (häufig verballhornten) Textincipit des Originaltextes versehen.
2. Sie erhalten einen Titel allgemeiner Natur, z.B. *Gallicum* als Bezeichnung für Chansons und Madrigale (!) in RegensburgBZ A.R. 940/41 oder *Carmen* (siehe dazu Kap. III.2).
3. Sie erscheinen ohne jeden Text oder Titel.
4. Sie erhalten ein neues Textincipit (in deutscher oder lateinischer Sprache).
5. Sie erhalten einen neuen Text (ebenso).

Nehmen wir etwa die größtenteils 1557–1559 von Wolfgang Küffer während seiner Studienzeit in Wittenberg geschriebene Handschrift A.R. 940/41 der Bischöflichen Zentralbibliothek in Regensburg als Beispiel, so fällt auf, daß die Handschrift mit Ausnahme von Nr. 3 alle oben genannten Kategorien von Aufzeichnungen enthält.[59] Madrigale und Chansons erscheinen hier mit der allgemeinen Bezeichnung *Gallicum*, mit einem meist stark verderbten Textincipit oder auch mit einem deutschen oder lateinischen Textincipit, das auf eine beabsichtigte Kontrafaktur schließen läßt. Die Handschrift erhält somit den Charakter einer Materialsammlung, in die greifbare Kompositionen eingetragen wurden, zunächst unabhängig von der Art und Weise ihrer Ausführung. Die Universitätsstadt Wittenberg war um die Mitte des 16. Jahrhunderts ein Ort mit außerordentlich regem musikalischen Leben, insbesondere in Studentenkreisen (man denke hier auch an die Zitate oben S. 15).[60] Da lag es für einen Studenten wie Küffer

---

59 Vgl. das Inventar der Handschrift bei Brennecke, *Regensburg*, S. 58–77 sowie die Ergänzungen unten S. 23. Niederschriften aller Kategorien finden sich beispielsweise bereits im Glogauer Liederbuch; vgl. das Inventar der Handschrift bei Owens, *Glogauer Liederbuch* (Discantus), S. [XIII]-[XXVI] sowie die Ergänzungen bei Fallows, *Renaissance Music*, S. 423.

60 Vgl. Steude, *Untersuchungen*, S. 89–93, speziell zur Einordnung der Regensburger Handschrift in dieses Milieu S. 33f.

nahe, von dem zugänglichen Material möglichst viel zu sammeln und in seinem umfangreichen Stimmbuchsatz zu bewahren.

Läßt sich freilich hier eine Verwendung entsprechend den genannten Basler Bänden nur vermuten, so enthält die Handschrift doch auch ein Beispiel für eine nachträgliche Textierung. Die Nr. 109 wurde zunächst nur mit einem französischen Textincipit versehen: *Le content est*, erst später wurde – wie in der Handschrift deutlich zu erkennen ist – der Text des deutschen Kirchenliedes *Vater unser im himmelreich* unterlegt.[61] Dies bestärkt uns in der Vermutung, daß Küffer zunächst nur möglichst viele Kompositionen – die ja nicht auf der Straße lagen, sondern ein begehrtes Gut waren – sammelte, um sie später gegebenenfalls mit anderen Texten zu verwenden. Selbstverständlich schließt dies nicht aus, daß die textlosen – wie auch die textierten – Kompositionen instrumental ausgeführt wurden; da die Handschrift auch drei Tanzkompositionen enthält, ist es offensichtlich, daß sie auch für Instrumentalmusik verwendet wurde.[62] Doch die Tatsache allein, daß ein Teil der Kompositionen ohne Text notiert wurde, kann nach den bisherigen Untersuchungen nicht als Indiz dafür gewertet werden, daß diese Kompositionen *ausschließlich* auf Instrumenten zur Aufführung kamen.

Überhaupt wirft der oben verwendete Begriff der „Materialsammlung" die Frage auf, in welchem Umfang Handschriften wie diese unmittelbar für den praktischen Gebrauch bestimmt waren. Lorenz Welker hat – im Blick auf Handschriften des 14. Jahrhunderts – die Kategorien der „aufführungsnahen" und der „aufführungsfernen Aufzeichnung" eingeführt.[63] Bei der Untersuchung der Frage, wie die textlos notierten Stimmen in weltlichen Liedsätzen des 14. Jahrhunderts ausgeführt wurden, diskutiert Welker die verschiedenen Ansätze zur Klärung dieses Problems, d.h. die Möglichkeit der Vokalisation (textloses Singen auf Solmisationssilben oder bestimmte Vokale), die nachträgliche Textierung und schließlich die instrumentale Ausführung.[64] Nach einer Sichtung des Quellenmaterials kommt Welker zu dem ernüchternden Schluß: „Die Behandlung von Musik und Text in der Aufzeichnung von Liedsätzen des 14. Jahrhundert[s] gibt keine Hinweise auf die Ausführung nicht textierter Stimmen."[65] Den Hauptgrund hierfür sieht er in der „aufführungsfernen Niederschrift" in der Mehrzahl der erhaltenen Quellen. Es genügt also nicht der Versuch, die aufführungspraktische Verwendung der Quellen zu untersuchen, sondern es muß die noch grundsätzlichere Frage gestellt werden, ob eine solche praktische Verwendung für eine Quelle oder von Teilen ihres Repertoires überhaupt intendiert war.

---

61 Komponist des Satzes ist entweder Claudin de Sermisy oder Nicolas Gombert; vgl. Brennecke, *Regensburg*, S. 68.

62 Zu den Tänzen vgl. unten Abschn. VI.8.h).

63 Welker, *Studien*, S. 142.

64 Ebd., S. 138–164.

65 Ebd., S. 163.

Dies nachzuweisen ist freilich im Einzelfall ebenso schwierig wie bei der Frage der Aufführungspraxis. Um beim Beispiel der Regensburger Küffer-Handschrift zu bleiben, könnte man bei der textlosen Niederschrift der Chanson- und Madrigal-Kompositionen von einem ersten Stadium der aufführungsfernen oder aufführungsneutralen Niederschrift sprechen. Eine Annäherung an die praktische Verwendung stellt sodann die nachträgliche Unterlegung eines Textes in dem genannten Beispiel dar (wenn auch dies, wie die Basler Beispiele zeigten, nicht unbedingt nötig wäre).

Wie die hier beispielhaft vorgeführten Unwägbarkeiten bei den Quellenbefunden zeigten, sind die rein auf Textlosigkeit beruhenden Identifizierungsansätze außerordentlich problematisch. Allzu leicht ist man versucht, von einer so ermittelten „Instrumentalkomposition" instrumentale Stileigenheiten abzuleiten, auch auf die Gefahr hin, daß weitere Quellenbefunde ein solches Werk als Vokalkomposition ausweisen. Es wären zahlreiche Beispiele für solche Fehleinschätzungen zu nennen; hier nur einige Beispiele aus der Küffer-Handschrift, die Brennecke in seiner überaus materialreichen Arbeit über diese Sammlung als sichere Instrumentalkompositionen einstufte:

38. *Nur leichtsinnig* = *D'amour me plains* von Rogier Pathie
82. *A lume* = *Ahimè* von Jacques Arcadelt
136. *Hilf glück mit freuden* = *Fuggi cor mio* von Philippe Verdelot[66]

In diesen genannten Fällen deutet aber bereits die Art der Textmarken auf eine ursprünglich wohl vokale Bestimmung der Kompositionen hin. Bezeichnungen wie *Nur leichtsinnig* oder *Hilf glück mit freuden* sind doch als Titel für Instrumentalkompositionen wenig wahrscheinlich. Die Textmarke *A lume* deutet, wie viele andere Beispiele zeigen, auf die Verballhornung eines fremdsprachigen Titels hin.

Ein eigenartig unscharfer Umgang mit dem Problem der nur mit solchen Textincipits versehenen Kompositionen ist auch in der oben angeführten Argumentation Kämpers zu beobachten. Er geht zunächst davon aus, daß Kompositionen, die in verschiedenen Quellen sowohl mit als auch ohne Text überliefert sind, sowohl vokal als auch instrumental ausgeführt werden konnten. Wie die

---

66 Nr. 82 hat Brennecke bereits in einem sein Buch ergänzenden Aufsatz identifiziert (Brennecke, *Musique*, S. 133). Gerade Verdelots *Fuggi cor mio* hat (wie eine Anzahl anderer beliebter Madrigale oder Chansons) eine eigene Geschichte verschiedenster Neutextierungen in deutschen Quellen; vgl. dazu Brennecke, *Regensburg*, S. 61 sowie Kmetz, *Basel Songbooks*, S. 266 (zu ergänzen wäre noch die lateinische Kontrafaktur *Fuge et recede* in Torun 102680/4, Nr. 13). Die oben erwähnte Textsammlung Platters enthält eine deutsche Überstzung (siehe Kmetz, *Basel Songbooks*, S. 218–221 und ders., *Singing Texted Songs*, S. 128, 140–143).
Hier muß natürlich noch darauf hingewiesen werden, daß eine solch aufwendige Suche nach Konkordanzen heute durch verschiedene bibliographische Hilfsmittel erleichtert wird, die Brennecke noch nicht zur Verfügung standen (namentlich der Katalog *Das Tenorlied*; siehe Literaturverzeichnis).

genannten Beispiele gezeigt haben, ist seine These, daß eine textlose bzw. nur mit einem Textincipit versehene Aufzeichnung „nur für eine instrumentale Wiedergabe in Frage" komme, nicht haltbar.[67] Eine fatale Vermengung aufführungspraktischer und kompositorischer Merkmale stellt jedoch sein Schlußfazit dar: „Das Textincipit, das an die Herkunft des thematischen Materials aus der Vokalmusik erinnern will, hat in solchen Fällen lediglich die Funktion eines Titels".[68] Damit suggeriert er, daß es sich bei einer Komposition mit nur einem Textincipit grundsätzlich um eine Instrumentalbearbeitung handeln müsse, die „thematisches Material" einer Vokalvorlage als Ausgangspunkt einer neuen eigenständigen Komposition verwende. Davon läßt sich aber nur sprechen, wenn sich eine solche Komposition in keiner anderen Quelle mit Text nachweisen läßt. Erst dann kann sie nach rein musikalischen Kriterien weiter untersucht werden.

Bevor wir diesen Weg weiter verfolgen, soll eine besondere Form der Betitelung textloser Kompositionen in einigen deutschen Quellen untersucht werden. Auch hier, bei der Bezeichnung *Carmen*, wird sich zeigen, daß die Suche nach Parallelüberlieferungen einen wichtigen Schlüssel zum Verständnis dieses Begriffs darstellt.

2. Die Bezeichnung *Carmen*

In der Einleitung zu seiner Ausgabe der weltlichen Werke Heinrich Isaacs aus dem Jahre 1907 kommt auch Johannes Wolf auf das Phänomen textloser Kompositionen zu sprechen. Er bemerkt dabei, daß von Isaac (ca. 1450–1517) zahlreiche Stücke überliefert sind, die in den Quellen „nur Textanfänge oder kurze Titel oder nur die Bezeichnung als 'carmen' tragen".[69] Wolf nimmt den Begriff *carmen* als Ausgangspunkt einer knappen Erörterung früher Instrumentalmusik, wobei er davon ausgeht, daß der Begriff *carmen* ursprünglich wohl eine Liedweise bezeichnet habe; das Textliche sei dann aber mehr und mehr in den Hintergrund getreten und die instrumentale Aufführung habe schließlich die Oberhand gewonnen. Der eigentliche Vorgang dieser Entstehung bleibt allerdings im dunkeln. Wolf prägte damit aber einen spezifisch musikwissenschaftlichen Terminus zur Bezeichnung früher Instrumentalkompositionen, den des *Carmen.* Im folgenden soll nun die Frage erörtert werden, wie diese Bezeichnung in den Quellen zu verstehen ist und ob man tatsächlich von einer „Gattung des instrumentalen Carmen" sprechen kann, wie dies Kurt Gudewill in seinem Artikel in MGG tat.[70]

67 Kämper, *Studien*, S. 43.
68 Ebd.
69 DTÖ XIV/28, S. XI. Zum folgenden vgl. auch Brinzing, *Carmen*.
70 Gudewill, *Carmen*, Sp. 848.

Wolf fand die Bezeichnung *carmen* in zwei eng verwandten Quellen, den Handschriften Wien 18810 und MünchenUB 328–331 mit insgesamt 16 bzw.12 Carmina, wovon die meisten in beiden Handschriften erscheinen.[71] Neben diesen *carmina* enthalten die Handschriften überwiegend deutsche Liedsätze sowie einige Chansons, Motetten und Instrumentalsätze (zu letzteren siehe unten). Untersucht man nun die mit der Bezeichnung *carmen* eingetragenen Kompositionen auf ihre Überlieferung in anderen Quellen, so stellt man fest, daß viele von ihnen in anderen Quellen mit Texten erscheinen. Die folgende Tabelle möge hierzu einen Überblick bieten.

Tabelle 1: *Carmina* in MünchenUB 328–331 und Wien 18810 sowie deren Überlieferung in anderen Quellen

Komponist	MünchenUB 328–331	Wien 18810	Andere Quellen
A. Agricola		*Carmen* (Nr. 52, A. Agricola)	FlorenzBC 2439, fol. 72^{v}: *Oublier veuil tristesse.*[72]
Anonym	*Carmen in fa* (Nr. 114)	*Carmen hercules* (Nr. 43)	
Anonym		*Carmen ad equales* (Nr. 58)	
A. Busnois	*Carmen in fa* (Nr. 122, anonym)	*Carmen in fa* (Nr. 55, Isaac)	Paris 57, fol. 58^{v}: *Vous marchez* (Busnois); TrientC 91, fol. 42^{v}: ebenso (anonym); Hradec Králové II A 7, S. 255: *Mag*[ister] *oli*[m]*pi* [?] (anonym)
P. Hofhaimer	*Carmen in sol* (Nr. 126, anonym)	*Carmen in sol* (Nr. 53, Hofhaimer)	
P. Hofhaimer	*Carmen in re* (Nr. 115, anonym)	*Carmen in re* (Nr. 44, Hofhaimer)	
H. Isaac / P. Hofhaimer?	*Carmen in sol* (Nr. 103, anonym)	*Carmen in sol* (Nr. 19, Isaac)	RISM 1542^{8}, Nr. 56: *Erst weiss ich was die liebe ist* (Hofhaimer)
H. Isaac	*Carmen in fa* (Nr. 125, anonym)	*Carmen in fa* (Nr. 40, Isaac)	
H. Isaac	*Carmen in sol* (Nr. 117, anonym)	*Mandit soÿt* (Nr. 46, Isaac)	FlorenzBN B.R. 229, Nr. 149: *Maudit soit*

71 Zur Wiener Handschrift vgl. Schneider, *Introduction* sowie Robison, *Vienna*. Zur Münchner Handschrift: Smithers, *Inventory* und Gottwald, *München*, S. 83–97. Beide Manuskripte wurden von Lucas Wagenrieder, dem Kopisten Ludwig Senfls, geschrieben; vgl. Birkendorf, *Codex Pernner*, Bd. 1, S. 130–133 und 136ff. (dort auch weitere Literatur).

72 Zu weiteren Quellen siehe die Anmerkungen zur Ausgabe in CMM 22, Bd. V, Nr. 41.

Komponist	**MünchenUB 328–331**	**Wien 18810**	**Andere Quellen**
H. Isaac	Carmen in fa (Nr. 121, anonym)	*Carmen in fa* (Nr. 54, Isaac)	Basel F.VI. 26a, fol. 5v–8r als *Pleni* einer anonymen *Missa la la he*[73]
H. Isaac	*Carmen in re* (Nr. 123, anonym; im Index: *Ain lombre in re*)	*Lombre* (Nr. 36, Isaac)	*En l'ombre dung buysonnet*? Der 1. Teil erscheint (ohne Alt) in 1538[9], Nr. 37, mit handschriftl. Textmarke *Il nest plaisir* im Jenaer Exemplar[74]
P. de La Rue	*Carmen in re* (Nr. 50, anonym)	*Carmen in re* (Nr. 11, La Rue)	RegensburgBZ C 120, S. 312: *Leal schray tante* (La Rue)
P. de La Rue	*Carmen in la* (Nr. 51, anonym)	*Carmen in la* (Nr. 10, La Rue)	Brüssel 228, fol. 6v: *Secretz regretz* (anonym)
Pietrequin	*Carmen in sol* (Nr. 124, anonym)	*Carmen in sol* (Nr. 39, La Rue)	FlorenzBN B.R. 229, Nr. 146: *Adieu Florens* (Pietrequin)[75]
L. Senfl		*Lamentacio* (Nr. 7, Senfl; Discantus: *Carmen / Lamentacio*)	
L. Senfl		*Carmen in la* (Nr. 8, Senfl)	
L. Senfl		*Carmen in re* (Nr. 9, Senfl)	
L. Senfl	*Tag und auch nacht* (Nr. 35, anonym)	*Carmen in re* (Nr. 12, Senfl)	

Wie dieser Überblick zeigt, sind sieben der insgesamt 18 Carmina französische Chansons, bei zwei weiteren handelt es sich um deutsche Lieder. Damit ergibt sich ein ähnliches Bild wie bei der Regensburger Küffer-Handschrift, indem auch hier Chansons überwiegend ohne Text notiert werden. In einigen Fällen werden in beiden Handschriften die Chansons auch durch Textincipits identifiziert, meist tritt jedoch die Bezeichnung *Carmen* an deren Stelle.[76] Daß gerade

73 Isaacs *Carmen in fa* gehört wohl ursprünglich nicht zu dieser Messe über Isaacs *La la hö hö*, sondern wurde von dem anonymen Komponisten in sein Werk eingefügt. Vgl. Staehelin, *Isaac*, Bd. I, S. 49 (hier auch weitere Quellen) und Bd. III, S. 181. Vgl. auch Staehelin, *Derwischmusik.*

74 Die Intavolierung dieses Satzes in Basel F.IX. 22, Nr. 3 trägt den Titel *Nil n'est plaisir.*

75 Vgl. Brown, *Chansonnier*, Bd. 1, S. 266.

76 Jickeli bemerkt zwar, daß die „Gleichsetzung von ‚Carmen' mit ‚Instrumentalsatz' ... historisch nicht zu belegen" sei, kommt später jedoch aufgrund fehlender quellenkritischer Untersuchung zu dem Schluß, bei den *Carmina* der Münchner Handschrift handle es sich um „mit Sicherheit textlos gedachte Kompositionen" (siehe Jickeli, *Textlose Kompositionen*, S. 33 bzw. 54).

diese Bezeichnung verwendet wird, liegt nahe, wenn man einen Blick auf deren zeitgenössische Verwendung wirft. Im Hintergrund nämlich steht der Begriff *carmen* zur Bezeichnung metrischer Gedichte (namentlich die *Carmina* des Horaz), wie er sich auch in verschiedenen Drucken mit Vertonungen solcher Texte findet. Dort wird meist unterschieden zwischen dem Text (*carmen*) und dem zugehörigen musikalischen Satz, der als *harmonia* oder *melodia* bezeichnet wird.[77] In diesem Sinne finden wir den Begriff *carmen* auch in lateinisch-deutschen Wörterbüchern der Zeit, so in dem 1535 erstmals erschienenen *Dictionarium latinogermanicum* des Petrus Dasypodius; er bezeichnet das *Carmen* als *ein gedicht / das man singen kan.*[78] Eine entsprechende Erklärung des Begriffs in speziell musikalischem Kontext bietet auch Johannes Tinctoris in seinem *Terminorum musicae diffinitorium*: *CARMEN est quicquid cantari potest.*[79] Damit wird deutlich, daß das Wort *carmen* in den musikalischen Quellen als Allgemeinbegriff für einen gesungenen Text an die Stelle des Textincipits tritt.

Vielfach findet sich der Begriff *carmen* in den musikalischen Quellen auch als ganz allgemeine Bezeichnung für musikalische Kompositionen, entsprechend dem Wort *cantio*. Den synonymen Gebrauch beider Termini bezeugen verschiedene Drucke, wie z.B. die *Trium vocum cantiones*, die 1541 von Johannes Petreius in Nürnberg herausgegeben wurden (1541^2); dort nämlich findet sich am Ende der drei Stimmbücher der Vermerk *Finit Discantus* (respektive *Tenor* bzw. *Bassus*) *carminum trium vocum.*[80]

Lassen die erörterten Beispiele also nicht den Schluß zu, daß der Begriff *Carmen* eine historische Bezeichnung für autonome Instrumentalkompositionen darstellt, so fällt zudem auf, daß gerade in den beiden „Carmen-Handschriften" ausgesprochene Instrumentalkompositionen wie Antoine Brumels *Tanndernac* nicht als Carmina bezeichnet werden, sondern ihre ursprünglichen Titel tragen.[81]

Eine weitere Quelle, die im Zusammenhang mit der Diskussion des Begriffs *Carmen* genannt werden muß, ist das sogenannte Glogauer Liederbuch (KrakauBJ 40098).[82] Es gehört einer älteren Quellengruppe an und entstand vermutlich um 1480 in Schlesien.[83] Zwei Kompositionen in dieser Handschrift tra-

---

77 Z.B.: Petrus Tritonius, *Melopoiae sive harmoniae tetracenticae super XXII genera carminum heroicorum*, Augsburg, Erhard Oeglin, 1507; vgl. auch Glarean, *Dodekachordon*, S. 179ff., der zwischen dem *carmen* als Text und der (einstimmigen) Vertonung als *harmonia* unterscheidet.

78 Dasypodius, *Dictionarium*, fol. 26^v.

79 Tinctoris, *Diffinitorium*, ed. Machabey, S. 10.

80 Vgl. hierzu auch Holzmann, *Formschneider*, S. 43.

81 Vgl. Schneider, *Introduction*, S. 16.

82 Die Handschrift befand sich früher in der Preußischen Staatsbibliothek Berlin (Mus. Ms. 40098). Sie ist ediert in EdM 4, 8, 85, 86; es liegt auch ein Faksimile der Handschrift vor (siehe Owens, *Glogauer Liederbuch*).

83 Vgl. Owens, *Glogauer Liederbuch*, S. VII. Entgegen der bisherigen Annahme, die Handschrift sei in Glogau entstanden, hat Reinhard Strohm die Vermutung geäußert, daß sie

gen den Titel *Carmen*. Zum einen das *Carmen* von Paulus de Rhoda (Broda), zum anderen eine anonyme Komposition mit dem Titel *Der ratten schwancz*, der in der Diskantstimme noch die Bezeichnung *Carmen* hinzugefügt wurde.[84] Diese Kompositionen, die hier nur bezüglich ihrer Betitelung untersucht werden sollen, konnten bislang nicht in textierten Fassungen nachgewiesen werden.[85] Der Begriff *Carmen* erscheint in den drei Stimmbüchern des Glogauer Liederbuches jedoch auch noch weitere Male, und zwar in den Indizes der Stimmbücher. Dort werden verschiedene Reihen textlos notierter Kompositionen unter dem Sammelbegriff *Carmina* aufgeführt. Zum einen sind dies die *Carmina duodecim*, die zur leichteren Auffindung von 1 bis 12 durchnumeriert sind, zum anderen weitere *Carmina*, die durch die Buchstaben *A* bis *X* gekennzeichnet sind.[86] Bei diesen Kompositionen handelt es sich überwiegend um Chansons von Busnois, Dufay und anderen.

Zudem sollte erwähnt werden, daß das in allen drei Stimmen vollständig textierte *Ave regina* von Walter Frye (Nr. 142) im Index als *Ave regina carmen* aufgeführt ist.[87]

Dies legt nahe, daß auch im Glogauer Liederbuch der Begriff *Carmen* keine spezielle Bezeichnung für Instrumentalkompositionen darstellt. Selbstverständlich können sich hinter so bezeichneten Kompositionen auch tatsächliche Instrumentalkompositionen verbergen, doch ist die zeitgenössische Verwendung des Begriffes viel zu unscharf, um allein aufgrund der Bezeichnung hierauf schließen zu können. Hätte man unter einem *Carmen* tatsächlich eine autonome Instrumentalkomposition verstanden, so wäre es doch schwer verständlich, daß diese Bezeichnung auch auf Vokalkompositionen angewandt wurde. Damit ist auch im Falle des Glogauer Liederbuches davon auszugehen, daß die Bezeichnung *Carmen* in erster Linie den Platz eines Textincipits oder eines Titels einnimmt.

Hiervon unberührt bleibt zunächst die Frage der Verwendung dieser Kompositionen in den einzelnen Quellen, was wiederum eigener Untersuchungen bedarf.

---

möglicherweise 1477–1480 im Saganer Augustinerkloster von Andreas Ritter geschrieben wurde; vgl. Strohm, *Private Kunst*, S. 62, Anm. 3.

84 Nr. 23 bzw. 111 nach den Nummern des Faksimiles (Owens, *Glogauer Liederbuch*).

85 Zu diesen Kompositionen vergleiche auch Strohm, *Ensemblemusik*, S. 95ff. sowie Noblitt, *Rhoda*, S. 51ff.

86 Index des Baß-Stimmbuchs, fol. 3^r; Kompositionen Nr. 187, 189, 191–199 bzw. 257–280. Die Numerierung folgt der des Inhaltsverzeichnisses, das der Faksimileausgabe beigegeben ist; siehe Owens, *Glogauer Liederbuch*, S. [XIII]–[XXVI].

87 Diskant und Baß fol. 3^r, Tenor, fol. 4^r (hier als *Ave regina coelorum carmen*).

3. Instrumentalstil und Vokalstil

„Tatsächlich ist es nahezu unmöglich, für die Musik aus der Zeit vor 1600 Kriterien zur Differenzierung zwischen Vok.- und Instr.-Stilen zu finden".[88] Mit diesen Worten wischte Howard Mayer Brown in einem grundlegenden Beitrag über frühe Instrumentalmusik alle Versuche vom Tisch, aufgrund stilistischer Kriterien vokale von instrumentalen Kompositionen aus der Zeit vor 1600 zu unterscheiden. Angesichts der zahlreichen Probleme überlieferungsgeschichtlicher und aufführungspraktischer Art scheint jedoch häufig nur noch ein Blick auf stilistische Eigenheiten einzelner Kompositionen eine Identifizierung von Instrumentalkompositionen zu ermöglichen.[89] Bei all diesen Versuchen, von denen die wichtigsten im folgenden erörtert werden sollen, ist jedoch die grundlegende Frage zu stellen, ob denn im zeitgenössischen Verständnis eine solche stilistische Unterscheidung überhaupt vorhanden war, ob sich im 15. oder 16. Jahrhundert also eine Instrumental- von einer Vokalkomposition stilistisch überhaupt unterscheiden muß.

Die immer wieder diskutierte Frage eines instrumentalen Stils (oder vielmehr instrumentaler Stile) wird zumeist auf dem Wege des Ausschlusses zu lösen versucht, d.h. instrumental ist all das, das nicht dem Grundsatz des Vokalen, d.h. in erster Linie der *Sanglichkeit*, entspricht. Neben der Frage, ob diese grundsätzliche Unterscheidung überhaupt den musikalischen Vorstellungen der Zeit entspricht, ist das Hauptproblem die Definition dieser *Sanglichkeit*. Alle bislang vorgelegten Studien legen hier ein mehr oder minder abstraktes, häufig ahistorisches Bild des Vokalen zugrunde, ohne ernsthaft zu untersuchen, was innerhalb eines vokalen Stiles möglich ist.

Die erste ausführliche und zugleich radikalste Interpretation hat Arnold Schering dargelegt.[90] Er stellte folgende vier Kriterien auf, die dazu dienen sollten, einzelne Stimmen in Kompositionen des 14.–16. Jahrhunderts als instrumental zu identifizieren:

1. „Überschreiten des natürlichen Umfangs einer der vier Gattungen der menschlichen Stimme (d.h. den Umfang einer Oktave bzw. einer Dezime)."
2. „Andauernd pausenloses Beschäftigtsein der Stimme".
3. „Übertretung der für den sog. klassischen (strengen) Vokalsatz geltenden Regeln"; hier insbesondere:
   „a) Gehäufte Sprünge, unsangliche Intervalle, übermäßig lange Haltetöne (Orgelpunkte).
   b) Gehäufte synkopische Bildungen; Bindungen längerer Noten an kürzere; gehäufte punktierte Noten (namentlich auf kleineren Zeiten als den Zählzei-

---

88 Brown, *Instrumentalmusik*, Sp. 776.

89 Vgl. hierzu auch die Diskussion der älteren Literatur bei Kämper, *Studien*, S. 3–10.

90 Schering, *Orgelmesse*, S. 4–12.

ten); gehäufte Melismen, Koloraturen und Passagen; Aneinanderrücken längster und kürzester Notenwerte.

c) Sequenzbildung (Rosalien)."

All diese Einzelpunkte faßt Schering zusammen: „Unruhe in der Bewegung bzw. Mangel an Eurhythmie".

4. „Stellen sich Schwierigkeiten ein, den Text natürlich und sinngemäß unterzulegen, so darf auf instrumentale Bestimmung der Stimme geschlossen werden."

Schering interpretiert in seinem Buch über *Die niederländische Orgelmesse im Zeitalter des Josquin* die Meßkompositionen der Zeit um 1500 als Werke, die für eine bis zwei Singstimmen mit Orgelbegleitung bestimmt sind (die Sätze sind meist vierstimmig), wobei einzelne Sätze auch rein instrumental auszuführen seien.[91]

Hauptprobleme dieser Scheringschen Kriterien sind der unhistorische Ansatz (Ableitung seiner Kriterien aus dem Palestrina-Stil)[92] und die überwiegend ästhetisch vorgeprägte Vorstellung dessen, was das „Wesen des Vokalstils" sei, nämlich „Ruhe in der Bewegung der Stimmen, schöner, natürlicher Fluß der Gedanken".[93] Äußerst kritisch hat sich Lloyd Hibberd bereits 1946 mit Scherings Thesen auseinandergesetzt. Auf der praktischen Seite weist Hibberd darauf hin, daß es keinen Sinn mache, von einem *instrumentalen Stil* schlechthin zu sprechen.[94] Es könne hier stets nur von einem jeweils spezifischen Stil für bestimmte Instrumente gesprochen werden. Allgemeine Kriterien, die auf eine allgemeine instrumentale Bestimmung bestimmter Kompositionen abheben, seien schon deswegen unzureichend, da die Möglichkeiten verschiedener Instrumente so unterschiedlich seien, daß eine solche Komposition von äußerster Einfachheit sein müsse – polemisch meint Hibberd, sie müsse sein „as simple as the simplest folksong".[95]

Verschiedene Kriterien Scherings haben sich dennoch in der musikwissenschaftlichen Literatur gehalten und werden immer wieder als instrumentale Merkmale genannt; dies gilt insbesondere für ornamentale Melodiebildungen, die häufig wiederholt oder sequenziert werden.

Heinrich Besseler hat diese „Spielfiguren" in ihrem Gegensatz zur Vokalmusik untersucht und als „kurze Motive" beschrieben, „die offensichtlich instrumental gedacht, am Instrument erprobt, für ein bestimmtes Instrument geschrieben sind".[96] Besseler bezieht sich bei diesen Spielfiguren, die der Hörer nach sei-

---

91 Vgl. ebd., S. 24–37.

92 Vgl. dazu Jeppesen, *Kontrapunkt*, bes. S. 64–77 (Kap. 4: „Die Melodie").

93 Ebd., S. 6.

94 Hibberd, *Instrumental Style*, S. 108.

95 Ebd., S. 109.

96 Besseler, *Spielfiguren*, S. 13.

nen Worten „als typisch instrumental [...] empfindet", hauptsächlich auf die Musik für Tasteninstrumente. Charakteristisch für die Spielfiguren ist nach Besseler das Prinzip der Wiederholung, in der Musik um 1600 (z.B. Monteverdis *Sonata sopra Sancta Maria*) gekoppelt mit „Sequenzketten".[97] Die Spielfiguren verkörpern damit den der europäischen Musik eigenen Gegensatz von Singen und Spielen; sie beruhen auf einem immer wiederkehrenden Rhythmus bei sich änderndem Melos. Demgegenüber ist das in der vokalen Polyphonie des 16. Jahrhunderts verwurzelte Motiv „primär eine melodisch-rhythmische Gestalteinheit".[98]

Besseler suchte keine Identifizierungskriterien für Kompositionen fraglicher Zweckbestimmung, sondern er leitete aus gesicherter Instrumentalmusik, vornehmlich Musik für Tasteninstrumente, grundlegende Unterscheidungsmerkmale zwischen Vokalem und Instrumentalem ab. Leider bietet er keine genauere Beschreibung dieser Figuren, verweist aber darauf, daß sie in der Tanzmusik für Ensemble des 15. und 16. Jahrhunderts fehlen. Auch für diese Kompositionen ist, so Besseler, das vokale Prinzip der „Prosamelodik" maßgebend.[99]

Einen auf ein älteres Ensemblerepertoire bezogenen Versuch zum Nachweis instrumentaler Spielfiguren unternahm Dietrich Kämper.[100] Anhand des Repertoires der textlosen Sammeldrucke Ottaviano Petruccis (*Odhecaton*, *Canti B* und *Canti C*, 1501–1504) und ähnlicher italienischer Chansonhandschriften des späten 15. Jahrhunderts untersuchte er verschiedene Chansonbearbeitungen im Blick auf instrumentale Spielfiguren und *passaggi*.[101] Zur Interpretation dieser Kompositionen zog er verschiedene Lehrbücher und Kompositionen aus späterer Zeit heran, insbesondere den *Tratado de glosas* des Diego Ortiz (1553) und dessen Anweisungen zur Diminutionspraxis. Kämper griff dabei zwei Figuren heraus, die sich in zahlreichen Chansonbearbeitungen finden und die auch in instrumentalen Diminutionslehrbüchern beschrieben werden.

Kämper schloß aus dem Vorkommen dieser Figuren in den genannten Werken, daß es sich hier Figuren handelt, die „schon in der Josquin-Zeit als primär der Instrumentalmusik zugehörig betrachtet wurden".[102] Dem sind jedoch zwei Überlegungen entgegenzuhalten. Zum einen müßte zunächst die Frage untersucht werden, ob derlei Figuren nicht ebenso in vokaler Musik anzutreffen sind, zum anderen – und dies ist eine Überlegung von grundsätzlicher Bedeutung – stellt sich die Frage, ob sich denn Instrumentalmusik überhaupt in melodischer Hinsicht von Vokalmusik unterscheiden muß.

---

97 Ebd., S. 14f.

98 Ebd., S. 16.

99 Ebd., S. 28. Vgl. hierzu auch Besseler, *Singstil*.

100 Kämper, *Kriterien*.

101 Ebd., S. 153–156.

102 Ebd., S. 157. So z.B. im dreistimmigen Satz *De tous biens* von Alexander Agricola; vgl. ebd., S. 153.

Die erste von Kämper herangezogene Figur findet sich im *Tratado de glossas* von Diego Ortiz in Beispielen zur Verzierung von Klauseln (hier durch eine Klammer kenntlich gemacht):

Notenbeisp. 1: Beispiele zur Verzierung von Klauseln bei Ortiz (nach Kämper, *Kriterien*, S. 155)

Die Frage, ob es sich hier tatsächlich um eine spezifisch instrumentale Formel handelt, läßt sich recht einfach beantworten, zieht man zum Vergleich zeitgenössische Vokalkompositionen heran. Gerade in Meßkompositionen der Josquin-Zeit begegnen Formeln wie diese auf Schritt und Tritt, so etwa in Heinrich Isaacs vierstimmiger *Missa Comment poit avoir.*[103] Wie in der späteren Kodifizierung durch Autoren wie Ortiz erscheint diese Diminutionsfigur auch hier als Stretta-artiges Steigerungsmittel hin zur abschließenden Kadenz:

Notenbeisp. 2: Heinrich Isaac, *Missa Comment poit avoir joie* (Schluß des *Quoniam* aus dem *Gloria*, nach Isaac, *Messe*, S. 123)

---

103 Vgl. Staehelin, *Isaac*, Bd. I, S. 28.

Erwähnt werden sollte ebenfalls noch, daß eine rhythmische Variante dieser Diminutionsfloskel auch mehrfach in Hermann Fincks Motette *Te maneat semper* erscheint, die dieser als praktisches Beispiel für die Auszierung einer mehrstimmigen Komposition seiner *Practica musica* (1556) beifügte.[104]

Eine zweite Figur ordnet Kämper nach Michael Praetorius der Gruppe der *tiratae* zu.[105] Sie ist bereits in Silvestro Ganassis *Fontegara* (1535) zu finden und wird dort als Diminution einer aufsteigenden Sekunde beschrieben:

Notenbeisp. 3: Diminution einer aufsteigenden Sekunde bei Ganassi (nach Kämper, *Kriterien*, S. 155)

Diese Formel sei, so Kämper, noch häufiger als die erste „gerade in Sätzen mit unzweifelhaft instrumentaler Bestimmung“ zu finden, doch ist sie gerade in Meßkompositionen der Zeit ebenfalls außerordentlich häufig anzutreffen. Sie findet sich beispielsweise in Jacob Obrechts *Missa Maria zart*, und zwar in exakt jener Form, die Kämper in Alexander Agricolas *De tous biens* (als Instrumentalkomposition gedeutet) nachweist:[106]

Notenbeisp. 4: Jacob Obrecht, *Credo* der *Missa Maria zart* (Diskant, M 98–100, nach Obrecht, *Opera*, Bd. 7, S. 27).

Zudem übersieht er den Kontext, in dem sein Gewährsmann Praetorius (über 100 Jahre später) diese Figur beschreibt, der sie offensichtlich nicht als Diminution einer melodischen Fortschreitung versteht, sondern als Verzierung einer Einzelnote.[107] Sie wird nämlich beschrieben innerhalb des Kapitels IX, das von der Unterweisung der Knaben im Gesang handelt und wie folgt überschrieben ist:

---

104 Vgl. die Edition in Ferand, *Improvisation*, S. 75–79; z.B. in der Oberstimme, T. 30 und 41/42.

105 Kämper, *Kriterien*, S. 155.

106 Vgl. das Notenbeispiel bei Kämper, S. 153, M 3–4 (im Diskant).

107 Praetorius, *Syntagma musicum*, Bd. III, S. 236.

Instructio pro Symphoniacis. Wie die Knaben / so vor andern sonderbare Lust und Liebe zum singen tragen / uff jetzige Italianische Manier zu informiren / und zu unterrichten seyn.[108]

Den Zusammenhang zwischen Diminutionsformeln und instrumentalen „Spielfiguren" führte Kämper in einem Beitrag über „Instrumentale Stilelemente bei Alexander Agricola" weiter aus.[109] Er weist darauf hin, daß allein das Vorkommen von Spielfiguren noch kein „Beweis für eine instrumentale Konzeption sei, es müßten vielmehr noch Wiederholung, Reihung und Sequenzierung von Spielfiguren" hinzukommen.[110] Gerade die Sequenzierung einzelner Figuren ist jedoch ein in der Vokalmusik um 1500 weit verbreitetes kompositorisches Verfahren. Ein Paradebeispiel hierfür ist das *Benedictus* aus Heinrich Isaacs *Missa Quant j'ay au cueur*, das in zahlreichen Quellen isoliert überliefert ist und vor der Feststellung seiner Herkunft auch als wichtiges Beispiel eines instrumentalen Stils gedeutet wurde.[111]

Warwick Edwards hat darauf hingewiesen, daß dieser Satz mit seinen großflächigen melismatischen Sequenz-Abschnitten (insbesondere gegen Ende) tatsächlich insofern „instrumental" ist, als sich die Musik hier ohne Bindung an die Struktur eines Textes frei entfaltet.[112] Die Sequenzierung ist eine Technik, die den Satz in melismatischen Abschnitten strukturiert und ist somit keineswegs als „instrumentale" Eigenheit zu verstehen.

4. Fazit

Fragen instrumentaler Stileigenheiten können immer nur vor dem Hintergrund zeitgenössischer Vokalgattungen erörtert werden. Nur eine kritische Überprüfung stilistischer Besonderheiten anhand des im vokalen Bereich Möglichen läßt hier einigermaßen sichere Schlüsse zu. Hinzu muß stets auch eine genaue Untersuchung des Überlieferungskontextes kommen, um zu klären, ob eine untextiert überlieferte Komposition möglicherweise ursprünglich mit einem Text versehen

---

108 Ebd., S. 229. Praetorius bezieht sich hier (S. 230) ausdrücklich auf Giulio Caccinis Gesangslehre *Le nuove Musiche*, siehe ebd., S. 230. Es sei allerdings zugestanden, daß Praetorius hier – trotz der eindeutigen Überschrift – vokale und instrumentale Verzierungslehre vermischt; so spricht er davon, daß die *tiratae durchs Clavier hinauff oder herunter lauffen*. Dennoch bleibt aus dem Zusammenhang heraus deutlich, daß in erster Linie die vokale Verzierungspraxis gemeint ist. Lediglich bei einer Art der Verzierungen, dem *Tremulo* (*die Organisten nennen es Mordanten oder Moderanten*; S. 235) weist er ausdrücklich darauf hin, daß diese *mehr uff Orgeln und Instrumenta pennata* [= Cembalo usw.] *gerichtet / als uff Menschen Stimmen*.

109 Kämper, *Agricola*.

110 Ebd., S. 6.

111 Vgl. Hewitt, *Odhecaton*, S. 74. Einen Überblick über die Quellen bietet Staehelin, *Isaac*, Bd. 1, S. 32ff. Beispiele für diese isolierte Überlieferung bieten die weiter unten besprochenen Quellen MünchenUB 718 und Formschneiders *Trium vocum carmina*.

112 Vgl. Edwards, *Songs Without Words*, S. 90.

war. Dies bedeutet, daß letztlich jedes einzelne Werk unter diesen Gesichtspunkten zu untersuchen wäre. Ein solches Vorgehen wäre angesichts des umfangreichen und heterogenen Materials außerordentlich aufwendig und ließe sich nur in einem begrenzten Rahmen durchführen.[113] Daher soll im Mittelpunkt dieser Arbeit nicht die Suche nach einzelnen Instrumentalkompositionen stehen, sondern die Untersuchung von Quellen, die instrumental ausgeführte Musik enthalten. D.h., es sollen Quellen untersucht werden, die konkrete Hinweise auf eine instrumentale Ausführung der in ihnen enthaltenen Kompositionen aufweisen. Dieser Ansatz bietet die Möglichkeit, ein umfassenderes Bild des tatsächlichen instrumentalen Repertoires zu erhalten, das, wie die weiteren Untersuchungen zeigen werden, zu einem großen Teil aus instrumental ausgeführten Vokalkompositionen besteht. In Kap. V soll ein Überblick über diese Quellen gegeben werden und einige von ihnen, die von besonderer Bedeutung sind, eingehend untersucht werden.

Zunächst soll jedoch ein besonderes Phänomen der Musikpraxis des 16. Jahrhunderts betrachtet werden, das der vokalen Ausführung von Kompositionen ohne Text. Diese Untersuchungen ergänzen die oben dargelegten Beobachtungen zur getrennten Aufzeichnung von Text und Musik und werfen auch ein neues Bild auf ein weiteres, bisher überwiegend als instrumental interpretiertes Repertoire.

---

113 Zu denken wäre hier beispielsweise an das sehr interessante Repertoire aus dem Umkreis der Königsberger Hofkapelle wie es u.a. die Handschrift Kopenhagen 1872 (vgl. dazu *Dania sonans*, Bd. IV/V) und die 1558 von Paul Kugelmann in Königsberg herausgegebene Sammlung *Etliche Teutsche Liedlein* überliefern.

IV. Die vokale Ausführung textloser Kompositionen

1. Das Repertoire der Musiktraktate und die musikalische Praxis des Schulunterrichts

Im folgenden sollen verschiedene Musiktraktate, insbesondere solche für den Schulgebrauch, untersucht werden. Da die Mehrzahl der in diesen Traktaten enthaltenen Kompositionen textlos ist, stellt sich die Frage nach der Art und Weise, in der diese ausgeführt wurden. Das Repertoire und die Aufführungspraxis dieser Traktate bieten darüber hinaus auch einen wichtigen Schlüssel zur Interpretation textloser Sätze in praktischen Musiksammlungen, wie den *Trium vocum carmina* des Hieronymus Formschneider.

Meist lassen sich bei den Kompositionen der Traktate zwei Typen unterscheiden (wenn auch nicht immer eindeutig): Auf der einen Seite sind dies die *exempla*, also Beispiele für das im Text Erläuterte; sie entstammen meist bekannten Kompositionen, insbesondere Messen, und werden häufig von einem Traktat in den anderen übernommen. Auf der anderen Seite stehen Übungskompositionen, die ausdrücklich als praktische *exercitia* gekennzeichnet sind. Es soll nun anhand einiger Beispiele dargestellt werden, wie sich insbesondere dieses für Übungszwecke bestimmte Material zusammensetzt und in welcher Form es in den Schulunterricht einbezogen wurde.

Nicht nur sind die musikalischen Beispiele der Lehrbücher überwiegend textlos, die Notwendigkeit einer sinnvollen Textunterlegung wird in den meisten Traktaten zwar erwähnt, sie wird jedoch nicht eigens behandelt. Hauptgegenstand der praktisch orientierten Lehrbücher sind die Intervall- und Tonartenlehre und vor allem die Solmisation.[114] Angesichts der Tatsache, daß die musikalische Gestaltung der Gottesdienste im 16. Jahrhundert vor allem zu den Aufgaben der Schüler gehörte, erstaunt es doch, daß diesem wichtigen Bereich der musikalischen Praxis so wenig Beachtung geschenkt wurde.[115] Ein Blick auf die Texte selbst erklärt allerdings diesen scheinbaren Widerspruch. Diese wurden für die *tirones*, („Anfänger“ – so in den Titeln vieler musikalischer Lehrbücher) verfaßt, die im Schulunterricht keine textierten Kompositionen sangen, sondern sich an textlosen Kompositionen übten, denen Solmisationssilben unterlegt wurden. Dies bezeugen die drei Arten der praktischen Musikausübung, welche Johannes Cochlaeus und nach ihm viele andere Autoren von Musiktraktaten beschreiben:

---

114 Vgl. Sannemann, *Musik*, S. 138ff.

115 Zum Bereich des Musikunterrichts und der musikalischen Kirchenpflichten der Schüler vgl. die monumentale Arbeit K. W. Niemöllers (Niemöller, *Untersuchungen*), in der allerdings leider der zentrale Bereich Mitteldeutschland ausgeklammert bleibt. Vgl. hierzu ergänzend Sannemann, *Musik* und Tolle, *Grundformen*.

Primo. Solfizando: Hoc est syllabas seu vocum nomina exprimendo.
Secundo. Notularum tenores cum textu eis supposito pronunciando.
Tertio. Sonos ac voces tantum emittendo / absque textu & solfa.
Primus modus / cantum addiscentibus habilis est / Sic enim ad rectam melodiam vocum distinctione asuescunt. Secundus iis qui vel in choro vel alibi canere solent. Tertius convenit instrumentis.[116]

Gegenstand des Unterrichts war also die musikalische Seite. Die Unterlegung eines Textes war nicht Gegenstand dieses Unterrichts, sondern gehörte vielmehr zur Tätigkeit der Sänger im engeren Sinne. Denkbar, daß sich hier noch Reste der alten Unterscheidung von *musicus* und *cantor* erhalten haben; danach wäre hier der schulische Musikunterricht als Lehre von der *ars musica* zu verstehen, während der Vortrag eines mit Text versehenen Musikstücks dem Bereich der ausübenden Musik zuzuordnen und damit nach der mittelalterlichen Auffassung nicht Teil der *ars* wäre.[117]

Die Art und Weise des solmisierenden Gesangs braucht hier nicht näher erläutert zu werden;[118] wichtig ist die Tatsache, daß diese Stücke auch tatsächlich gesungen wurden. Man vergleiche etwa Martin Agricola, der in seiner *Musica choralis deudsch* mit Bemerkungen wie *Ehe wir aber die folgenden Exempel singen* [...] auf die praktische Ausführung hinweist und auch (wie verschiedene andere Traktate) an wichtigen Stellen Solmisationssilben in den Notentext einfügt.[119]

Die vokalen Exercitien bevorzugen einen zwei- oder dreistimmigen Satz gegenüber dem in der Vokalmusik der Zeit üblichen vier- oder fünfstimmigen. Meist sind die Stimmen nicht unabhängig, vielmehr erfreute sich der zwei- oder dreistimmige Kanon (im zeitgenössischen Sprachgebrauch als *fuga* bezeichnet) besonderer Beliebtheit. Geringe Stimmenzahl und Kanonform erleichtern die Ausführung durch die Schüler, worauf bereits Sebald Heyden in der Vorrede zu seinen *Musicae, id est, artis canendi libri duo* von 1537 hinweist. Heyden, Rektor der Sebaldusschule in Nürnberg, verweist auf den Wert der zahlreichen beigefügten Beispiele und führt weiter aus:

Quia vero scirem, vix fieri posse, ut quatuor diversarum vocum exemplis, ubique sui Altistæ, ac Bassistæ (sic enim vulgo vocant) invenirentur: Ex Cantorum penuria consilium cepi, ut potissi-

116 Cochlaeus, *Tetrachordum*, fol. B IIII^v. Ähnlich z.B. in Spangenberg, *Quaestiones*, fol. C 4^r: *Quot modis potest cantus exprimi? Tribus modis. Primo, solmisando, quod tyronum est, vt canere adsuescant. Secundo, Sonos tantum emittendo, quod canentium est in fidibus aut tibijs, vt auditores oblectent. Tertio, Contextum verborum applicando, quod piorum est, vt laudes Deo concinant*; auch zitiert bei Sannemann, *Musik*, S. 139. Bemerkenswert ist hier der nachdrückliche Verweis auf den Vortrag eines religiösen Textes, der die Instrumentalmusik als rein sinnlichen Genuß zurücksetzt.

117 Vgl. dazu Reimer, *Musicus – cantor*.

118 Vgl. hierzu Sannemann, *Musik*, S. 138f. und Tolle, *Grundformen*, S. 95ff.

119 Agricola, *Musica choralis*, fol. A V^v. Den solmisierenden Gesang beschreibt Agricola wie folgt: *Solmisieren / ist nichts anders / denn wenn die melodey des gesangs / durch diese sechs syllaben / ut re mi fa sol la / wird ausgedrückt* (ebd., fol. [B VIII]^r).

mum talia exempla huc adscriberem, quæ inter ipsos coætaneos pueros concini rectè possent: Cuiusmodi sunt, in quibus, ex unico notularum ordine, duæ tres've aliæ voces sese invicem certis spaciis consequuntur, vulgo Fugas dicimus.[120]

Während Heyden seine Beispiele überwiegend aus Meßkompositionen älterer Komponisten (Josquin Desprez, Heinrich Isaac, Jacob Obrecht u.a.) gewinnt, vermitteln andere Autoren den musikalischen Übungsstoff mittels selbst komponierter Exercitien.[121] Zahlreiche Beispiele hierfür finden sich in den weit verbreiteten Traktaten von Heinrich Faber, Martin Agricola, Wolfgang Figulus und vielen anderen. Innerhalb der schulischen Musiktraktate bildet sich so eine bis ins 17. Jahrhundert hineinreichende Traditionslinie von eigens für pädagogische Zwecke komponierten, zumeist textlosen Kompositionen. Dabei läßt sich eine gewisse Entwicklung von unmittelbar zweckbestimmten Kompositionen (die beispielsweise bestimmte Intervalle durch Häufung derselben zu veranschaulichen suchen) hin zu mehr eigenständigen Werken beobachten. Dieses auch kompositionsgeschichtliche Phänomen wird bereits durch die in verschiedenen Traktaten vorgenommene Trennung von Text und musikalischem Anhang deutlich.

Als Beispiel wäre Ambrosius Wilflingseder zu nennen, Kantor an der St. Sebald Schule in Nürnberg. Seiner *Musica Teutsch*, die erstmals 1561 erschien und *der Jugent zu gut gestelt* ist, fügte er 15 textlose *Exercitia mit zweien und dreyen stimmen* bei, die für zwei bzw. drei Diskant- oder Altstimmen geschrieben sind und sich so für die Schüler besonders eignen.[122]

Einen ähnlichen Anhang enthält die *Isagoge ad artem musicam* des Johannes Crusius, die vom Autor angefügt wurde, *ut Tyrones in Musica melius exerceantur.*[123] Viele weitere Beispiele wären hier noch zu nennen – wichtig ist die Tatsache, daß diese Stücke nach Ausweis der Quellen auch tatsächlich zum Singen bestimmt waren. Ein solches Werk soll nun genauer untersucht werden.

---

120 Heyden, *Musicae*, fol. A II^{v}; Faksimile der Vorrede in Teramoto/Brinzing, *Petreius*, S. 137–141, hier S. 138. Vgl. auch Bellingham, *Vorwort* zu Rhau, *Musikdrucke*, Bd. VI, S. IX.

121 Eine genaue Übersicht über den musikalischen Inhalt von Heydens Werk findet sich in Teramoto/Brinzing, *Petreius*, S. 16–22.

122 Wilflingseder, *Musica*, fol. F II^{v}–[G VIII]^{r}.

123 Crusius, *Isagoge*, fol. [E 6]^{r}. Crusius übernimmt diese Bemerkung fast wörtlich aus Heinrich Fabers *Compendiolum*; vgl. Sannemann, *Musik*, S. 129.

124 Agricola, *Musica instrumentalis* 1545, fol. [2]^{r}–[2]^{v}; auch zitiert bei Funck, *Agricola*, S. 132.

2. Martin Agricolas *Duo libri musices*

In der Widmung seiner überarbeiteten Neuausgabe der *Musica Instrumentalis Deudsch* aus dem Jahre 1545 an den Wittenberger Drucker Georg Rhau bemerkt Martin Agricola:

ihr wisset das ich euch in kurtz vergangen zeiten / mir etliche Instrumentissche gesenge odder exercitia zudrücken / angelanget / und eine gutte antwort / darinn ewr gutter wille und radt mir inn solcher sache zu dienen angezeigt / empfangen hab.[124]

Agricola hatte sich also an seinen Drucker, der bereits mehrere seiner (durchweg musiktheoretischen) Werke gedruckt hatte, wegen der Veröffentlichung von eigens für Instrumente geschriebenen Kompositionen gewandt. Über die Besonderheit dieser nicht erhaltenen Kompositionen bemerkt Agricola des weiteren in einer Nachschrift *Zum leser und Discipel* am Ende des Buches:

Also hastu lieber leser mein
Die kunst auff Instrumenta fein
Nemlich wie du ihn solt nachgan
Und drauff zulernen fangen an /
Wenn du die kunst verstehst nu
So ghört noch etwas mehr dazu
Als gutte Instrumentisch stuck
Die man selden findet im druck.
Derhalben (wie gesagt zu vörn)
Wo ich werd gelegenheit spörn
Und so mans wird begern von mir
Wil ich gesenge zu nutze dir
Welche sich füglich drauff schicken
Mit der zeit auch lassen drücken
Darin du wirst finden viel guts
Das du kanst brauchen dir zu nutz.[125]

In seiner Arbeit über Martin Agricola stieß Heinz Funck bei der Suche nach diesen Kompositionen auf einen Anhang von 54 textlosen *exercitia* in der postumen Ausgabe von Agricolas *Duo libri musices* aus dem Jahre 1561 und identifizierte diese mit den genannten *instrumentischen gesengen.*[126] Wie im folgenden gezeigt werden soll, ist dies jedoch bei genauerer Betrachtung der *Duo libri* nicht haltbar.

Martin Agricola, seit etwa 1525 Kantor und Quartus an der Magdeburger Lateinschule, war 1556 gestorben. Die *Duo libri* wurden 1561 von dem damaligen Rektor der Schule Siegfried Sack herausgegeben.[127] Nachdem bereits 1557 von Abdias (Gottschalk) Praetorius, zu jener Zeit Rektor der Schule, die *Melo-*

---

125 Ebd., fol. [82]^{v}; auch zitiert bei Funck, ebd.

126 Agricola, *Duo libri*. Vgl. Funck, *Agricola*, S. 131ff.; Ausgabe in Agricola, *Instrumentische Gesänge*. Ein Überblick über den gesamten musikalischen Inhalt der *Duo libri musices* findet sich bei Brown, S. 192–195.

127 Vgl. Funck, *Agricola*, S. 86.

diae scholasticae Agricolas herausgegeben worden waren, plante Sack nun eine vollständige Ausgabe der nachgelassenen ungedruckten Werke Agricolas.[128] Zu weiteren Veröffentlichungen kam es jedoch nicht.

Das erste Buch der *Duo libri* behandelt nach einem knappen Überblick über drei Arten der Musik (*Musica Plana, Figurata, & Instrumentalis*) die Grundlagen des einstimmigen Choralgesangs (*Musica plana*): Schlüssel, Tonleiter, Solmisation, Intervalle und Kirchentonarten. Daß Agricola dabei von Anfang an auch mehrstimmige Kompositionen als Beispiele beifügt, ist zwar recht unpädagogisch, jedoch nicht ungewöhnlich. Ähnlich z.B. verfährt Heinrich Faber in seinem weit verbreiteten *Compendiolum musicæ pro incipientibus* (1. Ausgabe Braunschweig 1548). Auch er bringt mehrstimmige Beispiele in Mensuralnotation, bevor er die Grundlagen dieser Notation überhaupt erläutert hat. Immerhin benutzt Agricola für seine ersten Beispiele eine modifizierte Form der deutschen Choralnotation („Hufnagelnotation"), wobei die Einzelnote als Semibrevis zu interpretieren ist.[129] Mitunter mischt Agricola auch Hufnagel- und Mensuralnotation, wie in folgendem Beispiel, das die sechs Solmisationssilben zum Gegenstand hat:

Abb. 3: *Fuga* aus Agricola, *Duo libri*, fol. B 3v–B 4r

Der hier zur Anwendung kommende Satztypus mit zwei kanonisch geführten Oberstimmen (hier ein Kanon im Einklang) und einer freien Unterstimme ist, um dies bereits vorweg zu nehmen, der sowohl in den Beispielen innerhalb des

128 So Sack in seiner Vorrede zu den *Duo libri*, fol. A 4v.

129 Agricola, *Duo libri*, fol. A 5v–[A 6]r.

Textes der *Duo libri* als auch in den Kompositionen im Anhang vorherrschende.[130] Mit jenen gemeinsam hat dieses Beispiel auch, daß der musikalische Lehrstoff allein in den kanonischen Oberstimmen exemplifiziert wird, was hier durch die eingedruckten Solmsationssilben noch verdeutlicht wird.

Das zweite Buch der *Duo libri* besitzt einen eigenen Titel:

Sequitur secundus huius compendii Liber, omnium præceptorum hactenus traditorum exempla, & pro primis Tyronibus exercitia composita, quæ in singulasque totius anni Septimanas digesta sunt, complectens.[131]

Dieses zweite Buch behandelt die Grundlagen der Mensuralnotation (Notenwerte und Pausen, Ligaturen, Taktschlagen sowie Taktarten). Funck interpretiert den Titel als Indiz für eine deutliche Trennung zwischen dem musiktheoretischen Text und den *exercitia* des Anhangs.[132] Dagegen spricht bereits die Einbeziehung der *exercitia* in den Titel des zweiten Buches. Auch sei an die oben erwähnte Praxis erinnert, die gerade den *tirones*, also den Anfängern, die solmisierende Ausführung textloser Übungskompositionen zuweist.[133] Entsprechendes findet sich auch sonst bei Agricola, der z.B. in seinen *Rudimenta musices* von 1539 die Vokalmusik ebenfalls zweiteilt in eine rein solmisierende Praxis der Anfänger und eine Aufführung mit Text durch die ausübenden Sänger: *voce humana, utpote, vel solmisando, quod tyronum est, ut eo dexterius canendi usum adipiscantur, Aut, quod cantoribus imputatur, textum applicando.*[134] Ihren Niederschlag fand diese Praxis auch in handschriftlichen Eintragungen von Solmisationssilben, die sich im Wolfenbütteler Exemplar der *Duo libri* finden.[135]

Zudem finden sich in beiden Büchern der *Duo libri* Verweise auf die Exercitien, die dem Schüler die Möglichkeit geben sollen, das Gelernte praktisch zu erproben. So behandelt Agricola den *tactus proportionatus*, bei dem in der Proportio tripla drei Semibreven bzw. in der Prolatio perfecta drei Minimen auf einen Schlag kommen, und verweist dann auf entsprechende Beispiele unter den Exercitien: *Cuius Exemplum infra habetur in exercitio 22. septimanæ post Trinitatis, cuius numerus est 31. Item 39. & 51.*[136]

---

130 Dieser Satztyp ist verwandt mit dem sogenannten *contrapunctus floridus seu fractus*, bei dem eine Choralmelodie in Choralnotation mit mehreren mensural notierten Stimmen kombiniert wird. Im vorliegenden Beispiel wird die Choralnotation verwendet, da diese den Schülern bereits durch den Text vermittelt wurde; den Baß übernahmen Lehrer oder ältere Schüler.

131 Agricola, *Duo libri*, fol. [C 8]^r.

132 Funck, *Agricola*, S. 132.

133 Als Sammlung vokaler Übungskompositionen wird der Anhang bereits interpretiert bei Sannemann, *Musik*, S. 139.

134 Agricola, *Rudimenta*, fol. [A 7]^r.

135 Bei Nr. 4 der *exercitia* wurden den ersten drei Tönen Solmisationssilben beigefügt, bei Nr. 46 der ganzen ersten Zeile.

136 Agricola, *Duo libri*, fol. E 3^v.

Schließlich spricht gegen eine Gleichsetzung des Exercitien-Anhangs mit den *instrumentischen gesengen* auch die Tatsache, daß diesem Anhang kein eigener Titel vorangestellt ist, vielmehr gehen Text und Anhang unmittelbar ineinander über. Der Beginn des Anhangs wird allein durch den Beginn einer eigenen Numerierung der Exercitien von 1 bis 53 erkennbar (tatsächlich handelt es sich allerdings um 54 Kompositionen, da eine Komposition zwischen Nr. 48 und 49 nicht mitgezählt wurde). Wie schon der Titel des zweiten Buches aussagt, sind die Kompositionen so angeordnet, daß jeder Woche des Jahres, beginnend mit Ostern (dem Beginn des Schuljahres), eine Komposition zugeordnet wird. Die Zahl von 54 kommt dadurch zustande, daß zwei Wochen jeweils zwei Kompositionen zugewiesen sind.[137]

Als ein gewisses Ordnungsprinzip läßt sich eine Steigerung des Schwierigkeitsgrades erkennen. Den Anfang macht eine Komposition *De VI. vocibus musicalibus, ut, re, mi, fa, sol, la*, in der die beiden kanonischen Oberstimmen einen einfachen Gang durch das *hexachordum naturale* zu absolvieren haben. Wie in allen Kompositionen wird der musikalische Übungsstoff also nur in den kanonischen Oberstimmen durchexerziert, die freie Baßstimme (zu der gelegentlich noch eine weitere freie Stimme hinzutritt) bildet das Fundament des Satzes.[138] Die Ausführung des Basses dürften der Lehrer oder auch ältere Schüler übernommen haben. Ein Beispiel für diese Praxis findet sich noch in der *Synopsis musica* des Regensburger Superintendenten Erasmus Gruber aus dem Jahre 1673. Hier findet sich ein textloses Bicinium, dem in der Oberstimme Solmisationssilben unterlegt sind; diese Stimme trägt den Vermerk *Discipulus*, während die Unterstimme für den *Magister* bestimmt ist.[139]

Die nächsten Beispiele behandeln die Intervalle der Terz und Quart, später treten dann Kompositionen hinzu, die verschiedene Taktarten, Proportionen und dergleichen einüben. Eine Besonderheit der Exercitien ist, daß einige von ihnen über deutsche Kirchenlieder bzw. lateinische Hymnen und Cantionen gearbeitet sind. Die Texte sind den Kompositionen jedoch nicht unterlegt, die zugrundeliegenden Lieder werden nur durch den Textanfang kenntlich gemacht. Im einzelnen erscheinen folgende Lieder:

Nr. 6 *Christ ist erstanden*
Nr. 7 *Jhesus Christus unser Hei*[*land*]
Nr. 12 *Wol dem der in Gottes furchten steht*
Nr. 16 *Vater unser* [*im himmelreich*]
Nr. 17 *Wir gleuben* [*all an einen Gott*]

---

137 Vgl. auch Funck, *Agricola*, S. 131.

138 Eine Ausnahme ist Nr. 8. Hier stehen einer Diskantstimme kanonisch geführte Tenor- und Baßstimme gegenüber.

139 Vgl. die Abbildung in Albrecht, *Bicinium*, Sp. 1843/1844.

Nr. 34 *Mit fried und freud*
Nr. 35 *Veni redemptor gentium*
Nr. 36 *Mag ich nicht unglück widerstan*
Nr. 37 *Aus tieffer not*
Nr. 38 *Christum wir sollen loben schon*
Nr. 39 *Dies est lœtitiœ*
Nr. 41 *Gelobet seistu Jhesu Christ*
Nr. 43 *Ein feste burg*
Nr. 44 *Christe qui lux es*
Nr. 53 *Gott sey gelobet und gebenedeiet*

Heinz Funck hat bereits festgestellt, daß Agricola für die Kirchenlieder die Fassung des Babstschen Gesangbuchs von 1545 benutzt hat.[140] Eine Gegenüberstellung von Agricolas Bearbeitungen mit den Originalmelodien führt zu der interessanten Feststellung, daß Agricolas Kompositionen offensichtlich nicht dazu bestimmt waren, mit dem zugehörigen Text gesungen zu werden. Eine Gegenüberstellung von *Gott sey gelobet und gebenedeiet* mit der Kirchenliedmelodie nämlich zeigt deutlich, daß sich Agricolas Vertonung einer sinnvollen Textunterlegung widersetzt. Um dies zu veranschaulichen, hier eine Gegenüberstellung der Melodie in der Fassung des Babstschen Gesangbuchs mit der Oberstimme von Agricolas Bearbeitung:

140 Vgl. Funck, *Agricola*, S. 133.

Notenbeisp. 5: a) Agricola, *Duo libri*, fol. O 5v–[O 6]r (Nr. 53, *Aliud ♮duri cantus exercitium*)
b) Babst 1545, Nr. 21 (Quinte höher transponiert)

Daß keine Vertonung des Textes, sondern eine freie Bearbeitung unter Verwendung von Choralmaterial beabsichtigt ist, zeigt insbesondere die Tatsache, daß Agricola die melodische Wiederholung des ersten Zeilenpaares übergeht. Der sehr freie Umgang mit dem Liedmaterial führt auch dazu, daß Phrasen entstehen, denen die ursprünglichen Worte überhaupt nicht mehr unterlegt werden können; man vergleiche hierzu die Stelle *und das heilige blut*, an der die melodische Phrase durch eine Pause auseinandergerissen wird, so daß – wollte man den Text unterlegen – das Wort *heilige* durch eine Pause nach der ersten Silbe getrennt werden müßte. Ein solches Verfahren wäre gänzlich unmusikalisch und widerspräche dem Prinzip des mehrstimmigen Kirchenliedsatzes, der stets auf eine sangliche Bearbeitung gerade der Liedmelodie bedacht ist. Beispiele hierfür finden sich auch in Agricolas Kirchenliedbearbeitungen in Georg Rhaus *Neuen deutschen geistlichen Gesängen* von 1544.[141]

Von diesem kompositionstechnischen Blickwinkel aus könnten somit Agricolas Kirchenliedbearbeitungen in den *Duo libri musices* als Instrumentalkompositionen interpretiert werden, sind sie doch freie Bearbeitungen, die sich über musikalische Form und melodische Geschlossenheit der Vorlage hinwegsetzen. Da aber die primär vokal-pädagogische Zweckbestimmung dieser Kompositionen außer Zweifel steht, müssen hier andere Kategorien angewandt werden. Das entscheidende Moment von Kompositionen dieses Typs ist nicht die Frage „vokal“ oder „instrumental“, sondern die Frage, ob eine Komposition auf den Vortrag eines Textes hin ausgerichtet ist oder nicht. Wie noch weitere Beispiele zeigen werden, ist dies für eine ganze Gruppe von Kompositionen die entscheidende Frage, denn wir haben es hier mit einer Verselbständigung von textlosen

141 Man vergleiche die Neuausgabe in Rhau, *Musikdrucke*, Bd. XI.

vokalen Übungskompositionen zu tun. Am Anfang stand die meist textlose Ausführung von Kompositionen aus dem bekannten Repertoire (zumeist Messen, daraus insbesondere Bicinien und kanonisch komponierte Abschnitte).[142] Dann gehen die Autoren, gerade die der für den praktischen Schulunterricht bestimmten Traktate, dazu über, selbst solche Kompositionen für Übungszwecke zu komponieren. Dabei läßt sich eine Entwicklung hin zu immer größerer Eigenständigkeit dieser Kompositionen beobachten, die sich zunächst an der räumlichen Trennung von Text und musikalischem Anhang erkennen läßt und sodann an der Veröffentlichung rein musikalischer Sammlungen mit vokalem Übungsstoff. Unter diesem Gesichtspunkt sind viele Musiksammlungen mit teilweise oder auch durchweg textlosen Kompositionen neu zu bewerten. Bei der Zuordnung solcher Sammlungen zum Bereich schulischer oder im weiteren Sinne pädagogischer Gesangsübung sind (bei den Drucken) insbesondere die Vorreden, Widmungen und dergleichen hilfreich. Daneben geben auch Repertoiregemeinschaften zwischen solchen Musiksammlungen und den in musiktheoretische Werke integrierten Übungskompositionen wichtige Hinweise. Nicht zuletzt sind natürlich die Kompositionen selbst daraufhin zu untersuchen, ob sie sich durch Charakteristika auszeichnen, die sie als vokale Übungskompositionen ausweisen.

3. Textlose Musiksammlungen und schulische Gesangspraxis

Wichtig für unseren Gegenstand ist nun insbesondere die Frage, inwieweit diese Praxis auch Hinweise auf die Zweckbestimmung reiner Musikdrucke mit textlosen Kompositionen geben kann. Zunächst sind hier einige Beobachtungen zu Repertoiregemeinschaften zwischen musikalischen Lehrbüchern und Musikdrucken von Bedeutung. Es sei nochmals betont, daß es hier nicht um die Frage geht, ob es sich bei einzelnen Werken um autonome Instrumentalkompositionen handelt oder nicht; Gegenstand dieses Kapitels ist zunächst nur die Frage nach dem Verwendungszweck verschiedener Quellen.

Johann Zanger, Schulkantor, Rektor und später Pfarrer in Braunschweig, veröffentlichte 1554 seine *Practicae musicae praecepta*.[143] Er wendet sich mit diesem Werk ausdrücklich an die Schuljugend, der er in verständlicher Form die Grundlagen des ein- und mehrstimmigen Gesangs vermitteln möchte. Wenngleich Zanger im Titel seiner Schrift besonders auf die Praxis abzuheben scheint,

---

142 Agricola ahmt übrigens auch ein in Musiktraktaten beliebtes Beispiel aus Josquins *Missa L'homme armé super voces musicales* nach. Ein unnumeriertes *exercitium* zwischen Nr. 48 und 49 stimmt in Mensurvorzeichnung und Kanonanweisung mit dem *Benedictus* dieser Messe überein, und zwar in der Form, in der es Sebald Heyden 1537 zitierte (vgl. Teramoto/Brinzing, *Petreius*, S. 20, Nr. 24). Auch der Beginn stimmt melodisch überein, im weiteren Verlauf finden sich gelegentlich Anklänge an Josquin.

143 Vgl. Moser, *Zanger*.

so stimmt sein Verständnis von musikalischer Praxis doch mit der oben beschriebenen Form musikalischer Schullehrbücher überein, d.h. die Frage der Textunterlegung ist nicht Gegenstand dieses Werkes, sie wird überhaupt nicht erwähnt: *Quot sunt practicae Musicae operationes?* fragt Zanger und gibt die folgende Antwort: *Prima. NOTAS certa voculatione* [*!*] *exprimere. Altera. NOTAS & sibi correspondentes PAUSAS debita quantitate metiri.*[144] Gegenstand seiner Form von Musiklehre sind also lediglich Solmisation und anschließende Rhythmisierung der einzelnen Stimmen einer Komposition. Und eben jenes wird in seinem Werk auch ausführlich mit Beispielen und Übungen behandelt.

Seine mit wenigen Ausnahmen textlosen Beispiele sind teilweise zwei wichtigen Musikdrucken entnommen und geben damit einen Anhaltspunkt für die Bestimmung jener Drucke. Unter den *mutationum & intervallorum exercitia* finden sich nämlich zwei- bzw. dreistimmige Kompositionen, die Georg Rhaus *Bicinia* (1545^{6}) bzw. Hieronymus Formschneiders *Trium vocum carmina* (1538^{9}) entstammen. Zanger bringt zunächst (mit Texten) zwei Kanon-Kompositionen aus Rhaus Sammlung, danach nur noch textlose Bicinien und Tricinien:

E II^{r}	*Ad Dominum cum tribularer*, anonym; 1545^{6}, Nr. 76 (mit Text)
E II^{v}	*Te Deum patrem*, [M. Eckel]; 1545^{6}, Nr. 83 (mit Text)
E II^{v}	[*Si mon malheur*], [Peletier]; 1545^{6}, Nr. 9[145]
E III^{v}	[*La alfonsina*], *Io. Ghiselin*; 1538^{9}, Nr. 49
[E IV]^{v}	[*Si sumpsero*], [J. Obrecht]; 1538^{9}, Nr. 12 (dort Quarte tiefer)
F II^{v}	[*Quam bonus*], anonym; 1545^{6}, Nr. 50
F III^{r}	[textlos], anonym; 1538^{9}, Nr. 19
[F IV]^{r}	[textlos]; 2st., nicht nachgewiesen.
[F IV]^{v}	ebenso.[146]

Von einiger Bedeutung ist nun die Frage, ob diese Beobachtungen auch Folgen für die Beurteilung der beiden genannten Drucke, insbesondere der *Trium vocum carmina*, haben können. Von Rhaus Sammlung ist bekannt, daß sie vornehmlich für Übungszwecke bestimmt war und sich an die musikliebende Jugend wendet.[147] Vor dem Hintergrund von Zangers Exercitiensammlung wird nun auch die Aufnahme einer textlosen Komposition mit der Bezeichnung *Exercitium* in den zweiten Band der Rhauschen Bicinien leichter verständlich. Die musikliebende Jugend war an solche textlosen Übungsstücke gewöhnt, so daß derlei Kompositionen dort keinen Fremdkörper darstellten. Ein ähnliches Bei-

144 Zanger, *Praecepta*, fol. B 1^{v}.

145 Dem Beginn der Oberstimme wurden im Wolfenbütteler Exemplar die Worte *Fecit potentiam* unterlegt. Dies könnte darauf hindeuten, daß der Satz auch mit dem Text des Magnificat gesungen wurde.

146 Nr. 1, 2, 5 und 7 erscheinen auch in dem anonymen handschriftlichen Musiktraktat Stuttgart XVII 26 (Edition in Denk, *Musica getutscht*, S. 90–161).

147 Vollständige Neuausgabe in Rhau, *Musikdrucke*, Bd. VI; vgl. auch das Vorwort von Bruce Bellingham ebd., S. IX.

spiel, das unmittelbar auf den schulischen Kontext verweist, findet sich übrigens in den (sonst durchweg textierten) *Tricinia* Rhaus (1542^8); es handelt sich um ein textloses *Exercitium sex vocum Musicalium, pro pueris in Schola* (Nr. 51).[148]

Lag also im Falle von Rhaus Bicinien eine Übernahme in Zangers Traktat aufgrund des schulischen Kontextes durchaus nahe, so stellt sich die Frage, ob Formschneiders Sammlung in einen ähnlichen Zusammenhang gehört. Da die *Trium vocum carmina* seit längerem Gegenstand der Forschung sind und eine wichtige Quelle textloser Kompositionen darstellen, seien hierzu einige allgemeine Worte vorausgeschickt.

Formschneiders Sammlung enthält einen Querschnitt durch verschiedene Epochen und Gattungen, von Chansons Ockeghems und seiner Zeitgenossen und Nachfolger über Ausschnitte aus Messen Josquins, Isaacs und anderer bis hin zu Liedsätzen Ludwig Senfls und anderer deutscher Meister seiner Zeit. Alle Kompositionen sind völlig textlos und anonym, so daß in der Literatur überwiegend davon ausgegangen wird, daß die Sammlung für eine instrumentale Ausführung bestimmt sei.[149] Eine Reihe von Beobachtungen aber, die im folgenden mitgeteilt werden sollen, weisen in eine andere Richtung.

Formschneider äußert in seiner Vorrede, er habe die Werke nicht nur gedruckt, um sie vor der Vergessenheit zu bewahren, sondern er betont seine Absicht, mit dieser Publikation die Jugend zur Beschäftigung mit der Musik anregen zu wollen.[150] In diesem Zusammenhang beruft er sich auf die Dichter und Philosophen der Antike und verweist auf den gesellschaftlichen Nutzen der Musik. Bereits diese Argumentation erinnert an die Vorreden zu zeitgenössischen Musiktraktaten, die sich ja ebenfalls an die Jugend wenden und ihr so die Musik als Teil der humanistischen Bildung schmackhaft machen wollen.

Formschneider kommt in seiner Vorrede auch direkt auf die Frage der Textlosigkeit zu sprechen. Er begründet sie keineswegs mit einer möglichen Bestimmung dieser Sammlung für eine instrumentale Ausführung, eine solche wird von ihm überhaupt nicht erwähnt. In einer gewagt erscheinenden und unserer modernen Vorstellung von musikalischen Humanismus entgegenlaufenden These stellt er den „autonom" musikalischen Wert dieser Kompositionen in den Vordergrund: Die musikalische Gestaltung des Künstlers werde doch sicherlich viel mehr bewundert als die Worte. Zudem würde die Verschiedensprachigkeit der Texte die Sammlung verunstalten. Man könnte damit in Formschneider einen Vorboten der Idee der absoluten Musik vermuten, doch sind sicherlich auch ein-

---

148 Ed. in Rhau, *Musikdrucke*, Bd. IX, Nr. 51.

149 Vgl. etwa Kämper, *Studien*, S. 115. Kämper betrachtet den Druck, wie auch Rhaus *Tricinia* (die ja, wie oben erwähnt, überhaupt nur eine textlose Komposition enthalten), als Sammlung von „Instrumentalchansons und -fantasien [...] zu Lehr- und Studienzwecken".

150 Die Vorrede ist u.a. abgedruckt bei Brown, *Instrumental Music*, S. 59, sowie bei Holzmann, *Formschneider*, S. 98.

fachere Begründungen zu finden. In erster Linie wäre da die offensichtliche Bestimmung der Sammlung als Fundus für vokale, aber textlose *exercitia*. Weitere Gründe dürften die aufwendigere Drucktechnik textierter Notendrucke sowie die allenthalben anzutreffenden Probleme beim Umgang mit fremdsprachigen Texten sein.

Nicht unbedeutend für die Frage der praktischen Verwendung der *Trium vocum carmina* sind zudem die in beiden erhaltenen Exemplaren enthaltenen handschriftlichen Eintragungen von alter Hand. Formschneider erklärte, daß der kenntnisreiche Musiker sicherlich die Komponisten der verschiedenen Werke ermitteln könne – und so wurden denn auch in beiden Exemplare entsprechende Versuche gemacht; auch die Titel bzw. Textanfänge wurden dabei häufig ergänzt.[151] Von den Texten wurden meist nur die Anfangsworte eingetragen, doch in einzelnen Fällen wurde dabei Text auch genau unterlegt; das auffälligste Beispiel ist Isaacs *Der hundt* (Nr. 2). Hier wurden im Jenaer Exemplar im zweiten Teil zwei Textzeilen akkurat unterlegt, wie das folgende Beispiel zeigt (Textunterlegung und Zeilenwechsel entsprechen dem Original):[152]

Notenbeisp. 6: Heinrich Isaac, *Der hundt* (Ausschnitt aus der T-Stimme mit handschriftlich ergänzter Textierung im Jenaer Exemplar von 1538[9])

Auch das Repertoire weist verschiedene Parallelen zu dem der Musiktraktate auf, deren Verwendung oben besprochen wurde. Am deutlichsten wird dies durch die erwähnten Übernahmen mehrerer Kompositionen in Zangers Traktat. Daß Zanger gerade Kompositionen aus Formschneiders Druck als *exercitia* übernahm, deutet darauf hin, daß er diesen eben als Sammlung solcher Übungs- und Studienkompositionen kannte.

Neben diesen Beobachtungen zu Übernahmen aus Formschneiders Druck bietet auch ein Blick auf die Überlieferung zahlreicher Kompositionen in älteren

151 Eine genaue Wiedergabe der Eintragungen findet sich bei Holzmann, *Formschneider*, S. 109–130; etwas weniger detailliert auch bei Brown, S. 59ff.

152 Freilich handelt es sich wohl nur um ein Liedzitat, das ein Benutzer hier identifizierte. Vgl. dazu Staehelin, *Egenolff*, S. 98f. sowie ders., *Isaac*, Bd. III, S. 61f., Anm. 87.
Das Jenaer Exemplar stammt aus der kurfürstlichen Bibliothek zu Wittenberg und ist in einem Katalog dieser Bibliothek nachzuweisen: UB Jena, Ms. App. 22 B (4D), fol. 4^{v}. Pensel, *Jena*, S. 18f. gibt für diesen Katalog das Entstehungsjahr 1536 an, nach mündlicher Auskunft der UB Jena ist der Katalog jedoch nicht vor 1543 zu datieren.

Quellengruppen, aus deren Repertoire Formschneider vermutlich geschöpft hat, aufschlußreiche Hinweise. Eine ganze Reihe von Kompositionen nämlich erscheint in älteren deutschen Quellen, viele von ihnen mit lateinischen Texten – teils sind es Kontrafakturen weltlicher französischer oder italienischer Kompositionen, teils offenbar nachträgliche Textierungen ursprünglich textloser Kompositionen (vgl. dazu das Inhalts- und Konkordanzenverzeichnis zu den *Trium vocum carmina* im folgenden Abschnitt). Dies führt uns zum weiten Feld der Rezeption fremdsprachiger (d.h. volkssprachlicher) Kompositionen im Deutschland des 15. und 16. Jahrhunderts. Zu den frühesten und zugleich bekanntesten Beispielen gehören die Kontrafakturen italienischer und französischer Kompositionen des späten 14. und frühen 15. Jahrhunderts im Werk des Tiroler Dichters Oswald von Wolkenstein (um 1377–1445).[153] Diese Tradition der Kontrafaktur setzt sich das ganze 15. und 16. Jahrhundert hindurch fort.[154] Für unseren Zusammenhang ist dabei vor allem von Interesse, daß Teile des von Formschneider in seine Sammlung aufgenommen Repertoires bereits in einigen deutschen Handschriften der Zeit um 1500 zu finden sind und dort der vokalen Praxis durch Neutextierung nutzbar gemacht wurden. Zu nennen wären hier insbesondere die Handschriften Berlin 40021, LeipzigUB 1494 und MünchenSB 3154.[155] Einen genaueren Überblick soll das nachfolgende Inventar des Druckes geben.

a) Inhalts- und Konkordanzenverzeichnis der *Trium vocum carmina*

Der Druck enthält weder Texte, Titel noch Komponistennamen. Die beiden erhaltenen Exemplare in Jena und Berlin enthalten jedoch zeitgenössische handschriftliche Angaben. Diese werden hier in der Titelzeile angegeben, wobei nur bei starken Abweichungen auf die unterschiedlichen Angaben in den beiden Exemplaren hingewiesen wird. Die Angabe der Konkordanzen beschränkt sich im allgemeinen auf die wichtigsten sowie auf solche, die bei Holzmann nicht nachgewiesen sind.[156]

---

153 Vgl. dazu Welker, *Oswald von Wolkenstein* und die dort genannte ältere Literatur.

154 Mit der Kontrafakturpraxis im 16. Jahrhundert befassen sich Staehelin, *Kontrafakturpraxis*, Blackburn, *Chansons*, Just, *Bemerkungen* sowie Kmetz, *Singing Texted Songs*.

155 Vollständige Neuausgabe der Handschrift Berlin 40021 in EdM 76–78, LeipzigUB 1494 in EdM 32–34, MünchenSB 3154 in EdM 80–82.

156 Zu den Konkordanzen vgl. Holzmann, *Formschneider*, S. 108–130 sowie Brown, *Instrumental Music*, S. 59–62. Der Druck liegt neuerdings auch in einer vollständigen praktischen Neuausgabe vor; siehe Formschneyder [sic], *Trium vocum carmina*.

Titelblatt:
TRIVM VOCVUM CARMINA A DIVERSIS MVSICIS COMPOSITA. Cum privilegio Cæsareæ atque Regiæ meies: ad sexennium.
Tenor am Ende: *Impressum Nürenberge per Hieronymum Formschneyder. 1538.*

1. [*Das lang*] *L*[udwig] *S*[enfl]
Im Berliner Exemplar: *fa*.
Konk.: MünchenUB 328–331, Nr. 9 (*Trium Bischoff von Regensburg*, im Index: *Trium in fa*, anonym); Heilbronn X/2, Nr. 6 (*Das lang*, Senfl);[157] [c. 1535][14] (III), Nr. 6 (*Das lang*, anonym).
Ed.: Senfl, *Werke*, Bd. VII, Nr. 1.

2. [*Der hundt*] *H. Isac*
Handschriftlicher Titel im Berliner Exemplar: *Das kind lag in der wiegen*; im Jenaer wurde dieser Textausschnitt im zweiten Teil der Musik unterlegt (vgl. oben S. 48).
Konk.: Heilbronn X/2, Nr. 5 (*Der hundt*, Isaac); St. Gallen 462, fol. 49v–51r (anonym); RISM [c. 1535][14] (III), Nr. 3 (*Der hundt*, anonym).
Ed.: DTÖ 32, S. 75f.

3. *Hellas je suis mary* *H. Isac*
Konk.: Hradec Králové II A 20, S. 101 (textlos, Isaac); Heilbronn X/2, Nr. 31 (*Helas*, Isaac); Zwickau LXXVIII/3, Nr. 23 (textlos, Isaac); Segovia s.s. fol 177r (*Elaes*, Isaac); FlorenzBN B.R. 229, Nr. 6 (*Helas, que devera mon cuer*, Isaac); FlorenzBN Panc. 27, fol. 138v (*Helas*, Isaac); RomBAV C.G. XIII,27, fol. 76v (*Hellas*, Isaac); Verona DCCLVII, fol. 20v (textlos, anonym); RISM 1501, fol. 55v (*Helas*, Isaac); [c. 1535][14] (III), Nr. 55 (*Helas*, anonym).
Ed.: DTÖ 28, S. 75; Brown, *Chansonnier*, Nr. 6.

4. *En ung matin* *Anton. Brumel*
[= *Vray dieu d'amours*]
Konk.: 1541[2], Nr. 13 (*So ich bedenck / anfang und endt*, anonym); [c. 1535][14], Nr. 49 (nur S, anonym); [1560][1], Nr. 9 (*So ich bedenck*, anonym); St. Gallen 461, S. 55 (Brumel, nur S); Heilbronn X/2, Nr. 18 (nur B, anonym); Herdringen 9822–9823, S fol. 17r, B fol. 18r (*So ich bedenck*, anonym); Ulm 237, D fol. 25v, T fol. 23r, B fol. 24v (anonym); London Add. 35087, fol. 84v–86r (anonym); London Harley 5242, fol. 1v (anonym); FlorenzBN XIX, 107bis, fol. 47v (textlos, anonym).
Ed.: CMM 5, Bd. VI, Nr. II/14.

5. [*Pleni sunt coeli* aus der *Missa Fortuna desperata*] [Jacob Obrecht]
Konk.: FlorenzBN XIX, 107bis, fol. 38v (*Pleni*, unvollst., anonym).
Ed.: Obrecht, *Werke, Messen*, Bd. III, S. 115 (siehe dort für weitere Konk.).

---

157 Das einzelne Baßstimmbuch Heilbronn X/2 ist eine Teilabschrift des verlorenen Basses von [c. 1535][14] (III); vgl. Staehelin, *Egenolff*, S. 94.

158 Vgl. Just, *Bemerkungen*, S. 40.

6. [textlos] [anonym]

7. *Allez regretz* *Hayne* [van Ghizeghem]
Konk.: FlorenzBN B.R. 229, Nr. 225; RISM 1501, fol. 52^{v} (Hayne); [c. $1535]^{14}$ (III), Nr. 26 (anonym).
Ed.: Brown, *Chansonnier*, Nr. 225 (siehe dort für weitere Konk.).

8. [*Al mein mut*] [H. Isaac]
Konk.: Heilbronn X/2, Nr. 7 (*Fa sol la*, anonym); RISM [c.$1535]^{14}$ (III), Nr. 4 (*Fa, sol, la*, nur S, anonym); 1541^{2}, Nr. 12 (*Al mein mut*, Isaac); $[1560]^{1}$, Nr. 20 (*Al mein mut,* Isaac).
Ed.: DTÖ 28, S. 3.

9. [*Du bon de cuer*] [anonym]
Konk.: MünchenSB 1516, Nr. 138 (anonym); MünchenSB 1503a, Nr. 4 (anonym); Ulm 237, D fol. 23^{r}, T fol. 20^{v}, B fol. 21^{v} (anonym); London Add. 35087, fol. 4^{v}–5^{r} (in allen St. textiert, anonym).

10. *Pleni sunt celi* [aus *Missa Fortuna desperata*] *Joskin*
Konk.: siehe Teramoto/Brinzing, *Petreius*, S. 36.
Ed.: Josquin, *Werken*, Misssen, Bd. I, S. 13ff.

11. *Gabrielem archangelum* [anonym]

12. *Si sumpsero* *Jacobus Obrecht*
Konk.: Brüssel 11239, fol. 33^{v}–35^{r}; Augsburg 142a, fol. 31^{v} (anonym); Greifswald 640–641, Nr. 11 (Quarte höher, anonym); Heilbronn X/2, Nr. 8; St. Gallen 463, Nr. 24 (anonym, nur D); Stuttgart XVII 26, fol. 25^{v} (textlos Quarte höher, anonym); 1502^{2}, fol. 42^{v}; 1513^{4}; [c. $1535]^{14}$ (III), Nr. 15 (anonym); Zanger 1554, fol. [E $4]^{v}$ (Quarte höher, textlos, anonym).
Ed.: Obrecht, *Werke*, *Motetten*, Nr. 19.

13. *Si dedero* *Obrecht* [= A. Agricola]
Konk.: Brüssel 11239, fol. 32^{v}–33^{r} (anonym); FlorenzBN B.R. 229; Greifswald 640–641, Nr. 9 (anonym, nur D und A); MünchenSB 3154, fol. 454^{v} (anonym); RISM 1501, fol. 61^{v}.
Ed.: Brown, *Chansonnier*, Nr. 68 (dort auch weitere Konk.); CMM 22/IV, S. 50f.

14. [*Christe* der *Missa Si dedero*] [J. Obrecht]
Ed.: Obrecht, *Werke*, *Messen*, Bd. IX, S. 4 (dort weitere Konk.).

15. [textlos] [anonym]

16. *La bernardina* *Joskin*
Konk.: RISM 1504^{3}, fol. 157^{v}–158^{r}.
Ed.: Josquin, *NJE*, Bd. 27, Nr. 27.21 (dort auch weitere Konk.).

17. *Navez point veu* [Jean Richafort]
Konk: RISM 1536^{1}, fol. 17^{r} (Richafort); 1541^{2}, Nr. 67 (Richafort); $[1560]^{1}$, Nr. 37 (Richafort); 1578^{15}; Herdringen 9821, Nr. 23 (Josquin).

18. *Mes pensees* *L. Compere*
Konk.: FlorenzBN B.R. 229, Nr. 130; Zwickau LXXVIII/3, Nr. 10 (anonym); RISM 1501, fol. 64^{v}.
Ed.: Brown, *Chansonnier*, Nr. 130 (dort auch weitere Konk.).

19. [textlos] [anonym]
Konk.: Stuttgart XVII 26, fol. 24^{r}; Zanger 1554, fol. F 3^{r}–[F $4]^{r}$.

20. *Die brünlein die do fliessen* [H. Isaac / P. Hofhaimer?]
Konk.: 1541^{2}, Nr. 28 (Isaac); $[1560]^{1}$, Nr. 11 (Isaac); Wien 18810, Nr. 14 (Hofhaimer); Basel F.X. 21, fol.27^{r} (anonym); Herdringen 9822–9823, S fol. 18^{v}, B fol. 18^{v} (anonym); MünchenUB 328–331, Nr. 53 (anonym).
Ed.: DTÖ 28, S. 126.

21. [*Se mai il cielo*] [Johannes Martini]
Konk.: FlorenzBN B.R. 229, Nr. 5 (Martini); FlorenzBN XIX, 178, fol. 65^{v}(Martini); RomBC 2856, fol. 119^{v} (Incipit *Je remerchi Dieu*, Martini); Verona DCCLVII, fol. 11^{v} (textlos, anonym).
Ed.: Brown, *Chansonnier*, Nr. 5.

22. [textlos] *H finck* [Heinrich Finck]
Ed.: DTÖ 72, S. 24.

23. *Tristitia vestra* *H. Isaac*
Konk.: St. Gallen 462, fol. 36^{v} (anonym); 1541^{2}, Nr. 24; $[1560]^{1}$, Nr. 7.
Ed.: SMd 5, Nr. 40.

24. [textlos] [anonym]

25. *Will nieman singen so sing abre ich* [anonym]

26. *Comme femme desconforte* [Alexander] *Agricola*
Konk.: Berlin 40021, Nr. 62 (mit Text *Virgo sub aetheris*, anonym); Paris 1597, fol. 29^{v}–30^{r} (anonym); RomBC 2856, fol. 126^{v}–128^{r}; RomBAV C.G. XIII,27, fol. 109^{v}–111^{r}; FlorenzBC 2439, fol. 74^{v}–76^{r}; 1504^{3}, fol. 146^{v}–147^{r}.
Ed.: CMM 22/V, S. 74ff.

27. *Caecor*[*um*] [*Caecus non judicat de coloribus*] *Alexander agricola* [H. Isaac?]
Konk.: St. Gallen 462, S. 132–135 (textlos, *Alexander*); St. Gallen 530, fol. 12^{v}–14^{v} (*Diva parens*, nur Textmarke); Hradec Králové II A 7, S. 198–201 (*Ave ancilla trinitatis*, Isaac); Berlin 40021, Nr. 17 (*Regali quam decet*, anonym); LeipzigUB 1494, fol. 171^{v}–172^{r} (nur 2. Teil mit Text *Gaude virgo*); MünchenSB 3154, fol. 70^{v}–72^{r} (*Gaudent in caelis*, nur Textmarke); Segovia s.s., fol. 195^{v}–197^{r} (*Fer-*

dinandus et frater eius, Caecus non judicat de coloribus); Bologna Q 17, fol. 12ᵛ–16ʳ (anonym).[158]

Ed.: CMM 22/V, S. 102-105.

28. *Ein frölich wesen* — *Jacob barbireau* [Isaac/ Obrecht?]

Konk.: St. Gallen 463, Nr. 153 (Obrecht); Greifswald 640–641, Nr. 75 (Isaac); Ulm 237, fol. 16ʳ, 14ʳ, 15ʳ (anonym).

29. *La morra* — *H. Isac*

Konk.: FlorenzBN B.R. 229, Nr. 12.

Ed.: Brown, *Chansonnier*, Nr. 12 (dort auch weitere Konk.).

30. *Benedictus* [der *Missa Quant j'ay au cueur*] — *H. Isac*

Konk.: 1501, fol. 82ᵛ–83ʳ (Isaac, zu weiteren Konk. vgl. unten S. 83).

31. *Fors seulement* — *Jöskin* [= A. de Févin]

Konk.: St. Gallen 463, Nr. 46 (anonym); Herdringen 9822–9823, S fol. 23ʳ, B fol. 24ʳ (anonym); MünchenSB 1516, Nr. 129 (anonym); Kopenhagen 1848, S. 102 (anonym); Cambridge 1760, fol. 58ᵛ (Févin); London Add. 31922, fol. 104ᵛ (anonym); 1520^{6}, Nr. 4 (anonym); [c. $1535]^{14}$ (III), Nr. 51 (anonym); 1541^{2}, Nr. 73 (anonym); 1553^{22}, Nr. 11; 1578^{14}, fol. 12ᵛ.[159]

Ed.: Obrecht, *Werke*, Bd. VII, S. 90.

32. [textlos] — [anonym]

33. [*Adieu fillette*] — [H. Isaac]

Konk.: St. Gallen 530, fol. 11ᵛ–12 (*Non diva parens*, A.Agricola); Berlin 40021, Nr. 10 (textlos); Zwickau LXXVIII/3, Nr. 24 (textlos, Isaac); Uppsala 76a, fol. 67ᵛ (textlos, Isaac); 1502^{2}, fol. 48ᵛ–49ʳ (anonym); [c. $1535]^{14}$ (III), Nr. 18 (*Adieu fillette*).

Ed.: DTÖ 28, S. 120.

34. [textlos] — [anonym]

35. [*La martinella*] — [anonym]

Konk.: Paris 676, Nr. 29 (mit Incipit *Servitur*); FlorenzBN B.R. 229, Nr. 137 (*Martinella*); RomBAV C.G. XIII,27, fol. 68ᵛ (*La martinella*).

Ed.: Brown, *Chansonnier*, Nr. 137.

36. *La martinella* — [Johannes Martini]

Konk.: Sevilla 5–I–43, fol. 14ᵛ ([*L*]*a martinella*, anonym, unvollst.); Segovia s.s. fol. 197ᵛ (*La Martinella*, Isaac, mit neuem Contratenor); Paris 15123, fol. 145ᵛ (La martinella, anonym); Bologna Q 16, fol. 93ᵛ (anonym, *La martinella*); RomBC 2856, fol. 54ᵛ (*La Martinelle*, Martini); RomBAV C.G. XIII,27, fol. 29ᵛ (Martini); TrientC 89, fol. 389ᵛ (textlos, Martini); TrientC 91, fol. 257ᵛ (*La*

---

159 Vgl. auch Josquin, *NJE*, Bd. 27, *Critical Commentary*, S. 70–73.

martinelle, anonym); Verona DCCLVII, fol. 17^{v} (textlos, anonym); KrakauBJ 40098, Nr. 268 (textlos, anonym); Warschau 58, fol. 113^{v} (textlos, anonym).
Ed.: Brown, *Chansonnier*, Nr. 13.

37. *Il nest plaisir* [H. Isaac]
Konk.: Wien 18810, Nr. 36 (mit Incipit *Lombre*, Isaac; hier mit einem 2. Teil und einer zusätzlichen Altstimme); MünchenUB 328–331, Nr. 123 (*Carmen in re*, im Index: *Ain lombre in re*, anonym; sonst wie Wien 18810).

38. *Mein muterlin* *Johan Buchner*

39. *Peccavi* [*super numerum*] [anonym]
Konk.: RISM 1541^{2}, Nr. 44 (vollst. textiert).

40. *Da pacem Domine / Christ ist erstanden* [anonym]

41. *Min hert hefft alltyt verlanghen* [anonym]
Ed.: Gombosi, *Obrecht*, Anhang Nr. 30.

42. *Myn hert heft alltyt verlanghen* [anonym]
Konk.: Ulm 237, D fol. 16^{r}, T fol. 14^{r}, B fol. 15^{r} (anonym).
Ed.: Gombosi, *Obrecht*, Anhang Nr. 31.

43. *Pleni La narraige* [*Pleni* der *Missa Narayge*] *Joh. Ghiselin*
Konk.: 1542^{8}, Nr. 36 (mit Text *Tota scriptura*, Ghiselin).
Ed.: Rhau, *Musikdrucke*, Bd. IX, Nr. 36 (nach 1542^{8}; dort auch weitere Konk.).

44. *La stangetta* [Obrecht/ Weerbeke/ Isaac?]
Konk.: FlorenzBN Panc. 27, fol. 34^{v}–35^{r} (*La stangetta*, anonym); Heilbronn X/2, Nr. 29 (*La stangetta*, anonym); Zwickau LXXVIII/3, Nr. 18 (Obrecht); Segovia s.s., fol. 172^{r} (mit Incipit *Ortus de celo flos est*, Isaac); RISM 1501, Nr. 49 (*La stangetta*, im Ex. Bologna: *Uuerbach*); RISM [c. $1535]^{14}$ (III), Nr. 54 (*La stangetta*, anonym).[160]
Ed.: Hewitt, *Odhecaton*, Nr. 49.

45. [textlos] [anonym]

46. *Fors seulement* [anonym]
Konk.: 1520^{6}, fol. 10^{v}; London Add. 35087, fol. 80^{v}.

47. *Fors seulement* [J. Ockeghem]
Konk.: St. Gallen 461, S. 4f. (Ockeghem); FlorenzBC 2439, fol. 52^{v}–53^{r} (Ockeghem).

---

160 Hewitt, *Odhecaton*, S. 151 gibt als weitere Konk. an: Bologna Q 16, fol. 68^{v}–69^{r} mit dem Incipit *Ce nest pas*. Diese Komposition ist jedoch (eine Oktave höher notiert) nur mit dem Beginn von *La stangetta* identisch.

48. [*Een frouwelic wesen*] [J. Ghiselin]
Konk.: FlorenzBC 2439, fol. 48^{v}–50^{r} (Ghiselin).
Ed.: CMM 23/IV, S. 25ff.

49. *La Alfonsina* *Joh. Ghiselin*
Konk.: St. Gallen 461, S. 80f.; FlorenzBN Panc. 27, fol. 98^{v}–99^{r}; RISM 1501, fol. 87^{v}–88^{r}; [c. $1535]^{14}$ (III), Nr. 53 (anonym); Zanger 1554, fol. [E $3]^{v}$–[E $4]^{v}$.
Ed.: CMM 23/IV, S. 36ff.

50. [*Tous nobles cueurs*] [P. de la Rue]
Konk.: FlorenzBC 2439, fol. 87^{v}.

51. [*Tant est gentil plaisant*] [anonym]
Konk.: 1520^{6}, fol. 9^{r}–9^{v}/ 58^{v}–59^{r} (anonym); 1541^{13}, S. 42 (Janequin); RISM 1542^{8}, Nr. 67 (anonym); 1543^{23}, S. 44 (Janequin).[161]
Ed.: Rhau, *Musikdrucke*, Bd. IX, Nr. 67 (dort auch weitere Konk.).

52. [textlos] [anonym]

53. *Garisses moy* [L. Compère]
Konk.: St. Gallen 461 (*Barises moy*, Compère); RISM 1501, Nr. 58 (Compère).
Ed.: Hewitt, *Odhecaton*, Nr. 58 (dort auch weitere Konk.).

54. [*Rendez le moy*] [J. Ghiselin]
Konk.: FlorenzBC 2439, fol. 82^{v}–83^{r} (Ghiselin). [c. $1535]^{14}$ (III), Nr. 61 (anonym).
Ed.: CMM 23/IV, S. 20f.

55. *Mater patris* (Berliner Ex.: *Pater matris*) *Ant. Brumel*
Konk.: FlorenzBN Panc. 27, fol. 101^{v}–102^{r} (*M*[*ate*]*r patris*, Brumel); RISM 1501, Nr. 62.
Ed.: Hewitt, *Odhecaton*, Nr. 62 (dort auch weitere Konk.).

56. *Elslin liebes Elslin min* *Xystus Dietrich* [Sixtus Dietrich]

57. [*Elslin liebes elselin min*] [anonym]

58. [*Oublier veuil tristesse*] [Alexander] *Agric*[ola]
Konk.: Wien 18810, Nr. 52 (*Carmen*); FlorenzBC 2439, fol. 72^{v} (*Oublier veuil tristesse*).
Ed.: CMM 22 /V, S. 60f.

59. *Weit ghy* [anonym]
Konk.: RISM 1504^{3}, fol. 155^{v}–156^{r} (anonym).

---

161 Die Autorschaft Janequins sieht F. Lesure als unwahrscheinlich an; vgl. Rhau, *Musikdrucke*, Bd. IX, S. 293.

60. *De tous biens playne* *Hayne* [= anonym][162]
Konk.: RISM 1504^3, fol. 142^v–143^r (anonym).

61. [*C'est donc pour moy*] [Adrian Willaert / Ninot le Petit?]
Konk.: Heilbronn X/2, Nr. 1 (*Cedant par moy*, Willaert); Ulm 237, D fol. 21^v, T fol. 19^r, B fol. 20^r (anonym); London Add. 35087, fol. 81^v–83^r (anonym); [c. $1535]^{14}$ (III), Nr. 47; 1541^{13}, Nr. 60.[163]

62. [*Vostre a jamays / Je nay dueul*] [J. Ghiselin]
Konk.: MünchenSB 1516, Nr. 125 (anonym); St. Gallen 463, Nr. 51 (anonym); 1504^3, fol. 149^v–160^r (Ghiselin).[164]
Ed.: CMM 23/IV, S.16f.

63. [textlos] [anonym]

64. [*Se iay requis*][165] *Jo. Ghiselin*
Konk.: MünchenSB 1516, Nr. 126 (anonym); RISM 1504^3, fol. 160^v–161^r.
Ed.: CMM 23/IV, S. 18f.

65. *Ecce video celos apertos* *Nicolaus Craen*
Konk.: Cambrai 125–128, fol. 85^v (*Osculetur me osculos*); Heilbronn X/2, Nr. 22; St. Gallen 463, Nr. 22; Zwickau LXXVIII/3, Nr. 4 (anonym); Glarean 1547, S. 326f.; [c. $1535]^{14}$ (III), Nr. 45 (anonym).

66. *Si dormiero* [La Rue / Isaac / Agricola?]
Konk.: FlorenzBC 2439, fol. 95^v–97^r (La Rue); Greifswald 640–641, fol. 10^r–11^r; Heilbronn X/2, Nr. 19 (anonym); Kassel 53/2 (anonym); Wien 18810, Nr. 57 (*Guretzsch*, Isaac); Wrocław 428, Nr. 102 (mit Textmarke [*O*] *mitis mater Christi*, anonym); Zwickau LXXVIII/3, Nr. 3 (anonym); [c. $1535]^{14}$ (III), Nr. 44 (anonym).
Ed.: DTÖ 28, S. 104.

67. *Fantasia* *L*[udwig] *S*[enfl]
Ed.: Senfl, *Werke*, Bd. VII, Nr. 2.

68. [textlos] [anonym]

69. [*Sancta maria virgo mittis*] [La Rue]
Konk.: FlorenzBC 2439, fol. 94^v–95^r (der hier vorhandene 2. Teil fehlt bei Formschneider).

70. [textlos] [anonym]

---

162 Nicht der Satz Hayne van Ghizeghems.

163 Weitere Konk. siehe Bridgeman, *Egenolff*, S. 165.

164 Formschneiders Fassung weicht teilweise stark von der in RISM 1504^3 ab!

165 In beiden Exemplaren fälschlich *Vostre a jamais* (vgl. Nr. 62).

71. *Ein schönes weib erfrewet mich* — *Arnoldus Brugensis* [Arnold von Bruck]
Im Berliner Exemplar: *Ich weiss ein schönes weib.*
Ed.: DTÖ 72, S. 6f.

72. *La pris* [*la tient*] — *Prioris*
Konk.: Paris 1596, fol. 4v.

73. [*Crucifixus* der *Missa Je nay deul*] — [A. Brumel][166]
Konk.: siehe Teramoto/Brinzing, *Petreius*, S. 37.
Ed.: CMM 5, Bd. I, S. 1.

74. [textlos][167] — [anonym]

75. *En lombre dung buissonet* — [anonym]

76. [*Pleni* der *Missa Malheur me bat*] — [J. Obrecht]
Konk.: siehe EdM 78, S. 338.

77. [*Les bien amore*] — [Isaac/ Martini?]
Konk.: Berlin 40021, Nr. 23 (*Ave amator*, anonym); FlorenzBN B.R. 229, Nr. 19 (Martini); FlorenzBN Panc. 27, fol. 49v–50r (Isaac).
Ed.: Brown, *Chansonnier*, Nr. 19 (dort auch weitere Konk.).

78. *Es wonet lieb bey liebe* — [anonym]

79. *Petite camusette* — [A. de Févin]
Konk.: MünchenSB 1516, Nr. 154 (anonym); Cambridge 1760, fol. 57v (Févin); London Add. 35087, fol. 67v (anonym); 1578^{16}, fol. 23v (Josquin).
Ed.: Whisler, *Munich 1516*, Bd. 2, S. 402–404.

80. [textlos] — [anonym]

81. *Si bebero* — [anonym]
Konk.: Heilbronn X/2, Nr. 11; RISM [c. 1535]^{14} (III), Nr. 28.

82. *La plus des plus* — [Josquin]
Konk.: Zwickau LXXVIII/3, Nr. 22 (Josquin); RISM 1501, Nr. 64 (Josquin); [c. 1535]^{14} (III), Nr. 12 (anonym).
Ed.: Josquin, *NJE*, Bd. 27, Nr. 27.22.

83. [textlos] — [anonym]

84. *Belle sur toutes* — [Alexander] *Agricola*
Konk.: 1504^{3}, Nr. 132.
Ed.: CMM/22/IV, S. 52f.

---

166 Im Berliner Exemplar die falsche Angabe *Agricola, Jen ay deuil* von moderner Hand.

167 Im Berliner Exemplar von moderner Hand: *Pleni.*

85. *Mal heur me bat* [= *Christe* der *Missa Malheur me bat*] [J. Obrecht]
Konk.: vgl. Nr. 76.

86. *Ma bouche rit* [J. Ockeghem]
Konk.: New Haven 91, fol. 38^{v}–40^{r}; KrakauBJ 40098, Nr. 61; RISM 1501, Nr. 54.[168]
Ed.: Hewitt, *Odhecaton*, Nr. 54 (dort auch weitere Konk.).

87. [textlos] [anonym]

88. *Fortuna desperata* *H. Isac*

89. *Je suis infortune* (Berliner Ex.: *Cedant*) [anonym]

90. *Tota pulchra es* [anonym]

91. *Malheur me bat* [Ockeghem/ Martini?]
Konk.: St. Gallen 461, S. 52 (Ockeghem); Bologna Q 16, fol. 22^{v} (*Dieu d'amors*, anonym); Bologna Q 18, fol. 73^{v} (anonym); FlorenzBN B.R. 229, Nr. 11; RomBC 2856, fol. 56^{v} (Malcort); RomBAV C.G. XIII,27, fol. 65^{v} (Martini); RISM 1501, fol. 68^{v} (Ockeghem); [c. 1535]^{14} (III), Nr. 58 (anonym).
Ed.: Brown, *Chansonnier*, Nr. 11.

92. *Malheur me bat* [Crucifixus der *Missa Malheur me bat*] [J. Obrecht]
Konk.: vgl. Nr. 76.

93. [*Agnus* II der *Missa Malheur me bat*] [J. Obrecht]
Konk.: vgl. Nr. 76.

94. [textlos] [anonym]

95. *Ich stund an einem morgen* [L. Senfl]
Konk.: St. Gallen 463, Nr. 47; Zwickau LXXVIII/3, Nr. 1 (anonym); Wrocław 428, fol. 250^{v}–251^{r} (anonym, 4st.).
Ed.: Senfl, *Werke*, Bd. VII, Nr. 3.

96. *Ich stund an einem morgen* *L*[udwig] *S*[enfl]
Ed.: Senfl, *Werke*, Bd. VII, Nr. 4.

97. [textlos] [anonym]

98. *Pater a nullo est factus* *Samson* [= Sampson]
Konk.: Herdringen 9822–9823, S fol. 14^{r}, B fol. 15^{v} (anonym); MünchenSB 1516, Nr. 156 (Sampson); Ulm 237, S fol.28^{v}, T fol. 26^{v}, B fol. 27^{v} (anonym); 1541^{2}, Nr. 31 (Sampson).

---

[168] Der Beginn der Tenorstimme ist mit dem Beginn des Diskants von Paulus de Rhodas *Phfawin schwantcz* in KrakauBJ 40098 identisch.

99. *To andernaken up dem Ryn* *Alexander agricola*
Konk.: RISM 1504^{3}, fol. 144^{v}–146^{r} (Agricola); Finck 1556, fol. Z 2^{r}–Aa^{r} (ohne Titel, anonym, als *Exemplum sesquialteræ diminutæ, ubi Minimæ quinque uno tactu vulgari mensurantur*).
Ed.: CMM/22/V, S. 99ff.

100. *In gotes namen faren wir* *Paulus hoffheymer*
Ed.: Moser, *Hofhaimer*, Anhang, S. 200f.

b) Das Repertoire der Formschneider-Sammlung

Werfen wir zunächst einen Blick auf zwei Werke, deren autonom instrumentale Faktur als gesichert gilt, die jedoch nach Ausweis verschiedener deutscher Quellen auch – mit hinzugefügten Texten – gesungen wurden. Es handelt sich hierbei um Kompositionen, die wohl in Italien entstanden und deren primäre Quellen ebenfalls von dort stammen.

Alexander Agricola, *Caecus non judicat*:

St. Gallen 462, S. 132–135 (textlos, *Alexander*); St. Gallen 530, fol. 12^{v}–14^{v} (*Diva parens*, nur Textmarke); Hradec Králové II A 7, S. 198–201 (*Ave ancilla trinitatis*, Isaac); Berlin 40021, Nr. 17 (*Regali quam decet*, anonym); LeipzigUB 1494, fol. 171^{v}–172^{r} (nur 2. Teil mit Text *Gaude virgo*); MünchenSB 3154, fol. 70^{v}–72^{r} (*Gaudent in caelis*, nur Textmarke); Segovia s.s., fol. 195^{v}–197^{r} (Überschrift: *Ferdinandus et frater eius*, Titel: *Caecus non judicat de coloribus*); Bologna Q 17, fol. 12^{v}–16^{r} (anonym); 1538^{9}, Nr. 27.[169]

Heinrich Isaac, *La morra*:

LeipzigUB 1494, fol. 85^{v} (textlos); ebd., fol. 245^{v}–246^{r} (mit Text *Reple tuorum*); FlorenzBN B.R. 229, Nr. 12; 1538^{9}, Nr. 29.[170]

In jenen Quellen, die diese Kompositionen mit Texten überliefern, sind auch zahlreiche Kontrafakturen von Chansons enthalten. Viele dieser Chansons erscheinen neben den beiden Kompositionen Agricolas und Isaacs auch bei Formschneider (vgl. z. B. die Nummern 13, 26, 27 und 77); dieser schöpfte also aus einer älteren Tradition, in der diese Kompositionen als Vokalstücke rezipiert worden waren, was wiederum die These von einer primär vokalen Zweckbestimmung der Formschneider-Sammlung stützt.

Unter diesem rein überlieferungsgeschichtlichen Blickwinkel wird bereits deutlich, daß bei der Rezeption dieser Kompositionen die Frage einer ursprünglich instrumentalen Bestimmung keinerlei Rolle spielte. Jenes Repertoire, wie es uns die italienischen Chansonniers aus der Zeit um 1500 (z.B. FlorenzBN B.R.

169 Vgl. Just, *Bemerkungen*, S. 40.; Ed. in EdM 78, S. 326.

170 Für weitere Konkordanzen siehe Brown, *Chansonnier*, S. 211. Vgl. auch Just, *Bemerkungen*, S. 39.

229 und die Drucke Petruccis) überliefern, fand in eine deutsche Quellengruppe (LeipzigUB 1494, MünchenSB 3154 und Berlin 40021 und verwandte Handschriften) Eingang als Vokalmusik.[171] Die Frage, welche Bestimmung jene überwiegend textlosen italienischen Chansonniers haben, soll hier nicht erörtert werden.[172] Doch ist als wichtige Beobachtung festzuhalten, daß Stücke wie *La morra* in Deutschland nicht als besondere Gattung aufgefaßt wurden, sondern wie fremdsprachige Vokalkompositionen der vokalen Musikpraxis durch Textierung nutzbar gemacht wurden.[173]

Die Rezeption von Kompositionen wie Ghiselins *La alfonsina* als Vokalmusik steht somit bei Zanger nicht vereinzelt da, sie ist vielmehr im Rahmen einer Tradition zu verstehen, die sich das in den italienischen und französischen Quellen der Zeit um und nach 1500 vorgefundene Repertoire als Vokalmusik nutzbar machte.

---

171 Die Tatsache, daß *La morra* im Leipziger Apel-Kodex zweimal eingetragen wurde, ist auch ein Indiz dafür, daß hier zunächst zugängliche Kompositionen gesammelt wurden, auch wenn diese keinen oder einen aus sprachlichen Gründen nicht brauchbaren Text aufwiesen. Das gesammelte Material konnte in einem folgenden Schritt mit Texten versehen werden, die geeignet schienen und für die man Vertonungen benötigte.

172 Vgl. dazu Litterick, *Franco-Netherlandish secular music* und dies., *Ensemble Music*.

173 Howard M. Brown weist darauf hin, daß textlose Kompositionen wie *La morra* sich nicht signifikant von Vokalkompositionen unterscheiden und letztlich nur der abstrakte oder programmatische Titel auf ihre instrumentale Bestimmung verweist; siehe Brown, *Chansonnier*, S. 142. Vgl. dazu auch Brinzing, *Zum Problem textloser Überlieferung*.

V. Vokalmusik als instrumentales Repertoire

Im Zentrum der weiteren Untersuchungen soll die Frage stehen, welche aus dem deutschsprachigen Raum des 16. Jahrhunderts erhaltenen Quellen von Instrumentalisten benutzt wurden. Angesichts der in Kapitel III dargestellten Problematik der Identifizierung von Instrumentalkompositionen bietet dies als Ausgangspunkt die Möglichkeit festzustellen, welches Repertoire tatsächlich mit Instrumenten musiziert wurde. Nach dem folgenden Überblick sollen sodann drei Quellen eingehender untersucht werden.

1. Überblick

Es ist hier deutlich zu unterscheiden zwischen Handschriften und Drucken. Letztere wenden sich in aller Regel an ein möglichst großes Publikum und sind daher in ihrem Repertoire auf eine größtmögliche Attraktivität für die potentiellen Käufer hin ausgerichtet. Ein wichtiges Argument ist hierbei die Möglichkeit der alternativen vokalen oder instrumentalen Ausführbarkeit der Kompositionen. Nicht anders ist es zu erklären, daß in den Titeln vieler deutscher Musikdrucke des 16. Jahrhunderts ausdrücklich darauf verwiesen wird, die in ihnen enthaltenen Kompositionen seien *lustig zu singen / und auff allerley Instrument dienstlich,* wie es beispielsweise auf dem Titelblatt von Hans Otts erster Liedersammlung (1534[17]) heißt. Diese alternativen Ausführungsmöglichkeiten sind nicht auf das deutsche Lied beschränkt, entsprechende Hinweise finden sich auch auf Motettendrucken (so bei vielen Drucken mit Werken von Orlando di Lasso), und selbst die *Harmoniae poeticae* von Paul Hofhaimer und Ludwig Senfl (1539[26]) sind nach Angabe auf dem Titel *tum vocibus humanis, tum etiam instrumentis accomodatißimæ*, obschon es sich hier um humanistische Odenkompositionen handelt, die ganz auf den Vortrag eines metrischen Textes hin angelegt sind.

Handelt es sich also in den meisten Fällen um sehr allgemeine Hinweise, so werden diese doch hin und wieder auch spezifiziert und erhalten dadurch größeres Gewicht. So weist Arnt von Aich auf dem Titel seines zwischen 1512 und 1520 erschienenen Liederdrucks ([1519][5]) darauf hin, diese Lieder seien nicht nur *lustick zu syngen*, sondern auch *zu fleiten / schwegelen / und anderen Musicalisch*[en] *Instrumenten zu gebrauchen.* Diese Besetzungen mit Ensembles aus Block- bzw. Querflöten erfreuten sich gerade bei Amateurmusikern besonderer Beliebtheit.[174] Dem trug einige Jahre später auch der Pariser Drucker Pierre

174 Die besondere Beliebtheit der Blockflöte belegt Sebastian Virdung, der in seiner *Musica getutscht* (1511) neben der Laute und dem Clavichord nur das Blockflötenensemble näher beschreibt und genaue Spielanweisungen für diese Instrumente mitteilt. Anweisungen zum Spiel der Querflöte finden sich später bei Martin Agricola (1529).

Attaingnant Rechnung, der 1533 zwei Sammlungen mit (vollständig textierten) Chansons veröffentlichte, zu denen er jeweils genau angab, welche auf Block- und welche auf Querflöten gut spielbar seien.[175]

Nähere Aufschlüsse bieten in einigen Fällen auch die Vorreden der Drucke. Insbesondere wäre hier auf Georg Forsters Vorrede zu seiner bereits erwähnten ersten Liedersammlung (1539^{27}) hinzuweisen. Er verweist hier darauf, daß das Singen oder Spielen deutscher Lieder *bey allen frölichkeiten und kurtzweilen gebreuchlich* sei und dadurch *vil unnützes geschwetz / zutrincken / und andere laster verhindert werden.*[176] Im Blick auf den Inhalt der Sammlung stellt Forster dann fest, die Texte vieler Lieder seien ihm nur in sehr verderbten Fassungen zugänglich gewesen, so daß er sie oft habe ändern müssen. Zu einigen habe er sogar neue Texte angefertigt, *damit sie nicht on text weren.* Dennoch läßt Forster keinen Zweifel daran, daß die Lieder in erster Linie für eine instrumentale Ausführung gedacht waren, wird doch auf dem Titel eine vokale Ausführung überhaupt nicht erwähnt, sondern nur bemerkt, sie seien *auff allerley Instrumenten zubrauchen.* In der nächsten Liedersammlung, die Forster im folgenden Jahr herausgab, lautet der Titel demgegenüber: *Der ander theil kurtzweiliger guter frischer Teutscher Liedlein / zu singen vast* [= sehr] *lustig* (1540^{21}). In der Vorrede dieses Drucks bemerkt Forster, die im Vorjahr erschienene Sammlung habe Lieder enthalten, *so auff allerley Instrumenten zubrauchen vast dienstlich,* während er nun Liedsätze zusammengestellt habe, die speziell aufgrund ihrer Eignung zum vokalen Vortrag ausgewählt worden seien.[177]

Dennoch bleibt festzuhalten, daß Forster seine erste Liedersammlung mit vollständigen Texten in allen Stimmen versah, obschon er vor allem eine instrumentale Ausführung im Auge hatte. Dies geschah, *damit sie nicht on text weren,* also auch bequem vokal ausgeführt werden konnten.[178] Ganz offensichtlich hatte

---

175 Vgl. Smith, *Renaissancequerflöte,* S. 52ff.

176 Fol. a 2^{v}–a 3^{r}; Ed. in EdM 20, S. XXIX.

177 1540^{21}, fol. [a $1]^{v}$; die Vorrede ist auch faksimiliert in Teramoto/Brinzing, *Petreius,* S. 162.

178 Dieser Fragenkomplex berührt auch das Problem der Aufführungspraxis des Tenorliedes, auf die hier jedoch nicht näher eingegangen werden kann. Hans Joachim Moser vertrat die Auffassung, daß das ältere deutsche Tenorlied, wie es Forsters Sammlung überliefert, ein instrumental begleitetes Solotenorlied sei, das Forster „einer nachträglichen Vokalisierung und Acapellisierung" unterworfen habe (Moser, *Hofhaimer,* S. 119). Vgl. dazu auch die neuere Untersuchung von Keyl, *Tenorlied.*
Aus dem Jahre 1561 stammt die *Reformation, Lob unnd satzung der Edlen und lieblichen Kunst der Musica* des Wormser Musikkränzleins, einer bürgerlichen Musikgesellschaft, von Kaspar Scheit. Die Beteiligung von Instrumentalisten am mehrstimmigen Gesang wird dort zwar nicht als nötig, jedoch als wünschenswert betrachtet:
Wo müglich auch zu dem Concent,
Daß man möcht haben instrument,
Die soll man da auch hören lon /
Dem gsang gibt es ein schönen thon [...]
(Der Text ist vollständig abgedruckt bei Leitzmann, *Fischartiana,* S. 77–89, hier S. 84.)

dies in erster Linie markstrategische Gründe, konnte er doch auf diese Weise ein breiteres Publikum erreichen.

Im Blick auf eine instrumentale Ausführung ist auch ein drucktechnisches Detail von großer Bedeutung, nämlich das Seitenlayout der Stimmbücher. Forster weist eigens darauf hin, daß gerade mit Rücksicht auf die Instrumentalisten der Druck so angeordnet sei, daß bei keiner der Komposition ein Umblättern erforderlich werde.[179] Damit gibt uns Forster ein wichtiges Kriterium an die Hand, das bei der Beantwortung der Frage helfen kann, ob eine Quelle einer instrumentalen Ausführung dienen konnte.

Daß Forsters Vorstellungen tatsächlich auch Einfluß auf die musikalische Praxis hatten, dies belegen handschriftliche Eintragungen in einem heute in der Schermar-Bibliothek Ulm aufbewahrten Band (Signatur: Misc. 100a–d). In ihm sind der erste und zweite Band der Forsterschen Liedersammlung zusammengebunden, der erste in der vierten, der zweite in der dritten Auflage (1552^{27} bzw. 1553^{30}). Im ersten Band finden sich eine ganze Reihe instrumentaler Besetzungsangaben, im zweiten jedoch keine. Diese wurden überwiegend im Tenor, seltener im Diskant eingetragen und betreffen meist Block- oder Querflöte (z.B. *gut fleid* bzw. *gudt zwerch pfeiff*).[180]

Ein Druck, der sich an eine genau benannte Gruppe von Instrumentalisten richtet, sind die *Bicinia*, die der Berner Drucker Mathias Apiarius 1553 veröffentlichte (1553^{31}).[181] Dieser Druck enthält (vollständig textiert) acht geistliche und sieben weltliche Lieder von Johannes Wannenmacher sowie zwei weltliche Lieder von Apiarius selbst.[182] Er widmete ihn den Berner Stadtpfeifern, unter denen sich auch sein Sohn Sigfrid befand.[183] In seiner Vorrede bemerkt Apiarius, die Berner Stadtpfeifer seien zwar gewohnt, vier- oder fünfstimmig mit Posau-

---

179 *Damit auch vil anstimmens und umbwendens vermitten blib (zuvor aus wo man die Liedlein auff Instrumenten brauchen würd) haben wirs also zutrucken verordnet* (fol. a 3^v).

180 Eine Auflistung der Besetzungsangaben mit den Umfängen der jeweiligen Stimmen gibt Smith, *Renaissancequerflöte*, S. 68f., so daß hier auf nähere Angaben verzichtet werden kann. In ihrer Übersicht fehlt allerdings Nr. 28 (*Ich armer klag* von Laurenz Lemlin) mit der Angabe *gu*[*t*] *zwerch* im Tenor. Gelegentlich findet sich jedoch nur die Bemerkung *gut.* Bei Nr. 92 im Tenor: *das gut zusingn*, darunter von anderer Hand: *ist auch gut zudantzen*[!]. Im Diskant bei Nr. 69 *gut dantzenn*, bei Nr. 70 *gut singenn*. Teilweise stammen die Bemerkungen von zwei verschiedenen Händen und scheinen bei einem feuchtfröhlichen Zusammensein entstanden zu sein. So trug eine erste Hand beim Diskant von Nr. 68 *gut pfeiffenn* ein, wozu eine zweite ergänzte: *Inn Arß*; oder bei Nr. 59 nur: *gut scheissenn*.
Die beiden Liedersammlungen Forsters sind vollständig ediert in EdM 20 bzw. EdM 60.

181 *Bicinia sive duo, germanica Ad Æquales. Tütsche Psalmen unnd andre Lieder / Durch Joannem Vannium mit zweyen Stimmen zusammen gsetzt*. Ein Inventar der Sammlung mit Incipits findet sich in *Tenorlied*, Bd. 1, S. 248.

182 Zu diesem Druck vgl. Geering, *Vokalmusik*, S. 150–154; zu Wannenmachers Biographie vgl. ebd., S. 126–143 und S. 192ff. zu Apiarius.

183 Die Vorrede findet sich in der *Vox comunis*, fol. A 2^r–A 3^r; sie ist auch ediert in Eitner, *Apiarius*.

nen und Zinken zu spielen, doch empfiehlt er die vorliegenden Stücke insbesondere als Übungsmaterial der beiden Lehrjungen, um so dem schon etwas betagten Meister Michel Coppen ein wenig Ruhe zu gönnen. Bei dieser Gelegenheit erfahren wir auch, daß die Lehrjungen täglich eine Stunde Unterricht erhielten. Als Instrumente für die Bicinien empfiehlt Apiarius Block- oder Querflöten; dies biete eine klangliche Abwechslung und die Gelegenheit, sich vom Spiel der anstrengenden lauten Blasinstrumente zu erholen.

Doch auch diese Lieder waren nicht eigens für eine instrumentale Ausführung gedacht, vielmehr habe Wannenmacher sie komponiert, *damit so etwan zwen zusamen kämend, sich erlustigen möchtend*. Daher versah Apiarius die Lieder auch in beiden Stimmen mit vollständigen Texten, damit *anderen liebhabern und besonder den Sängern gedient werde*, zumal die Texte *so artlich apliciert* seien. Apiarius wollte also mit seiner Veröffentlichung ein Repertoire zur Verfügung stellen, das instrumental ausgeführt werden konnte, die Unterlegung der Texte geschah jedoch im Blick auf ein breiteres Publikum, dem auch die (vom Komponisten vorgesehene) vokale Ausführung ermöglicht werden sollte.

Eines der wenigen Beispiele für instrumentale Besetzungsvorschläge, die auf den Komponisten selbst zurückgehen, findet sich in Caspar Othmayrs Vorrede zu seinen *Reutterischen und Jegerischen Liedlein* (1549).[184] Othmayr widmet diese Sammlung Johann Jenitz, dem Leibsekretär des Markgrafen Albrecht Alcibiades von Brandenburg und empfiehlt die vierstimmigen Liedsätze für ein gemeinsames Musizieren mit Freunden. Dabei könne Jenitz auch seine *Zincken / Flötten / unnd Zwerchpfeyffen / (deren denn ir künstlich wol geübt)* [...] *erklingen lassen*. Die Liedsätze sind zwar vollständig textiert, doch war Othmayr offensichtlich mit Jenitz' Fähigkeiten und besonderen Vorlieben vertraut, wobei freilich wiederum die Frage offen bleibt, ob im Hause Jenitz Liedsätze instrumental oder in gemischt vokal-instrumentaler Besetzung aufgeführt wurden.

Neben den bisher genannten finden sich nur noch wenige Drucke, die konkrete Hinweise auf instrumentale Besetzungen aufweisen.[185] Tatsächlich sind die

---

184 Othmayr 1549, Tenor fol. a 2^v–a 3^r; auch abgedruckt bei Albrecht, *Othmayr*, S. 6.

185 Zu erwähnen wäre hier noch *Der erste theil Geistlicher Psalmen und teutscher Kyrchengeseng* [...] *auff Instrumenten / Posaunen / und menschlicher stimme zu gebrauchen* von Jobst vom Brandt (Eger 1573). Die Nennung der Posaunen deutet hier auf die bereits angesprochene Praxis der Bläserverstärkung in der Kirchenmusik hin (alle Stücke sind vollständig textiert). Ein besonderer Fall ist das die Sammlung abschließende neunstimmige *Herr Gott verleyh uns gnedigklich ein newes Jar*; hier ist der Tenor überschrieben mit *Cantus tubarum* (vgl. auch Haase, *Jobst vom Brandt*, S. 211–216). Dies scheint mir darauf hinzudeuten, daß diese Stimme sowie die darunter liegenden von Posaunen gespielt werden sollten (also im Sinne von „der Diskant des Posaunenchores"). Dafür spricht auch die sehr tiefe Lage des *Inferior Bassus* (bis hinab zum *C*), ganz abgesehen davon, daß ein neunstimmiger Satz die meisten Kirchenchöre ohne Instrumentenbeteiligung sicherlich überfordert hätte.

beiden Tanzsammlungen der Gebrüder Hess aus dem Jahre 1555 die einzigen deutschen Drucke des hier zu bearbeitenden Zeitraumes, die ausdrücklich und ausschließlich für eine instrumentale Ausführung gedacht sind.[186] Aufgrund ihrer außerordentlichen Bedeutung soll auf diese Bände im Rahmen der Untersuchungen zur deutschen Tanzmusik später ausführlich eingegangen werden (siehe unten Kap.VI.5–VI.7).

Im Blick auf die handschriftlichen Quellen stellt sich die Situation etwas anders dar: Hier sind einige Quellen überliefert, die eigens als Repertoiresammlungen für instrumentale Aufführungen angefertigt wurden. Am Beispiel der Küfer-Handschrift (RegensburgBZ A.R. 940/41) wurde oben bereits deutlich gemacht, daß eine Handschrift nicht auf einen speziellen Zweck hin angelegt sein muß – sie konnte vielmehr, um bei diesem Beispiel zu bleiben, sowohl als Materialsammlung als auch zur praktischen vokalen oder instrumentalen Aufführung der notierten Musik dienen. Letzteres kann bei dieser Handschrift zumindest für die in ihr enthaltenen Tänze vorausgesetzt werden,[187] doch bleibt die Frage offen, welche der übrigen Stücke möglicherweise instrumental aufgeführt wurden (und mit welchen Instrumenten), da entsprechende Hinweise in der Handschrift fehlen.

In den folgenden Abschnitten sollen daher drei Quellen aus dem 16. Jahrhundert untersucht werden, die im Gegensatz hierzu solche Hinweise enthalten. Diese betreffen in erster Linie instrumentale Besetzungsangaben bzw. (im Fall der Tabulaturhandschrift Jorg Wiltzells) ihre Aufzeichnung in Tabulaturnotation.

Weitere Beispiele für diese Praxis bieten zwei zusammengebundene Motettendrucke im Stadtarchiv Heilbronn mit handschriftlichen Anmerkungen, wonach einige Stücke *guett auf Posaunen etc.* zu spielen seien (1538^8 und 1540^6); vgl. dazu Ehmann, *Was guett auff Posaunen ist.*

186 Einzige Ausnahme sind die Einrichtungen von Lied- und Chansonsätzen für ein Streicherensemble von Hans Gerle, die jedoch keine eigenständige Veröffentlichung darstellen, sondern Teil eines theoretischen Werkes sind; vgl. hierzu unten S. 66ff.

187 Vgl. unten Kap. VI.8.h).

2. Die Gambentabulatur des Jorg Wiltzell und die Tabulaturdrucke Hans Gerles

a) Überblick über die Quellen und das Instrumentarium

Im 16. Jahrhundert existierten verschiedene Tabulaturnotationen für Tasten- und Zupfinstrumente (hier vor allem für die Laute). Die besondere Form der sogenannten deutschen Lautentabulatur wurde in einigen wenigen Quellen in einer abgewandelten Form auch zur Notation von Musik für Streichinstrumente benutzt. Da wir es in diesen Fällen also mit instrumentaler Ensemblemusik zu tun haben, die zudem durch die Notation eindeutig als solche zu erkennen ist, sind auch diese Quellen hier zu berücksichtigen. Es sind dies im einzelnen:

1. Hans Gerle: *Musica Teusch / auf die Instrument der grossen unnd kleinen Geygen / auch Lautten* [...], Nürnberg 1532; 2. Auflage mit dem verbesserten Titel *Musica Teutsch*, ebd. 1537.
2. Derselbe: *Musica und Tabulatur / auff die Instrument der kleinen und grossen Geygen / auch Lautten* [...], Nürnberg 1546 (eine erweitere Fassung der Ausgabe von 1532).
3. MünchenUB 718, das sogenannte „Mathematik- und Tabulaturbuch des Jorg Weltzell“ (oder Wiltzell; geschrieben 1523–1524)

Die deutsche Lautentabulatur zeichnet sich dadurch aus, daß sie jeder Position auf dem Griffbrett ein bestimmtes Zeichen zuordnet.[188] Es lag daher nahe, diese Notation auch auf Streichinstrumente zu übertragen.[189] Gerle gibt auf einem Schaubild die Verteilung der Tabulaturzeichen auf dem Instrument wieder, wobei er sowohl die fünf- als auch die sechssaitige *Grosse Geyge* darstellt (siehe Abb. 4; zur Bezeichnung der verschiedenen Instrumente vgl. unten).

Es ist auffällig, daß alle genannten Quellen, die weiter unten genauer besprochen werden sollen, neben Stücken für Streichinstrumente auch solche für die Laute enthalten. Die Gründe hierfür liegen auf der Hand: Der Spieler der Laute, dem die Tabulaturschrift geläufig war, konnte aufgrund des identischen Tabulatursystems einfach auf das Streichinstrument „umsteigen“, ebenso erleichterte es den Wechsel zwischen den verschiedenen Lagen der Instrumente. Ein wichtiger Nachteil, der auch die geringe Zahl solcher Streichertabulaturen erklärt, ist allerdings die Notwendigkeit des Umschreibens einer mensural notierten Vorlage in Tabulatur. Martin Agricola empfiehlt daher auch, auf das Umschreiben zu verzichten und stattdessen das Spielen nach Mensuralnotation zu erlernen.[190]

---

188 Zur deutschen Lautentabulatur vgl. Apel, *Notation*, S 80–87.

189 Vgl. dazu auch Wolf, *Handbuch*, Bd. 2, S. 222.

190 Agricola, *Musica instrumentalis* 1529, fol. 51^{r}. Agricola beschreibt allerdings eine selbst entwickelte Tabulaturschrift, die er auch für die Laute empfiehlt. Diese verwendet Tonbuchstaben anstelle von Griffzeichen und ähnelt damit der sog. „neuen deutschen Orgelta-

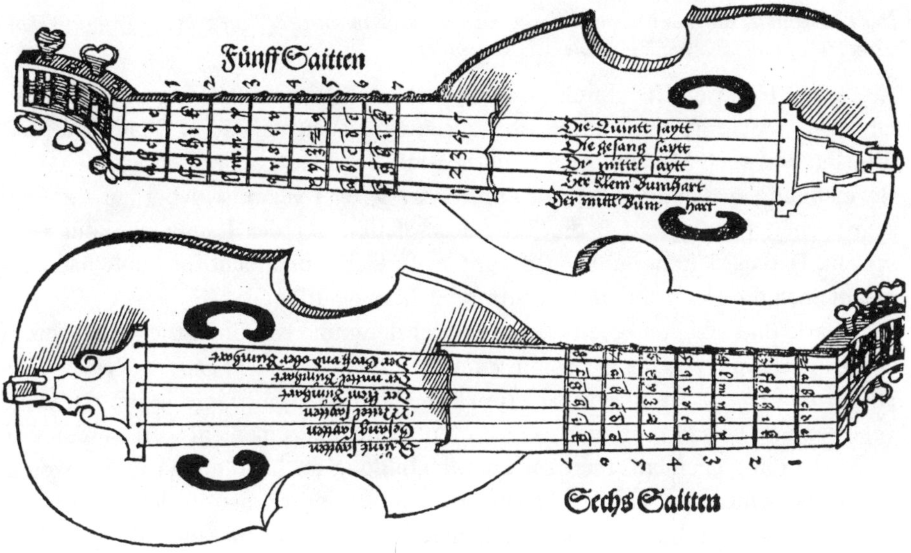

Abb. 4: Gerle 1546, fol. [A 4]^r

Diese Praxis beschreibt auch Samuel Mareschall in einem *kurtzen Bericht und Anleitung zu den Violen* innerhalb seiner *Porta musices* von 1589. Er beschränkt sich hier auf den Abdruck von Schemata, die die Position der Tonhöhen auf den drei verschiedenen Gambentypen (Diskant, Alt/Tenor und Baß) angeben.[191] Diese Anweisungen belegen zudem, wie weit sich das Spielen der Gambe gegen Ende des Jahrhunderts verbreitet hatte. Bereits Gerle wandte sich an den bürgerlichen Musikliebhaber und empfahl seine Werke für den Selbstunterricht. Mareschall nun wendet sich *An die kunst und tugend liebende Jugend der Schule zu Basel* und macht damit deutlich, daß das Spielen der Gambe nun bereits zur musikalischen Grundausbildung der Jugend gehörte.[192]

Immerhin läßt sich jedoch noch die Existenz einer weiteren handschriftlichen Streichertabulatur nachweisen, die allerdings nicht mehr erhalten ist: Das Musikalieninventar Ottheinrichs von der Pfalz aus dem Jahre 1544 führt vier Stimmbücher auf, die wie folgt beschrieben werden:

---

bulatur" (zu letzterer vgl. auch Schmid, *Dürer*). Ein vierstimmiger Satz zur Demonstration der *Tabelthur auf alle eynstimmige Instrument* findet sich ebd., fol. 53^v–54^r. Agricolas System konnte sich allerdings in der Praxis nicht durchsetzen und fehlt daher auch in der überarbeiteten Ausgabe von 1545.

191 Mareschall, *Porta musices*, S. 24. Dazu bemerkt er lapidar: *Wellicher nun die stette der Schlüsseln* [d.h. der Tonhöhen] *in dem Buch und auff der Violen behend wissen kan/ und weißt was die Noten/ und wieviel der Schlage thut/ der wird fein von sich selber allgemach ein jedes Stuck leichtlich lernen ziehen.* (Ebd., S. 25.)

192 So in seiner deutschen Vorrede, fol. A 3^r.

Der text manglet durchauß. Item 4. puecher pogen groß in rot Leder ein gebunden Darin genotieret auch In tablatur auff die Laute oder geigen.[193]

Diese Handschrift enthielt, wie aus der detaillierten Inhaltsangabe im Inventar hervorgeht, eine beträchtliche Anzahl von deutschen Liedern, Chansons, Madrigalen und auch Motetten von Ludwig Senfl, Paul Hofhaimer und anderen. Die Bezeichnung *In tablatur auff die Laute oder geigen* verweist dabei auf den beschriebenen Umstand, daß die Tabulaturnotation der der Lautentabulatur entspricht. Daß es sich hier um Musik für vier Streicher und nicht für Laute handelt, macht auch die Notierung in vier Stimmbüchern deutlich.

Gerle und vor ihm bereits Sebastian Virdung und Martin Agricola beschreiben zwei Haupttypen der Streichinstrumente, die *kleinen und grossen Geygen.*[194] Die *grosse Geyge* ist eine frühe Form der Viola da Gamba, sie ist mit Bünden versehen und besitzt fünf oder sechs Saiten. Beide Instrumententypen werden um 1500, dem allgemeinen Trend zur Familienbildung im Instrumentarium folgend, in drei verschiedenen Größen gebaut. Bei Gerle (und ebenso in den Stücken in Wiltzells Tabulaturbuch) kommen folgende Stimmungen zur Anwendung:[195]

Discantus:	*d*	*g*	*h*	e^1	a^1
Tenor/Altus:	*G*	*c*	*e*	*a*	d^1
Bassus:	*D*	*G*	*H*	*e*	*a*

Die sechste Saite, die Gerle allerdings nicht als nötig erachtet (auch wird sie weder in seinen Stücken noch in Wiltzells Tabulatur gefordert), wird jeweils eine Quarte unter die tiefste Saite eingestimmt.

Der zweite Streichinstrumententyp ist die *kleine Geyge*, die einen birnenförmigen Corpus aufweist und nicht mit Bünden versehen ist. Dieses Instrument wird auch als Rebec bezeichnet, eine Benennung, die sich auch in der musikwissenschaftlichen Literatur eingebürgert hat.[196] Das Rebec wird von Gerle ebenfalls in drei Größen beschrieben, die jedoch mit Ausnahme des viersaitigen Basses nur drei Saiten besitzen.[197] Die Saiten sind im Quintabstand gestimmt, der Diskant (höchste Saite in a^1) liegt eine Quinte über dem Alt/Tenor, der Baß eine Oktave unter dem Diskant.[198]

Gerle verwendet für dieses Instrument dieselben Tabulaturzeichen wie für die Gambe und verweist darauf, daß auch die für jenes Instrument notierten Tabulaturen auf dem Rebec spielbar seien. Aufgrund der abweichenden Stimmung des Rebecs aber bezeichnen die Tabulaturzeichen andere Positionen auf dem Griffbrett gegenüber der Gambe. Dies bedeutet, daß der Spieler nicht ohne wei-

193 Nach der Edition von Lambrecht, *Heidelberger Kapellinventar*, Bd. I, S. 172. Zu diesem Inventar vgl. auch unten S. 300.

194 Vgl. Woodfield, *Viol*, S. 99ff.

195 Nach Brown, *Viol*, S. 63.

196 Vgl. Remnant, *Rebec*.

197 Vgl. Gerle 1546, fol. K 2^v.

198 Ebd., fol. [K $4]^v$.

teres zwischen beiden Instrumententypen wechseln kann, sondern für das Rebec neue Griffpositionen für jedes einzelne Tabulaturzeichen erlernen muß. Man vergleiche hierzu seine Applikation der Tabulaturzeichen auf das Rebec mit den obigen für die Gambe:

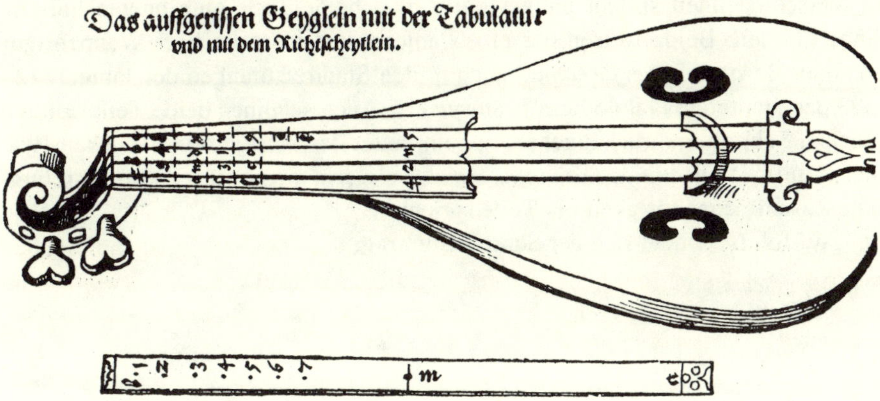

Abb. 5: Gerle 1546, fol. [K 4]^{r}

Wenden wir uns nun dem Inhalt der Quellen zu. Neben dem musikalischen Inhalt soll dabei auch auf die darin enthaltenen Anweisungen zur Übertragung von Mensuralnotation in die Tabulatur eingegangen werden.

b) Die Handschrift

Auf die Gambentabulatur MünchenUB 718 machte erstmals Clytus Gottwald in seinem Katalog der Musikhandschriften der Universitätsbibliothek München aufmerksam; er bot eine Beschreibung der Handschrift und deren Inhalts, wobei er auch einige Konkordanzen ermitteln konnte.[199] Gottwald folgend hat sich in der Literatur die Bezeichnung „Mathematik- und Tabulaturbuch des Jorg Weltzell" eingebürgert. In der nachfolgenden Literatur wurde die Handschrift zwar gelegentlich erwähnt und es wurde auf Einzelaspekte eingegangen, eine umfassendere Studie wurde der Handschrift m.W. bislang jedoch nicht gewidmet.[200] Im folgenden sollen, ausgehend von den Untersuchungen Gottwalds, die Entstehung und Verwendung der Handschrift erörtert und sodann deren Inhalt untersucht werden.

Betrachtet man den Gesamtinhalt der Handschrift, so fällt unmittelbar die scheinbar zusammenhanglose Aneinanderfügung zweier grundverschiedener Teile auf: Ein erster Teil enthält eine Art von Lehrbuch mit Textaufgaben nebst

---

199 Gottwald, *München*, S. 55–62.

200 Vgl. Morrow, *Viol Music*, S. 160 sowie die weiteren Anmerkungen.

Lösungen kaufmännischer Berechnungen (fol. 1r–88r). Es geht dabei hauptsächlich um Berechnungen verschiedener Hohl- und Gewichtsmaße, Währungseinheiten, Zinsen usw. An diesen Teil schließt sich der unten näher nach seinem Inhalt beschriebene musikalische Teil an (fol. 89r–152v, fol. 153 leer). Trotz dieser Verschiedenheit spricht einiges dafür, daß beide Teile eine buchtechnische Einheit bilden: Beide weisen dasselbe Papier mit der Marke Bär (Wappenfigur der Stadt Bern) auf, das Gottwald auch in den Stadtrechnungen der Jahre 1522–1523 des Stadtarchivs Solothurn nachweist.[201] Auch scheinen beide Teile auf den gleichen Schreiber zurückzugehen; zudem lautet der Titel auf dem Rücken (von alter Hand): *Rechenbuch. Discantus auf der Geigen*, was ebenfalls für ursprüngliche Zusammengehörigkeit der Teile spricht.

Auf fol. 68r findet sich der Schreibereintrag:

Finis Deo gracias
Jorg wiltzell
Jorg wiltzell
1523

Gottwald liest hier *Weltzell*, was mir jedoch nach genauer Betrachtung des Eintrages als nicht richtig erscheint.[202] Zwar hat sich in der Literatur allgemein die Lesung Gottwalds eingebürgert, doch möchte ich hier die m.E. korrekte Schreibung verwenden.

Die Handschrift befand sich seit dem 18. Jahrhundert in der Universitätsbibliothek Ingolstadt.[203] Wie Gottwald bemerkt, ist an der Ingolstädter Universität im Jahre 1570 immatrikuliert: *Georgius Welzelius Neapolitanus Boius* [d.h. aus Neustadt a.d. Donau] *artium studiosus, quod cantorem agat in templo universitatis nostrae Deiparae virginis*. Bei diesem kann es sich freilich nicht um den Schreiber der Handschrift handeln, enthält diese doch die Jahreszahlen 1523 und 1524.[204]

Martin Staehelin wies darauf hin, daß Wiltzell mit dem Nürnberger Notenschreiber *Jorg Wyltzel Burger zu Nurnberg* identisch sein könnte, der 1543 mit Albrecht von Preußen korrespondierte.[205] In einem Brief an Albrecht vom 30.

201 Gottwald, *München*, S. 55.

202 Ich danke dem Leiter der Handschriftenabteilung der UB München, Herrn Dr. Wolfgang Müller, für die Bestätigung dieser Lesart.

203 Auf dem Vorderdeckel: *Bibl. Acad. Ingolst.* Zwei ältere Signaturen auf Rücken und vorderem Spiegel verweisen auf Kataloge der UB Ingolstadt aus den Jahren 1765 bzw. 1785–1800; vgl. Gottwald, *München*, S. 55 sowie S. XIIf.

204 Vor Wiltzels Eintragung findet sich auf fol. 67v noch ein weiterer Name, den Gottwald nicht erwähnt: *Item Enndres Ertt von Kempten hatt auch etlichenn Exemplum*[!] *herauß dem buch geschrÿben. Laus Deo finis.* Dieser ist jedoch ebensowenig in den Ingolstädter Matrikeln zu finden wie Wiltzell.

205 Vgl. Staehelin, *Isaac*, Bd. 1, S. 79, Anm. 144.

Januar 1543, aus dem auch hervorgeht, daß er Albrecht bereits Kompositionen gesandt hatte, schreibt Wyltzel:

Damit aber mein undertheniger will bey e[uer] *f*[urstlichen] *g*[naden] *mer und furter gespurt werde, hab ich mich underfangen, etliche gutte wolgestellte Stuck von Messen und Mutteten (die mir von etlichen kauffleuten, auf mein anlangen aus den welschen und Niderlande ist new und nit gemein zugestelt) genotirt, die Ich e*[uer] *f*[urstlichen] *g*[naden] *hiemit in aller underthenigkait zusende und damit verere* [...].[206]

1549 sandte Wyltzel weitere Kompositionen, darunter eine Messe, die sich

ein Burger und kauffmann alhie, ein Synger und sonderlicher libhaber der Musick, zu Venedig auff sein Namen und kosten, durch ein berümpten Componisten, Pyrison genant, machen und setzen lassen.[207]

Dies sind zugleich interessante Zeugnisse für die Verbreitungswege ausländischer Kompositionen in Deutschland: Wyltzel ließ sich von Kaufleuten Drucke, aber auch Handschriften von ihren Handelsreisen mitbringen. Er fertigte Abschriften an und gab diese in Erwartung einer entsprechenden Belohnung weiter. Angesichts der von mir vorgeschlagenen Lesung des Namens in der Münchner Handschrift verstärkt sich die Vermutung der Identität beider Personen. Bekräftigt wird dies indirekt durch den „mathematischen" Teil der Handschrift, deutet dieser doch auf die Ausbildung eines angehenden Kaufmannes oder Handwerkers hin.[208] Neben den in den Beispielen der Handschrift genannten Gütern wie Gold, Silber, Stoffen oder Gewürzen war Wiltzell auch an Musikalien interessiert, und zwar sowohl während seiner Jugendzeit, als er Kompositionen für Gamben und Laute notierte, als auch in späteren Jahren, als er sich von Kaufleuten mit ausländischen Musikalien versorgen ließ.

Die Suche nach der genaueren Identität des Nürnberger Bürgers führt zu zwei Personen, die sich in der entsprechenden Zeit in Nürnberg nachweisen lassen. Die Nürnberger Totengeläutbücher verzeichnen im Jahre 1553 einen *Jörg Wiltzel, spiegler bei der Guldenn Gennß*, also einen Spiegelmacher, der bei dem Gasthaus Zur Goldenen Gans wohnte.[209] Im Jahre 1555 findet sich dort noch ein *Jorg Wiltzl, goltschmid an der Neuen Gaß* verzeichnet.[210] Nach diesen Sterbedaten kommen beide als Notenschreiber in Frage, so daß ohne weitere Zeugnisse

206 Bente, *Neue Wege*, S. 347f. Der Brief ist auch, in leicht abweichender Lesart, abgedruckt bei Eitner, *Zwei Briefe*, S. 158; dieser liest *Wytzel* statt *Wyltzel.*

207 Zitiert nach Eitner, *Zwei Briefe*, S. 158; bei diesem Komponisten dürfte es sich um den in Venedig aktiven Komponisten Perissone Cambio handeln; vgl. auch Haar, *Perissone Cambio*, S. 535.

208 Wäre Wiltzell professioneller Musiker gewesen, so hätte er hierauf sicherlich in seinem Brief eigens hingewiesen und sich nicht einfach als *Bürger* bezeichnet.

209 Nach der Edition von Burger, *Nürnberger Totengeläutbücher*, Bd. III, S. 187, Zeile 4935. Den Hinweis auf diese Quelle verdanke ich Gudrun Litz und Martin Schieber (Erlangen).

210 Ebd., S. 209, Zeile 5598.

nur spekuliert werden könnte. Vielleicht wird man aber einem Goldschmied ein größeres allgemeines Interesse an künstlerischen Dingen unterstellen dürfen.

Da Wiltzell nicht in den Ingolstädter Matrikeln dieser Zeit nachweisbar ist, bleibt noch die Frage, wie die Handschrift dorthin gelangt sein könnte. Möglicherweise war der 1570 immatrikulierte Jorg Welzel, dessen musikalische Tätigkeit als Kantor der Ingolstädter Universitätskirche ja belegt ist, ein Verwandter (Enkel?) des musikliebenden Nürnbergers Jorg Wiltzell und vermachte seine ererbten Handschriften der Universität.

In der vorliegenden Form, in der alle Stimmen hintereinander gebunden sind, ließ sich die Handschrift nicht zum Musizieren im Ensemble benutzen. Die Anordnung der Stimmen (wobei immer wieder einzelne Stimmen fehlen, mitunter aber auch mehrfach notiert wurden) läßt die Vermutung zu, die einzelnen Stimmen seien erst nachträglich zusammengebunden worden. Die Stimmen nämlich verteilen sich wie folgt: 89^{v}–92^{r} und 114^{v}– 123^{v}: D, 94^{r}–96^{v}: V, 100^{r}–100^{v} und 105^{r} –114^{r} (!): A, 124^{r}–137^{r}: T, 137^{v}–150^{v}: B. Bereits ein Blick auf das Blatt 114 macht aber deutlich, daß die einzelnen Stimmen nacheinander notiert wurden, da sich auf der recto-Seite eine Altstimme (Nr. 29), auf der verso-Seite aber eine Diskantstimme (Nr. 26) findet. Bestätigt wird diese Beobachtung durch die Untersuchung der Lagenstruktur; diese wird allerdings dadurch erschwert, daß die einzelnen Blätter im Falz teilweise stark verklebt sind und daher die Zusammensetzung der Lagen nicht immer genau bestimmt werden kann. Am deutlichsten erkennbar ist die Lagenstruktur in der dritten Lage des Tabulaturteils, die aus acht gefalteten Doppelblättern besteht (fol. 130–145). Diese Lage enthält im ersten Teil (bis fol. 137^{r}) Tenorstimmen, im zweiten (ab fol. 137^{v}) Baßstimmen.

Dies deutet darauf hin, daß Wiltzell über einen längeren Zeitraum verschiedene Stimmen in Tabulatur übertrug, ohne diese systematisch auf verschiedene Stimmhefte zu verteilen. Dafür sprechen auch die Jahreszahlen 1523 und 1524, die sich an verschiedenen Stellen in der Handschrift finden.[211] Zwar ist es denkbar, daß er einzelne Lagen und Blätter (die in großer Zahl eingebunden wurden) vor dem Binden separat benutzte, doch deutet der Gesamteindruck eher auf eine Zusammenstellung von Übertragungen zu Übungszwecken hin, bei denen die praktische Verwendbarkeit nicht im Vordergrund stand. Auch die an verschiedenen Stellen eingefügten Anweisungen zur Übertragung von Mensuralnotation in die Tabulatur deuten auf die Sammlung eines wenig erfahrenen Liebhabers hin, der auf diese Übertragungshilfen für seine Aufzeichnungen angewiesen war.

---

211 Vgl. das Inhaltsverzeichnis in Kap. V.2.d).

c) Die Anweisungen zur Übertragung von Mensuralnotenschrift

In der Handschrift finden sich verschiedene Schemata, die der Übertragung von Mensuralnotenschrift in Tabulatur dienen. Zur Übertragung der Tonhöhen in die entsprechenden Tabulaturzeichen notierte Wiltzell Schemata für jede der drei Instrumentengrößen. Das erste findet sich auf fol. 93v:

Wie man setz[en] *sol auff die Geygen // baß*

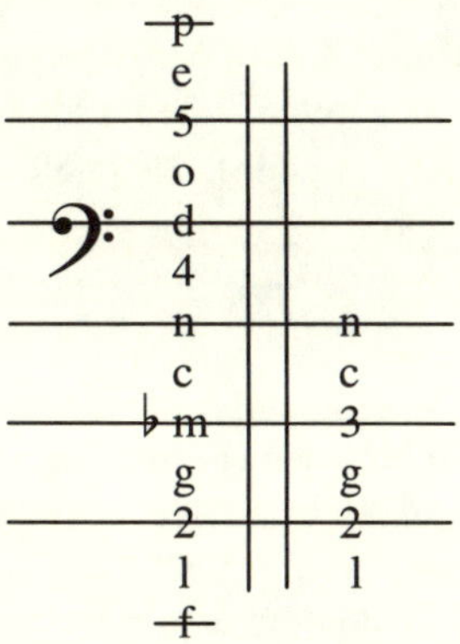

Abb. 6: Tonhöhen und entsprechende Tabulaturzeichen für die Baßgambe (nach MünchenUB 718, fol. 93v)

Ein entsprechendes Schema für den Tenor findet man auf fol. 97r, hier einfach mit *Tenor* bezeichnet. Die linke Seite dient der Übertragung von Kompositionen mit einem *b*-Vorzeichen, die rechte von solchen ohne Vorzeichen. Später notierte Wiltzell eine zusammenhängende Tabelle, die das entsprechende Schema für den Diskant sowie die Laute (!) nachliefert (fol. 98v–99r). Hier finden sich auch Anweisungen zur Transposition für jedes der drei Instrumente, und zwar jeweils um eine Quarte abwärts. Die Transposition kommt dann zur Anwendung, wenn eine der Stimmen zu hoch für das entsprechende Instrument liegt. So lautet der entsprechende Hinweis beispielsweise für den Diskant: *Darnach auff die quartt herab so der discanttus zu hoch gett*. In dem entsprechenden Übertragungsschema wird dabei jeweils ein Tabulaturzeichen angegeben, das dem eine Quarte tiefer liegenden Ton entspricht. Diese Praxis entspricht exakt jener, die auch Gerle für zu hoch liegende Stücke empfiehlt.[212] Nach Gerle verfügten Diskant und Alt/Tenor über sieben, der Baß über fünf Bünde;[213] daraus

212 Gerle 1546, fol. J 2v–J 3r. Zu dieser Transpositionspraxis bei Wiltzell und Gerle vgl. auch Brown, *Viol*, S. 65–68.

213 Siehe Gerle 1546, fol. A 3r.

ergeben sich als obere Grenzen der einzelnen Instrumente: e^2 (D), a^1 (A/T) und d^1 (Baß).

Neben den Tonhöhen fehlen nun noch die rhythmischen Zeichen, für die sich ein Übertragungsschema auf fol. 97^v findet.[214] Auch zur Bezeichnung der Notenwerte kommen die entsprechenden Zeichen der deutschen Lautentabulatur zur Anwendung. Die folgende Darstellung ist der Handschrift entnommen und bietet in der unteren Reihe die Notenwerte der Mensuralnotation mit den jeweiligen Tabulaturzeichen in der oberen Reihe:

Abb. 7: Rhythmische Zeichen der Tabulatur und ihre Entsprechungen in der Mensuralnotation (nach MünchenUB 718, fol. 97^v)

Des weiteren werden noch entsprechende Beispiele für die Übertragung von Ligaturen gegeben. Zahlen über den Breven und Longen geben dabei die Anzahl der durch einen einfachen Strich dargestellten Semibreven an und sollen daher wohl durch die entsprechende Zahl von Semibreven ersetzt werden. In den Tabulaturaufzeichnungen selbst wird die Brevis allerdings durch einen Punkt dargestellt, wie dies auch Gerle angibt.

Auffällig ist nun bei diesem Schema die Übertragung von Punktierungen (dies gilt ebenfalls für die Übertragung des sog. *minor color*, der geschwärzten Semibrevis, die als punktierte Minima zu lesen ist): Sie werden in zwei Noten aufgeteilt. Dies entspricht, wie schon bei der Übertragung der Tonhöhen, genau den Angaben, die sich einige Jahre später bei Gerle wiederfinden.[215] Gerle, der sich ja an Anfänger wendet, führt dies auch konsequent in seinen musikalischen Beispielen durch. Wiltzell dagegen war schon etwas weiter: Zwar wendet er diese Praxis mitunter auch an, häufig jedoch verwendet er auch Punktierungen (vgl. dazu die unten besprochenen Beispiele).

---

214 Dieses wird ergänzt durch eine in knappe Textform gebrachte Einführung in die Mensuralnotation auf fol. 101^v–103^v mit dem Titel: *Ze erkennen die gestaltt figur unnd aufftaylung der Notten paus punktt unnd ligattur Inn gemein* (Notenwerte, Pausen, Punkte, Ligaturen, Solmisationssilben, Schlüssel).

215 Gerle 1546, fol. G 2^v–G 3^r.

d) Der musikalische Inhalt der Handschrift

Die folgende Übersicht soll zunächst einen Überblick über den musikalischen Inhalt der Handschrift geben. Die hier angegebenen Konkordanzen und Editionen beziehen sich (mit Ausnahme der Konkordanzen zu den beiden Tabulaturbüchern Gerles) auf mensural notierte Quellen. Diese sind, ebenfalls soweit nicht anders angegeben, vierstimmig. Da alle Stimmen nacheinander, jedoch in unterschiedlicher Abfolge der Stücke, notiert wurden (wobei häufig Stimmen fehlen), folgt diese Übersicht der Reihenfolge der Handschrift. Die Numerierung wurde hinzugefügt; im Anschluß an den Titel und den Namen des Komponisten sind die Stellen angegeben, an denen sich die verschiedenen Stimmen innerhalb der Handschrift finden.

89^r *Discantus Auff der Geygen*

1. *O werder mundtt* [anonym]
89^v (D), 129^v (T), 140^v (B)
Konk.: $[1519]^5$, Nr. 16.
Ed.: Slim, *Instrumental Versions*, S. 148–161 (nach MünchenUB 718, mit Gegenüberstellung der Konkordanzen und Bearbeitungen).[216]

2. *Wer essenn wil* [anonym]
89^v (D)

3. *Was unnfals qwal* [Matthias Eckel]
90^r (D), 100^r (A), 125^v (T), 149^r (B)
Konk.: RegensburgBZ A.R. 940/41, Nr. 20 (M. Eckel); 1544^{20}, Nr. 41 (anonym).
Ed.: PäMw, Bd. I, Nr. 41.

4. *Es reyttet ein reytter*[?][217] [anonym]
90^r (D), 109^r (A, *Es raydtt ein reytter reytten auss*), 125^r (T), 149^r (B)

5. *Es wolt ein fischer fischen* [anonym]
90^v(D), 100^v (A), 131^r (T), 149^v (B)
In der Oberstimme liegt die Melodie von *Ach Elslein* (vgl. Nr. 40).

6. *Dich alß mich* [anonym]
90^v (D), 124^r (T), 149^v (B)
Konk.: 1539^{27}, Nr. 1; Herdringen 9822–9823, Nr. 25 (nur D und B); Iserlohn IV 36 F 124, Nr. 150; MünchenSB 1501, Nr. 23; Ulm 236, Nr. 59.
Ed.: EdM 20, Nr. 1.
Hier eine Quarte tiefer transponiert.

---

216 Vgl. Slim, *Instrumental Versions* zu den verschiedenen Quellen und Bearbeitungen dieses Liedes. Zur vorliegenden Version ebd., S. 141f.

217 Fehlt bei Gottwald, *München*.

7. *Die brundlein* [Ludwig Senfl]
91^{r} (D), 136^{r} (T), 150^{r} (B)
Konk.: 1534^{17}, Nr. 44 (Senfl).[218]
Ed.: Senfl, *Werke*, Bd. IV, Nr. 24.
Hier eine Quarte tiefer transponiert.

8. *Es wolt ein rayger fischen* [anonym]
91^{r} (D)

9. *Hoff danntz – Hupff auff* [*Schwarzknab*] [anonym]
92^{r} (D), 124^{v} (T, *Daß ist der tantz*).

Im Tenor sind die rhythmischen Zeichen nur unvollständig eingetragen. Die Melodie liegt im Tenor; zu den zahlreichen weiteren Bearbeitungen vgl. S. 192.

9a [*Tandernack* (*T'Andernaken*), 5st.] [Ludwig Senfl]
93^{v} (D)
Konk.: 1534^{17}, Nr. 98 (*Tandernack*, Senfl); MünchenUB 328–331, D fol. 39^{r}–41^{r}, A fol. 18^{r}–20^{r}, T fol. 77^{r}–78^{r}, B fol. 27^{v}–29^{r} (anonym; Textincipit *Tandernac am rine lagk*, 5 fehlt); RomBAV 11953, fol. 40^{v}–44^{r} (Senfl, *Tanndernack*, nur B und V).[219]
Ed.: Senfl, *Werke*, Bd. IV, Nr. 78.

Nur der Beginn des Diskants (eine Notenzeile) in Mensuralnotation, ausgewischt.[220]

10. *Ach unnfals Neydtt* [Martin Wolff]
94^{r} (*Vagannt*), 106^{v} (A), 121^{r} (D), 132^{v} (T), 140^{r} (B)
Konk.: 1539^{27}, Nr. 39 (M. Wolff, 4st.); Ulm 236, Nr. 23 (anonym, 4st.); Kopenhagen 1872, Nr. 13 (anonym, 5st. mit anderem Vagant).
Ed.: Band II, Nr. I.1 (nach MünchenUB 718 mit Gegenüberstellung der Fassung in 1539^{27}); EdM 20, Nr. 39 (nach 1539^{27}).

11. *Vonn edler artth* [Georg Schönfelder]
95^{r} (*Vagantt*), 122^{v} (D, dieselbe Stimme nochmals durchgestrichen und ohne Titel fol. 122^{r}), 127^{r} (T), 138^{v} (B)
Konk.: 1513^{2}, Nr. 7 (Schönfelder); 1535^{10}, Nr. 21 (Schönfelder); Gerle 1532, fol. D 2^{v}–D 3^{r} (anonym); 1539^{27}, Nr. 35 (Schönfelder); [c. $1535]^{13}$, Nr. 21 (anonym); Basel F.X. 21, Nr. 15 (anonym, nur T); Samedan M 30/31, fol. 13v und 22r (anonym); St. Gallen 463, Nr. 115 (anonym); Herdringen 9822–9823, Nr. 28 (anonym, nur D und B); Iserlohn IV 36 F 124, Nr. 35 (anonym); MünchenSB 1501, Nr. 19 (anonym); Ulm 236, Nr. 7 (anonym); Wolfenbüttel Guelf. 292, Nr. 2 (anonym, nur A).
Ed.: EdM 20, Nr. 35.
Alle Konkordanzen ohne Vagant.

---

218 Weitere Quellen in Senfl, *Werke*, Bd. IV, S. 147.

219 Weitere Quellen ebd., S. 153.

220 Hier, wie an einigen anderen Stellen, wurden ungültige Passagen nicht ausgestrichen, sondern mit einem feuchten Tuch ausgewischt Der Notentext ist dennoch lesbar.

12. *Cupido* [anonym]
95^{v} (*Vaganntt*), 113^{r} (A), 128^{r} (T)
Konk.: [1519]^{5}, D Nr. 52, A Nr. 25, T fol. 24^{v}, B Nr. 52.
Ed.: Bernoulli/Moser, *Arnt von Aich*, S. 50.

Hier Quarte tiefer transponiert.

13. *Ach lieb mitt laytt* [Paul Hofhaimer]
96^{r} (*Vagantt*), 108^{v} (A), 118^{v} (D), 127^{v} (T), 136^{r} (nochmals T), 138^{r} (B, Beginn defekt)
Konk.: 1539^{27}, Nr. 97 (Hofhaimer); 1512^{1}, Nr. 6 (anonym); [1515]^{3}, Nr. 29 (anonym); 1535^{10}, Nr. 19 (anonym); [c.1535]^{13}, Nr. 19 (anonym); Basel F.X. 17–20, Nr. 73 (anonym); Basel F.X. 21, Nr. 36 (anonym, nur T); Samedan M 30/31, A fol. 7v, B fol. 7^{r}–7^{v} (anonym); Augsburg 142a, fol. 14^{v} (anonym, nur D und A ohne Text); Iserlohn IV 36 F 124, Nr. 108 (anonym); RegensburgBZ A.R. 940/41, Nr. 194 (anonym); Ulm 236, Nr. 5 (anonym); MünchenSB 3155, Nr. 22 (anonym).
Ed.: EdM 20, Nr. 97; Moser, *Hofhaimer*, Anhang S. 26.

Alle Konkordanzen ohne Vagant

14. *Trostlicher lieb* [Paul Hofhaimer]
96^{v} (*Vaganntt*), 112^{v} (A); 121^{v} (D), 127^{r} (T), 127^{v} (T, im ersten Teil kolorierte Version von 127^{r}, der zweite Teil identisch), 141^{v} (B)
Konk.: 1512^{1}, Nr. 8 (anonym); [1515]^{3}, Nr. 30 (anonym); 1535^{10}, Nr. 20 (anonym); [c.1535]^{13}, Nr. 20 (anonym); Gerle 1532, fol. D 3^{v}–D 4^{r} (anonym); 1539^{27}, Nr. 123 (Hofhaimer); Basel F.X. 17–20, Nr. 13 (anonym); Basel F.X. 21, Nr. 18 (anonym, nur T); MünchenSB 1501, Nr. 22 (anonym); MünchenSB 3155, Nr. 76 (anonym); Ulm 236, Nr. 22 (anonym).
Ed.: Band II, Nr. I.2 (nach MünchenUB 718, nur der Beginn); EdM 20, Nr. 123; Moser, *Hofhaimer*, Anhang S. 86.

15. *Was wel es doch* [*Was wird es doch des wunders noch*] [Ludwig Senfl]
105^{r} (A), 117^{v} (D, *Was wirtt es doch*), 135^{v} (T), 142^{v} (B)
Konk.: 1539^{27}, Nr. 24 (Senfl); 1534^{17}, Nr. 46; 1540^{7}, Nr. 11 (7st.); Basel F.X. 17–20, Nr. 26 (anonym, 4st.); Basel F.X. 21, Nr. 2 (nur T, anonym); Sitten Tir. 87-4, Nr. 9 (nur B); St. Gallen 462, S. 152–153; St. Gallen 463, Nr. 78 (anonym, nur S und A); Zürich Q 901, Nr. 11; Berlin 40193, Nr. 17 (anonym, nur T); Herdringen 9822–9823, Nr. 29 (anonym, nur D und B); Iserlohn IV 36 F 124, Nr. 131 (anonym); Ulm 236, Nr. 24 (anonym); Kopenhagen 1873, Nr. 155 (anonym, 7st., A fehlt); KrakauBJ 40092, fol. 41r (anonym); Toruń 102680/4, Nr. 37 (anonym,).
Ed.: Senfl, *Werke*, Bd. IV, S. 44; EdM 20, Nr. 24.

16. *Elenndtt pringtt pein* [Benedikt Ducis]
105^{v} (A), 131^{r} (T), 137^{v} (B, durchgestrichen), 139^{r} (identisch mit 137^{v})
Konk.: 1539^{27}, Nr. 92 (B. Ducis); [1536]^{8}, Nr. 43; Basel F.X. 1–4, Nr. 60; Basel F.X. 21, Nr. 1 (anonym, nur T); St. Gallen 463, Nr. 155 (anonym, nur D); MünchenSB 1501, Nr. 29 (anonym); Ulm 236, Nr. 19 (anonym); Wolfenbüttel Guelf. 292, Nr. 5 (anonym, nur A).
Ed.: EdM 20, Nr. 92.

17. *Elslein liebes elsla mein* [Ludwig Senfl]
106^{r} (A), 116^{v} (D), 130^{v} (T), 146^{v} (B)
Konk.: Gerle 1532, fol. D 4^{v}; Gerle 1546, fol. [F $4]^{v}$.
Ed.: Senfl, *Werke*, Bd. IV, Nr. 17.

18. *Hastus gugel funden* [Ludwig Senfl]
106^{r} (A), 122^{r} (D), 125^{r} (T, *Nun hastus gugel funden*), 148^{v} (B, ebenso)
Konk.: Gerle 1532, fol. E 1^{r} (*Die Gugel*, anonym); 1534^{17}, Nr. 35 (*Nun grüs dich gott du edler safft / unnd hastu gugel funden*, Senfl); MünchenUB 328–331, T fol. 4^{v}–5^{r} (anonym, Text wie 1534^{17}, nur T).
Ed.: Senfl, *Werke*, Bd. IV, Nr. 15.

19. *Capitann* [*herr got*] [anonym]
107^{r} (A), 118^{v} (D), 126^{r}(T)

Die Melodie im Tenor liegt in verschiedenen anderen Sätzen vor (z.B. zwei in 1544^{21}). Zu diesem Lied vgl. Zahn, *Kirchenlieder*, Bd. 5, Nr. 8133 (früheste Quelle der Melodie danach das Erfurter Enchiridion von 1526).

20. *Vonn hertzen ich* [anonym]
107^{v} (A), 128^{r} (T)
Konk.: MünchenSB 3155, Nr. 20; 1512^{1}, 1535^{10}, Zwickau LXXVIII/2.

21. *Hoff danntz* [*Schwarzknab*] – *Hupff auff den tantz* [anonym]
108^{r} (A, am Ende: *Sequitur hupfauff*, dieser fehlt jedoch), 115^{r} (D, Nachtanz), 119^{v} (D, Tanz)
Konk.: Hess 1555a, Nr. 100 (vgl. S. 192).

22. *Drey laub ann eyner linden* [anonym]
108^{v} (A), 116^{v} (D), 135^{r} (T)

Ein anderer Satz über die Melodie im Tenor von Jobst vom Brandt in 1549^{37}, Nr. 74.

23. *Zartt schone fraw* [anonym]
109^{r} (A), 117^{r} (D), 129^{r} (T), 139^{v} (B)
Konk.: 1513^{2}, Nr. 46; 1535^{10}, Nr. 26; $[1535]^{13}$, Nr. 26; RegensburgBZ A.R. 940/41, Nr. 260; Ulm 236, Nr. 25.[221]
Ed.: Chorwerk 29, S. 28.

24. *Es dagett for dem holtze* [*Walde*] [Ludwig Senfl]
109^{v} (A), 123^{v} (D), 125^{r} (T), 147^{v} (B)
Konk.: MünchenSB 3155, Nr. 78 (5st., anonym).[222]
Ed.: Senfl, *Werke*, Bd. II, Nr. 30.

---

221 Weitere Konkordanzen bei Wendel, *Musiksammlung*, Bd. II, S. 27.

222 Weitere Quellen in Senfl, *Werke*, Bd. II, S. 129.

25. *Zucht er unnd lob* [Paul Hofhaimer]
110^{r} (A), 114^{r} (hier zwar der Textanfang, die Stimme paßt jedoch nicht zu diesem Satz), 122^{v} (D), 128^{v} (T), 138^{v} (B)
Konk.: 1539^{27}, Nr. 30; 1512^{1}, Nr. 39 (anonym); [c. $1515]^{3}$, Nr. 36 (anonym);[223] 1535^{11}, Nr. 25 (anonym); [c. $1535]^{13}$, Nr. 74 (anonym); Basel F.X. 1–4, Nr. 6 (anonym); Basel F.X. 17–20, Nr. 74 (anonym); Samedan M 30/31, fol. 5v–6r und 4v–5r (anonym, nur A und B); St. Gallen 463, Nr. 174 (anonym, nur S und A); RegensburgBZ A.R. 940/41, Nr. 196 (anonym).
Ed.: Moser, *Hofhaimer*, Anhang S. 99; EdM 20, Nr. 30.

26. *Cum sancto spirittu* [der *Missa De beata virgine*] [Josquin Desprez]
111^{r} (A), 114^{v} (D), 125^{v} (T), 148^{v} (B)
Konk. (nur zum *Cum sancto spiritu*): Dresden 1–E–24, Nr. 49; Greifswald 640–641, Nr. 1; Ulm 237, D fol. 34r, T fol. 31v, B fol. 32v und 33r (anonym, ohne A); Cambrai 125–128, Nr. 209.[224]
Ed.: Josquin, *Werken*, Missen, Bd. III, Nr. 16.

Hier eine Quarte tiefer transponiert.

112^{v} *Altus auf der Geygen*

27. *So hab ich al mein tag gehertt* [anonym]
111^{v} (A), 119^{r} (D), 129^{r} (T), 140^{r}(B)
Konk.: 1513^{2}, Nr. 50; 1535^{10}, Nr. 27; [c $1535]^{13}$, Nr. 27.
Ed.: Band II, Nr. I.3 (nach MünchenUB 718 mit Gegenüberstellung der Version in 1513^{2}).

In den anderen Quellen *Nun hab ich all...* Der Alt ist koloriert (vgl. dazu unten).

28. *Nach willenn dein* [Paul Hofhaimer]
113^{v} (A), 115^{v} (D), 126^{v} (T), 136^{v} (nochmals T), 146^{v} (B)
Konk.: 1539^{27}, Nr. 43 (Hofhaimer); 1512^{1}, Nr. 26 (anonym); 1535^{10}, Nr. 16 (anonym); [c. $1535]^{13}$, Nr. 16 (anonym); Basel F.X. 17–20, Nr. 25 (anonym); Basel F.X. 21, Nr. 3 (anonym, nur T); St. Gallen 463, Nr. 80 (anonym); Iserlohn IV 36 F 124, Nr. 34 (anonym); MünchenSB 1501, Nr. 21 (anonym); MünchenSB 3155, Nr. 32 (anonym); Ulm 236, Nr. 70 (anonym).
Ed.: Moser, *Hofhaimer*, Anhang S. 74; EdM 20, Nr. 43.

29. *Mein gemudt unnd pluedt* [Johann Wenck / Andreas Silvanus?]
114^{r} (A), 117^{r} (D), 128^{v} (T), 139^{v} (B)
Konk.: 1539^{27}, Nr. 85 (Wenck); 1535^{10}, Nr. 11 (*Andreas Silvanus*); [c.$1535]^{13}$, Nr. 11 (anonym); Basel F.IX. 32–35, Nr. 14 (anonym); Sitten Tir. 87-4, Nr. 21 (*A. Silvanus*, nur B); Iserlohn IV 36 F 124, Nr. 130 (anonym); RegensburgBZ A.R. 940/41, Nr. 258 (*Andreas Sylvanus*).
Ed.: EdM 20, Nr. 85.

223 Der Druck [c. $1515]^{3}$ erschien 1517; dazu sowie zur fragmentarisch erhaltenen T-Stimme vgl. Münster, *Schöffer*.

224 Zu den Quellen der vollständigen Messe vgl. Teramoto/Brinzing, *Petreius*, S. 36f.

115^{r} *Discantus auff der Geygenn Im 1524 Jar*

30. *Mein aynigs A* [Paul Hofhaimer]
116^{r} (D), 130^{v} (T), 141^{v} (B)
Konk.: 1539^{27}, Nr. 29 (Hofhaimer); [c. $1513]^{3}$, fol. 30r (nur S, anonym); $[1519]^{5}$, Nr. 12 (anonym); 1535^{11}, Nr. 28 (anonym); [c. $1535]^{13}$, Nr. 77 (anonym): Basel F.X. 17–20, Nr. 51 (anonym); Zürich Q 901, Nr. 16 (anonym); Iserlohn IV 36 F 124, Nr. 23 (anonym); MünchenSB 1501, Nr. 18 (anonym); RegensburgBZ A.R. 940/41, Nr. 173 (anonym); Ulm 236, Nr. 18 (anonym); Wolfenbüttel Guelf. 292, Nr. 55 (anonym, nur A, textlos und unvollständig).
Ed.: Moser, *Hofhaimer*, Anhang S. 66; EdM 20, Nr. 29.

31. *Ach hilff mich laydtt* [Pierre de La Rue / Bauldeweyn / Josquin?]
117^{v} (D), 143^{v} (B)
Konk.: 1513^{2} (anonym); Basel F.X. 1–4, Nr. 53 (*Pirson*); St. Gallen 462, S. 146f.; MünchenUB 328–331, B fol. 68^{r}–69^{r}, A fol. 53^{v}–54^{r} (anonym, D und T fehlen).
Ed.: SMd 5, Nr. 83.

32. *Vonn hertzen ich* [anonym]
118^{r} (D)
Konk.: 1512^{1}, Nr. 10; 1535^{10}, Nr. 35; $[1535]^{13}$, Nr. 35; Zwickau LXXVIII/2; MünchenSB 3155, Nr. 20.

33. *Ade mitt laydtt* [Paul Hofhaimer]
118^{r} (D), 129^{r} (T), 140^{r} (B)
Konk.: 1512^{1}, Nr. 18 (anonym); MünchenSB 3155, Nr. 38.[225]
Ed.: Moser, *Hofhaimer*, Anhang, S. 30f.

34. *Dein murnn macht* [anonym]
118^{v} (D), 130^{v}(B), 132^{r} (T, 130^{v} mit halbierten Notenwerten), 142^{r} (B)
Konk.: [c. $1513]^{3}$, Nr. 4.

35. *Forduna* [*Fortuna desperata*] [Antoine Busnois]
119^{r} (D), 129^{v} (T, *Fortuna*), 141^{r} (B)
Konk.: 1504^{3}, fol. 126^{v}–127^{r} (anonym, 4st.) Segovia s.s., fol. 174^{r} (Busnois, 3st.); Paris 4379, fol. 40^{v}–41^{r} (anonym, 4st.).[226]
Alle anderen Quellen Quarte höher.
Ed.: DTÖ 28, S. 190.

36. *Ein Maydlein ann dem laden stundtt* [anonym]
120^{r} (D), 148^{r} (B)
Konk.: MünchenSB 3155, Nr. 46.

37. *Matduna katarina* [anonym]
120^{v} (durchgestrichen), 124^{v} (T). Beide Niederschriften nur teilweise rhythmisiert.

225 Zur Autorfrage vgl. Moser, *Hofhaimer*, Anhang, S. 30. Dort auch weitere Quellen.
226 Zu weiteren Konkordanzen und Bearbeitungen vgl. Plamenac, *Reconstruction*, S. 263ff.

Die Melodie im Tenor ist auch verbreitet mit dem Text *Hastu mich genommen* (vgl. Kugelmann 1558, Nr. 40). Eine zweistimmige Bearbeitung für Laute findet sich im Manuskript auf fol. 152^{r}.

38. *Fraw dein gestaldt* [anonym]
120^{v} (D), 138^{r} (B, nochmals 139^{v} und 145^{v})
Konk.: MünchenSB 3155, Nr. 52.
Hier Quarte tiefer transponiert.

39. *Mer gib ich dir* [anonym]
121^{r} (D), 128^{v} (T, *Er gieb ich dir*), 138^{r} (B)
Konk.: 1539^{27}, Nr. 119 (*Ergib mich der*); Basel F.X. 1–4, Nr. 65 (*Ergib mich der*); Basel F.X. 21, Nr. 50 (*Wem gelt gebrist*, nur T); Basel F.X. 25–26, Nr. 22a (*Wem gelt gebrist*); Zwickau LXXVIII/2, fol. 42^{r} (*Ere gieb ich*).
Ed.: EdM 20, Nr. 119.

Quarte tiefer transponiert.

40. *Elslein liebes elsla* [Ludwig Senfl]
[Quodlibet: *Es taget vor dem walde / Elslein*]
121^{v} (D), 148^{r} (B)
Konk.: Ulm 236, Nr. 39; 1544^{20}, Nr. 15.
Ed.: Senfl, *Werke*, Bd. I, Nr. 7.

122^{r} *Discanntus auff der Geygenn*
Darüber: ~~15 Tenor auff der Geygenn 24~~

41. *Ach unnfal* [Josquin Desprez]
123^{r} (D), 144^{v}(B)
Konk.: Basel F.X. 21, Nr. 15 (*Ach unfall*, anonym); MünchenUB 328–331, D fol. 75^{v}–76^{r}, A fol. 49^{r}–50^{r}, T fol. 127^{r}–127^{v}, B fol. 63^{r}–64^{r} (*Qui belles amours*, anonym); Wien 18810, D fol. 26^{v}, A fol. 23^{r}–24^{r}, T fol. 23^{v}–25^{r}, B fol. 23^{v}–24^{v} (*Qui belles amours*, Josquin).

124^{r} *Tenor auff der Geygenn*

126^{r} *Tenor auff der Geygenn Im 1523 Jar*

42. *Unnser maydt* [anonym]
126^{v} (T?)
Konk.: [1535]^{15} ? (T fehlt)
Ed.: Woodfield, *Viol*, S. 113 (nach MünchenUB 718, zusammen mit der Version für Laute unten Nr. 66).

Die hier vorliegende Stimme ist identisch mit der Oberstimme des zweistimmigen Lautensatzes unten Nr. 66.

43. *Rosina wu ist dein gestaldt* [anonym]
126^{v} (T), 141^{r} (B)

Konk.: [1519]^{5}, Nr. 37.
Ed.: Bernoulli/Moser, *Arnt von Aich*, S. 72f.

44. *Wenn ich gedenck* [anonym]
129^{v} (T), 140^{v} (B)
Konk.: TrientBC 1947/4, S. 4 (3st.); Basel F.X. 10, fol. 3^{r} (nur B); Iserlohn IV 36 F 124, Nr. 129 (nur T).

45. *Das* [Ein] *frölich wessenn* [anonym]
130^{r} (T)
Konk.: Basel F.X. 17–20, Nr. 48 (*Ein frolichs wesen*).[227]

131^{r} [Unleserlicher Text, Stimme nicht zu Ende geführt]

46. *Verlorner Diennst* [anonym]
131^{v} (T)

47. *Nach lust* [anonym]
131^{v} (T)
Konk.: [1519]^{5}, Nr. 25.
Ed.: Bernoulli/Moser, *Arnt von Aich*, S. 51.

132^{r} *Tenor auff der Geygenn Im 1524 Jar* [darüber: ~~*Altus auff der Geygenn*~~ *Im 1523 Jar*]

48. *Wenn dich ze mir* [anonym]
132^{v} (T), 147^{r} (B, *Wenndt dich zw mir*)

49. *Was hulffs dich* [anonym]
133^{r} (T), 147^{v} (B, *Waß hilfftt dich*)[228]

50. *Mitt sennlicher stundt* [anonym]
133^{r} (T)

51. *Wegwardt* [*din art*] [anonym]
133^{v} (T), 147^{r} (B)
Konk.: Basel F.X. 21, Nr. 10 (nur T); St. Gallen 463, Nr. 61 (nur D und A); Kopenhagen 1848, S. 22 (textlos).

52. *Ich stundt ann eynem morgen* [anonym]
133^{v} (T), 145^{v} (B)

---

227 Es handelt sich nicht um den bei Gottwald, *München*, S. 60 genannten Satz in MünchenUB 328–331. Zu weiteren Bearbeitungen dieses Liedes vgl. Meconi, *Art Song Reworkings*, S. 29f.

228 Eine Konkordanz konnte zu diesem Satz nicht ermittelt werden. Es handelt sich auch nicht um Georg Schönfelders *Was hilfft dich noch* (in 1513^{2}, Nr. 5), wie bei Gottwald, *München*, S. 60 angegeben.

Keiner der Sätze Ludwig Senfls in 1534^{17}.

53. *Waß wil ich mer so mein weger* [anonym]
133^{v} (T), 146^{r} (B)

54. *Wes zeychst du mich* [anonym]
134^{r} (T), 146^{r} (B)

55. *Dein Junckfraw pildt* [anonym]
134^{r} (T)
Konk.: Basel F.X. 1–4, Nr. 14 (*Ein junckfrow bild*).

56. *Reyst unns der kule daw* [anonym]
134^{v} (T)

57. *Mytt pitdrikeytt meyneß hertzen* [anonym]
134^{v} (T)

58. *Ich scheydt vonn dier* [anonym]
135^{v} (T)
Konk.: 1535^{11}, Nr. 35.

59. *Benedictus* [der *Missa Quant j'ay au cueur*, 3st.] [Heinrich Isaac]
136^{v} (T), 150^{v} (B)
Konk.: 1501, fol. 82^{v}–83^{r} (Isaac); 1538^{9}, Nr. 30 (anonym).[229]

60. *Ersamer lieb* [anonym]
140^{v} (nur der Beginn ohne Rhythmuszeichen, durchgestrichen)

61. *Die fraw vonn himel* [anonym]
144^{r} (B)
Konk.: Basel F.VI. 26f, Nr. 1; Basel F.X. 10, Nr. 21.

62. *Wo ich mitt leyb nitt kumen*[?] *mag* [anonym]
145^{r} (B)
Ein anderer Satz mit diesem Textanfang von Georg Forster in 1549^{37}, Nr. 57.

151^{r} *Auff der laudtenn 1524* [Fünf Stücke für Laute:]

63. *Zart schönne fraw*
151^{v}

64. *Ich draw der liebsten wol*
152^{r}

---

229 Zu weiteren Quellen vgl. Staehelin, *Isaac*, Bd. 1, S. 32ff.

65. *Maduna Katarina*
152r
Ed.: Woodfield, *Viol*, S. 112 (nur Beginn).
Version für Gamben oben Nr. 37.

66. *Unnser Maydtt kam aus der messen*
152v
Vgl. oben Nr. 42.

67. *Es hupfft ein maydlen uber den graben / Das hui hui hui*
152v

Dieser Überblick zeigt, daß Wiltzell sich in erster Linie für das zu jener Zeit beliebte Tenorliedrepertoire interessierte. Teilweise scheint er Drucke als Vorlagen benutzt zu haben, von denen insbesondere das Liederbuch des Arnt von Aich ([1519]^{5}) und der Liederdruck 1512^{1} zu nennen wären. Wiltzell hatte aber offensichtlich auch Zugang zu wenig verbreitetem Repertoire, wie die relativ große Zahl von singulären Sätzen zeigt. Für etliche Sätze bildet die Handschrift die früheste Quelle (vgl. z.B. Nr. 3, 10 und 19).

Von besonderem Interesse sind die beiden Hoftänze Nr. 9 und 21. Mit ihnen überlieferte uns Wiltzell die frühesten Beispiele dieser Tanzgattung für Instrumentalensemble (vgl. dazu Kap. VI.6.c)).

e) Die Veränderungen gegenüber den Vorlagen

Wiltzell nahm bei seinen Übertragungen verschiedene Veränderungen vor, die im folgenden anhand einiger besonders aussagekräftiger Beispiele, die in Band II ediert sind, untersucht werden sollen.

Die in den oben besprochenen Anweisungen beschriebene Praxis der Quarttransposition führte Wiltzell bei sieben Sätzen durch, bei denen eine oder mehrere Stimmen den Umfang des entsprechenden Instrumentes in der Vorlage übersteigen (Nr. 6, 7, 12, 26, 35, 38, 39).

Rhythmische Veränderungen sind relativ häufig zu beobachten, sie sind entweder spieltechnisch bedingt oder dienen der musikalischen Vereinfachung. Tonwiederholungen werden häufig zu den entsprechenden größeren Notenwerten zusammengezogen, was dem Spieler das zweimalige Ansetzen des Tones erspart.[230] Dieses Verfahren findet allerdings nur bei kleineren Notenwerten als der Brevis Anwendung; größere Notenwerte als die Brevis werden dagegen zerlegt (z.B. zwei Breven statt einer Longa). Diese Zerlegung, die auch bei Gerle zu be-

230 Vgl. z.B. den Beginn von Nr. 14 in Band II Nr. I.2.

obachten ist, ist durch die begrenzte Zeitdauer begründet, die ein Ton auf dem Streichinstrument ausgehalten werden kann.[231]

Bezüglich der rhythmischen Veränderungen wurde oben bereits darauf hingewiesen, daß Wiltzell die Auflösung von Punktierungen, wie sie sein Übertragungsschema vorsieht, nur gelegentlich anwendet. Bevorzugt wendet er diese Praxis bei synkopierten Punktierungen an, wie z.B. bei Nr. 10 in M 7 (Diskant), 8/9 (Diskant und Tenor) usw.[232] In diesen Fällen ist das Verfahren eine tatsächliche Erleichterung, indem die Synkopen aufgelöst werden. Allerdings zeigt das Beispiel von M 8/9 mit einer Synkope in allen Stimmen (Überbindungen von M 8 nach M 9), daß hier eine gewisse Beliebigkeit im Spiel ist: Während die Punktierungen in Diskant und Tenor aufgelöst werden, bleiben sie in Alt und Baß erhalten.

In engem Zusammenhang mit dieser Praxis steht auch die Auflösung von nicht punktierten synkopierten Noten. Gerle schlägt dem Anfänger die Auflösung von Synkopen als Mittel der Erleichterung vor, bemerkt jedoch hierzu, daß es *besser were wann du es in der Tabulatur künst treffen das du sy gantz lissest / wann du es aber nit kanst so teyl sie wie hernach folgt.* Es folgt ein Beipiel, in dem folgende Rhythmen mit den entsprechenden Auflösungen angegeben werden:

♩𝅗𝅥♩	♩♩♩♩
♩𝅗𝅥𝅗𝅥♩	♩♩♩♩♩♩
♩𝅗𝅥♪♪	♩♩♩♪♪

Wie ein Blick auf die Übertragungen zeigt, war Wiltzell meist imstande, die Synkopen ohne Auflösung auszuführen. Ein Beispiel für eine Auflösung findet sich z.B. im Diskant von Nr. 10 in M 9; an anderen Stellen aber verzichtet er darauf (z.B. M 17 und 19).

In einem gewissen Zusammenhang mit der Praxis der Auflösung von Punktierungen steht auch eine einfache Kolorierungsformel, die ebenfalls bei Gerle beschrieben wird. Durch die Einfügung einer Nebennote in das rhythmische Schema ♩. ♪ entsteht die Form ♪♪♪♪.[233] Eines der relativ wenigen Beispiele für diese Formel findet sich in Nr. 27 im Alt (M 10).

Einige wenige Stücke in Wiltzells Tabulatur bieten jedoch, was bislang noch nicht bemerkt wurde, Beispiele für weitergehende Kolorierung. Interessant ist der Fall von Nr. 14: Hier notierte Wiltzell zunächst die Tenorstimme unkoloriert und sodann gleich anschließend nochmals, nun mit Kolorierungen in M 5 und 8; stärker koloriert ist der Alt von Nr. 27 (Band II, Nr. I.2. bzw. I.3.).

---

231 In diesem Sinne wird dies auch bei Agricola, *Musica instrumentalis* 1545, fol. 36r–36v beschrieben.

232 Siehe Band II Nr. I.1.

233 Die Beispiele bei Gerle 1546, fol. L 1v sind übertragen in Woodfield, *Viol*, S. 115.

Bemerkenswert ist an diesen Kolorierungen, daß sie nicht im Diskant vorgenommen wurden, dem die zeitgenössischen Diminutionslehren den Vorzug geben.[234] Auch Gerle bringt neben den oben beschriebenen einfachen Kolorierungen von punktierten Fortschreitungen nur Beispiele für Diminutionen der Oberstimme, die das Vorbild der Lautenmusik deutlich erkennen lassen.[235] Ort dieser Diminutionen sind bei Gerle die Kadenzen; dies entspricht ebenfalls der Praxis zeitgenössischer Lautenmusik und wird auch in den zeitgenössischen Diminutionslehren für einstimmige Instrumente, wie Sylvestro Ganassis *La Fontegara* (Venedig 1535), ausführlich beschrieben.[236] Gerle wendet diese Klauselkolorierungen allerdings ebensowenig an wie Wiltzell.

Demgegenüber stehen Wiltzells Kolorierungen in keiner Verbindung mit Kadenzen, sie sind vielmehr an bestimmte melodische Wendungen gebunden, die meist in übereinstimmender Weise koloriert werden. Die bei Wiltzell angewandten Kolorierungsformeln lassen sich in drei Kategorien einteilen: 1. Die mehrfach erwähnte Kolorierung des Sekundschrittes mit punktiertem Rhythmus entweder auf- oder abwärts (vgl. Nr. 27, M 10, 21, 22, 25). 2. Die Kolorierung einer Semibrevis durch eine Gruppe von vier Minimen (zwei Sekundschritte aufwärts mit anschließendem Terzsprung abwärts, siehe Nr. 27, M 3, 8, 20). 3. Ausfüllung von Intervallsprüngen durch eine Gruppe von vier Minimen (vgl. Nr. 14, M 8 oder Nr. 27, M 4).

All diesen Kolorierungsformeln ist der einfache Rhythmus von vier Semiminimen (♪♪♪♪) gemein, der zu einer rhythmischen Glättung führt. Die Kolorierungsformeln sind damit recht simpel, vergleicht man sie mit anderen instrumentalen, aber auch vokalen, Diminutionsanweisungen, die sowohl kleinere Notenwerte als auch abwechslungsreichere Rhythmen (z.B. mit Punktierungen) zur Anwendung bringen.[237] Dies bestätigt den Gesamteindruck der Handschrift als einem Spiel- und Übungsbuch eines bürgerlichen Musikliebhabers. Als solcher hatte Witzell mitunter Schwierigkeiten, so daß ihm auch Fehler unterliefen: Betrachtet man beispielsweise die Alt-Diminutionen in M 9 von Nr. 27, so bemerkt man, daß er den Terzsprung $d^1 - b$ durch eine Gruppe von vier Semiminimen ausfüllen wollte, dabei aber eine Semibrevis vergaß.

Bleiben diese Beispiele auch in ihrem Anspruch hinter dem zurück, was die Diminutionslehrbücher des 16. Jahrhunderts mit ihren oft sehr virtuosen Diminu-

---

234 Vgl. Brown, *Embellishing*, S. 55f.

235 Gerle 1546, fol. K 1r. Diese sind abgedruckt bei Woodfield, *Viol*, S. 116.

236 Ganassi wendet sich vor allem an den Blockflötenspieler, empfiehlt sein Werk aber auch allen Spielern anderer Blas- und Streichinstrumente sowie den Sängern. Das Wolfenbütteler Exemplar enthält einen autographen Anhang mit 175 Diminutionen einer einfachen Diskantklausel (Edition in der deutschen Übersetzung des Textes von Peter, *Ganassi*, S. 97–104).

237 Man vergleiche hier die bereits erwähnten Beispiele bei Ganassi oder auch die Diminutionsanweisungen für Gambe bei Diego Ortiz 1553.

tionen bieten, so sind sie doch gerade dadurch musikgeschichtlich wertvoll, daß sie der Praxis eines bürgerlichen Musikliebhabers entstammen.

Daß Diminutionen gerade hier notiert wurden, hat mit der Notation zu tun: Die abstrakte Griffschrift macht es dem Amateurmusiker schwierig, diese zu improvisieren, fehlte ihm doch die visuelle Vorstellung der Tonhöhenverläufe. Daher war er, der auch nicht ohne weiteres in der Lage war, nach Mensuralnotation zu spielen, auf eine schriftliche Fixierung angewiesen.

Die Tabulaturnotation mit ihrer eindeutigen Festlegung der Tonhöhen ermöglicht auch Einblick in eines der wichtigsten aufführungspraktischen Probleme der Musik der Renaissance, nämlich das der Erhöhung des Leittones in Kadenzen.[238] Während die ausdrückliche Vorzeichnung dieser Erhöhung sich in der mensural notierten Musik erst gegen Ende des 16. Jahrhunderts allmählich durchsetzt und daher zunächst Sache des Ausführenden ist, erfordert die Griffschrift eine eindeutige Notierung.

Wie ein Überblick über die edierten Beispiele zeigt, verfuhr Wiltzell nicht einheitlich, doch nahm er die Leittonerhöhung insgesamt betrachtet recht häufig vor. In Nr. 27 etwa verzichtete er auf die Leittonerhöhung in M 11, nahm sie dagegen in M 23 (*h¹*) und M 34 (*fis¹*) vor. Es wäre denkbar, daß Wiltzell nur an wichtigen Einschnitten die Kadenzen durch die Leittonerhöhung hervorheben wollte. Dagegen spricht aber der fehlende Leitton in M 11 von Nr. 27 (Ende des ersten Teiles, der wiederholt wird), andererseits erhöhte er das *b¹* im Diskant von Nr. 10 an einer beiläufigen Kadenz, die keinerlei gliedernde Funktion aufweist (M 8). Eine gewisse Vorliebe für Kadenzen mit Leitton demonstriert die Führung des Tenors in Nr. 10, M 4: Hier ist es der Tenor, der eine Diskantklausel ausführt, und auch hier wird der Leitton erhöht.

Insgesamt läßt sich somit sagen, daß die Erhöhung des Leittones durchaus bevorzugt, jedoch nicht stets konsequent durchgeführt wird, womit Wiltzell wiederum mit Gerle konform geht. Bemerkenswert ist auch, daß die relativ häufigen Leittöne *fis* und *cis* weder in Wiltzells noch in Gerles Übertragungsschemata überhaupt vorkommen. Wiltzell war also durchaus in der Lage, eigenständig und unabhängig von seinen vorgefertigten Übertragungsschemata den Notentext seiner Vorlagen auch im Blick auf die Ergänzung von Leittönen zu verändern.

Die Praxis der Leittonerhöhung wird auch weiter unten im Zusammenhang mit den beiden Tanzsammlungen der Gebrüder Hess nochmals zu untersuchen sein.[239] Dort, um dies hier bereits voraus zu schicken, wird (ganz anders als bei Wiltzell und Gerle) bemerkt, daß die Verwendung der Leittonerhöhungen *wider den gebrauch deutscher Musica* sei. Wir haben es hier also mit einer Praxis zu tun, die keineswegs generelle Gültigkeit beanspruchen kann.

---

238 Vgl. Berger, *Musica ficta*, S. 116ff.

239 Siehe unten Kap. VI.7.e).

Eine interessante Verbindung zwischen den Sätzen bei Wiltzell und jenen bei den Gebrüdern Hess stellt die bei jenen vielfach praktizierte Erweiterung vierstimmiger Sätze zu fünfstimmigen dar. Dort nämlich (vgl. die Ausführungen mit den entsprechenden Beispielen S. 222) ist die zusätzliche fünfte Stimme in Kadenzen durchweg so geführt, daß eine Ergänzung des Leittones unmöglich wird. Ein entsprechendes Beispiel findet sich auch in Wiltzells Tabulatur, betrachtet man die Kadenz in M 6/7 von Nr. 14. Die vier Stimmen des Originalsatzes führen hier ihre regulären Klauseln aus, wobei im Diskant das Vorzeichen *fis* hinzugefügt wurde. Der großen Sext $a - fis^1$ zwischen Tenor und Diskant steht allerdings die kleine Sext f^1 im Vagant gegenüber. Diese Führung der Vagantstimme ist in fünfstimmigen Kadenzen der Zeit durchaus üblich (vgl. dazu das Beispiel aus einer Messe Heinrich Isaacs S. 224). Die Erhöhung des Leittons in der Oberstimme kollidiert nun aber auf das Unangenehmste mit dem Vagant (f^1 gegen fis^1). So hätte auf die Erhöhung des Leittones verzichtet werden müssen. Doch scheint hier die Gewohnheit (Leitton im Diskant) unabhängig vom Kontrapunkt (Führung des Vagants) betrachtet worden zu sein.

Abschließend wären die Vagantstimmen als solche zu untersuchen (Nr. 10 14). Die Quellenbefunde sprechen dafür, daß diese erst nachträglich hinzugefügt wurden, da alle Konkordanzen vierstimmig sind und lediglich das Lied Nr. 10 auch in einer fünfstimmigen Version überliefert ist. Diese fünfte Stimme, die nicht mit der Wiltzells übereinstimmt, findet sich in der ebenfalls von Instrumentalisten benutzen Handschrift Kopenhagen 1872. Jene Handschrift stammt aus der Bläserkapelle des dänischen Königshofes und zeichnet sich ähnlich der Wiltzells dadurch aus, daß sie zu verschiedenen vier- oder fünfstimmigen Sätzen singuläre Zusatzstimmen enthält.[240] Die Hinzufügung von Zusatzstimmen spielt auch in den beiden Tanzsammlungen der Gebrüder Hess eine wichtige Rolle.[241] Dies macht deutlich, daß gerade Instrumentalisten vielstimmige Sätze bevorzugten und gegebenenfalls auch Stimmen hinzufügten.

Für die nachträgliche Hinzufügung der Vagantstimmen spricht auch ihre häufig sehr fehlerhafte Führung mit zahlreichen Dissonanzen, Quint- und Oktavparallelen im Verhältnis zu den übrigen Stimmen (vgl. z.B. Nr. 14, M 2: *c* gegen *d* in Tenor und Baß, M 5: Oktavparallelen zum Diskant; Nr. 10, M 22 und 26: Quintparallelen zum Baß).

Sowohl die Quellenbefunde als auch die kontrapunktischen Probleme sprechen dafür, daß es sich beim „Komponisten" dieser Zusatzstimmen um einen Amateur handelte, möglicherweise war dieser Wiltzell selbst. Wiltzell verfügte über ein fünfstimmiges Ensemble, wie es auch Gerle beschreibt (mit einem zwei-

---

240 Zu dieser Handschrift vgl. auch unten S. 136.

241 Vgl. dazu die Kap. VI.6.f) und VI.7.d).

ten Alt/Tenor).[242] Während Gerle jedoch ausschließlich vierstimmige Sätze abdruckte, fügte Wiltzell in seiner Handschrift einigen vierstimmigen Sätzen eine fünfte Stimme hinzu. Das instrumentale Ensemble erweist sich damit als innovativ, sind doch fünfstimmige Tenorliedsätze zu dieser Zeit noch recht selten. Diese Bevorzugung vielstimmiger Sätze (sei es durch die gezielte Auswahl entsprechender Stücke oder die Hinzufügung von Stimmen) ist ein Phänomen, das uns bei der Untersuchung weiterer Quellen noch des öfteren begegnen wird.

Auf ein Detail in Wiltzells Aufzeichnungen sei zu guter Letzt noch hingewiesen, da es ebenfalls wieder bei Gerle begegnet: die Hinzufügung von Fermaten. Statt des Begriffs Fermate wäre hier allerdings der zeitgenössische Terminus *signum congruentiae* treffender. Dieses hat (unter anderem) die Funktion, Stellen anzuzeigen, an denen alle Stimmen zusammenkommen, insbesondere in Kadenzen. Entsprechend finden wir es z.B. in Nr. 10, M 15 oder in Nr. 27, M 18. Die *signa* haben damit einen durchaus praktischen Sinn, zeigen sie doch den Spielern gemeinsame Kadenzen an. Der Gebrauch geht bei Wiltzell jedoch noch etwas weiter, indem er auch Phrasenenden einzelner Stimmen auf diese Weise markiert, auch wenn dort keine gemeinsame Kadenz aller Stimmen erreicht wird (vgl. Nr. 14 im D, M 3 oder Nr. 10 im T, M 5, 20 und 25). Das *signum congruentiae* erhält damit die Funktion eines Phrasierungszeichens, das den Zielpunkt einer musikalischen Phrase anzeigt.

f) Wiltzells Handschrift und ihr Verhältnis zu den Tabulaturdrucken Hans Gerles

Anders als Wiltzells Tabulaturhandschrift haben die Tabulaturdrucke Hans Gerles in der Forschung bereits seit langem Beachtung gefunden, so daß sie hier knapper behandelt werden können. Besonderes Augenmerk liegt dabei auf den bereits mehrfach angesprochenen Parallelen zu Wiltzels Tabulatur.

Gerle wurde um 1500 in Nürnberg geboren und starb ebenda 1570; wie Johann Neudörfer in seinen *Nachrichten von Künstlern und Werkleuten* Nürnbergs aus dem Jahre 1547 berichtet, war Gerle nicht nur als Musiker, sondern auch als Instrumentenbauer tätig:

---

242 Jedoch nur in der ersten Ausgabe, in der Ausgabe von 1546 fehlt der Hinweis auf das fünfstimmige Ensemble; vgl. Woodfield, *Viol*, S. 114. Ob dies mit den nun hinzukommenden Chansons in der Überarbeitung zu tun hat, wie Woodfield vermutet, erscheint mir zweifelhaft. Denn sowohl die Chanson als auch das Tenorlied sind in dieser Zeit überwiegend vierstimmig, so daß die fehlende Erwähnung des fünfstimmigen Ensembles eher auf ein Versehen zurückzuführen sein dürfte.

Dieses Gerla[!] *Vater war auch ein berühmter Lautenmacher, aber dieser sein Sohn ist nicht allein im Lauten- sondern auch im Geigenmachen, mancherlei Gröss und Proportion zu machen, fürtrefflich. Er ist auch für sich selbst des Lautenschlagens, Geigens und Gesanges geübt.*[243]

Neben zwei Tabulaturdrucken für die Laute veröffentlichte Gerle auch, wie bereits in der Übersicht oben erwähnt, 1532 seine *Musica Teusch* (Nachdruck 1537, überarbeitet und erweitert 1546). Bei diesem Werk handelt es um ein Lehrbuch des Spiels auf der Gambe, dem Rebec und der Laute, mit dessen Hilfe – wie das Titelblatt verspricht – *ein ytlicher liebhaber und anfenger* das Spielen dieser Instrumente *an* [ohne] *ein sunderlichen Meyster* erlernen kann. In dieser ersten Streichinstrumentenschule überhaupt handelt Gerle von der Stimmung, Spielweise und Wartung der Instrumente sowie der Übertragung von Mensuralnotation in die Tabulatur.[244]

Die Übertragungen in Tabulatur, die Gerle seinem Werk beigab, dienen der *ubung unnd lernung* des zuvor Behandelten, wenden sich also ebenfalls an Anfänger.[245] In der ersten Ausgabe sind dies 14 deutsche Lieder und ein Kanon für vier Gamben sowie zwei deutsche Lieder für vier Rebecs (Kompositionen von Ludwig Senfl, Thomas Stoltzer, Johann Walter u.a.). In der Ausgabe von 1546 wird die Anzahl der Kompositionen erhöht, doch treten nun die deutschen Lieder in ihrer Anzahl zurück zugunsten von 12 französischen Chansons (von Claudin de Sermisy, Jean Richafort u.a.). Gerle trägt damit der wachsenden Beliebtheit dieser Gattung in Deutschland Rechnung, die vor allem durch die reiche Produktion des Pariser Druckers Pierre Attaingnant seit dem Ende der 1520er Jahre angeregt wurde.[246]

Es wurde oben bereits mehrfach auf die zahlreichen Parallelen zwischen Gerles Drucken und der Handschrift Wiltzells hingewiesen, die hier nochmals kurz zusammengefaßt seien: Das Ensemble besteht aus drei verschiedenen Instrumentengrößen (Diskant, Alt/Tenor und Baß), wobei das vierstimmige Standardensemble durch ein drittes Alt/Tenor-Instrument erweitert werden kann. Beide verwenden ein identisches Tabulatursystem und dieselben Anweisungen zur Übertragung von Mensuralnotation in die Tabulatur. Besondere Merkmale der Tabulaturnotationen sind die Auflösung von Punktierungen und Synkopen

243 Neudörfer, *Nachrichten*, S. 162f.

244 Vgl. dazu Silbiger, *Musica Teutsch* sowie Woodfield, *Viol*, S. 104ff.

245 Gerle 1546, fol. C 1^v.

246 Mit Gerles Tabulaturen für Gamben und Rebecs beschäftigte sich erstmals eingehender Alfred Einstein in seiner Arbeit über die deutsche Musik für Viola da Gamba, ein vollständiges Inhaltsverzeichnis mit Angaben zu Konkordanzen bietet Howard M. Brown in seiner Bibliographie *Instrumental Music Printed before 1600* (S. 40ff. und 82ff.). Neben verschiedenen Teilausgaben (so in Senfl, *Werke*, Bd. VII) liegt inzwischen auch eine vollständige Edition von Gerles Tabulaturen in der Dissertation von Jane Pierce vor (die Stücke für Gamben und Rebecs finden sich dort S. 264–288 und 445–490).

sowie die Zusammenziehung längerer Notenwerte. Nicht zuletzt finden sich vier Liedsätze Wiltzells auch bei Gerle wieder (Nr. 11, 14, 17, 18).

Diese Übereinstimmungen sowie die Tatsache, daß bislang keine weiteren Gambentabulaturen bekannt wurden, die das System der deutschen Lautentabulatur benutzen, weist auf eine enge Verbindung zwischen Wiltzells Handschrift und den Tabulaturdrucken Gerles hin. Nimmt man noch die sehr wahrscheinlich gewordene Identität Wiltzells mit einem Nürnberger Bürger hinzu, so drängt sich die Vermutung auf, daß eine direkte Beziehung bestehen muß. Für einen Nürnberger lag es freilich nahe, seinen Unterricht bei einem angesehenen Musiker und Instrumentenbauer zu nehmen, bei dem er auch seine Instrumente kaufen konnte. Könnte daher Wiltzells Handschrift nicht das Ergebnis seines Unterrichts bei dem jungen Hans Gerle sein, der dann seine Lehrerfahrungen einige Jahre später in ein Lehrbuch umsetzte?

3. Regensburg, Thurn und Taxissche Hofbibliothek, Ms. F.K. Mus. 3/I

Dieses einzelne Baßstimmbuch (aus einem Satz von ursprünglich vier Stimmbüchern) wurde erstmals in Gertraut Haberkamps Katalog der Musikhandschriften der Fürst Thurn und Taxis Hofbibliothek beschrieben und fand sonst, von einem Eintrag im *Census Catalogue* abgesehen, noch keine Beachtung.[247] Die Handschrift, die durchweg textlose Sätze überliefert, ist nicht nur durch die Aufnahme mehrerer Tänze interessant, sondern auch dadurch, daß sie als eine der wenigen Quellen des 16. Jahrhundert eine Besetzungsangabe für das Krummhorn enthält. Da eine größere Anzahl von Kompositionen zusätzlich zu den Angaben im Katalog Haberkamps identifiziert bzw. in anderen Quellen nachgewiesen werden konnte, soll auch diese Quelle zunächst durch ein Inventar erschlossen werden (Numerierung original).

a) Inhaltsübersicht

1. *D'Amours me plains* [Rogier Pathie]

Konk.: Gerle 1546, fol. F 1^{v} (anonym, für Gamben); 1539^{15}, fol. 10^{r}; 1543^{16}, fol. 11^{r} (M. Rogier); Basel F.IX. 59–62, Nr. 26 (anonym); RegensburgBZ A.R. 940/41, Nr. 38 (mit Incipit *Nur leichtsinnig*); Toruń 102680/4, Nr. 23 (anonym, nur Incipit *Damuir*).

Ed.: CMM 63/I, S. 101ff.

[247] Haberkamp, *Thurn und Taxis*, S. 417–422 (mit Incipits der nicht identifizierten Kompositionen); *Census Catalogue*, Bd. III, S. 104f.

2. *D'Argent me plains. Respons auf, damour me plains* [Josquin Baston]
Konk.: 1552^{13} u. 1554^{24}, Nr. XVII (Baston).

3. *Ie prens en grei le dure mort* [Clemens non Papa]
Konk.: 1539^{15}, fol. 8^{r} (Clemens non Papa); 1543^{16}, fol. 13^{r} (anonym).
Ed.: CMM 4/X, S. 14.

4. *Toutes les nuitz* [Thomas Crecquillon]
Konk.: 1549^{29}, fol. 11^{r} (Crecquillon); Toruń 102680/4, Nr. 53 (anonym, nur Incipit *Toutes les*); Zwickau XCVII,1, Nr. 15 (mit Text *Ad te domine levavi*).

5. *Morir me fault. Respons auf das Je prens En grei* [Clemens non Papa]
Konk.: 1545^{16}, fol. 16^{v} (Clemens non Papa).
Ed.: CMM 4/X, S. 51.

6. *Ossio pottessi dona* *Archadelt* [Berchem?]
Konk.: 1539^{22}, S. 19 (Arcadelt); Ulm 236, Nr. 14a (anonym, mit Text *Miserere mei deus*).[248]

7. *Yela desir content* [= *Jay le desir content*] [Claudin de Sermisy]
Konk.: 1529^{2}, fol. 10^{v}–11^{r} (Sermisy); 1536^{3}, fol. 28^{v}–29^{r} (Sermisy).
Ed.: CMM 52/III, Nr. 65.

8. *Doulze Memoria* [= *Doulce memoire*] [Sandrin]
Konk.: 1540^{9} fol. 4^{r} (Sandrin); 1544^{10}, fol. 6^{v} (Sandrin); Basel F.IX. 59–62, Nr. 58 (*Dulce memori*, anonym); Sitten Tir. 87-4, fol. 8^{v}–9^{r} (*Dutre memoria*, nur B); Ulm 235, Nr. 12 (*Buess wirckht in mir*, anonym); Ulm 236, Nr. 9a (anonym, mit Text *Dulcis memoria*); Toruń 102680/4, Nr. 31 (anonym, nur Incipit *Dulce memor*).[249]

9. *Flini libien* [= *Fini le bien*]. [Pierre Certon]
Respons auf das doulze Memoria
Konk.: 1540^{9}, fol. 5^{r} (Certon); 1544^{10}, fol. 6^{v} (anonym); Toruń 102680/4, Nr. 31[b] (anonym, nur Incipit *Fine liedt*[!] im A, als *Secunda pars* zu *Doulce memoire*).

10. *Quanto fra voi mortali* [Jacques Arcadelt]
Konk.: 1539^{23}, S. 23 (Arcadelt).

11. *Iean de lagni* [Jacquet de Berchem]
Konk.: 1540^{13}, fol. 12^{r} (Berchem); Toruń 102680/4, Nr. 26 (anonym, nur Incipit *Johan de lagny*).

12. *Poure Ung plasir* [Crecquillon]
Konk.: 1543^{16}, fol. 14^{r} (Crecquillon); Toruń 102680/4, Nr. 24 (anonym, nur Incipit *Pour ung plaisir*).

---

248 Für weitere Quellen siehe Wendel, *Musiksammlung*, Bd. II, S. 112.
249 Weitere Quellen ebd., Bd. II, S. 107.

13. *Puis que iay* [Johannes Lupi]
Konk.: Heartz, *Attaingnant*, Nr. 41, fol. 10^{r} (*Lupi*); 1536^{3}, fol. 24^{v}–25^{r} (*Lupi*).

14. *Ung gay Bergier* [Crecquillon]
Konk.: 1543^{16}, fol. 16^{r} (Crecquillon); Toruń 102680/4, Nr. 56 (anonym, nur Incipit *Ung gai bergier*).

15. *Si par fortuna* [= *fortune*] [Certon]
Konk.: Heartz, *Attaingnant*, Nr. 41, fol. 5^{v} (Certon); 1536^{3}, fol. 4^{v}–5^{r} (Certon).

16. *Quanto Sia lieto* [Verdelot]
Konk.: 1537^{9}, Nr. 1 (Verdelot); 1540^{20}, S. 17 (Verdelot).

17. *LA Battaglia* [anonym]
Konk.: [c. $1550]^{24}$, Tanz Nr. 11 (*Pavane. La Bataille*; Quarte höher, rhythmisch abweichend); Susato 1551, fol. 13^{v} (*Pavane La Battaille*, B Quarte höher, doch mit Vermerk *Een quart Leger*); Hess 1555b, Nr. 63 (6st., D fehlt); Basel F.IX. 59–62, Nr. 31 (*Die schlacht in kurtz*); Basel F.X. 17–20, Nr. 5 (*Die schlacht*); Brügge 41, fol. 16^{r} (*Pavane*, nur B); Sitten Tir. 87-4, fol. 7^{r} (*Alabaria oder die kleine Schlacht*, nur B); Ulm 235, Nr. 24 (mit Text *Audi tellus*); London Roy. App. 59–62, Nr. 12 (*La bataglia*).

18. *Cesta gran tort* [Sermisy / Jacotin]
Konk.: 1528^{3}, fol. 23^{v} (Sermisy); 1528^{6}, 1529^{3}, fol. 14^{r} (Sermisy); 1536^{3}, fol. 29^{v} (Sermisy); MünchenSB 1516, Nr. 31 (anonym); RegensburgBZ A.R. 940/41, Nr. 11 (anonym); Ulm 236, Nr. 54 (anonym); Basel F.X. 17–20, Nr. 7 (anonym); Toruń 102680/4, fol. 97^{v}–98^{r} (anonym, nur Incipit *Cest a grand tort*).[250]
Ed.: CMM 52/III, Nr. 22.

19. *A demi mort* [Clemens non Papa]
Konk.: 1545^{16}, fol. 7^{r} (Clemens non Papa).[251]
Ed.: CMM 4/X, S. 32.

20. *Le temps qui court* [Thomas Crecquillon]
Konk.: 1545^{16}, fol. 8^{v} (Crecquillon).

21. *Est ill adius* [= *Est il advis*] [Arcadelt]
Konk.: 1540^{11}, fol. 14^{r} (Arcadelt).
Ed.: CMM 31/VIII,1, Nr. 2.

22. *Dona fra più bei volti Honesti e chari* [anonym][252]

23. *Ce moys ma sur la rose* [= *Ce moys de may sus la rose*] [Godard]
Konk.: 1540^{11}, fol. 4^{r} (Godard).

---

250 Weitere Konk. und Ed. ebd., Bd. II, S. 48.

251 Der Schlußton der ersten Phrase in der Handschrift eine Oktave tiefer.

252 Weder der Satz Arcadelts in 1539^{24} noch der Corteccias in dessen *Libro primo* (1547).

24. *Ia est iure* [= *Il est jour*] [Sermisy]
Konk.: 1528^3, fol. 7^v (Sermisy); [c. 1528]^8, fol. 6^r (Sermisy); Basel F.X. 17–20, Nr. 78 (anonym); Basel F.X. 22–24, Nr. 20 (anonym);[253] Basel F.IX. 59–62, Nr. 56 (anonym); Ulm 235, Nr. 38 (anonym, mit Text *Gehabt euch wol zue disen zeiten*); RegensburgBZ A.R. 940/41, Nr. 118 (anonym); MünchenSB 1501.
Ed.: CMM 52/III, Nr. 59.

25. *Ioysanze vous* [= *Jouissance vous donneray*] [Sermisy / La Rue?]
Konk.: 1528^3, fol. 7^v–8^r (anonym); [c. 1528]^8, fol. 5^v–6^r (Sermisy); 1531^2, fol. 6^r (Sermisy); Wien 18810 Nr. 62 (La Rue) bzw. 64 (anonym);[254] Basel F.IX. 59–62, Nr. 44; Basel F.X. 17–20, Nr. 71; MünchenSB 1516, Nr. 36 (anonym); RegensburgBZ A.R. 940/41, Nr. 104 (anonym); Toruń 102680/4, Nr. 57 (anonym, nur Incipit *Joisant vous*).
Ed.: CMM 52/3, Nr. 85.

26. *Si iay pour* [Sermisy]
Konk.: Gerle 1546, fol. E 3^v (anonym, für Gamben); 1528^3, fol. 6^v (Sermisy); 1531^2, fol. 11^v (Sermisy); Basel F.IX. 59–62, Nr. 53 (anonym); Basel F.X. 17–20, Nr. 58 (anonym); Toruń 102680/4, Nr. 21 (anonym, nur Incipit *Si iair pour voin*) und fol. 95^r (anonym, nur Incipit *Se Jay pour Vous*).
Ed.: CMM 52/IV, Nr. 143.

27. *Cess facheux sotz* [anonym]
Konk.: 1529^4 fol. 5^r; Basel F.IX. 59–62, Nr. 33; Basel F.X. 17–20, Nr. 88; MünchenSB 1516, Nr. 19 und 35; RegensburgBZ A.R. 940/41, Nr. 103 (Incipit *Ces veus chanter*); Toruń 102680/4, fol. 95^r (nur Incipit *Ces facheux soltz*).[255]
Ed.: CMM 20, S. 131.

28. *Dami damiorum* [anonym]

29. *Mon seul espoir* [Manchicourt]
Konk.: Manchicourt 1545, fol. 14^v.

30. *Vous pertz temps* [Sermisy]
Konk.: 1540^{10}, fol. 9^r (Sermisy).
Ed.: CMM 52/IV, Nr. 168.

Wiederholung des ersten Teils angezeigt, die des letzten nicht.

31. *Ung dulz Regard ung* [Manchicourt]
Konk.: Manchicourt 1545, fol. 11^v.

32. *Pour pervenir bon bied* [= *Pour parvenir bon pied*] [Gombert]
Konk.: 1543^{16}, fol. 2^v (Gombert).

---

[253] Bei Kmetz, *Basel*, S. 314 fälschlich Ulm 236 als Quelle genannt.
[254] Vgl. Schneider, *Introduction*, S. 13; dort auch weitere Konk.
[255] Vgl. Kmetz, *Basel*, S. 295.

33. *Si ton amour* — *Tilmon Sussato*
Konk.: 1543^{16}, fol. 3^{r} (Susato).

34. *A chi sola donna mia* — [Jacques Arcadelt]
Konk.: 1539^{22}, S. 34 (Arcadelt); RegensburgBZ A.R. 940/41, Nr. 91 (Arcadelt); Ulm 236, Nr. 107 (anonym).

35. *Ill pianto e doulze cigno* [= *Il bianco e dolce cigno*] — [Arcadelt]
Konk.: 1539^{22}, S. 1 (Arcadelt); RegensburgBZ A.R. 940/41, Nr. 92 u. 119 (Arcadelt); Ulm 236, Nr. 106 (anonym).[256]

36. *N.* — [anonym][257]

37. *De profundis. De funde ma pensse* — *Petro de manchicourt*
[= De fond de ma pensee]
guet auf den Khrumbhorn
Konk.: Manchicourt 1545, fol. 2^{r}.
Ed.: Band II, Nr. II.1 (vgl. auch unten S. 108).

38. *Escautes tous gentilles* — [anonym]
Konk.: Basel F.X. 17–20, Nr. 49 (*Die Schlacht*, anonym).
Ed.: Erig, *Basel*, S. 8f. (nach Basel F.X. 17–20).

Der hier angegebene Textbeginn ist der der berühmten Chanson Clément Janequins (*La bataille*). Doch handelt es sich hier um einen Tanz, der auf dem Satz Janequins beruht, wie z.B. auch oben Nr. 17.

39. *Frays et Galliarda* — [Clemens non Papa]
Konk.: 1545^{16}, fol. 13^{v} (Clemens non Papa); Ulm 236, Nr. 83; Toruń 102680/4, fol. 96^{r}–96^{v} (anonym, nur Incipit *Frais & gaillard*).[258]
Ed.: CMM 4/X, S. 17.

40. *Si tu te plains. Respons* — *Tilmon Susato*
Konk.: 1543^{16}, fol. 11^{v}.

41. *Amour et crante* — [Thomas Crecquillon]
Konk.: [1552]^{9}, fol. 10v (*Amour & crainte'*, Crecquillon).

42. *Si purti cuardo* [= *Se pur ti guardo*] — [Baldassare Donato]
Konk.: [c. 1550]^{19}, S. 2 (Donato; hier Quinte höher); Phalèse 1564, S. 46 (anonym); [259] mit Text *Allein nach dir herr*: Magdeburg 1572; Heilbronn XXXII–XXXIV/6; RegensburgBZ A.R. 855; Ulm 235, Nr. 2 (alle anonym).[260]

---

[256] Weitere Quellen bei Wendel, *Musiksammlung*, Bd. II, S. 87.

[257] Haberkamp, *Thurn und Taxis*, S. 418 liest *R*. Der Buchstabe *N* steht hier offensichtlich für einen dem Schreiber nicht bekannten oder verständlichen Titel bzw. Textanfang.

[258] Vgl. Wendel, *Musiksammlung*, Bd. II, S. 71.

[259] Nicht in RISM, siehe Vanhulst, *Phalèse*, Nr. 107.

[260] Weitere Quellen bei Gottwald, *Ulm*, S. 91.

43. *Ic seg adiu* [anonym]
Konk.: 1540^{21}, Nr. 27.

44. *Hors comeulx retires* *Nicolaus Gampert* [Gombert]
[= *Hors envieux retirez*]
Konk.: Heartz, *Attaingnant*, Nr. 41, fol. 8^{v} (Gombert); 1536^{3}, fol. 2^{v}–3^{r} (Gombert); 1537^{3}, fol. 2^{v}–3^{r} (Gombert); 1560^{6} (u. weitere Ausg.), S. 27 (anonym).
Ed.: Engel, *Das mehrstimmige Lied*, S. 51f.

In erster Phrase und am Ende Schlußton Oktave tiefer gesetzt.

45. *Lasso che mi* [anonym]

46. *Mille regres* [Josquin Desprez]
Konk.: 1549^{29}, fol. 9^{v} (*Io. de Pres*);[261] Heartz, *Attaingnant*, Nr. 41, fol. 9^{v} (*J. lemaire*); Basel F.IX. 59–62, Nr. 59 (anonym); Basel F.X. 17–20, Nr. 21 (anonym); MünchenSB 1516.
Ed.: Josquin, *Werken*, Wereldlijke werken, Bd. I, S. 8.

47. *O passi sparsi* [Sebastian Festa]
Konk.: 1526^{6}, fol. 6^{v}–8^{r} (S. Festa); 1549^{18}, fol. 9^{v} (*Constantius Festa*); Heartz, *Attaingnant*, Nr. 41, fol. 2^{v} (anonym).

48. *Venes me serfz* [Clemens non Papa]
Konk.: 1554^{22}, Nr. 20 (Clemens non Papa); Toruń 102680/4, fol. 103^{r} (anonym, nur Incipit *Venes mes serfs*).
Ed.: CMM 4/X, S. 149.

49. *Possible nest* [anonym]
Konk.: 1530^{5}, fol. 12^{v}.
Ed.: CMM 93/III, Nr. 27.

50. *Entre vous* *Clemens non papa*
Konk.: 1549^{29}, fol. 13^{r} (Clemens non Papa).
Ed.: CMM 4/X, S. 75.

51. *Un vray Amant* [anonym][262]
Konk.: 1530^{5}, fol. 15^{r} (*Ung vray amant*).
Ed.: CMM 93/III, Nr. 33.

52. *Quandio pens ad ajartine* [Arcadelt]
Konk.: 1539^{22}, S. 53 (Arcadelt).

---

261 Bei Haberkamp, *Thurn und Taxis*, S. 419 ist versehentlich „Rocourt“ als Komponist angegeben, die Angabe im Druck bezieht sich jedoch auf den davorstehenden Satz *Plaindre ny vault*.

262 Oben: *Closir* [?].

53. *Pungente dardo chel mio cor consumi* [Berchem / Arcadelt]
Konk.: 1539^{22}, S. 2 (Arcadelt); Basel F.IX. 59–62, Nr. 7 (anonym); RegensburgBZ A.R. 940/41, Nr. 88 (Berchem); Ulm 236, Nr. 108 (anonym).[263]

54. *Amour veult* [anonym][264]

55. *Puis qui conveniunt* [= *Puisqu'il convient*] [Petrus Heylanus]
Konk.: 1552^{13} u. 1554^{24}, Nr. XXVIII (Petrus Heylanus); RegensburgBZ A.R. 940/41, Nr. 4 (anonym).[265]

56. *A demi mort* [Jan Louys]
Konk.: 1552^{14}, S. 29 (Louys).

57. *Fricasse. Toutes les nuiz* [Jean Crespel]
Konk.: 1552^{15}, S. 16 (D: *Je prends en gré*, T: *Resjoyssons–nous*, hier zusätzlich die Bemerkung *Fricassée, Crespel*); 1555^{21}, S. 16 (wie 1552^{15} [Nachdruck], zusätzlich im A der Text *J'en suis gallans*, im B *Toutes les nuictz*); weiterer Nachdruck (nicht in RISM, Vanhulst, *Phalèse*, Nr. 106) Louvain, P. Phalèse, 1564, S. 16 (hier Zuschreibung an Crespel nur im D, in den anderen Stimmen an Crecquillon).[266]

58. *Voulente fut* [Certon]
Konk.: 1539^{17}, fol. 1^{v}–2^{r} (Certon).

59. *Alix ovoit* [= *avoit*] [Crecquillon]
Konk.: 1545^{16}, fol. 12^{v} (Crecquillon); Ulm 236, Nr. 102 (anonym); Toruń 102680/4, fol. 95^{r} (nur Incipit *Alix avoit audens*, Crecquillon).

60. *Coment Caela* [anonym]

61. *Qui veult son ceur en dieu* [Petit Jean De Latre]
Konk.: De Latre 1552, Nr. 7.

62. *Si faux Rapport* [anonym]

63. *Mon pouvre ceur* *Io: baston*[267]

64. *La ferme Amour* [anonym]

---

[263] Vgl. Wendel, *Musiksammlung*, Bd. II, S. 89.

[264] Keine der Kompositionen in 1529^{4} (anonym) oder 1543^{16} (Susato).

[265] Vgl. Brennecke, *Regensburg*, S. 65f.

[266] Vgl. auch Vanhulst, *Phalèse*, S. 24, 51 und 113f. Dieses *Fricassée* zitiert im Baß Crecquillons *Toutes les nuictz* (vgl. Nr. 4).

[267] Eine Vertonung dieses Textes von Josquin Baston ist nicht bekannt, lediglich eine Chanson *Mon triste cueur* in 1544^{12} (vgl. Dunning, *Baston*). Diese ist jedoch nicht mit der hier vorliegenden Komposition identisch; ebensowenig die Kompositionen mit dem Textanfang *Mon povre cueur* in 1529^{2}, 1532^{12} oder 1536^{3}.

65. *Jusques yey* [anonym]

66. *Vous me tenes* [anonym]

67. *Pluttuckh* [anonym]

68. *Le mal cuoua* [anonym]

69. *Le corps se plaint* [Crecquillon]
Konk.: [1552]^7, fol. 18^v (Crecquillon).

70. *Voicy le moys* [anonym][268]

71. *Avoir amour on ne det desir* [anonym]

72. *Au point du dure* [anonym]

73. *Un gross mignon* [Sohier][269]
Konk.: 1547^9, fol. 2^r (Sohier).

74. *Le dieu Daymer deibon* *du Tertre*[270]

75. *Possibit* [anonym][271]

76. *Quanta bellta quanta gratia e splendore* [Arcadelt]
Konk.: 1539^{22}, S. 30 (Arcadelt).

77. *Io dico che fra voi potenti dei* [Arcadelt]
Konk.: 1539^{22}, S. 32 (Arcadelt).

78. *Poss'io morir di mala morte* [Arcadelt]
Konk.: 1539^{22}, S. 30 (Arcadelt).

79. *Ragion e ben che alcuna* [Arcadelt]
Konk.: 1539^{22}, S. 4 (Arcadelt); Ulm 236, Nr. 109 (anonym).

80. *Bella fiorretta* [Arcadelt]
Konk.: 1539^{22}, S. 43 (Arcadelt).

---

268 Nicht der Satz von Moulu in 1530^5.

269 Mathieu oder Valentin Sohier (der Druck 1547^9 gibt keinen Vornamen an); vgl. Bernstein, *Sohier*, S. 444.

270 Eine Komposition Du Tertres mit diesem Textanfang ist nicht bekannt, ebensowenig handelt es sich um seine Chanson *Dieu doibt le bon* in 1549^{25}.

271 Nicht *Possible n'est* in 1530^5.

81. *Or Combienn est malheureux* *Claudin* [de Sermisy]
Konk.: 1542[15], fol. 5[v] (Sermisy); 1544[12], fol. 15[v]; Toruń 102680/4, Nr. 52 (anonym, nur Incipit *Or combien*).
Ed.: CMM 52/IV, Nr. 112.

82. *A uster. Respons auf Or combien* [anonym]

83. *Languir me faix* [Sermisy]
Konk.: 1528[3], fol. 21[v] (Sermisy); [c. 1528][8], fol. 13[r] (Sermisy); 1531[2], fol. 3[v] (Sermisy); Basel F.IX. 59–62, Nr. 32; Basel F.X. 17–20, Nr. 9; Basel F.X. 22–24, Nr. 12; Sitten Tir. 87-4, fol. 10[r]–10[v] (nur B); MünchenSB 1516, Nr. 15 (Mouton); Ulm 235, Nr. 6 (anonym, mit Text *So war ich leb spricht gott der herre*); 1597[7] (gleicher Text).
Ed.: CMM 52/III, Nr. 87 (dort auch weitere Konkordanzen).

Schlußtöne in Kadenzen zweimal Oktave tiefer gesetzt. Die Handschrift fügt ein Wiederholungszeichen nach T. 6 der Neuausgabe ein.

84. *Fideli* [= *Fidel e bel*] [Verdelot]
Konk.: [c. 1530][1], fol. 9[v]–10[r] (Verdelot); 1549[33] (Verdelot).

85. *A missu frei* [= *Amis, souffrez*] [Moulu?]
Konk.: Gerle 1546, fol. E 4[v] (anonym, für Gamben); 1529[4], Nr. 12 (3st.); 1553[22], RegensburgBZ A.R. 940/41, Nr. 105 (anonym); Ulm 236, Nr. 53 (anonym); MünchenSB 1516, Nr. 16 (anonym).[272]
Ed.: CMM 52/III, Nr. 9.

Zusätzlich zur Wiederholung des Schlußteils Wiederholung des ersten Teils. Schlußtöne in Kadenzen tiefer gesetzt.

86. *N.* [anonym]

87. *Cest Boucanntes* [= *C'est boucané*, 3st.] [anonym]
Konk.: 1529[4], fol. 5[v].
Ed.: CMM 93/III, Nr. 46.

88. *Quannti Hispanni* [Tanz] [anonym]
Konk.: Hess 1555b, Nr. 134 (5st., Terz tiefer; D fehlt) und 200 (4st., D fehlt; beide mit starken Abweichungen).

89. *La Bella marin* [*man*] *mi porse madonna* [Verdelot]
Konk.: 1537[9], Nr. 26 (Verdelot); 1540[20], S. 10 (Verdelot).

90. *Dech perche* [Verdelot]
Konk.: 1537[9], Nr. 22 (Verdelot); 1540[20], S. 21 (Verdelot).

---

272 Auch Izagha, Isaac, Le Heurteur und Sermisy zugeschrieben. Für weitere Quellen und zur Autorenfrage vgl. Wendel, *Musiksammlung*, Bd. II, S. 47.

91. *Madonna il tuo bel Viso* [Verdelot]
Konk.: 1537^{9}, Nr. 13 (Verdelot); 1540^{20}, S. 31 (Verdelot).

92. *Vita della mia vita* [Verdelot]
Konk.: 1537^{9}, Nr. 16 (Verdelot); 1540^{7}, Nr. 59 (Verdelot); 1540^{20}, S. 16 (Verdelot).

93. *Sio penssasse madonna che mia morte* [Verdelot]
Konk.: 1537^{9}, Nr. 21 (Verdelot); 1540^{20}, S. 14 (Verdelot).

94. *Bona muteta* [anonym]

95. *Maut dite che fantasia* [= *Mauldicte soit la mondaine*] [Sermisy]
Konk.: 1529^{2}, Nr. 15; 1551^{6}, S. 13; Sitten Tir. 87-4, fol. 17^{r} (nur B); RegensburgBZ A.R. 940/41, Nr. 137 (anonym); Ulm 236, Nr. 49 (*Chzey ze pomnieti*) u. 113 (*Multito fait*, beide anonym); Toruń 102680/4, Nr. 49 (mit Textmarke *Die mich erfrewett ist lobens werdt*); Zwickau XCVII/1, Nr. 16 (mit Text *O domine libera animam meam*).[273]
Ed.: CMM 52/IV, Nr. 104.

Nach M 9 in der Handschrift Wiederholungszeichen eingefügt (ebenso in den Handschriften Ulm, Torn und Zwickau).

96. *Un gros prieur* [D. Phinot]
Konk.: Phinot 1548a, S. 23.
Ed.: CMM 59/III,1, Nr. 28.

97. *Dame margot* [D. Phinot]
Konk.: Phinot 1548a, S. 25.
Ed.: CMM 59/III,1, Nr. 31.

98. *Une fillete* [D. Phinot]
Konk.: Phinot 1548a, S. 26.
Ed.: CMM 59/III,1, Nr. 32.

99. *Ferrot un juro* [*jour*] [D. Phinot]
Konk.: Phinot 1548a, S. 27.
Ed.: CMM 59/III,1, Nr. 33.

100. *Pürrhus le roy* [D. Phinot]
Konk.: Phinot 1548b, S. 15.
Ed.: CMM 59/III,2, Nr. 10.

101. *Catin ma gentile* [D. Phinot]
Konk.: Phinot 1548b, S. 19.
Ed.: CMM 59/III,2, Nr. 14.

---

[273] Vgl. ebd., Bd. II, S. 94.

102. *Catin veult* [D. Phinot]
Konk.: Phinot 1548b, S. 19.
Ed.: CMM 59/III,2, Nr. 15.

103. *Bouche de satin* [D. Phinot]
Konk.: Phinot 1548b, S. 24.
Ed.: CMM 59/III,2, Nr. 20.

104. *Doy ie esperer* [D. Phinot]
Konk.: Phinot 1548b, S. 23.
Ed.: CMM 59/III,2, Nr. 19.

105. *Si ie mouroys* [D. Phinot]
Konk.: Phinot 1548b, S. 22.
Ed.: CMM 59/III,2, Nr. 18.

106. *L'esprit vouloit moys* [D. Phinot]
Konk.: Phinot 1548b, S. 11.
Ed.: CMM 59/III,2, Nr. 6.

107. *De ton amour* [D. Phinot]
Konk.: Phinot 1548b, S. 8.
Ed.: CMM 59/III,2, Nr. 3.

108. *Possible nest* [D. Phinot]
Konk.: Phinot 1548b, S. 5.
Ed.: CMM 59/III,2, Nr. 1.

109. *Anzi non pur amour le vage* [anonym]

110. *Iane craindraij* [anonym]

111. *Si mon travail* [Sandrin / Sermisy?]
Konk.: 1538^{17}, fol. 6 (Sermisy); 1540^{9}, fol. 7^{r} (Sandrin).
Ed.: CMM 52/IV, Nr. 147.

112. *Fuggi cor mio* [Verdelot]
Konk.: 1537^{9}, Nr. 6 (Verdelot); 1540^{20}, S. 20 (Verdelot).

113. *Quando amor il begli ochi a terra inclina* *Verdelot*
Konk.: 1537^{9}, Nr. 2 (Verdelot); 1540^{20}, S. 26.

114. *Madona qual certeza* [Verdelot]
Konk.: 1537^{9}, Nr. 4 (Verdelot); 1540^{20}, S. 18 (Verdelot).

115. *Con lachrime et suspir* [Verdelot]
Konk.: 1537^{9}, Nr. 5 (Verdelot); 1540^{20}, S. 18 (Verdelot).

116. *Igno suave ov'il mio foro alento* [Verdelot]
Konk.: 1537^{9}, Nr. 7 (Verdelot); 1540^{20}, S. 27.

117. *Amor se d'hor in horla doglia cresce* [Verdelot]
Konk.: 1533^{2}, S. 8 (Verdelot); 1537^{9}, Nr. 8 (Verdelot).

118. *Se may provasti Donna qual sia amore* [Verdelot]
Konk.: 1537^{9}, Nr. 10 (Verdelot); 1540^{20}, S. 29 (Verdelot).

119. *Donna che sette tra bella bella* [Verdelot]
Konk.: 1537^{9}, Nr. 9 (Verdelot); 1540^{20}, S. 28 (Verdelot).

120. *Se lietta e grata morte* [Verdelot]
Konk.: 1537^{9}, Nr. 15 (Verdelot); 1540^{20}, S. 1 (Verdelot).

121. *Madonna io sol vorrei* [Verdelot]
Konk.: 1537^{9}, Nr. 23 (Verdelot); 1540^{20}, S. 19 (Verdelot).

122. *Non vi fidate o simplicetti amanti* [Verdelot]
Konk.: 1537^{9}, Nr. 25 (Verdelot); 1540^{20}, S. 22 (Verdelot).

123. *Divini ochi sereni* [Verdelot]
Konk.: 1537^{9}, Nr. 14 (Verdelot); 1540^{20}, S. 28 (Verdelot).

124. *Piove da gli ochi de la donna mia* [Verdelot]
Konk.: 1537^{9}, Nr. 18 (Verdelot); 1540^{20}, S. 16 (Verdelot).

125. *Se voi porgesti una sol fiatta* [Verdelot]
Konk.: 1537^{9}, Nr. 20 (Verdelot); 1540^{20}, S. 10 (Verdelot).

126. *Lasso che se creduto havesse a qualche amante* [Verdelot]
Konk.: 1537^{9}, Nr. 27 (Verdelot); 1540^{20}, S. 32 (Verdelot).

127. *Lasso che mal accorto fui da prima* [Maistre Jhan / Verdelot]
Konk.: 1533^{2}, S. 29 (Maistre Jhan); 1537^{9}, Nr. 28 (Verdelot).

128. *Con l'angelico riso a me negasti* [Verdelot]
Konk.: 1537^{9}, Nr. 19 (Verdelot); 1540^{20}, S. 11 (Verdelot).

129. *Gloriar mi possio Donna* [Verdelot]
Konk.: 1537^{9}, Nr. 17 (Verdelot); 1540^{20}, S. 13 (Verdelot).

130. *Ben chel misero* [Verdelot]
Konk.: 1537^{9}, Nr. 12 (Verdelot); 1540^{20}, S. 6 (Verdelot).

131. *Madonna per voi ardo* [Verdelot][274]
Konk.: 1537^{9}, Nr. 24 (Verdelot); 1540^{20}, S. 2 (Verdelot).

132. *Afflitti spiriti mei* [Verdelot]
Konk.: 1537^{9}, Nr. 11 (Verdelot); 1540^{20}, S. 30 (Verdelot).

133. *Ma Donna legiadra* [Verdelot]
Konk.: 1537^{9}, Nr. 3 (Verdelot; Text nur *Donna leggiadra*); 1540^{20}, S. 26 (Verdelot).

134. *A moy plaisir* [anonym]

135. *Plus nultz Regretz* *IOSQVIN*
Konk.: 1540^{7}, Nr. 53 (Josquin);[275] MünchenSB 1516, Nr. 197 (anonym).
Schlußton in der Handschrift Oktave tiefer.

136. *Se dire ie iosoie Dont me vient* *Benedictus* [Appenzeller]
Konk.: 1540^{7}, Nr. 54 (*Benedictus*).
In der Handschrift Schlußton wie im Druck, dazu zusätzlich Oktave tiefer.

137. *Si par seffrir* *Ioannes Courtois*
Konk.: Gerle 1546, fol. E 1^{v} (anonym, für Gamben); 1540^{7}, Nr. 55 (Courtois); Toruń 102680/4, Nr. 19 (anonym, nur Incipit *Si par soffrir*).
Wie bei Nr. 136.

138. *Loil* [= *Loyal*] *Amant nay plutz* [Nicolaus Benoist]
Konk.: 1540^{7}, Nr. 56 (Benoist).

139. *Vous scaves bien* *Lupy* [= Johannes Lupi]
Konk.: 1530^{3}, fol. 7^{v} (Lupi); 1540^{7}, Nr. 57 (Lupi).
Schlußton in der Handschrift eine Oktave tiefer als im Druck.

140. *Sour* [= *Sur*] *tous Regretz* *Richefort*
Konk.: Gerle 1546, fol. D 1^{v} (anonym; für Gamben); Heartz, *Attaingnant*, Nr. 41, fol. 9^{r} (Richafort); 1540^{7}, Nr. 58 (Richafort); MünchenSB 1516, Nr. 34 (anonym).
Wie 136.

141. *Muse del passo centro* *Iulius Regiensis*
Konk.: 1540^{7}, Nr. 60.

142. *Dito dito non dito* [= *Dite di non*] [anonym]
Konk.: 1534^{11}, fol. 3^{r} .

---

274 Am Ende: *Omnia si perdas famam memento servare.*

275 Aus diesem Augsburger Druck wurden alle vierstimmigen französischen und italienischen Sätze übernommen, nicht jedoch die lateinischen und deutschen.

143. *De retourner* [anonym]
Konk.: 1529^{3}, fol. 11^{r}–11^{v}.
Ed.: CMM 93/I, Nr. 24.

144. *Las que grans* [= *crains*] [Sermisy]
Konk.: 1532^{12}, fol. 12^{r} (Sermisy); 1536^{2}, fol. 22^{v} (Sermisy); Ulm 236, Nr. 50 (mit tschechischer Textmarke und eingefügtem Wiederholungszeichen in M 7).
Ed.: CMM 52/III, Nr. 90.

145. *Ma Busche rit* [= *Ma bouche rit*] [anonym]
Konk.: 1528^{3}, fol. 12^{v}; [c. 1528]^{8}, fol. 8^{v}; 1531^{2}, fol. 14^{v}.
Ed.: CMM 93/I, Nr. 5.

146. *Mein lieffennir brun* [= *Mins liefkens brun*?] [anonym][276]

147. *Le Content* [*est riche*] [Sermisy]
Konk.: 1528^{3}, fol. 8^{v} (Sermisy); 1531^{2}, fol. 5^{r} (Sermisy); 1536^{2}, fol. 4^{v}–5^{r} (Sermisy); Sitten Tir. 87-4, fol. 9^{r}–9^{v} (nur B); Toruń 102680/4, Nr. 20 (anonym, nur Incipit *Le content*).
Ed.: CMM 52/IV, Nr. 96 (dort auch weitere Konk.).

Schlußtöne tiefer gesetzt; Wiederholung des Schlusses nicht angezeigt.

148. *Dont Vientzela* [= *Dont vient cela*] [Sermisy]
Konk.: Gerle 1546, fol. D 2^{v} (anonym, für Gamben); 1528^{3}, fol. 3^{v} (Sermisy); 1531^{2}, fol. 4^{v} (Sermisy); Basel F.X. 17–20, Nr. 15 (anonym); MünchenSB 1516, Nr. 20 (anonym); RegensburgBZ A.R. 940/41, Nr. 110 (anonym).
Ed.: CMM 52/III, Nr. 43 (dort auch weitere Konk.).

Schlußton Oktave tiefer, die Wiederholung des Schlusses in der Handschrift nicht angezeigt.

149. *Voys Le Court* [= *Voyez le tort*] [Crecquillon]
Konk.: 1543^{16}, fol. 10^{v} (Crecquillon).

150. *Je me contente* [Rocourt]
Konk.: 1543^{16}, fol. 12^{v} (Rocourt).

151. *Le tamne triste* [anonym]

152. *Inte sament* [anonym][277]

153. *Si coures mei* [= *Secourez–moy*] [Sermisy]
Konk.: 1528^{3}, fol. 1^{v} (Sermisy); [c. 1528]^{8}, fol. 1^{v} (Sermisy); 1531^{2}, fol. 1^{v} (Sermisy).
Ed.: CMM 52/IV, Nr. 139.

---

276 Keines der beiden von Haberkamp, *Thurn und Taxis*, S. 422 genannten Lieder in 1540^{7}.

277 Nicht *Incessament* von Clemens non Papa in 1549^{29}

Alle anderen Quellen Quarte tiefer. Schlußtöne der Abschnitt Oktave tiefer gesetzt. Wiederholung des letzten Teils nicht angezeigt.

154. *N.* [anonym]

155. *Ad aequales voces. Oyme mort il bel viso* [Francesco Corteccia]
Konk.: 1541^{15}, S. 32 (Corteccia).

156. *Mort ma prive* [Crecquillon]
Konk.: 1543^{16}, fol. 9^{v} (Crecquillon).

157. *Je ne fais Riens* [Crecquillon]
Konk.: $[1544]^{11}$, fol. 11^{r} (Crecquillon).

158. *Content Desir* [Sermisy]
Konk.: Heartz, *Attaingnant*, Nr. 41, fol. 13^{v} (Sermisy); 1536^{3}, fol. 8^{v}–9^{r} (Sermisy).[278]
Ed.: CMM 52/III, Nr. 32.

159. *Plus Revenir* [Johannes Lupi]
Konk.: 1543^{16}, fol. 8^{v} (Johannes Lupi).

160. *Lemer me bous* [= *Le cueur de vous*] [Sermisy]
Konk.: [c. $1528]^{6}$, fol. 4^{v} (Sermisy); 1529^{3}, fol. 4^{v} (Sermisy); 1536^{2}, fol. 5^{v}–6^{r} (Sermisy); MünchenSB 1516, Nr. 47 (anonym).
Ed.: CMM 52/IV, Nr. 93.

161. *Sic Deus Dilexit mundum* [anonym]

162. *Trop plus Secret* [Pierre de La Rue]
Konk.: Brüssel 228, fol. 8^{v}–9^{r} (anonym, Quarte tiefer); Basel F.X. 1–4, Nr. 108 (*Pirson*); RegensburgBZ C 120, S. 269 (La Rue, Quarte tiefer); FlorenzBC 2439, fol. 44^{v}–45^{r} (La Rue, Quarte tiefer); RomBAV 11953, fol. 7^{v}–8^{r} (La Rue, nur B, Quarte tiefer).
Ed.: Picker, *Chanson Albums*, S. 200–203.

[163.] *Frisch auf in gottes Namen* [J. vom Brandt]
Konk.: 1549^{37}, Nr. 80.
Ed.: EdM 61, Nr. 80.

---

278 Die Chanson ist nicht, wie in CMM 52/III, S. XVII angegeben, in 1533^{1} enthalten, vielmehr in dem nicht in RISM aufgeführten Druck Heartz, *Attaingnant*, Nr. 41.

b) Würdigung

Das Stimmbuch gelangte in Folge der Säkularisation aus dem Benediktinerkloster Neresheim 1803 in den Besitz der Familie Thurn und Taxis. Nähere Hinweise auf Datierung oder Herkunft ließen sich nicht ermitteln. Einige Hinweise geben immerhin Untersuchungen zum Repertoire der Handschrift. Sie enthält 104 Chansons, 50 Madrigale, ein deutsches und zwei niederdeutsche Lieder, drei Tänze, ein Stück mit lateinischem Incipit sowie zwei Sätze mit nicht eindeutig zuordenbarem Titel (*Pluttuckh* [Chanson?] bzw. *Bona muteta*). Gerade die französischen Titel sind, wie auch in anderen deutschen Handschriften der Zeit, oft bis zur Unkenntlichkeit verstümmelt (z.B. Nr. 160: *Lemer me bous* = *Le cueur de vous*).

Für die Handschrift dienten mit Sicherheit verschiedene Drucke als Vorlagen, doch ist bei der weiten Verbreitung zahlreicher Chansons und Madrigale (in Handschriften und Drucken) eine eindeutige Feststellung nicht immer möglich. So finden sich 17 Sätze auch in dem von Pierre Phalèse gedruckten *Septiesme livre des chansons* (1560[6]); dieses ist jedoch eine Blütenlese der beliebtesten Chansons und wurde als solche bis weit ins 17. Jahrhundert hinein nachgedruckt (es enthält die Nrn. 1, 3, 5, 8, 9, 12, 14, 19, 23, 30, 44, 50, 81, 111, 136, 147, 158; oben nicht im einzelnen nachgewiesen). Es scheidet jedoch als Quelle aus, da vier dort anonyme Sätze in der Handschrift mit Autorennamen erscheinen (Nr. 44, 50, 81, 136). Doch kommen folgende Drucke aufgrund der Häufung von Konkordanzen als die wichtigsten Vorlagen in Frage:

1528[3] (*Chansons nouvelles*, Paris, Attaingnant): 18, 24, 25, 26, 83, 145, 147, 148, 153.

Heartz, *Attaingnant*, Nr. 41 (*Chansons musicales*, Paris, Attaingnant, 1533, nicht in RISM):[279] 13, 15, 44, 46, 47, 140, 158.

1537[9] (*Il primo libro de madrigali di Verdelotto*, Venedig, O. Scotto [Nachdruck von 1533[2]]. Dieser Druck wurde vollständig übernommen; Vorlage war nicht die erweiterte Ausgabe 1540[20], da dort Nr. 117 und 127 nicht mehr enthalten sind): 16, 89–93, 112–133.

1539[22] (*Il primo libro di madrigali d'Archadelt*, Venedig, A. Gardane): 6, 34, 35, 52, 53, 76–80

1540[7] (*Selectissimae necnon familiarissimae cantiones*, Augsburg, M. Kriesstein): 135–141

1543[16] (*Premier livre des chansons*, Antwerpen, T. Susato): 1, 3, 12, 14, 32, 33, 40, 149–150, 156, 159

1545[16] (*Le huitiesme livre des chansons*, ebd.): 5, 19, 20, 39, 59

---

279 Dies ist einer von zwei Drucken Attaingnants, auf deren Titelblatt auf die Eignung der einzelnen Sätze für Block- bzw. Querflöten hingewiesen wird (von diesem ist nur das Diskantstimmbuch erhalten); vgl. dazu Smith, *Renaissancequerflöte*, S. 52f. und 64f.

Phinot 1548a/b: 96–108

Alle in anderen Quellen nachgewiesenen Kompositionen lassen sich vor 1555 belegen, so daß die Entstehung der Handschrift nicht sehr viel später anzusetzen sein wird.[280] Die Palette der benutzten Drucke ist sehr vielseitig: Drucke von Pierre Attaingnant aus Paris, von Tilmann Susato aus Antwerpen, Ottaviano Scotto und Antonio Gardane aus Venedig und G. und M. Beringen aus Lyon (Phinot). Dies belegt einmal mehr die intensive Rezeption ausländischer Drucke in Deutschland, sei es durch private Beziehungen (Reisen usw.) oder durch Buchhändler, die auch ausländische Drucke verbreiteten. Aus der Parallelüberlieferung wird aber deutlich, daß hier auch ein gerade in deutschen Quellen (und zwar solchen bürgerlicher Musikliebhaber) sehr beliebtes Repertoire aufgenommen wurde (man vgl. die Konkordanzen zu den Basler Handschriften oder Ulm 236 usw.). Der Überblick zeigt auch, daß das Repertoire sowohl als Instrumentalmusik Verwendung fand, wie die Versionen für Gambenensemble bei Gerle zeigen (Nr. 1, 26, 85, 137, 140, 148), als auch der Vokalpraxis durch Kontrafakturen in deutscher oder lateinischer Sprache nutzbar gemacht wurde (vgl. Nr. 1, 6, 8, 17, 24, 42, 83, 95).

Auffällig ist in diesem Zusammenhang die Hinzufügung von Wiederholungen in mehreren Sätzen. Diese Wiederholungen betreffen meist den ersten Abschnitt einer Chanson und sind auch musikalisch durchaus sinnvoll nach Kadenzen eingefügt (vgl. z.B. Nr. 95). Die Chanson wird damit der Form des deutschen Tenorliedes angenähert, das entsprechend der Barform der meisten Texte aus einem kürzeren Teil A besteht, der wiederholt wird (Stollen), sowie einem längeren B-Teil (Abgesang). Im Fall von Nr. 95 etwa findet sich dieselbe Wiederholung auch in Abschriften mit deutschen bzw. tschechischen Textmarken. Dort deutet dieses Verfahren darauf hin, daß an die Unterlegung eines Textes gedacht war. Ob hier ähnliches beabsichtigt war, läßt sich freilich nicht mit Sicherheit sagen.

Für die instrumentale Verwendung der Stimmbücher spricht jedoch eine ganze Reihe von Tatsachen: Die durchweg textlose Aufzeichnung, die Aufnahme von Tänzen sowie nicht zuletzt die Besetzungsangabe zu Nr. 37, auf die noch näher einzugehen sein wird. Hinzu kommt aber auch das Seitenlayout: In nur wenigen Fällen ist ein Umblättern erforderlich, sehr häufig ist dagegen zu beobachten, daß der Standard-Rastrierung mit vier Systemen dort eine zusätzliche Notenzeile hinzugefügt wurde, wo sonst ein Umblättern erforderlich geworden wäre.

Die Aufnahme einzelner, über die Handschrift verstreuter Tänze (Nr. 17, 38, 88) entspricht ganz dem Bild der handschriftlichen Tanzüberlieferung in deutschen Quellen. Auch in anderen Handschriften sind nur einige wenige Tänze

---

280 Somit ist die Datierung bei Haberkamp, *Thurn und Taxis*, S. 417 („Anf. 16. Jh.“) entsprechend zu präzisieren.

neben zahlreichen Vokalkompositionen enthalten. Das kann als sicheres Indiz dafür gelten, daß diese Kompositionen nicht nicht zur Tanzbegleitung, sondern auch als Spielmusik Verwendung fanden (vgl. auch unten S. 266).

Es ist kein Zufall, daß die einzige Besetzungsangabe der Handschrift gerade die Krummhörner betrifft (Nr. 37: *guet auf den Khrumbhorn*). Von allen Instrumenten des 16. Jahrhunderts weist es den am engsten begrenzten Umfang auf. Wegen der damit verbundenen Schwierigkeiten, passende Kompositionen zu finden, ist es verständlich, daß gerade die Krummhornbesetzung hier eigens angegeben wird.[281]

Manchicourts Chanson *De fond de ma pensee* weist folgende Stimmenumfänge auf: f^1–f^2, g–c^2, g–g^1, c–c^1 (Ed. in Band II, Nr. II.1). Der Wortlaut der Besetzungsangabe (*auf den Khrumbhorn*) deutet darauf hin, daß alle Stimmen mit Krummhörnern gespielt werden sollten. Doch die Disposition der Stimmen erfordert für ein Krummhornensemble nicht nur eine Tiefertransposition, sondern die Altstimme ist auch wegen ihres zu großen Umfanges gar nicht spielbar. Für eine Tiefertransposition kämen die Quarte oder Quinte in Frage. Bei einer Quarttransposition wäre die Diskantstimme mit einem Soprankrummhorn (Tonumfang c^1–d^2) spielbar, das zwar von Virdung und Agricola noch nicht beschrieben, aber bei Praetorius erwähnt wird.[282] Tenor und Baß wären bei dieser Transposition problemlos spielbar, die Altstimme bleibt jedoch aufgrund des zu großen Gesamtumfanges unspielbar. Allerdings werden die tiefsten Töne dieser Stimme (*g*, *a* und *h*) nur an wenigen Stellen verlangt, so daß es auch möglich wäre, die entsprechenden Stellen (z.B. durch eine Oktavtransposition nach oben) zu vermeiden. Ein solches Verfahren war, wie Martin Agricola bezeugt, auch durchaus üblich. Denn er beklagt im Zusammenhang mit den beschriebenen Besetzungsproblemen beim Krummhorn, daß die Spieler derartige Veränderungen vornähmen (er nennt es *Mutirn*) ohne auf dadurch entstehende Satzfehler zu achten:

Denn wenn Flöten gsang wird gepfiffen
Auff Kromphörnern / und unrecht gegriffen.
Wie sichs denn durchs Mutirn offt begibet
Und viel vitia werden geübet.
Aus welchem offt (wenn sichs nicht stimmet recht)
viel spot widerfert manchem armen knecht.[283]

Leider läßt sich nicht feststellen, ob der Schreiber der Handschrift in der Altstimme entsprechende Änderungen notiert hat. Allerdings sind in der Baßstimme an zwei Stellen Veränderungen vorgenommen worden, die aufführ-

281 Einen Überblick über die Erwähnung des Krummhorns in Besetzungsangaben gibt Boydell, *Crumhorn*, S. 215–222 (die Regensburger Handschrift wird nicht erwähnt). Möglicherweise enthielten die übrigen Stimmbücher weitere Besetzungsangaben.

282 Vgl. Boydell, *Crumhorn*, S. 11 und S. 80.

283 Agricola, *Musica instrumentalis* 1529, fol. VII^v.

rungspraktisch bemerkenswert sind. Hier wurde nämlich der Schlußton in Kadenzen eine Oktave tiefer gesetzt (M 15 und 53). Damit wird der erforderliche Tonraum nach unten um eine Quarte erweitert, und der Ambitus der Stimme umfaßt somit eine Undezime. Dies ist nur auf einem extendierten Krummhorn spielbar. Diese spezielle Klappenvorrichtung findet sich nur bei Krummhörnern in Tenor-, Baß- oder Subbaßlage.[284] Sie ermöglicht eine Erweiterung des Tonvorrates um bis zu einer Quarte nach unten. Jedoch kann aufgrund der Konstruktion nur jeweils einer dieser Zusatztöne gespielt werden, der vor dem Spielen mittels Schiebern, die beim Spielen nicht verändert werden können, festgelegt wird.[285] Dementsprechend wird auch hier nur einer dieser Zusatztöne verlangt (*D* bei Quarttransposition abwärts). Entsprechendes findet sich auch in etlichen anderen Stücken, so daß auch dort von einer Besetzung, wenigstens der Baßstimme, mit einem Krummhorn ausgegangen werden kann (vgl. Nr. 44, 83, 85, 135, 136, 139, 147, 148, 153).

Diese auf den ersten Blick unbedeutend erscheinende Abweichung gegenüber der gedruckten Vorlage erweist sich damit als ein kleines, aber aufschlußreiches Beispiel der instrumentenspezifischen Niederschrift eines Vokalsatzes. Ausschlaggebend war dabei nicht die bessere Spielbarkeit, sondern der Wunsch, den Satz durch die speziellen Möglichkeiten des Instruments klanglich in die Tiefe hin zu verstärken.[286]

---

284 Vgl. Boydell, *Crumhorn*, S. 4f. sowie die Abbildungen S. 238f. und 244f.

285 Der Grundton, z.B. *F* beim Baßkrummhorn, wird durch das Schließen der Kleinfingerklappe erzeugt. Über dieser befindet sich eine nach unten versetzte zusätzliche Klappe, die die erste Klappe beim Drücken mitnimmt und ein weiteres Loch schließt. Zusätzlich befinden sich noch weiter unten am Instrument zwei Löcher, die nicht mittels Klappen, sondern mittels Schiebern geschlossen werden können, was jedoch nicht beim Spielen möglich ist. Sind beide geöffnet, so erzeugt die zusätzliche Klappe den Ton *E*, ist der erste Schieber geschlossen den Ton *D*, sind beide geschlossen den Ton *C*. Vgl. die Abbildungen der Klappen bzw. Schieber bei Boydell, *Crumhorn*, S. 244f.

286 Sehr viel weiter gehen dagegen die Veränderungen, denen mehrere Sätze im sog. *Casanatense Chansonnier* (RomBC 2856), entstanden um 1480, unterworfen wurden. Dort wurden ganze Passagen, die für die Instrumente eines Bläserensembles (Pommern und Posaune/Zugtrompete) zu hoch oder zu tief lagen so verändert, daß sie auf den entsprechenden Instrumenten spielbar wurden; vgl. Lockwood, *Ferrara*, S. 269ff.

4. Die Handschrift A.R. 775–777 der Bischöflichen Zentralbibliothek in Regensburg

a) Inhaltsübersicht

Dieses Manuskript enthält die umfangreichsten instrumentalen Besetzungsangaben des ganzen 16. Jahrhunderts und ist damit für die Fragen der Besetzung, Aufführungspraxis und Repertoirezusammenstellung instrumentaler Ensembles im 16. Jahrhundert von besonderer Bedeutung. Eine Beschreibung der Handschrift sowie ein Inhaltsverzeichnis enthält Gertraut Haberkamps Katalog der Musikhandschriften der Regensburger Bibliothek.[287] Ihr gelang auch die Ermittlung zahlreicher Autorennamen zu anonymen Kompositionen. Das unten vorgelegte Inhaltsverzeichnis basiert daher auf ihrer Darstellung, bietet aber verschiedene weitere Nachweise.
Die Handschrift besteht aus sechs Stimmbüchern (*Discantus*, *Altus*, *Tenor*, *Bassus*, *Vagant*, *Sexta*). Sofern nicht anders angegeben, sind die Kompositionen sechsstimmig.

Im Tenorstimmbuch fehlen die Nummern 99–107. Von Nr. 107 ist der Schluß vorhanden, daher ist vom Verlust mehrerer Blätter auszugehen. Die Tenorstimmen zu Nr. 118–120 fehlen im Tenorstimmbuch, wurden jedoch in das Diskantstimmbuch eingetragen. Die Numerierung der Stücke ist original; bei einigen sind die *partes* mit eigenen Nummern versehen.

1.–3. *2 Discändt* [Orlando di Lasso]
In principio erat verbum
Konk.: Lasso 1566d (und weitere Ausgaben), S. 1.
Ed.: Lasso, *Werke*, Bd. XV, S. 8ff.

4.–5. *2 Discändt* [Orlando di Lasso]
Tempus est ut revertar
Konk.: Lasso 1566d, S. 15.
Ed.: Lasso, *Werke*, Bd. XIII, S. 25ff.

6. *2 Discandt* [Orlando di Lasso]
Dominus mihi adjutor
Konk.: Lasso 1566d, S. 16bis.
Ed.: Lasso, *Werke*, Bd. XVII, S. 58ff.

7.–8. *2 Discändt* [Orlando di Lasso]
Congratulamini mihi omnes
Konk.: Lasso 1566d, S. 13.
Ed.: Lasso, *Werke*, Bd. XIII, S. 10ff.

---

287 Haberkamp, *Regensburg*, Bd. 1, S. 41–47 (mit Incipits der nicht identifizierten Kompositionen).

9. *Domine deduc me* [Orlando di Lasso]
Konk.: Lasso 1566d, S. 7.
Ed.: Lasso, *Werke*, Bd. XVII, S. 24ff.

10.–11. *Nuptia factae sunt* [Orlando di Lasso]
Konk.: Lasso 1566d, S. 9.
Ed.: Lasso, *Werke*, Bd. XV, S. 30ff.

12. *I dolci colli* *DI ALESSANDRO STRIGGIO*
Konk.: 1560^{22}, S. 1.

13. *Nasce la pena mia* [A. Striggio]
Konk.: 1560^{22}, S. 3.

14. *Anchor ch'io possa dire* [A. Striggio]
Konk.: 1560^{22}, S. 4.

15. *Lasciat'hai morte* [A. Striggio]
Konk.: 1560^{22}, S. 5.

16. *Madonna poi ch'occider* [A. Striggio]
Konk.: 1560^{22}, S. 6.

17. *Anchor che col partire* [Perissone Cambio]
Konk.: 1560^{22}, S. 30.

18. *Quando vede'l pastor* [A. Striggio]
Konk.: 1560^{22}, S. 9.

19. *Se ben di sette* [A. Striggio]
Konk.: 1560^{22}, S. 7.

20. *Voglia mi sprona Amor* [A. Striggio]
Konk.: 1560^{22}, S. 10.

20[a] *Re de gli altri* *Orlando di Lasso*
[= 6. Teil von *Qual nemica fortuna*]
Konk.: Lasso 1567, Nr. 12.
Ed.: Lasso, *Werke*, Bd. IV, S. 128ff.

21. *2 Discandt* [A. Striggio]
Poi che spiegat'ho l'ale
Konk.: 1560^{22}, S. 17.

22. *2 Discändt* [A. Striggio]
Amor io fallo
Konk.: 1560^{22}, S. 13.

23. *Apri omai l'oscio* [A. Striggio]
[= 3. und 4. Teil von *L'aria s'oscura*]
Konk.: 1560^{22}, S. 23.

24. *Laver l'aurora* [A. Striggio]
Konk.: 1560^{22}, S. 11.

25. *Che fai che pensi* [A. Striggio]
Konk.: 1560^{22}, S. 12.

26. *Quasi improvisa desiat* [A. Striggio]
Konk.: 1560^{22}, S. 19.

27. *Fortuna alata il pie* [A. Striggio]
Konk.: 1560^{22}, S. 20.

28. *L'alma mia fiamma* *Claudio da Correggio* [= Claudio Merulo]
Konk.: 1560^{22}, S. 29.

29. *Rosa eterna inmortal sacro* [A. Striggio]
Konk.: 1560^{22}, S. 27.

30. *O messagi del cor sospiri* [A. Striggio]
Konk.: 1560^{22}, S. 15.

31. *Sogni mio ben* [A. Striggio]
Konk.: 1560^{22}, S. 18.

32. *2 Discändt* *Orlandi*
Laudate eum in virtutibus eius [= 4. Teil von *Laudate Dominum de coelis*]
Konk.: Lasso 1565b.
Ed.: Lasso, *Werke*, Bd. IX, S. 161ff.

33. *Benedicite sacerdotes* *Orlando* [di Lasso]
[4. Teil von *Benedicite omnia opera Domini*]
Konk.: Lasso 1565b.
Ed.: Lasso, *Werke*, Bd. IX, S. 93ff.

34. *2 Discandt* [Orlando di Lasso]
Res mira ignoti [3. Teil von *Gratia soli Dei*]
Konk.: Lasso 1569.
Ed.: Lasso, *Werke*, Bd. III, S. 117ff.

35. *2 Discant* [Orlando di Lasso]
Nunc gaudere licet
Konk.: Lasso 1568.
Ed.: Lasso, *Werke*, Bd. XIX, S. 66ff.

36. *2 Discant* [Orlando di Lasso]
Pacis amans cultorque
Konk.: Lasso 1570.
Ed.: Lasso, *Werke*, Bd. XI, S. 125ff.

37. *2 Discant* [Orlando di Lasso]
Titere recubans
Konk.: Lasso 1560.
Ed.: Lasso, *Werke*, Bd. XIX, S. 68ff.

38. *2 Discant* [Jacob Vaet]
Vitamque faciunt beatiorem
Konk.: 1558^4, Nr. 51 (J. Vaet); Vaet 1562, S. 13.

39. *2 Discant* [Clemens non Papa]
Deus in adiutorium
Konk.: 1580^4, fol. 18^v–19^r (*Cle. non Papa*); 1556^2, Nr. 8 (Clemens).
Ed.: CMM 4/XVI, S. 84.

40. *2 Discant* [Jacob Meiland]
Beati omnes qui timent Dominum
Konk.: Meiland 1564, Nr. XV; 1564^3, Nr. 36.

Die Regensburger Fassung dieser Komposition stimmt mit der von Meilands *Cantiones sacrae* von 1564 überein; dagegen weicht die Fassung in 1564^3 stark ab.

41. *2 Discant* *Jacobus Melanthon* [= Jacob Meiland]
Non aufferetur sceptrum
Konk.: Meiland 1564, Nr. XVI; 1564^3, Nr. 38.

42. *2 Discant* *Nicolaus Truthaer*
Dont are beurs me vatu

43. *2 Discant* [Jacob Meiland]
Gaudete filiae Jerusalem
Konk.: Meiland 1564, Nr. XVII.

44. *2 Discant* [Orlando di Lasso]
Domine Dominus noster
Konk.: Lasso 1577.
Ed.: Lasso, *Werke*, Bd. XVII, S. 39.

45. *Spiritus Domini* [Jacob Vaet]
Konk.: 1558^4, Nr. 49; Vaet 1562 , S. 14.

46. *Dixit Joseph undecim fratribus suis* [Orlando di Lasso]
Konk.: 1564^3, Nr. 7 (Lasso).
Ed.: Lasso, *Werke*, Bd. XV, S. 76.

47. *Ultimi mei sospiri* [Philippe Verdelot]
Konk.: 1541^{16} (Verdelot).

48. *Sancta Maria virgo virginum* [Philippe Verdelot]
Konk.: 1538^{2}, fol. 52^{v} (Verdelot); 1539^{4}, S. 49 (Verdelot).

49. *Ancend'i cor* [Giaches de Wert]
Konk.: Wert 1561.
Ed.: CMM 24/II, S. 60.

50. *Heroum soboles amor* [Orlando di Lasso]
Konk.: Lasso 1556.
Ed.: Lasso, *Werke*, Bd. XI, S. 122.

51. *Schöns Lieb darin all mein Trost* [anonym]

52. *Schön Lifkhenn* [anonym]

53. *Padre del ciel* [anonym]

54. *Si me tener* [Thomas Crecquillon]
Konk.: 1545^{14} (Crecquillon).

55. *Benedicta es caelorum regina* [Josquin Desprez]
Konk.: 1520^{4}; 1558^{4}, Nr. 4.
Ed.: Josquin, *Werken*, Motetten, Bd. III, S. 35.

56. *Praeter rerum seriem* [Josquin Desprez]
Konk.: 1519^{2}; 1558^{4}, Nr. 3.
Ed.: Josquin, *Werken*, Bd. II, S. 18.

57. *2 Discant* [anonym]
Beata Dei genitrix
Konk.: RegensburgBZ B 223–233, Nr. 24.

58. *2 Discant* [Clemens non Papa]
Ave Martir gloriosa
Konk.: 1554^{4}; 1558^{4}, Nr. 38.
Ed.: CMM 4/XIV, S. 97.

59. *2 Discant* [Christian Hollander]
Auxilium meum
Konk.: 1568^{3}, S. 217f. (Hollander).

60. *2 Discant* [Christian Hollander]
Da pacem Domine
Konk.: 1568^{3}, S. 212 (Hollander).

61. *2 Discänt* — *Georgius Prenner*
Quemadmodum desiderat

62. *5 Pusaun, ain Zinggen* — [Francesco Corteccia]
Guardan almo pastore
Konk.: 1539^{25}, S. 25 (Corteccia).[288]
Ed.: CMM 32/X, S. 92.

63. *6 Pusaun* — [anonym]
Cum esset desponsata

64. *2 Discant* — [Orlando di Lasso]
Fremuit spiritus Jesu
Konk.: Lasso 1556; 1564^{3}, Nr. 10 (Lasso).
Ed.: Lasso, *Werke*, Bd. XV, S. 23.

65. *Si qua tibi obtulerunt* — [Orlando di Lasso]
Konk.: Lasso 1556.
Ed.: Lasso, *Werke*, Bd. XI, S. 118.

66. *8 Vocum* — [Orlando di Lasso]
Deus misereatur nostri
Konk.: Lasso 1566d, S. 20.
Ed.: Lasso, *Werke*, Bd. XXI, S. 35.

67. *8 Vocum* — [Orlando di Lasso]
In convertendo Dominus
Konk.: Lasso 1565b; 1568^{5}, S. 353f. (Lasso).
Ed.: Lasso, *Werke*, Bd. XXI, S. 63ff.

68. *6 Vocum* — [anonym]
Quid mea meus furias

69. *7 Vocum, 5 Pussaun, 2 Zingen* — [anonym]
Ochi perche si lieti

70. *6 Vocum. 4 Pusaun, 2 Zingen* — [Orlando di Lasso]
Concupiscendo concupiscit
Konk.: Lasso 1565c; 1580^{3}, fol. 19^{v}–20^{r}.
Ed.: Lasso, *Werke*, Bd. XVII, S. 145ff.

71. *6 Vocum. 2 Zingen* — [anonym]
Tant nous alles

---

288 Nach der Besetzungsangabe in diesem Druck wurde diese Komposition sowohl gesungen als auch mit Krummhörnern gespielt: *cantata a la fine del primo atto da sei pastori, et dipoi ricantata da detti et sonata insieme da sei altri pastori con le storte* [= Krummhörner] (1539^{25}, S. 31). Vgl. auch Boydell, *Crumhorn*, S. 41ff.

72. *6 Vocum, 3 Pusaun, 2 Pumert* [!] [Philippe de Monte]
Poi che'l camin me chiuso
Konk.: Monte 1569b.

73. *6 Vocum, 2 Pusaun, 2 Pumert, 2 Zingen* [anonym]
Ho sempre inceso dir

74. *6 Vocum, 2 Pusaun, 2 Pumert, 2 Zingen* [de Monte]
La dolce vista à me
Konk.: Monte 1569a; 1583^{15}, fol. 28^{v} (de Monte).

75. *6 Vocum, 2 Zingen, 3 Pumert, 1 Pusaun* [de Monte]
Cantai un tempo
Konk.: Monte 1569b.

76. *6 Vocum, 3 Pusaun, 2 Zingen, ain Pumert* [anonym]
Ecco ch'io lass'il core
Konk.: 1583^{15}, fol. 28^{r}.

77. *6 Vocum, 2 Zingen* [A: *2 Discant*], *2 Pumert, 2 Pusaun* *Orlandus*
Domine quid multiplicati sunt
Konk.: Lasso 1582b.
Ed.: Lasso, *Werke*, Bd. XVII, S. 110.

78. *6 Vocum, 2 Zingen* [A: *2 Discant*], *1 Pumert, 3 Pusaun* *Orlando*
Cantate Domino
Konk.: Lasso 1582b.
Ed.: Lasso, *Werke*, Bd. XIX, S. 14.

79. *2 Zingen* [*A: 2 Discant*], *3 Pumert, 1 Pusaun* *Orlandus*
Deus in adiutorium
Konk.: Lasso 1582b.
Ed.: Lasso, *Werke*, Bd. XVII, S. 160.

80. *2 Zingen* [A: *2 Discant*], *3 Pusaun, 1 Pumert* *Antonius Gosswinus*
Ad te levavi oculos meos
Konk.: 1583^{2}, Nr. 31 (Gosswin).[289]

81. *2 Zingen* [A: *2 Discant*], *3 Pusaun, 1 Pumert* *Antonius Gosswinus*
Laetatus sum in his
Konk.: $1583^{2,}$ Nr. 35 (Gosswin).

82. *A.8. Voc: 2 Discant, 2 Pusaun, 4 Pumert* [anonym]
Bonus est Dominus

---

289 Aus diesem Druck wurden nur die beiden Kompositionen Gosswins übernommen.

83. *A.8.Voc: 2 Zing, 2 Pumert, 4 Pusaun* [Noë Faignient]
Laudate Dominum omnes gentes
Konk.: 1585^{1}, Nr. 41 (Faignient); RegensburgBZ B 268–270, Nr. 14.

84. *2 Zinggen, 2 Pumert, 4 Pusaun.A.8. Voc.* *Joaches de Wert*
Jauchzet dem Herren alle Welt

85. *2 Zinggen* [D: *2 Discänt*], *2 Pumert, 4 Pusaun.A.8.Voc.* [Orlando di Lasso]
Jam lucis orto sidere
Konk.: 1564^{1}, Nr. 50 (Lasso).
Ed.: Lasso, *Werke*, Bd. XXI, S. 84.

86. *A.8.Vo: 2 Zinggen, 2 Pumert, 4 Pusaun* [Melchior Bischoff]
Deus misereatur nostri
Konk.: 1603^{1}, Nr. 43 (=1618^{1}).

87. *Come havra vita amor* [Pilippe de Monte]
Konk.: Monte 1569a.

88. *6 Vocum. 3 Pusaun, 2 Pumert* [!] *Gioffre Cortano*
Poi che

89. *A.6. 3 Pumert, 2 Zingen, ain Pusaun* *Hannib: Padoana*
Domine Deus rex magne [= Annibale Padovano]
Konk.: Zwickau I/3 (A. Padovano); Gdańsk 4004, fol. 1^{r}.

90. *3 Pusaun, 2 Pumert, 2 Zingen, 7. Vocum* [Orlando di Lasso]
Laudate pueri
Konk.: Lasso 1568.
Ed.: Lasso, *Werke*, Bd. XIX, S. 94ff.

91. *6 Zingen, 1 Pusaun, 7. Vocum* [Orlando di Lasso]
Decantabat populus
Konk.: 1564^{2}, Nr. 1 (Lasso).
Ed.: Lasso, *Werke*, Bd. XIX, S. 91.

92. *6 Vocum, 2 Zingen, 2 Pumert, 2 Pusaun* [Orlando di Lasso]
Domine quid multiplicati sunt
Konk.: Lasso 1582b.
Ed.: Lasso, *Werke*, Bd. XVII, S. 110.

93. *2 Zingen, 2 Pumert, 2 Pusaun* [Orlando di Lasso]
Lauda Hierusalem
Konk.: Lasso 1565c.
Ed.: Lasso, *Werke*, Bd. XVII, S. 70ff.

94. *2 Zingen, 2 Pumert, 2 Pusaun* [Giaches de Wert]
Adesto dolori meo
Konk.: Wert 1566.
Ed.: CMM 24/XI, S. 104.

95. *8 Vocum, 4 Pusaun, 3 Pumert, 1 Zing* [Orlando di Lasso]
Omnis tempus habent
Konk.: Lasso 1585.
Ed.: Lasso, *Werke*, Bd. XXI, S. 77.

96. *2 Zing, 1 Pusaun, 3 Pumert* *Alexander Utendal*
Adesto dolori meo
Konk.: Utendal 1573, Nr. 16;[290] RegensburgBZ A.R. 774, Nr. 13.

97. *8 Vocum, 4 Pusaun, 2 Pumert, 2 Zing* *Christophorus Claudius*
Laudate Dominum in sanctis eius

98. *8 Vocum, 4 Pusaun, 2 Pumert, 2 Zing* [Palestrina]
Laudate Dominum in sanctis eius
Konk.: 1607^{6}.
Ed.: Palestrina, *Werke*, Bd. XXX, S. 35.

99. *a 8, 4 Pusaun, 2 Pumert, 2 Discand* [Orlando di Lasso]
Osculetur me osculo
Konk.: Lasso 1582a.
Ed.: Lasso, *Werke*, Bd. XXI, S. 9.

100. *3 Pusaun, 3 Discand, 2 Pumert* *Hainwalt Padoano* [= A. Padovano]
Domine a lingua dolosa
Konk.: 1590^{4}, Nr. 9; RegensburgBZ B 205–210, Nr. 73; RegensburgBZ B 268–270, Nr. 38.

101. *A 6, 3 Pusaun, 2 Pumert, 1 Discand* [Orlando di Lasso]
Cum invocarem exaudivit
Konk.: Lasso 1570; 1580^{4}, fol. 19^{v}–20^{r}.
Ed.: Lasso, *Werke*, Bd. XVII, S. 43ff.

102. *A 8. 4 Pusaun, 2 Pumert, 2 Zing* *Gregorius Langius* [= G. Lange]
Laetatus sum in his
Konk.: Lange 1584, Nr. 25.

103. *2 Pusaun, 2 Pumert, 2 Zing* [anonym]
Salve rex regum

104. *A 8. 3 Pusaun, 3 Zing, 2 Pumert* *Gregorius Langius*
Nisi Dominus aedificaverit domum

---

[290] Dieser Druck Utendals ist Erzherzog Ferdinand von Österreich gewidmet.

Konk.: Lange 1584, Nr. 24.
Ed.: PäMw 25, S. 105.

105. *A 10 Vocum. 5 Pusaun, 4 Pumert, 1 Zing* [Andrea Gabrieli]
Exultate justi in Domino
Konk.: 1587[16], Nr. 36 (A. Gabrieli); 1588[2], Nr. 42 (A. Gabrieli).

106. *A 10, 4 Pusaun, 4 Pumert, 2 Zing* [Andrea Gabrieli]
Laudate Dominum in sanctis eius
Konk.: 1587[16], Nr. 35 (A. Gabrieli); 1588[2], Nr. 43 (A. Gabrieli).

107. *A 6.* *Albinus Fabricius*
Vulnerasti cor meum
Konk.: Fabritius 1595, Nr. 17.

108. *A 6* *Albinus Fabricius*
Exaudiat te Dominus[291]

109. *à 6 Voc:* *Albinus Fabricius*
Christus in his terris

110. *à 6.* *Albinus Fabricius*
Quare tristis es anima mea
Konk.: Fabritius 1595, Nr.3.[292]

111. *à 6.* *Albinus Fabricius*
Gaudent in coelis
Konk.: Fabritius 1595, Nr. 1; 1603[1], Nr. 79.[293]

112. *à 5* *Albinus Fabricius*
Christe salus mundis

113. *à 6 Vocum* [anonym]
Surgite

114. *A 6 Vocum. 3 Pusaun, 2 Pumert* [!] [Andrea Gabrieli]
Maria stabat ad monumentum
Konk.: 1587[16], Nr. 5 (A. Gabrieli); 1588[2], Nr. 16 (A. Gabrieli).

115. *6 Vocum, 4 Pusaun, 2 Zing* [Vincenzo Ruffo]
Vespere autem sabbati
Konk.: Ruffo 1583, Liber I, Nr. 15; 1588[2], Nr. 18 (Ruffo).

---

291 Nicht Fabritius' Satz über diesen Text in Fabritius 1595 (Nr. 25) und 1603[1] (Nr. 22).

292 Gegenüber dem Druck sind sehr viele kürzere Notenwerte zusammengezogen.

293 Die Fassung der Handschrift weicht von den beiden Drucken teilweise deutlich ab. Der Beginn ist unterschiedlich, insbesondere sind in der Altstimme gegen Ende Oktavsprünge in Semiminimen eingebaut, die der Textunterlegung entgegenlaufen.

116. *4 Pusaun, 2 Zing* [Orlando di Lasso]
Surge propera
Konk.: Lasso 1566b; 1580[3], fol. 18v–10r.
Ed.: Lasso, *Werke*, Bd. XIII, S. 158.

117. *3 Pusaun, 1 Pumert, 2 Zing* [Alexander Utendal]
Plangent eum
Konk.: Utendal 1573, Nr. 8; 1568[2], S. 81.

118. *4 Pusaun, 2 Zing* [Gregor Lange]
Christus resurgens a mortuis
Konk.: Lange 1580, Nr. 18.

119. *5 Zing, 1 Pusaun* [Alexander Utendal]
Aperuit Christus mentem
Konk.: Utendal 1573, Nr. 5.

120. *3 Pusaun, 1 Pumert, 2 Zing* [Orlando di Lasso]
Angelus Domini descendit de coelo
Konk.: Lasso 1585.
Ed.: Lasso, *Werke*, Bd. XIII, S. 1.

121–124: Später hinzugefügte Magnificat-Fragmente in Partitur.

b) Herkunft und Datierung der Handschrift

Für die Lokalisierung der Handschrift können zunächst die Wasserzeichen herangezogen werden. Auch sind die Unika zu berücksichtigen und sodann (mit der angemessenen Vorsicht) die Werke, für die die Handschrift die früheste Quelle darstellt. Von Bedeutung ist auch die Zusammenstellung und mögliche Herkunft des Repertoires sowie die Frage, wo eine entsprechend leistungsfähige Instrumentalkapelle – die Handschrift verlangt bis zu zehn Bläser – existierte.

Nach den Angaben im Katalog Gertraut Haberkamps weisen die Wasserzeichen nach Österreich und sind in dem Zeitraum von 1567 bis 1589 nachweisbar.[294] Die Hofkapelle Kaiser Maximilians II. kommt allerdings nicht mehr in Frage, da dieser 1576 gestorben war – sein Nachfolger Rudolf II. residierte zur Zeit der Niederschrift (1585 und später, siehe unten) bereits in Prag.

Gewisse Hinweise für die Herkunft bieten die vertretenen Komponisten. Hier wäre zunächst Albinus Fabritius zu nennen, von dem sechs Motetten in unmittelbarer Folge erscheinen (Nr. 107–112), davon drei Unika; die anderen wurden erst 1595 bzw. 1603 gedruckt. Der aus Görlitz stammende Fabritius ließ sich zu einem nicht näher bekannten Zeitpunkt in der Steiermark nieder und war dort

294 Haberkamp, *Regensburg*, Bd. 1, S. 41.

als Sekretär der Benediktinerstifts St. Lambrecht und als Gegenreformationskommissär tätig. Als Komponist nachweisbar ist er dort erstmals 1588.[295] Das Datum der Regensburger Handschrift läge somit zwar recht früh (er starb 1635), doch lassen die Regensburger Motetten einen recht frühen Stand der stilistischen Entwicklung erkennen, und zwar bereits optisch durch die im Gegensatz zu den späteren Werken noch durchweg zu beobachtende Komposition mit Semibrevis-Einheiten.[296] Da Fabritius offenbar nicht von Berufs wegen mit Musik zu tun hatte, sondern mehr aus Liebhaberei komponierte, ist es wohl wenig wahrscheinlich, daß seine Werke weite Verbreitung fanden. Dagegen erscheint es sehr wohl möglich, daß er die Früchte seiner Kompositionsversuche zunächst handschiftlich weitergab, insbesondere natürlich an eine Kapelle seiner näheren Umgebung.

So wäre die Frage zu stellen, wo in diesem Umkreis, der durch die Wasserzeichen und die Kompositionen des Fabritius nahegelegt wird, eine Kapelle bestand, die über eine große Zahl von Instrumentalisten verfügte und in der auch italienische Musiker vertreten waren, die hier ja eine bedeutende Rolle spielen. In Frage kommt nur die Grazer Hofkapelle Erzherzog Karls von Innerösterreich. Mehrere in der Handschrift vertretene Komponisten standen in direkter Verbindung mit dieser Hofkapelle. Zunächst wäre Annibale Padovano zu nennen, der ab 1565 der Hofkapelle angehörte, 1567 *obrister musicus* der Instrumentalkapelle wurde und 1570 als Nachfolger Johannes de Cleves schließlich zum Leiter der Hofkapelle aufstieg.[297] Unter Padovano gewann die italienische Musik am Grazer Hof eine Vormachtstellung, auch baute er eine leistungsstarke Instrumentalkapelle auf. Diese Wirkung des 1575 verstorbenen Padovano wird in der Handschrift sowohl in dem starken Anteil italienischer Komponisten (sowohl mit Motetten als auch Madrigalen) deutlich als auch durch die für eine solche Sammlung vorauszusetzende außerordentlich leistungsstarke Instrumentalkapelle. Es dürfte wohl davon auszugehen sein, daß ein beträchtlicher Teil des Repertoires auf die Amtszeit Padovanos zurückgeht.

Besonders hervorzuheben ist in diesem Zusammenhang die Teilnahme von elf Trompetern, zwei Zinkenisten und einem Heerpauker der Grazer Hofkapelle unter Padovanos Leitung an der Hochzeitsfeier Herzog Wilhelms V. von Bayern im Jahr 1568. Dort wurden mehrere Werke Padovanos aufgeführt, darunter eine achtstimmige *Battaglia* für Posaunen und Zinken.[298] Auch die Aufführung eines leider nicht näher bezeichneten sechsstimmigen Madrigals von Alessandro Striggio durch *sei tromboni grossi* dürfte sich in Beziehung setzen lassen zu der

---

295 Federhofer, *Fabritius*, Sp. 1708.

296 Federhofer spricht nicht ganz korrekt vom Gegensatz von Halb- und Viertelnoten als „Takteinheit" (ebd.).

297 Federhofer, *Musikpflege*, S. 103f.

298 Gedruckt in RISM 1590[11].

nahezu vollständigen Übernahme von Striggios *primo libro de madrigali* (1560[22]) in die Regensburger Handschrift (vgl. hierzu unten).

Eine weitere enge Beziehung zwischen der Musikpflege der Höfe in Graz und München vermittelte die Erzherzogin Maria, übrigens Schülerin Padovanos, Schwester Wilhelms V. und Liebhaberin der Werke Orlando di Lassos.[299] Damit ist auch der wichtigste Name unter den Komponisten der Sammlung gefallen – nicht nur steht er zahlenmäßig an erster Stelle, sondern sein Name erscheint auch am Beginn der sechs Stimmbücher, jeweils auf fol. 1^r:

1579. ORLANDI LASSI SEXTA VOCVM.

Dieser Titel und der überproportionale Anteil Lassos könnte zwar auch auf den Münchner Hof hindeuten, doch lassen dies die bereits erwähnten Fakten (vor allem die Wasserzeichen) als wenig wahrscheinlich erscheinen.

Der Verweis auf Lasso im Titel ist allerdings irreführend, denn es handelt sich hier ja keineswegs um eine reine Lasso-Sammlung. Zwar wurde ganz offensichtlich aus Lassoschen Individualdrucken abgeschrieben, doch stammen die meisten Werke aus anderen Quellen. Der Titel der Sammlung ist in erster Linie im Blick auf eine gedruckte Vorlage zu verstehen, erst von da aus betrachtet ergibt sich ein Anhaltspunkt für die Datierung, und zwar für einen Terminus post quem. Es handelt sich also nicht um eine Datierung der Handschrift, sondern um einen Verweis auf das Erscheinungsjahr der Ausgabe, die für die ersten Stücke der Handschrift als Vorlage diente. Ganz offensichtlich nämlich wurden die ersten Kompositionen der Sammlung aus einem Druck von 1579 abgeschrieben (Nr. 1–11, aus demselben Druck auch Nr. 66 à 8). Es handelt sich dabei um folgende Ausgabe:

Orlandi Lassi Sacrae cantiones (vulgo motecta appellatae) sex et octo vocum, tum viva voce, tum omnis generis instrumentis cantatu commodissimae, liber quartus, Venedig, Angelo Gardano, 1579.[300]

In Anlehnung hieran ist der Titel der Regensburger Handschrift formuliert, der Schreiber beabsichtigte also zunächst eine Abschrift dieses Druckes. Dementsprechend fehlen auch bei allen Kompositionen dieser ersten Lasso-Gruppe die sonst in einer solchen Sammelhandschrift üblichen Komponistenangaben – hierfür steht lediglich der vorausgeschickte Titel mit der Nennung des Komponisten. Ganz ähnlich ging der Schreiber übrigens auch bei der folgenden Gruppe vor (Nr. 12–31, die Nr. 20a wurde offenbar später eingeschoben). Hier nahm er einen Druck Alessandro Striggios als Vorlage: *Di Alessandro Striggio* [...] *Il primo libro de madregali a sei voci* [...], Venedig, A. Gardano, 1560 (RISM

---

299 Vgl. Federhofer, *Musikpflege*, S. 23 und bes. Wallner, *Musikalische Denkmäler*, S. 90ff. Marias bei Wallner in Auszügen mitgeteilter Briefwechsel dokumentiert ihr außerordentliches Interesse für Musik und Musiker an ihrem Hof.

300 Die erste Ausgabe erschien 1566. Zu diesem Druck vgl. Boetticher, *Orlando di Lasso*, S. 177.

1560[22]; weitere Ausgaben 1565[19], 1566[20] und 1569[34]). Entsprechend der ersten Gruppe erscheint hier lediglich bei Nr. 12 die Angabe *DI ALESSANDRO STRIGGIO*.

Durch diesen Terminus post quem lassen sich auch die Werke Lassos leichter zuordnen, die erst nach 1579 erschienen. (Nr. 77–79 in Lasso 1582b sowie Nr. 95 und 120 in Lasso 1585). Zwar ist es nicht auszuschließen, daß auch noch unveröffentlichte Werke an den Grazer Hof gelangten, da Lasso nachweislich in enger Verbindung mit Erzherzogin Maria stand, der Schwester von Lassos Dienstherren. Es ist jedoch auffällig, daß die Nummern 77–79 in Folge in einem Druck von 1582 vorkommen. Deutlich für eine Entstehung nach 1579 sprechen auch die Nummern 39, 70, 101 und 116, die aus den Sammeldrucken 1580[3] und 1580[4] stammen dürften (es sind dies sämtliche dort enthaltenen sechsstimmigen Kompositionen).

Einige andere Werke erscheinen zudem erst in noch wesentlich späteren Ausgaben, so zum Beispiel einige der in unmittelbarer Folge eingetragenen Werke des Albinus Fabritius. Doch im Falle dieses Komponisten ist wohl davon auszugehen, daß die Niederschrift von dem Druck von 1595 unabhängig ist, da die Fassungen des Drucks teilweise abweichen und einige Kompositionen der Handschrift dort nicht mehr zu finden sind. Fabritius war ja in der Steiermark aktiv, so daß durchaus Werke von ihm auf handschriftlichem Wege in die erzherzögliche Hofkapelle gelangt sein könnten, wenngleich er in Federhofers Arbeit über die Grazer Musikpflege nicht erwähnt wird.

Die drei Kompositionen Andrea Gabrielis, die erst in dem Druck 1587[16] erscheinen, könnten einen weiteren Anhaltspunkt für die Datierung liefern. Allerdings stand auch Gabrieli in Beziehung zum Erzherzog, die bereits auf das Jahr 1569 zurückgeht, als er anläßlich dessen Besuches in Venedig eine Komposition anfertigte und ihm später sein *Liber primus missarum* von 1572 widmete.[301]

Einige weitere Komponisten lassen sich zwar nicht in einer direkten Beziehung zum Grazer Hof nachweisen, waren aber in der Umgebung tätig. So Georg Prenner, der 1554 und 1560 als *Nottist* der Hofkapelle Kaiser Maximilians II. erwähnt wird, später u.a. zum Rat Kaiser Rudolfs II. aufstieg und anschließend ab 1578 Propst des Stiftes Herzogenburg in Niederösterreich wurde, eine Stellung, die er bis zu seinem Tod 1590 innehatte.[302]

Die Herkunft des Repertoires läßt sich auch in Beziehung bringen zu den erhaltenen Verzeichnissen der Musikalien der Grazer Hofkapelle, genauer der von den Instrumentalisten verwendeten. Ein Verzeichnis der Musikinstrumente *unnd Gesanng Püecher, auch was darzue gehörig*, die 1577 dem *Öbristen Musico Siman Gatto* (seit diesem Jahr Leiter der Instrumentalkapelle, Hofkapellmeister ab 1581) übergeben wurden, enthält neben zahlreichen Musikinstrumenten auch

---

301 Vgl. Federhofer, *Musikpflege*, S. 234.

302 Vgl. Federhofer, *Prenner*, Sp. 1611.

verschiedene Musikalien.[303] Daß ein bestimmter Notenbestand speziell der Verwendung durch die Instrumentalisten zugeordnet war, belegt auch die Bezahlung Gattos 1592 für die Verwahrung von *allerlaÿ Instrumenta musicalia sambt denen darzugehörigen Püechern.*[304] Neben verschiedenen gebundenen und ungebundenen Notenmaterialien, die sich leider nicht genauer identifizieren lassen, enthält diese Aufstellung auch *sechs schöne rotte vergulte Püecher Thesauri genannt.* Hinter diesem Eintrag dürfte sich der von Pietro Giovanelli (Joanelli) 1568 veröffentlichte *Novi thesauri musicus liber* 1–5 verbergen, den der Herausgeber im folgenden Jahr dem Erzherzog übersandte.[305] Auch hieraus wurden mehrere Werke übernommen.

Daß auch eigens Handschriften zum Gebrauch durch die Instrumentalisten, d.h. in Graz in erster Linie durch die Bläser, angelegt wurden, zeigt das Vorhandensein handschriftlichen Materials unter den mit den Instrumenten genannten Notenbeständen. 1585 fertigt der Instrumentist und Hoftrompeter Niclas Rekh im Auftrag Simon Gattos eine *Copia Püecher* an.[306] Wäre es nicht möglich, daß es sich hierbei um die vorliegende Handschrift handelte? Zudem könnte dies das Erscheinen mehrerer Werke aus Drucken von 1583 bis 1585 erklären. Außerdem war die Handschrift bei der Übergabe 1585 offensichtlich noch nicht abgeschlossen, da Rekh sich in seinem Schreiben an den Landesherrn verpflichtet, noch weitere Stücke einzutragen.

Die Wahl fiel offenbar nicht zufällig auf Rekh, denn 1597 setzten sich die steiermärkischen Landschaftstrompeter für den Ankauf seiner Musikaliensammlung ein, da er *sehr herrliche und gar nüzliche Bücher von vielen ausbündigen und weitberühmten Authorn, auch zu den Instrumenten wohlapplizierten Stuckhen verfaßt und zusammengeschrieben* habe.[307] Im Laufe seiner Tätigkeit am Hof des Erzherzogs und danach von 1590 an als steiermärkischer Landschaftstrompeter sammelte er offenbar ein umfangreiches Repertoire, sowohl für das Aufwarten an der herrschaftlichen Tafel als auch zur Verwendung in der Kirche.

---

303 Abgedruckt bei Federhofer, *Musikpflege*, S. 281f.

304 Ebd., S. 87.

305 Vgl. ebd., S. 237. Das in der Regensburger Bibliothek erhaltene Exemplar der Giovanelli-Ausgabe stammt aus dem Besitz Kaiser Maximilians II.
Gemeint sein könnte auch der *Thesauri musici tomus tertius*, der 1564 bei Berg und Neuber in Nürnberg erschien (RISM 1564^3). Mehrere Sätze hieraus erscheinen auch in der Handschrift. Doch sind die fünf Teile dieses *Thesaurus* meist zusammengebunden und umfassen daher acht Stimmbücher (der erste Band enthält 8st. Kompositionen, der zweite 7st. usw.). Die Titel beider Sammlungen weisen auf eine Eignung der Sätze für instrumentale Ausführung hin.

306 Federhofer, *Musikpflege*, S. 124.

307 Ebd., S. 123.

c) Zusammenstellung des Repertoires und Besetzungen

Für 46 Kompositionen (Nr. 62–63, 69–86, 88–106, 114–120) werden relativ genaue Besetzungsangaben gemacht. Es werden hierbei Zinken, Posaunen und Pommern (*Pumert*) gefordert. Leider ist nicht angegeben, welche Stimmen jeweils mit welchen Instrumenten ausgeführt werden sollen, vielmehr enthält jede Stimme die Angabe der Gesamtbesetzung. In einigen Fällen sind die Angaben allerdings unvollständig oder ungenau. Die Nummern 82, 99, 100 und 101 nennen neben Pommer und Posaune nur den *Discant*; da in anderen Fällen (Nr. 77–81, 85) die Angaben der Stimmbücher variieren und in einem Stimmbuch jeweils abweichend *2 Discant* anstelle der *2 Zingen* genannt werden, wird man den *Discant* hier wohl mit dem Zink gleichsetzen dürfen. Entsprechend ist auch davon auszugehen, daß bei jenen unvollständigen Besetzungsangaben, die nur Pommern und Posaunen erwähnen (Nr. 72, 88, 114), die übrigen Stimmen ebenfalls mit Zinken besetzt wurden.

Die folgende Tabelle gibt eine Übersicht über die vorkommenden Besetzungen, jeweils unter Angabe der Schlüsselkombinationen der Stücke.

Tabelle 2: Übersicht zu den Besetzungsangaben der Handschrift RegensburgBZ A.R. 775–777

à 6

1. 1 Zink, 5 Posaunen
   c2,[308] c4, c4, c4, c4, f4: Nr. 62
2. 6 Posaunen
   f3, f3, f3, f3, f4, f4: Nr. 63
3. 2 Zinken, 4 Pos.
   g2, c1, c2, c3, c3, f3: Nr. 70
   g2, g2, c2, c3, c3, f3: Nr. 115, 116, 118
4. [1 Zink], 2 Pommern, 3 Pos.
   c1, c2, c3, c4, c4, f4: Nr. 72, 88
   c1, c3, c3, c4, f4, f4: Nr. 101
   c1, c3, c3, c4, f3, f4: Nr. 114
5. 2 Zinken, 2 Pommern, 2 Posaunen
   c1, c1, c3, c3, c4, f4: Nr. 73, 74
   g2, c1, c2, c3, c4, f4: Nr. 77, 92
   g2, g2, c2, c3, f3, f3: Nr. 93
   c1, c1, c2, c3, c4, f4: Nr. 94
6. 2 Zinken, 3 Pommern, 1 Posaune
   g2, g2, c2, c2, c3, f3: Nr. 75
   g2, g2, c2, c3, c3, f4: Nr. 79
   g2, g2, c2, c3, c3, f3: Nr. 89, 96
7. 2 Zinken, 1 Pommer, 3 Posaunen
   c1, c1, c3, c4 , c4, f4: Nr. 76, 78, 80, 81, 117, 120
8. 5 Zinken, 1 Posaune
   g2, g2, c2, c3, c3, f3: Nr. 119

---

308 Notierung im c1-Schlüssel wäre ebenso möglich (Umfang c^1–b^1).

à 7

1. 2 Zinken, 5 Pos.
   g2, g2, c2, c3, c3, c3, f3: Nr. 69
2. 2 Zinken, 2 Pommern, 3 Posaunen
   c1, c1, c3, c3, c4, c4, f4: Nr. 90
3. 6 Zinken, 1 Posaune
   g2, g2, c2, c2, c3, c3, f3: Nr. 91

à 8

1. 2 Zinken [*Discant*], 4 Pommern, 2 Posaunen
   g2, g2, c2, c2, c3, c3, f3, f3: Nr. 82
2. 2 Zinken, 2 Pommern, 4 Posaunen
   g2, c2, c3, c3, c4, c4, c4, f4: Nr. 83
   c1, c1, c3, c3, c4, c4, f4, f4: Nr. 84, 85, 86, 97, 98, 99, 102
3. 1 Zink, 3 Pommern, 4 Posaunen
   c1, c2, c3, c3, c4, c4, c4, f4: Nr. 95
4. 3 Zinken [*Discant*], 2 Pommern, 3 Posaunen
   g2, g2, c1, c2, c3, c4, c4, f4: Nr. 100
   g2, c1, c2, c3, c3, c4, f3, f4: Nr. 104

à 10

1. 1 Zink, 5 Posaunen, 4 Pommern
   c1, c2, c3, c3, c3, c4, c4, f3, f3, f5: Nr. 105
2. 2 Zinken, 4 Pommern, 4 Posaunen
   g2, c1, c2, c3, c3, c3, c4, c4, f3, f4: Nr. 106

Unvollständige Angaben
Nr. 71: 2 Zinken

Unvollständiges Stück: 103 à 6 (je 2 Zinken, Pommern und Posaunen)

Diese Übersicht macht bereits die Schwierigkeiten bei der Zuordnung einzelner Stimmen zu bestimmten Instrumenten deutlich, und es wird ersichtlich, daß von jedem Instrument verschiedene Stimmlagen gefordert werden. Grundsätzlich ist davon auszugehen, daß die Zinken die Ober-, die Pommern die Mittel- und die Posaunen die Unterstimmen übernommen haben.[309] Als Grundsatz für die Besetzungen wird aus obiger Tabelle ersichtlich, daß g2- und c1-Schlüsel von Zinken, c2- und c3-Schlüssel von Pommern und c4-, f3- und f4-Schlüssel von Posaunen übernommen wurden.

Betrachtet man jene Kompositionen, für die neben einer Posaune nur Zinken gefordert werden (Nr. 119 à 6 und Nr. 91 à 7), so zeigt sich allerdings, daß die Zinken insgesamt einen Tonraum von e–g^2 abzudecken haben.[310] Dies macht

309 Siehe Welker, *Renaissance*, S. 147 und Fiedler, *Regensburg*, S. 43f., der auch eine Tabelle mit Besetzungsvorschlägen bietet (ebd., S. 44ff.).

310 Tiefster Ton in Nr. 119: *e* (Sexta vox). Eric Fiedler nennt als tiefsten Ton lediglich das *f*, das nach Praetorius auch nur von einigen geübten Spielern auf dem Diskant-Zink durch einen speziellen Ansatz erreicht werden kann. Daher ist es offensichtlich, daß (entgegen

deutlich, daß neben dem Diskant-Zink (tiefster Ton *a*) auch der eine Quinte tiefer gestimmte Tenor-Zink Verwendung fand.

Unsicher bleibt, ob neben der Tenor- und der Baß-Posaune für höher liegende Stücke auch die Alt-Posaune eingesetzt wurde. Das in den Nummern 69, 70, 115 und 116 geforderte c^2 konnte nach Praetorius von geübten Spielern zwar auf der üblichen Tenor-Posaune zuwege gebracht werden, doch bleibt (wie bei allen anderen Besetzungsvarianten) zu fragen, ob solch extreme Lagen ohne Not auch tatsächlich ausgenutzt wurden.[311]

Am schwierigsten ist die Zuordnung der Pommern, zumal diese den geringsten Tonvorrat besitzen. Lorenz Welker nimmt Lassos *Lauda Jerusalem* (Nr. 93), das nach Anweisung der Handschrift mit je zwei Zinken, Pommern und Posaunen besetzt wurde, als Beispiel und geht davon aus, daß die Pommern die Mittelstimmen übernahmen und das Stück daher einen Ton nach oben transponiert wurde (tiefster notierter Ton dieser Stimmen ist *f*, tiefster Ton des Altpommers *g*).[312] Eine solche Transposition führt allerdings dazu, daß einige Stimmen bis in ausgesprochen hohe Lagen führen, in einigen Fällen bis zu e^2 – ein Ton, der nach Praetorius nicht mehr mit dem Altpommer erreicht werden kann.[313] Wie praktische Erfahrungen zeigen, ist dieser Ton auf einem guten Instrument zwar spielbar, allerdings nicht angenehm.

Einen direkten Vergleich mit den Besetzungsvorschlägen bei Praetorius läßt Lassos *Laudate pueri* à 7 (Nr. 90) zu.[314] In der Handschrift ist dieses Stück mit zwei Zinken, zwei Pommern und drei Posaunen besetzt, Praetorius schlägt entsprechend für die beiden Oberstimmen Querflöten, Violinen oder Zinken vor, für die drei tiefsten Stimmen Posaunen. Anstelle der in der Handschrift genannten Pommern (notierter Umfang beider Stimmen f–a^1) sieht Preaetorius Singstimmen vor. Trotz dieser Entsprechungen sind einige grundlegende Unterschiede unübersehbar. Wesentlich ist zunächst die Tatsache, daß in Graz ein traditionelles Bläserensemble vorhanden war, während Praetorius etwa 30 Jahre später bereits über ein, insbesondere um Streicher, erweitertes Ensemble verfügte. Dagegen spielen Streicher an der Grazer Hofkapelle (wie auch anderen deutschen

---

Fiedlers Auffassung) auch der Tenor-Zink verwendet wurde; vgl. Fiedler, *Regensburg*, S. 46.

311 Vgl. dagegen Fiedler, *Regensburg*, S. 46, der allerdings mit Recht darauf hinweist, daß Praetorius die Alt-Posaune als weniger klangvoll bezeichnet und daher das Tenorinstrument vorzieht (vgl. auch Praetorius, *Syntagma musicum*, Bd. II, S. 31). Für eine gewisse Beliebtheit der Alt-Posaune spricht allerdings ein Grazer Inventar von 1577, das *acht Khlaine, dreÿ grosse, und ain topelte Pusaun* aufführt (gemeint sind offensichtlich Alt-, Tenor- und Baß-Posaune); siehe Federhofer, *Musikpflege*, S. 281.

312 Eine Sekundtransposition aufwärts empfiehlt auch Praetorius, *Syntagma musicum*, Bd. II, S. 37. Allerdings wird mitunter in der Handschrift auch eine Terztransposition nötig (Nr. 96).

313 Ebd., S. [22].

314 Vgl. ebd., Bd. III, S. 153.

Hofkapellen dieser Zeit) nur eine sehr untergeordnete Rolle – Träger der Instrumentalmusik waren fast ausschließlich Bläser. Nicht zuletzt ist Praetorius – bei allem Streben nach großartigen Klangeffekten – stets auf den Vortrag und die Hörbarkeit des Textes in wenigstens einigen Vokalstimmen bedacht. Demgegenüber ist die Regensburger Handschrift ganz auf den Vortrag durch ein reines Bläserensemble ausgelegt. Dadurch ergeben sich auch interessante Unterschiede zu den Besetzungsvorschlägen bei Praetorius allgemein, und es läßt sich so auch auf Wandlungen im Klangideal schließen. Besonders auffällig ist dies bei den Zinken, von denen Praetorius nur die verschiedenen Ausformungen der Diskant-Instrumente vorsieht, während er ausdrücklich vom Gebrauch des Tenor-Zinken abrät, da dessen *Resonantz gar unlieblich und hornhafftig* sei und empfiehlt an dessen Stelle eine Posaune oder auch einen Pommer oder Dulzian.[315]

Wichtigstes Auswahlkriterium für die Zusammenstellung der Handschrift war offensichtlich die Stimmenzahl – bis auf die Nr. 112 (à 5) sind alle Kompositionen für sechs oder mehr Stimmen geschrieben. Aus den Sammeldrucken 1580[3] und 1580[4] wurden sämtliche sechsstimmigen Kompositionen übernommen. Im Falle des Druckes 1560[22] wurden sämtliche Kompositionen abgeschrieben – mit Ausnahme der ersten beiden Teile von *L'aria s'oscura*. Diese Teile nämlich sind nur fünfstimmig, die Teile 3 und 4 wurden als Nr. 23 in die Handschrift eingetragen. Dies macht deutlich, daß die auch bei anderen Quellen von Bläsermusik beobachtete Vorliebe für vielstimmige Kompositionen sogar zur Aufgabe der Geschlossenheit einer Komposition führen kann.

Die Veränderungen im Notentext gegenüber den gedruckten Vorlagen sind minimal, und selbst bis in Details wie die Ligaturenschreibung folgt der Schreiber diesen Vorlagen. Die einzigen, relativ häufig anzutreffenden Veränderungen sind solche rhythmischer Art, oft sind es rhythmische Vereinfachungen. Sehr häufig sind Ersetzungen von Punktierungen, wie: 𝆹 𝆹𝅥 𝆹𝅥 statt 𝆹 . 𝆹𝅥 . Dies wird zwar nicht konsequent durchgeführt, doch ist die Parallelität zur Praxis der oben beschriebenen Tabulaturen für Streichinstrumente auffällig. In etlichen Fällen ist auch hier das Bestreben nach rhythmischer Vereinfachung offensichtlich, z.B. etwa bei einem synkopischen Rhythmus wie 𝆹𝅥 𝆹𝅥 𝆹𝅥 . 𝆹𝅥 𝆺𝅥 𝆹𝅥 , der durch die Aufspaltung der Punktierung vereinfacht wird: 𝆹𝅥 𝆹𝅥 𝆺𝅥 𝆹𝅥 𝆺𝅥 𝆹𝅥 (Nr. 14).

---

315 Ebd., Bd. II, S. 36; vgl. auch Bd. III., S. 155.

VI. Tanz und Tanzmusik in Deutschland

1. Überblick

Zahlreiche bildliche Darstellungen, literarische Texte und chronikalische Zeugnisse der Zeit zeigen uns ein vielfältiges Bild des Tanzes in allen Schichten der Bevölkerung. Im Blick auf die musikalische Überlieferung sind insbesondere die Bereiche des Adelstanzes und des bürgerlichen Tanzes in den Städten von Bedeutung. Das Tanzwesen kann hier jedoch nicht in seiner ganzen Breite dargestellt werden, vielmehr soll es hier um eine erste allgemeine Orientierung gehen. Die verschiedenen Tanzformen, die sich in den musikalischen Quellen finden, sollen in den folgenden Kapiteln dann eingehender untersucht werden.

Tanzvergnügen an den Höfen des Adels fanden meist statt im Rahmen von Adelszusammenkünften, Turnieren, Hochzeitsfeierlichkeiten oder anderen repräsentativen Anlässen. Besonders anläßlich von Turnierveranstaltungen (die ihrerseits meist Teil von Hochzeitsfeierlichkeiten und dergleichen waren) spielte der anschließende Tanz im späteren Mittelalter, aber auch noch im 16. Jahrhundert eine wichtige Rolle. Beispielhaft sind die Turnierbeschreibungen Georg Rüxners, dessen Turnierbuch erstmals 1530 erschien und mehrfach nachgedruckt und bearbeitet wurde.[316] Dieses Werk bietet zwar für die frühesten Turniere nur Erdichtetes (das erste beschriebene Turnier fand 938 statt), ist aber für die spätere Zeit recht verläßlich und bietet einen guten Überblick über die Turnierformen des 15. und 16. Jahrhunderts.[317] Nach dem Ende des Turniers versammelt sich die Gesellschaft in einem Fest- oder Tanzsaal zum Mahl. Anschließend verteilen Damen des Adels die *Dänke* (die Preise) an die Sieger des Turniers und verehren einem jeden auch einen Tanz. Besonders hochgestellte Persönlichkeiten, etwa der Kaiser, werden dadurch geehrt, daß sie den ersten Tanz anführen, wobei ihnen zwei oder auch vier Adlige mit Fackeln *vortanzen.* Dieses Vortanzen mit Fackeln ist ein Brauch, der sich das gesamte 16. Jahrhundert hindurch verfolgen läßt.[318] Es scheint dies eine Besonderheit des Adelstanzes zu sein und wird auch von Massimo Troiano in seiner Beschreibung der Münchner Fürstenhochzeit von 1568 als deutsche Eigenheit beschrieben.[319]

---

316 Zu Rüxner vgl. Kurras, *Rixner.*

317 Benutzte Ausgaben: 1532 und 1566 (siehe Quellenverzeichnis).

318 So bereits in den meisten Darstellungen im *Freydal* Kaiser Maximilians I. (Abbildungen in Henning, *Musica Maximiliana*, S. 69–94), der dort als Fackelträger erscheint (vgl. ebd., S. 38).

319 Vgl. die Edition des Textes (nebst deutscher Übersetzung) bei Leuchtmann, *Münchner Fürstenhochzeit*, S. 162f. Es ist denkbar, daß Maximilian diesen Brauch in den Niederlanden kennengelernt hat. Vgl. die Tanzdarstellung in einem flämischen Stundenbuch (um 1500), das bis hin zur Form der Fackeln große Ähnlichkeit mit Maximilians genannten Tanzdarstellungen aufweist (abgebildet in Bowles, *La pratique musicale*, S. 124).

Eine Tanzdarstellung aus Rüxners Turnierbuch möge das Gesagte illustrieren. Dabei ist freilich zu bemerken, daß hier keineswegs eine „historische" Darstellungen vorliegt (die hier dargestellte Veranstaltung fand im 11. Jahrhundert statt), sondern daß Rüxner bzw. der Künstler seine eigene Zeit darstellt.[320]

Abb. 8: Adelstanz zur Musik von drei Trompeten (zwei Trompeten und Posaune?) aus Rüxners Turnierbuch von 1532, fol. LXII^{v}.

320 Die Beliebigkeit der Darstellungen wird auch dadurch unterstrichen, daß die meisten Holzschnitte innerhalb des Werkes mehrfach verwendet werden.

Als Beispiel einer Fürstenhochzeit und deren poetischer Schilderung sei hier Peter Harers Beschreibung der Hochzeit Pfalzgraf Friedrichs II. mit Dorothea von Dänemark 1535 in Heidelberg angeführt.[321] Gesang und Instrumentalspiel nehmen hier breiten Raum ein. Im Rahmen der Feierlichkeiten fanden ebenfalls Turniere statt, doch stehen natürlich die Brautleute im Vordergrund. Über den *obent dantzs* mit anschließender Austeilung der Dänke heißt es u.a.:

Und schickt man sich zum obent dantzs
Zu dem wart gfurdt mit grossem glantzs
Die hochgepreiste Zarte Brautt
Bauck und Trompeten erklungen lautt.
Ir volget nach die hubsche schar
Geordent ye ein par und par
Der Jungfrewlin und frauwen fein
[...]
Man fieng hofflich zu dantzen an
Der werde breutgam wolgethan
Mit seyner gspons den ersten thett
Vor in dantzten / wie man es pflegt
Nach furstlichem gebrauch und ern
Mit fackeln hell zwen edler herrn
In volget nach ein langer rey
Cleynoter hubsch und mancherley
Erglasten do in hohem werdt
Der trompten schall man lieplich herdt
Ess war iris hertzen Jubilo
Wer was alhie der nit war fro[322]

In den Städten ist der Tanz in hohem Maße von sozialen Differenzierungen auf verschiedenen Ebenen geprägt.[323] Die städtische Oberschicht versammelte sich im Rathaus oder, wo ein solches vorhanden war, im Tanzhaus zum sog. „Geschlechtertanz", der meist dem Patriziat vorbehalten war. Bei diesen Veranstaltungen, zu denen die Stadtpfeifer aufspielten, kamen vornehmlich gemessene Schreittänze zur Aufführung, namentlich die verschiedenen Hoftänze.[324] Von diesen heben sich die musikalisch einfacheren „Deutschen Tänze" ab, die wohl vor allem bei weniger formellen Tanzveranstaltungen des Bürgertums (namentlich bei Hochzeiten), ebenfalls von den Stadtpfeifern begleitet, zur Aufführung kamen.[325] Gerade die Hochzeitstänze waren es, die im Rahmen der städtischen Luxusordnungen häufig genau geregelt wurden. Die in Städten wie Augsburg veröffentlichten Hochzeitsordnungen dienten (ähnlich etwa den Kleiderordnungen) der Eindämmung der ausufernden Prachtentfaltung, aber auch moralischer

---

321 Vgl. auch die Bemerkungen zu Instrumentenkäufen Friedrichs in Nürnberg unten S. 288.

322 Heidelberg cpg 337, fol. 73^r–74^r. Der Bericht wird kurz erwähnt bei Pietzsch, *Fürstenhochzeiten*, S. 37. Vgl. auch ders., *Heidelberg*, S. 70 und 120.

323 Zum folgenden vgl. auch den Überblick bei Brunner, *Städtisches Tanzen.*

324 Vgl. auch Böhme, *Geschichte des Tanzes*, Bd. I, S. 70ff. sowie unten Kap. VI.6.c).

325 Vgl. unten Kap. VI.6.g).

„Auswüchse". So schreiben die Hochzeitsordnungen oft genau vor, wer eingeladen und welcher Aufwand für die Bewirtung der Gäste getrieben werden durfte usw.[326] Geregelt wird hier auch Anzahl und Bezahlung der für die musikalische Untermalung der Festmähler und insbesondere für die Tanzmusik zuständigen Stadtpfeifer. Dabei wird teilweise eigens auch darauf hingewiesen, daß bestimmte unzüchtige Tänze verboten seien, die in einigen Fällen sogar einzeln benannt werden (für ein verbreitetes Beispiel, den *Zeunertanz*, vgl. unten S. 206). Gerade solche ausdrücklichen Verbote lassen natürlich darauf schließen, daß sich derlei Tänze besonderer Beliebtheit erfreuten.

2. Die Rezeption ausländischer, insbesondere italienischer Tänze

Seit dem Ende des 15. Jahrhunderts finden sich in literarischen und archivalischen Quellen verstärkt Hinweise auf ausländische, meist italienische Tänze, die sowohl in adligen als auch in bürgerlichen Kreisen geübt wurden. So hatten die Nürnberger Bürger 1491 Gelegenheit, Maximilian I. (den späteren Kaiser) im Rahmen eines Reichstages selbst tanzen zu sehen; ein Chronist berichtet:

Item so ließ die künigliche majestat derselben nacht ein tantz auf dem rathaus halten und mancherlei tentz auf welsche und niderlendische art und spil treiben, darin auch der kunig persönlich in einem schempart was.[327]

Maximilians Auftreten in einer Maske (*schempart*) erinnert deutlich an die zahlreichen Tanzdarstellungen in Maximilians *Freydal*.[328] Schon im Kindesalter übrigens erlernte Maximilian, wie wir aus einem Reisebericht von 1467 erfahren, portugiesische Tänze sowohl auf der Laute zu spielen als auch auszuführen (Maximilian war 1459 geboren). Der böhmische Adlige Leo von Rožmital nämlich wurde auf seiner Reise durch weite Teile Europas in den Jahren 1465 bis 1467 auch von seinem Lautenisten begleitet, der in Portugal *etlich portugalisch tänz* gelernt hatte, die auch der junge König bei einem Besuch in Wiener Neustadt *schlahen und tanzen* lernte.[329] Einige italienische Tänze aus dem Repertoire von Maximilians Hofkapelle überliefert die Handschrift Augsburg 142a (vgl. unten S. 137).

Doch nicht nur der Kaiser mit seiner an burgundischen und italienischen Vorbildern orientierten Hofkultur brachte fremde Tänze nach Deutschland. Auch

---

326 Zu den Augsburger Hochzeitsordnungen vgl. Grüber, *Kurzweil*, S. 90–94.

327 *Chroniken der deutschen Städte*, Bd. 11, S. 732.

328 Abbildungen in Henning, *Musica Maximiliana*, S. 70–94. Die Darstellungen weisen leider keine erläuternden Texte auf; der Text zum *Freydal* kam über das Stadium eines Entwurfes nicht hinaus.

329 Dies ist auch ein interessantes Zeugnis für die Verbreitungswege fremder Tänze und Tanzsitten. Der Bericht wurde von dem Nürnberger Bürger Gabriel Tetzel verfaßt; siehe die Edition in Schmeller, *Rožmital* , S. 194f.

das gebildete Bürgertum orientierte sich zunehmend nach Italien, was sich am augenfälligsten an den italienischen Studienaufenthalten humanistisch interessierter Deutscher verfolgen läßt. Schon der Nürnberger Humanist Hartmann Schedel (1440–1514), der 1463–1466 in Padua studierte, notierte in seinem Liederbuch zwei einstimmige *Carmina ytalica utilia pro coreis* (MünchenSB 3232, fol. 131^{r}), bei denen es sich um Basse-danse-Melodien handelt.[330]

Ein weiteres außerordentlich interessantes Dokument, das ebenfalls nach Nürnberg weist, sollte hier auch erwähnt werden. Es handelt sich dabei um ein kleines Heftchen, das die Tanzschritte (ohne die zugehörige Musik) zu acht italienischen Tänzen enthält und das heute im Germanischen Nationalmuseum in Nürnberg verwahrt wird (Nürnberg 8842).[331] Die Handschrift, die den Titel *Hier innen sindt geschriben die wellschen tenntz* trägt, wurde als Beilage eines Briefes vom 7. März 1517 von Johannes Cochlaeus aus Bologna an den Nürnberger Humanisten Willibald Pirckheimer gesandt. Pirckheimer hatte selbst sieben Jahre in Pavia und Padua Studien betrieben. Wie er in seiner Autobiographie berichtet, waren es gerade seine musikalischen Kenntnisse, besonders sein Lautenspiel, die ihn in Italien beliebt machten.[332] Der Theologe und Musiktheoretiker Johannes Cochlaeus widmete 1512 sein *Tetrachordum musices* dem Nürnberger Freund und bezeichnet ihn in der Widmung als Kenner des Gesangs und der Handhabung aller Musikinstrumente.[333] Im Jahre 1515 begleitete dann Cochlaeus auf Pirckheimers Vermittlung hin dessen drei Neffen zum Studium nach Italien.[334] Aus dem Briefwechsel zwischen beiden erfahren wir, daß es Pirckheimers Töchter waren, die sich besonders für die italienischen Tänze interessierten, denn bereits am 17. Januar 1517 berichtet Cochlaeus aus Bologna, daß es ihm noch nicht möglich gewesen sei, die von Pirckheimers Töchtern gewünschten Tänze zu übersenden: *Filiae tuae nullam choream transmittere potui propter nuncii abitionem praeproperam.*[335] In besagtem Brief vom 7. März 1517 bemerkt Cochlaeus schließlich: *Mitto hic filiae tuae choreas aliquot, si forte una ex iis placeat.*[336]

---

330 Beim ersten Tanz handelt es sich um die Basse danse *Venise* bzw. *La franchoise*, vgl. Crane, *Materials*, S. 84f. Die Melodie wird (wie auch andere Basse-danse-Melodien) in einer Komposition des Buxheimer Orgelbuches mit dem Titel *Mi ut re ut* bearbeitet; vgl. Southern, *Basse-Dance Music*, S. 748f. Die zweite Melodie weist nur geringe Ähnlichkeit mit verschiedenen Basse-danse-Melodien auf; vgl. Crane, *Materials*, S. 105.

331 Der Text wurde mehrfach ediert: siehe Heumann, *Documenta*, S. 21–25; Meyer, *Musique et danse*, S. 64ff. (mit französischer Übersetzung S. 66f.); Wetzel, *Otto danze*, S. 326–341 (mit Faksimile und italienischer Übersetzung).

332 Vgl. Meyer, *Musique et danse*, S. 61.

333 Vgl. ebd., S. 62.

334 Vgl. hierzu auch Brainard, *Courtly Dancing*, S. 63.

335 Pirckheimer, *Briefwechsel*, Bd. 3, S. 62.

336 Ebd., S. 76. Pirckheimers Tochter Katharina d.J. lebte im Nürnberger Klarakloster, dessen Äbtissin Pirckheimers Schwester Caritas war. Katharina berichtete in einem Brief an ihren

Bei den acht Tänzen handelt es sich um die in zahllosen musikalischen Bearbeitungen vorliegende Basse danse *La spagna* (hier bezeichnet als *der spanier*) sowie sieben verschiedene Balli, von denen sechs auf den lombardischen Tanzmeister Domenico da Piacenza zurückgehen.[337] In ihren Untersuchungen zu den hier überlieferten Choreographien weisen sowohl Christian Meyer als auch Ingrid Brainard darauf hin, daß die Tänze gegenüber den ursprünglichen italienischen Überlieferungen vereinfacht sind und offensichtlich aus dem Gedächtnis nach in Bologna besuchten Tanzaufführungen oder Tanzstunden notiert wurden.[338]

Bemerkenswert ist nun insbesondere all das hier Vorausgesetzte: Pirckheimers Töchter mußten, um die Choreographien umsetzen zu können, mit der italienischen Tanzweise und deren Terminologie vertraut sein. Zudem mußten Musiker zur Verfügung stehen, die auch die zugehörige Musik in ihrem Repertoire hatten. Aus Pirckheimers Briefwechsel sind wir nicht nur darüber unterrichtet, daß dieser selbst in Nürnberg auf die italienische Manier tanzte,[339] sondern daß er auch von dem befreundeten Lorenz Beheim mit Lautenkompositionen, darunter auch Bassedanze, versorgt wurde.[340] Lorenz Beheim (ca. 1457 bis 1521) machte seit den 1480er Jahren in Rom (wo ihn Pirckheimer vermutlich kennenlernte) Karriere in den Diensten Kardinals Rodrigo Borgia (seit 1492 Papst Alexander VI). Nach dem Tod des Papstes 1503 verließ er Rom und trat danach seine Pfründe als Kanonikus am Kollegiatstift St. Stephan in Bamberg an.[341] Mit dem ersten der betreffenden Briefe (8. Juni 1506) sandte Beheim neben anderen

---

Vater aus dem Jahre 1529 über die Feier zum Jubiläum des Klostereintritts der Caritas. Wir erfahren daraus, daß man auch im Kloster dem Feiern und Tanzen nicht abgeneigt war und, nachdem man dem Wein tüchtig zugesprochen hatte, auch einen Tanz begann, wobei Caritas selbst (*die praut*) zum Hackbrett griff: *Es wardt zuleczt, da wir geßen hetten zu nacht ein dancz darauß. Es dancztem die alten als wol als die jungen. Muter Appolonia Tucherin ist 57 jar in dem closter gewest, die zog mich auf, das ich mit ir must danczen und die praut schlug auf einem hackpret. Es was der dancz so groß, daz sye sprach: Lieben kindt, schont mir neur* [nur] *meins disch.* (Zitiert nach Pfanner, *Briefe*, S. 241.)

337 Vgl. die einzelnen Nachweise bei Brainard, *Courtly Dancing*, S. 64ff.

338 Vgl. Brainard, *Courtly Dancing*, S. 68f. und Meyer, *Musique et danse*, S. 67f. Über (allerdings wenig erfolgreichen) Tanzunterricht berichtet übrigens auch Albrecht Dürer in einem Brief aus Venedig im Oktober 1506 an Pirckheimer: *Jtem wist awch, das jch hett vür genumen tanczen zw leren und ging 2 moll awff dÿ schull. Do müst jch dem meister 1 dugaten geben, do kunt mich kein mensch mer hinawf pringen. Jch wolt woll alles daz ferlert haben, daz jch gewunnen hett, und hette danocht awff dy lecz nix künt*; zitiert nach Dürer, *Schriftlicher Nachlass*, Bd. 1, S. 59. Der Herausgeber Hans Rupprich erläutert das Wort *ferlert*: „für den Unterricht ausgegeben" (ebd., S. 60).

339 So berichtet Lorenz Beheim (zu ihm vgl. unten) in einem Brief vom 21. Februar 1507, er habe gehört, daß Pirckheimer während der Fastnachtszeit italienisch getanzt habe; siehe Pirckheimer, *Briefwechsel*, Bd. 1, S. 496. Vgl. auch Meyer, *Musique et danse*, S. 63.

340 Auszüge aus den betreffenden Briefen finden sich in französischer Übersetzung bei Meyer, *Musique et danse*, S. 62f.

341 Zu ihm vgl. Pirckheimer, *Briefwechsel*, Bd. 1, S. 292f. (Anm. 1).

Bassedanze und Intavolierungen von Vokalkompositionen[342] auch eine Bassadanza, deren Herkunft für uns aufschlußreich ist: *Deinde la bassadanza de Augustino Trombone, qui est in curia regis Romani, et est satis bona e ligiera.*[343]

Bei diesem Mitglied der kaiserlichen Hofkapelle kann es sich nur um Augustin Schubinger handeln, der als Posaunist und Zinkenist, aber auch als Lautenist, u.a. auch in Augsburg und Florenz tätig war.[344] Wenn auch die näheren Umstände der Beziehung Beheims zu Schubinger nicht bekannt sind, so haben wir hier doch ein interessantes Zeugnis für die Beziehungen zwischen professionellen Musikern und bürgerlichen Liebhabern vor uns.

Solch persönliche Beziehungen spielten sicherlich – gerade beim Austausch ausländischer Kompositionen – eine große, in der Forschung viel zu wenig berücksichtige Rolle. Dies liegt freilich auch daran, daß nur selten Dokumente überliefert sind, die solches bezeugen können. Bevor diese Frage, neben anderen, im Blick auf die musikalischen Quellen selbst untersucht wird, sei noch ein weiteres Zeugnis dieser Art erwähnt. Aus den Jahren 1541 bis 1545 ist ein Briefwechsel zwischen Herzog Albrecht von Preußen und dem Nürnberger Trompeten- und Posaunenmacher Jörg (Georg) Neuschel erhalten.[345] Wir erfahren daraus nicht nur, daß Neuschel seine Instrumente bis nach Dänemark und Polen lieferte, sondern daß er auch mit aus Italien und Frankreich importierten Instrumenten handelte. Doch auch das zugehörige Notenmaterial konnte Neuschel liefern. So bemerkt er in einem Brief an Albrecht vom 26. November 1542:

> *Weyter schick ich E*[uer] *F*[urstlichen] *G*[naden] *etlich mutetten mit 6*[,] *7*[,] *8* [Stimmen] *auff I*[n]*strumenten*[,] *bit ewer F. G woll sie von eynem armen gesellen in gnaden an nemen*[,] *auch ettlich welsch dencz unnd wenn E F. G weyter lust zu guten mutetten hette mit 7*[,] *8*[,] *9. lass michs E F G im ne*[ch]*sten schreiben wissen*[,] *sollen E F G fur allen andern zugestellet werden*[,] *alls auff Instrumenten* [...].[346]

Die Bemerkung, daß Albrecht weitere Notenlieferungen ggf. *fur allen andern* erhalten würde, läßt darauf schließen, daß Neuschel auch andere Kunden regelmäßig mit Notenmaterial versorgte. Zu den Tätigkeiten des Instrumentenbauers und Instrumentenhändlers kommt also noch die eines Musikalienhändlers. Es ist dabei bezeichnend, daß neben Tänzen nur Vokalkompositionen erwähnt

---

342 Darunter *Alla bataglia* (höchstwahrscheinlich nach Heinrich Isaac) und *caecus* (Alexander Agricolas *Caecus non judicat de coloribus*).

343 Pirckheimer, *Briefwechsel*, Bd. 1, S. 371; *ligiera* wohl im Sinne von „leicht", „unterhaltend". Solche eingestreuten Italianismen finden sich in den die Musik betreffenden Abschnitten des öfteren; sie sind wohl eine Reminiszenz an das beiden Briefpartnern vertraute Italien und dessen so geschätzte Musik.

344 Vgl. Polk, *German Instrumental Music*, S. 77 und 142; vgl. zu ihm auch unten S. 140.

345 Siehe Militz, *Neuschel.* Zur Blechblasinstrumentenmacherfamilie Neuschel vgl. Nickel, *Holzblasinstrumentenbau*, S. 51–55.

346 Berlin, GStAPK, XX. HA StA Königsberg, HBA A 4 1542 November 26 (K. 208), S. [3]. Die Stelle findet sich mit abweichenden Lesarten (u.a. *deucz* statt *dencz*) bei Militz, *Neuschel*, S. 156.

werden, die allerdings zum Gebrauch *auff Instrumenten* tauglich sind. Ob es sich bei den *mutetten* ausschließlich um Kompositionen der Gattung „Motette" handelt, oder ob es sich hier um einen Oberbegriff für Vokalkompositionen handelt, bleibt allerdings dahingestellt. Auffällig ist auch hier die für die Aufführung durch Bläserensembles typische Bevorzugung vielstimmiger Sätze (vgl. dazu auch S. 220). Was nun die Tänze betrifft, so kann wohl davon ausgegangen werden, daß Neuschel diese, wie auch einen Teil seiner Instrumente, aus Italien importierte und weiterverkaufte.

Abschließend sei noch darauf hingewiesen, daß wir aufgrund dieses Briefwechsels davon ausgehen können, daß ein nicht unbeträchtlicher Teil des Repertoires der Handschrift Kopenhagen 1872, die der Bläserkapelle König Christians III. von Dänemark entstammt, mittelbar auf diese Nürnberger Verbindung zurückgeht. Wie nämlich Henrik Glahn gezeigt hat, wurde diese Handschrift von Jørgen Heyde (Georg Hayd) geschrieben, der vor seiner Tätigkeit als erster Trompeter Christians III. von 1535 bis 1542 in den Diensten von Christians Schwager Albrecht von Preußen stand.[347] Wie Glahn weiter glaubhaft machte, brachte Heyde einen beträchtlichen Teil des Repertoires der Handschrift aus Königsberg mit.[348]

3. Quellenlage

Bei der deutschen Tanzmusik des 16. Jahrhunderts haben wir es mit einer recht problematischen Quellenlage zu tun. Für die Zeit vor dem geradezu explosionsartigen Anstieg der Tanzmusikproduktion um 1600 (beginnend mit Paul Lütkemanns Sammlung von 1597)[349] liegen nur wenige Quellen vor.[350] In Sammelhandschriften verstreut finden wir wenige Tanzkompositionen für Ensemble, meist sind es nicht mehr als drei oder vier Stücke unter einer Vielzahl von Vokalkompositionen. An Drucken ist aus dieser Zeit nur eine zweibändige Veröffentlichung erhalten, die jedoch an Umfang alles übersteigt, was sonst während des 16. Jahrhunderts in diesem Genre in Europa erschienen ist. Diese beiden Sammlungen wurden 1555 von den Breslauer Stadtpfeifern Paul und Bartholomäus Hess (Hessen) herausgegeben und enthalten im ersten Band 155 polnische

---

347 Vgl. Glahn, Einführung zu Dania sonans IV, S. 21–24.

348 Vgl. ebd., S. 61–65.

349 *Der Erste Theil. Newer Lateinischer und deutscher Gesenge* [...] *nebenst nachfolgenden schönen Fantasien, Paduanen und Galliarden*; vgl. die näheren Angaben in Brown, *Instrumental Music*, S. 416f.

350 *Der neue Bauernschwanz* aus dem Glogauer Liederbuch (KrakauBJ 40098), den Monika Woitas als „Dantz" bezeichnet (Woitas, *Allemande*, Sp. 463f.) ist eine Komposition von Johannes Martini, bei der es sich vermutlich um eine Chanson handelt (vgl. Brown, *Chansonnier*, S. 260).

und deutsche Tänze (im folgenden Hess 1555a), im zweiten 322 *Stucklein / Spanischer / Welscher / Englischer / Frantzösischer composition und tentz*, wie es im Titel heißt (im folgenden Hess 1555b).[351] Sie bilden daher den Mittelpunkt der folgenden Untersuchungen zur deutschen Tanzmusik. Zuvor soll noch eine handschriftliche Quelle untersucht werden, die etwa 40 Jahre früher enstanden ist und in der sich bereits einige wesentliche Grundzüge abzeichnen, die für das Repertoire und die Besetzungspraxis der nachfolgenden Zeit bestimmend wurden.

Die übrigen Quellen, die zumeist nur einige wenige Tänze enthalten (von denen ein Großteil auch in einer der beiden Sammlungen der Brüder Hess zu finden ist), sollen im Anschluß daran untersucht werden.

Um das Bild abzurunden, sollen abschließend einige zeitgenössische Noteninventare mit Tanzmusik, sowie einige ausländische Tanzsammlungen, die bereits im 16. Jahrhundert nach Deutschland gelangten, besprochen werden. Anhand dieses Überblickes über die Verbreitung komponierter Tanzmusik ist dann zusammenfassend das Verhältnis von Mündlichkeit und Schriftlichkeit sowie Komposition und Improvisation zu erörtern.

4. Tanzmusik am Hof Kaiser Maximilians I. (die Handschrift Augsburg 142a)

a) Herkunft und Datierung

Diese Handschrift ist für unseren Zusammenhang vor allem dadurch bedeutsam, daß sie als eine der frühesten Quellen eine Gruppe mehrstimmiger Tänze enthält. Sie ist bereits mehrfach Gegenstand von Untersuchungen gewesen, so daß hier auf verschiedene Studien verwiesen werden kann, denen jedoch weitere Überlegungen, insbesondere zu den in ihr überlieferten Tänzen, hinzugefügt werden sollen.[352]

Die Handschrift enthält verschiedene Jahreszahlen, deren Interpretation aber nicht unproblematisch ist. Auf dem vorderen Innendeckel findet sich die Jahreszahl *1.4.58.* Von derselben Hand wurde auch die Datierung *Anno 1.4.99.* auf fol.

351 RISM 1555^{34} bzw. 1555^{35}.

352 Sie ist Gegenstand der Dissertation von Luise Jonas, die hauptsächlich aus einer kommentierten Edition besteht (Jonas, *Augsburger Liederbuch*). Die Edition ist jedoch äußerst fehlerhaft und teilweise unbrauchbar. Auf die Mängel im einzelnen hinzuweisen, darauf wurde im folgenden verzichtet. Leider verwendet auch Keith Polk Notenbeispiele aus dieser Edition (vgl. z.B. Polk, *German Instrumental Music*, S. 152 und 153). Die hier vorgelegten Übertragungen wurden aufgrund der Originalhandschrift angefertigt. Ein Verzeichnis der Musikincipits bietet *Tenorlied*, Bd. 2, S. 3–10. Weitere Inventare finden sich bei Bente, *Neue Wege*, S. 230–242 sowie bei Gottwald, *Augsburg*, S. 4–10.

1^{r} in *1.4.58.* geändert. Auf dem hinteren Innendeckel wurde dagegen die Jahreszahl 1513 eingetragen. Die beiden erstgenannten Jahreszahlen können sich jedoch aufgrund verschiedener Tatsachen nicht auf die tatsächliche Entstehungszeit der Handschrift beziehen. So sind die verwendeten Papiere erst in einem Zeitraum von 1505 bis 1518 nachzuweisen,[353] und auch das Repertoire (darunter Kompositionen Ludwig Senfls) weist eher in das zweite Jahrzehnt des 16. Jahrhunderts. Rainer Birkendorf hat im Zusammenhang mit der Frage der Datierung auf die Beischrift zu einem textlosen Satz (fol. 17^{v}) hingewiesen, die wie folgt lautet: *Reverendissimus dominus mathäus Sancti Angeli.*[354] Hierbei kann es sich nur um Kardinal Matthäus Lang von Wellenburg (1468–1540) handeln, dem Ende 1513 die Kardinalswürde mit der Titelkirche Sancti Angeli in foro piscium verliehen wurde. Somit kann die Handschrift, wenigstens bis zu dieser Stelle, nicht vor Ende 1513 geschrieben worden sein.

Für die Frage der Herkunft der Handschrift wurde noch eine weitere Eintragung herangezogen, die sich am unteren Rand von fol. 24^{r} findet:

dem ersam und weisen Jacob stat pfeyfer sol mir ?88 fl vai wein?[355]
Fraintlichen grus Mein fraintlichen grus.

Hans Joachim Moser brachte diesen Eintrag in Verbindung mit dem Augsburger Stadtpfeifer Jakob Hurlacher (Jakob von Hurlach) und sah ihn als Schreiber der Handschrift an.[356] Der Wortlaut dieser Eintragung, die sich ihrem Charakter nach am ehesten als Federprobe bezeichnen läßt, deutet allerdings auf jemanden hin, der beim Schreiben besagten Jakob im Sinn hatte und nicht auf diesen selbst. Auch ist es sehr unwahrscheinlich, daß sich die Eintragung auf die vorstehende Komposition (*Dies est laetitie*)[357] bezieht, da von derselben Hand auf dem folgenden Blatt (fol. 25^{r}) nochmals eine ähnliche Eintragung gemacht wurde (*n mein fra fraintlich*). Dies macht auch deutlich, daß es sich kaum um ein Briefkonzept handeln kann, denn die Position beider Einträge am unteren Rand aufeinanderfolgender Blätter zeigt, daß diese erst nach dem Zusammenfassen der Papierlage, möglicherweise auch erst nach dem Binden, eingetragen wurde. Auch macht es wenig Sinn, nur die Grußformel im Konzept niederzuschreiben.

---

353 Vgl. Gottwald, *Augsburg*, S. 5.

354 Birkendorf, *Codex Pernner*, Bd. I, S. 98.

355 Lesung der letzten vier Worte unsicher (diese wurden bei Gottwald, *Augsburg*, S. 7 ausgelassen).

356 Vgl. Moser, *Hofhaimer*, S. 123.

357 Sowohl Jonas (*Augsburger* Liederbuch, Bd. 1, S. 71f.) als auch Polk (*German Instrumental Music*, S. 161) ist entgangen, daß es sich bei diesem in drei Stimmen notierten anonymen Satz um eine vierstimmige Komposition mit einem Tenor-Kanon handelt. Darauf deutet bereits das Signum congruentiae im Tenor hin; die Handschrift RegensburgBZ C 120, S. 225f., überliefert den Satz mit der Kanonanweisung *fuga in Diatesseronn* (vgl. auch Birkendorf, *Codex Pernner*, Bd,. III, S. 94).

Immerhin deuten diese Notizen darauf hin, daß der Schreiber der Handschrift in irgendeiner Beziehung zu den Augsburger Stadtpfeifern stand. Jakob Hurlacher (der einzige Jakob unter den Augsburger Stadtpfeifern) ist seit 1495 in Augsburg nachweisbar.[358] In den Augsburger Archvalien erscheint er von 1508 bis 1529 als Stadtpfeifer. 1530 scheint er gestorben zu sein, da sein Name in den Dokumenten 1530 mit einem Kreuz versehen wurde und er danach nicht mehr erscheint.[359] Von 1555 bis 1599 begegnet dann wieder ein Jakob Hurlacher, vermutlich ein Verwandter (Enkel?) des älteren Jakob.[360]

In eine andere Richtung weisen dagegen die Untersuchungen Birkendorfs: Aufgrund seiner Untersuchung der Schreiberhände und des Repertoires kommt er zu dem Schluß, daß die Handschrift als ältere Verwandte des Regensburger Codex Pernner (RegensburgBZ C 120) anzusehen ist und auch von demselben Schreiber angefertigt wurde, den er mit Lucas Wagenrieder, dem bekannten Kopisten Ludwig Senfls, identifiziert.[361] Die Handschrift entstand danach in der Hofkapelle Kaiser Maximilians I. und diente der Sicherung dort entstandener oder in Gebrauch befindlicher Musik. Als Ort der Entstehung kommen Augsburg und Innsbruck in Frage, wobei Birkendorf eine Entstehung in Innsbruck für wahrscheinlicher erachtet. Allerdings deutet die Erwähnung des Stadtpfeifers Jakob Hurlacher eher auf Augsburg. Freilich ist zu bedenken, daß Maximilian häufig mit seinen Musikern auf Reisen durch das Reich war, und gerade in Augsburg sind dessen Instrumentalisten häufig nachzuweisen.[362] Solche Besuche (namentlich anläßlich von Reichstagen) waren sicherlich nicht zu unterschätzende Gelegenheiten auch für die Instrumentalisten, Ensembles anderer Fürsten oder die örtlichen Stadtpfeifer zu hören und sich mit diesen auszutauschen. Als Niederschlag solcher Begegnungen wird man sich auch die auf den Augsburger Stadtpfeifer Jakob Hurlacher bezügliche Notiz in der Handschrift vorstellen dürfen.

---

358 Vgl. Layer, *Musik und Musiker*, S. 50.

359 Auszüge aus den Augsburger Archivalien finden sich bei Pietzsch, *Archivalische Quellen*, Bd. II, S. 90–97.

360 Vgl. Sandberger, *Bemerkungen*, S. LVIII. Zu ihm vgl. auch oben S. 160.

361 Vgl. Birkendorf, *Codex Pernner*, Bd. I, S. 97ff. Seiner Auffassung, die gesamte Handschrift sei von Wagenrieder geschrieben worden, kann ich mich jedoch nicht anschließen. Gerade die Gruppe der Tänze auf fol. 18^{v}–21^{v} unterscheidet sich in der Schrift von den übrigen Teilen der Handschrift deutlich, nicht zuletzt auch durch die außergewöhnlich vielen Fehler; vgl. dazu unten Abschn. VI.4.c).

362 Vgl. hierzu Polk, *Patronage*; dort S. 86ff. auch Hinweise auf Nachweise kaiserlicher Musiker in Archivalien Augsburgs und anderer Städte. Auszüge aus Augsburger Archivalien, die Zahlungen an kaiserliche Musiker enthalten, bietet auch Birkendorf, *Codex Pernner*, Bd. III, S. 243ff. Ein weiteres Indiz für die Entstehung in Augsburg ist die Tatsache, daß die Handschrift später in die Musikaliensammlung des Augsburger Patriziers Hans Heinrich Herwart einging (Exlibris auf dem vorderen Innendeckel; vgl. Gottwald, *Augsburg*, S. 4f. sowie unten S. 298).

Bezüglich der Frage nach der Herkunft der (soweit die Parallelüberlieferung Schlüsse zuläßt) durchweg italienischen Tänze ist insbesondere die Dominanz deutscher Instrumentalisten (insbesondere Bläser) in den Städten und an den Höfen Norditaliens seit dem 15. Jahrhundert zu bedenken, auf die Keith Polk nachdrücklich hingewiesen hat.[363] So wirkte der kaiserliche Posaunist, Zinkenist und Lautenist Augustin Schubinger, der uns bereits als Komponist (oder Intavolator) einer Bassadanza begegnete (vgl. oben S. 135), 1506 in Mantua, wo auch sein Bruder Ulrich von 1502 bis 1522 tätig war. Ulrich hatte seine Karriere als Stadtpfeifer in Augsburg begonnen und besuchte Augsburg auch während seiner Mantuaner Zeit.[364] Von 1522 bis zu seinem Tod (ca. 1530) leitete er die Bläsergruppe Kardinal Matthäus Langs.[365] Gerade die Verbindungen nach Mantua, darauf hat Polk hingewiesen, scheinen sich auch in der Handschrift niedergeschlagen zu haben, da der Tanz *La gambetta* hier als *Mantuanne[r] dantz* (fol. 19r) bezeichnet wird. Es liegt daher nahe zu vermuten, daß einer der Brüder diesen und wohl auch die anderen Tänze aus Mantua mitgebracht hat. Inwieweit die Musiker selbst an der Entwicklung dieses neuen Stils der Tanzkomposition mit seinen kurzen, klar gegliederten Abschnitten beteiligt waren, dies freilich kann nur vermutet werden. Doch angesichts der führenden Rolle der deutschen Instrumentalisten in Italien um 1500 wird man ihnen sicherlich einen bedeutenden Anteil an der Tanzkomposition der Zeit zuweisen dürfen.

b) Die Tänze der Handschrift

Vor einer näheren Untersuchung des Repertoires soll ein Überblick über die in der Handschrift überlieferten Tänze und einige Besonderheiten bei deren Notation informieren. Zur Veranschaulichung dieser Besonderheiten folgt hier zunächst ein Faksimile der Tänze auf fol. 18v–21v, sodann ein Inventar.

363 Vgl. Polk, *Civic Patronage* und zum folgenden bes. ders., *Schubingers.*

364 So erhält er 1513 bei einem Besuch in Augsburg 2 Gulden: *2 guldin Ulrichen Schubinger, ettwan* [ehemals] *statpfeiffer alhie* (nach Pietzsch, *Archivalische Quellen*, Bd. II, S. 77).

365 Vgl. auch Polk, *German Instrumental Music*, S. 77 und S. 161. Ulrich Schubinger befand sich allerdings schon 1519 in Verhandlungen mit Matthäus Lang; vgl. Birkendorf, *Codex Pernner*, S. 171, Anm. 89.

Abb. 9: Augsburg 142a, fol. 18v

Abb. 10: Augsburg 142a, fol. 19r

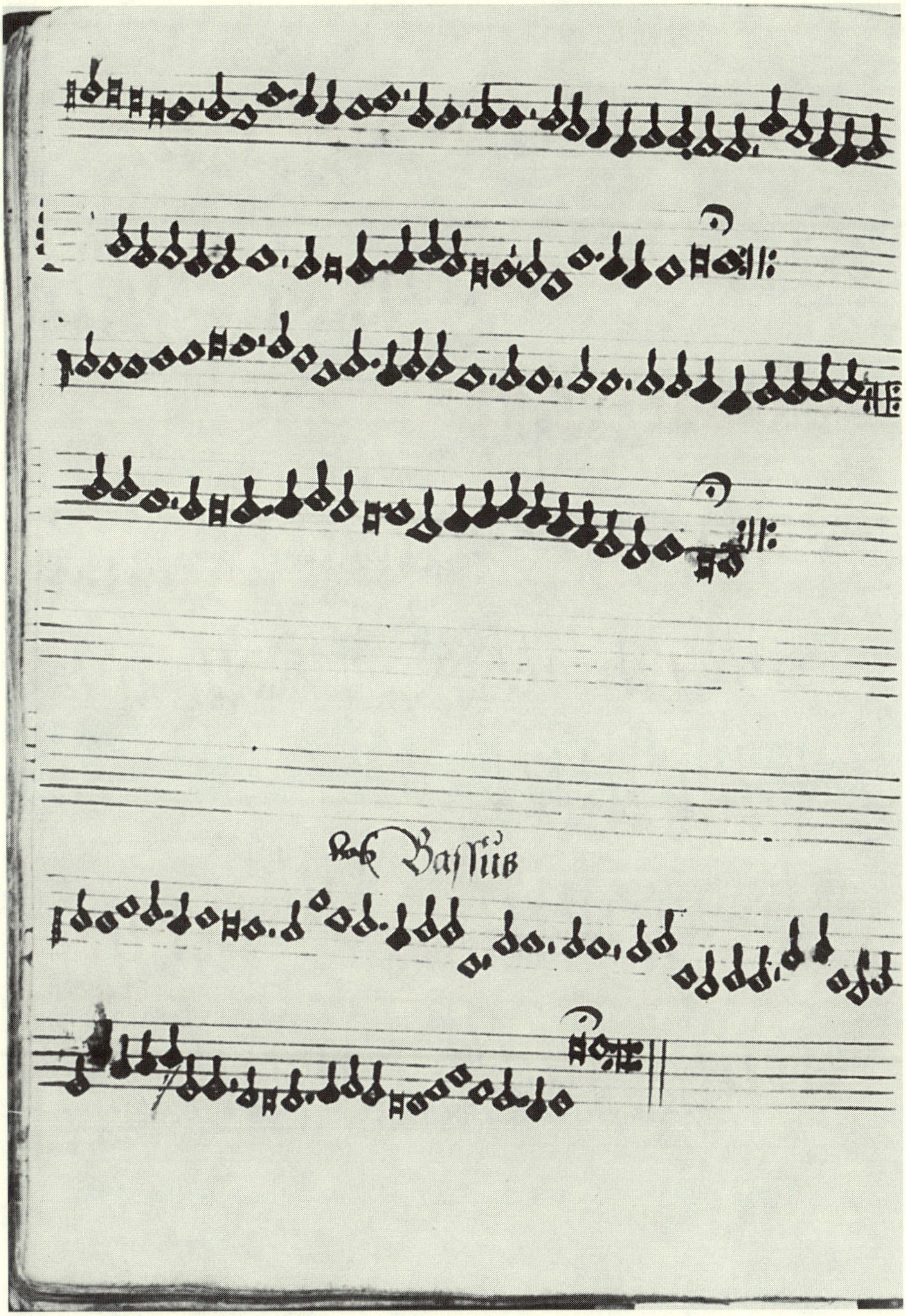

Abb. 11: Augsburg 142a, fol. 19v

Abb. 12: Augsburg 142a, fol. 20r

Abb. 13: Augsburg 142a, fol. 20^{v}

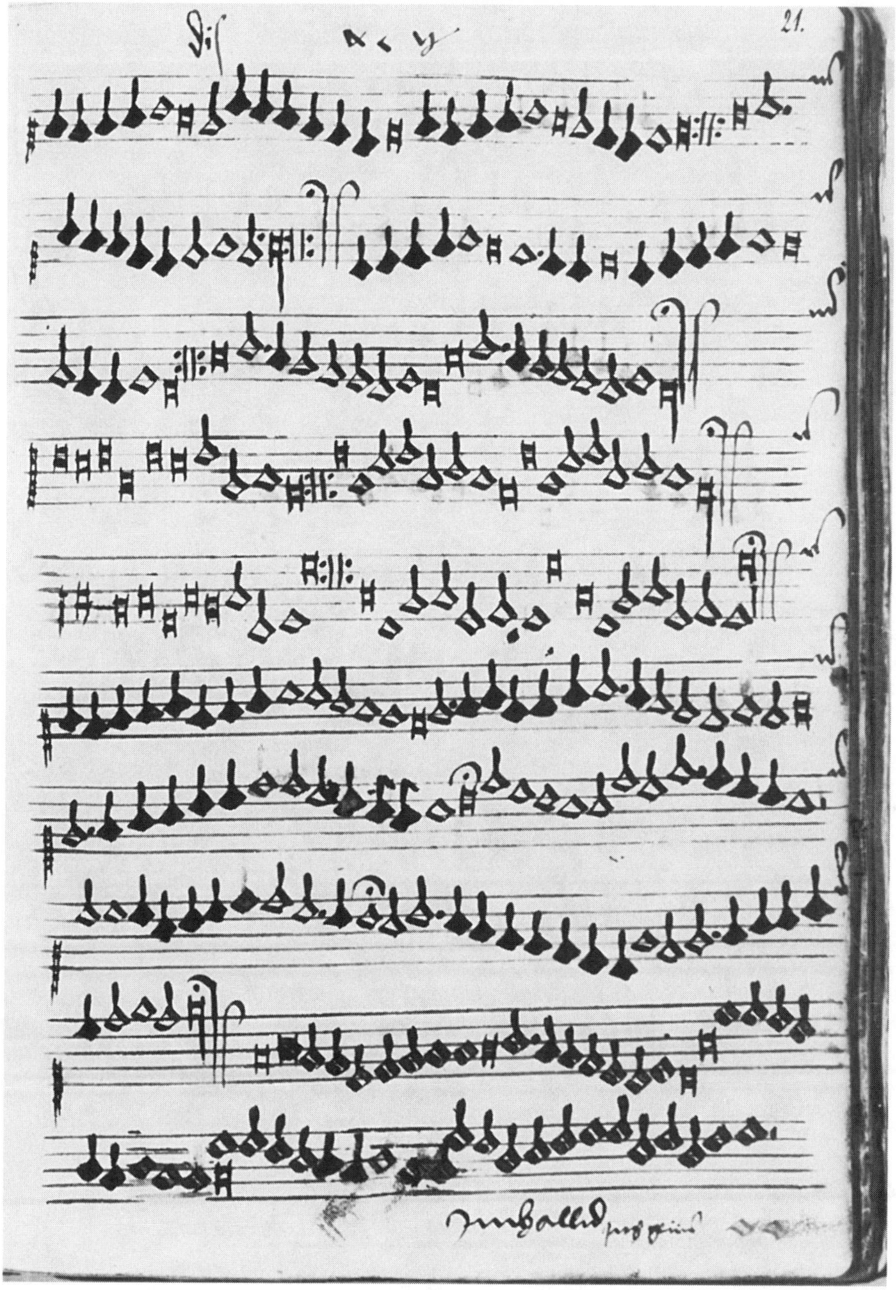

Abb. 14: Augsburg 142a, fol. 21ʳ

Abb. 15: Augsburg 142a, fol. 21v

13r [Tanz, 4st.]
Ed.: Jonas, *Augsburger Liederbuch*, Bd. I, S. 51f.

18v–19r *Mantuanne*[r?] *dantz de*[r?] *schallter* [= *La gambetta*, 3st.]
Konk.: Hess 1555b, Nr. 265 (ohne Titel, 4st.); London Roy. App. 59–62, fol. 17v (*La gambetta*, 4st.).
Ed.: Band II, Nr. III.1; Jonas, *Augsburger Liederbuch*, Bd. I, S. S. 61f. (nach London Roy. App. 59–62, fehlerhaft).

Keine Mensurzeichen. Falscher Schlüssel im D (c4 statt c2), kein Schlüssel im B (f4). Die Wiederholungen sind (mit Ausnahme von A und T) ausgeschrieben. Zusätzlich Wiederholungszeichen am Ende von T und B. In D und T findet sich ein zusätzlicher Abschnitt, der im B fehlt und den auch die anderen Quellen nicht überliefern.

Bei der Bezeichnung *de*[r] *schallter* („der Stoß") handelt es sich offenbar um den Versuch einer Übersetzung des italienischen Titels, denn „gambettare" meint das Umherstoßen eines Beines. Der Tanz wurde daher wohl mit heftigen Beinbewegungen ausgeführt.[366]

19v [Tanz, 3st.]
Konk.: Hess 1555b, Nr. 144 (abweichende 4st. Fassung, vgl. unten S. 256).
Ed.: Band II, Nr. III.2; Jonas, *Augsburger Liederbuch*, Bd. I, 62f. (fehlerhaft, fälschlich mit dem Titel *Mir ist ein schöns brauns maidelein*).[367]

Keine Mensurzeichen. Falsche Schlüssel in allen Stimmen. D: c4 statt c2, T: c2 statt c4, B: c2 statt f4.

20r [Basse danse / Saltarello? *La scarpa mi fa mal*, 3st.]
Ed.: Band II, Nr. III.3; Jonas, *Augsburger Liederbuch*, Bd. I, S. 63.[368]

Für weitere Bearbeitungen der im Tenor liegenden Melodie vgl. Hess 1555b, Nr. 48 sowie Hess 1555a, Nr. 132, (siehe unten S. 201 und S. 247).

Keine Mensurzeichen. Falsche Schlüssel in allen Stimmen. D: c3 statt c2, T: c2 statt c4, B: f3 statt f4. Im T sind die Wiederholungen durch Wiederholungszeichen angezeigt, in den anderen Stimmen sind diese ausgeschrieben. Dieser Satz ist äußerst fehlerhaft überliefert und macht daher eine sinnvolle Übertragung schwierig.

20v [Pavane *La monina*, 3st.]
Konk.: London Roy. App. 59–62, fol. 7r (*La monina*, 4st.); Attaingnant 1530, Pavane 24 (*Pavenne*, 4st., Quarte höher).

---

366 Auf diese Deutung des italienischen Titels weist auch Rimmer, *Instrumental Music*, S. 55 hin.

367 Nach Gottwald, *Augsburg*, S. 6 handelt es sich um das Lied *Mir ist ein schöns meidelein* in 1549[37] (von Jonas, *Liederbuch* II, S. 36 ohne Überprüfung übernommen). Dort findet sich jedoch nur ein Lied *Mir ist ein schöns brauns Maidelein* von Caspar Othmayr, das mit vorliegendem Satz nichts zu tun hat.

368 Gottwald, *Augsburg*, S. 6, bezeichnet diesen Tanz als *Passamezzo moderno* und nennt die Handschrift FlorenzBN Panc. 27 als weitere Quelle; beides trifft nicht zu.

Ed.: Band II, Nr. III.4; Jonas, *Augsburger Liederbuch*, Bd. I, S. 65f. (fehlerhaft); Morrow, *44 Italian Dances* 1, S. 16 (nach London Roy. App. 59–62); ADP 1, S. 36 (nach Attaingnant).

Keine Mensurzeichen. Falsche Schlüssel in allen Stimmen. D: Phantasie-Schlüssel, der als c2-, c3-, oder c4-Schlüssel zu deuten ist (vgl. das Faksimile; richtig wäre der c2-Schlüssel. Die beiden ersten Noten gehören zum T, der hier fälschlich begonnen und dann erst in der dritten Notenzeile angefügt wurde), T: c2 statt c4, B: c2(?) statt f4.

20^{v}–21^{r} [Tanz, 3st.][369]
Ed.: Band II, Nr. III.5.

Keine Mensurzeichen. Falsche bzw. fehlende Schlüssel in allen Stimmen. D: c1(?) statt c2, T: Schlüsssel fehlt, B: f3 statt f4. Die Abschnitte B' und D' fehlen im D.

21^{r} [Passamezzo antico *Caminata*, 4st.]
Konk.: Hess 1555b, Nr. 60 (abweichende Fassung); FlorenzBN Panc. 27, fol. 116^{v}–117^{r} (*Caminata*, abweichende Fassung).
Ed.: Band II, Nr. III.6; Jonas, *Augsburger Liederbuch*, Bd. I, S. 66f. (nach FlorenzBN Panc. 27, fehlerhaft); Wolf, *Sing- und Spielmusik*, Nr. 26 (nach FlorenzBN Panc. 27).[370]

Keine Mensurzeichen. Falsche bzw . fehlende Schlüssel in allen Stimmen. D: c1(?) statt c2, A: Phantasieschlüssel, T: Schlüssel fehlt, B: c2 statt f4.

21^{v} [Tanz, 4st.]
Ed.: Band II, Nr. III.7; Jonas, *Augsburger Liederbuch*, Bd. I, S. 68 (fehlerhaft).

Keine Mensurzeichen. Falsche Schlüssel in allen Stimmen. D: Phantasieschlüssel, A: ebenso, T: c2 statt c4, B: c2 statt c4.

c) Zur Notation der Tänze

Die Gruppe der Tänze fol. 18^{v}–21^{v} fällt durch eine für diese Handschrift ungewöhnliche Vielzahl von Notationsfehlern und Unstimmigkeiten auf. Dies betrifft zum einen die Schlüssel: sie sind durchgehend entweder falsch gesetzt oder so notiert, daß eine Lokalisierung des Tones c^1 bzw. *f*, den der c- bzw. f-Schlüssel ja anzeigen soll, unmöglich ist (oben als „Phantasieschlüssel" bezeichnet). Man vgl. z.B. im Faksimile von fol. 21^{v} (Abb. 15) die fünfte und sechste Notenzeile von oben: korrekt wäre hier ein c4-Schlüssel. Teilweise fehlen die Schlüssel

369 Diese Komposition wurde von Gottwald, *Augsburg*, S. 5, übersehen. Jonas, *Augsburger Liederbuch*, Bd. II, S. 37, deutet den Beginn der Diskantstimme als „Fortsetzungen der Discantstimme von Camminata".

370 Jonas gibt nicht die Version der Augsburger Handschrift wieder, sondern eine Übertragung der Florentiner Handschrift, diese ist jedoch in D und A eine Oktave tiefer zu lesen. Entgegen Jonas, *Augsburger Liederbuch*, Bd. II, S. 37 ist der Satz in der Augsburger Handschrift in allen vier Stimmen vollständig. Vgl. auch Moe, *Dance Music*, S. 235f. sowie Kämper, *Studien*, S. 46.

überhaupt. Letzteres läßt sich auch in verschiedenen deutschen Handschriften des 15. Jahrhunderts wie dem „Lochamer Liederbuch“ (Berlin 40613) beobachten, nicht jedoch die „Phantasieschlüssel“.

Neben den zahlreichen offensichtlichen Schreibfehlern fällt zudem auf, daß Wiederholungen oft in einigen Stimmen ausgeschrieben sind, während in anderen Wiederholungszeichen notiert wurden, in anderen Fällen fehlen sie gänzlich (vgl. dazu die Bemerkungen zu den einzelnen Tänzen oben).

Diese Beobachtungen sind nun von einiger Bedeutung für die Frage nach der Verwendbarkeit der Niederschrift bzw. nach deren Zustandekommen. Es liegt auf der Hand, daß die Tänze in der notierten Form nicht musiziert werden konnten – jedenfalls nicht ohne Kenntnis der Stücke. Selbst wenn der Schreiber einigermaßen ungeübt war, so hätte er doch in der Lage sein müssen, aus einer schriftlichen Vorlage wenigstens den einen oder anderen Schlüssel korrekt abzuschreiben. Es fällt also auf, daß gerade ein Parameter der musikalischen Notation fehlt, nämlich der der absoluten Tonhöhe. Die relativen Tonhöhen, also der diastematische Verlauf der einzelnen Stimmen, sind dagegen relativ genau (von einzelnen Fehlern abgesehen) notiert. Deutet dies (wie auch die Notation der Wiederholungen) nicht darauf hin, daß hier keine notierte Vorlage verwendet, sondern nach dem Gehör aufgezeichnet wurde?

Es kann sich hier aber nicht um notierte Improvisationen handeln, da einige der Sätze auch in anderen Quellen überliefert sind, die nicht auf diese Handschrift zurückgeführt werden können. Die Indizien sprechen also dafür, daß der Schreiber der Tänze diese nach dem Gehör bzw. aus der Erinnerung aufzeichnete. Dafür sprechen auch gewisse Hinweise, die sich aus einem Vergleich mit den Parallelüberlieferungen ergeben.

Ein instruktives Beispiel hierfür ist der Passamezzo antico *Caminata*, den auch die zweite Sammlung der Gebrüder Hess sowie die Handschrift FlorenzBN Panc. 27 vom Beginn des 16. Jahrhunderts überliefert. Bei der Version der Augsburger Handschrift fallen die fast durchgehenden Oktavparallelen zwischen Alt und Baß auf. Demgegenüber vermeidet die Version der Florentiner Handschrift diese Parallelen (wenn auch nicht ganz konsequent, vgl. M 4, 7 und 10) durch zwischengeschaltete Terzen (M 2, 6) bzw. einen eingeschalteten Oktavsprung abwärts (M 3). Wir haben es hier also mit einer vereinfachten Version zu tun, die durchaus durch das Aufzeichnen nach dem Gehör zustande gekommen sein könnte. Es ist dies eine Leistung, die man professionellen Musikern dieser Zeit, die es gewohnt waren, ohne Noten zu spielen, durchaus zutrauen kann.

Satztechnische Mängel, auch in anderen Sätzen, können auch auf die Spiel- oder Improvisationspraxis der Zeit zurückgehen. So fallen des öfteren Quartparallelen auf, wie z.B. im Tanz fol. 20^r in M 4: Die Parallelbewegung zwischen Diskant und Baß ist hier offensichtlich Resultat des Versuches, den stehenden Klang durch eine Pendelbewegung auszuzieren.

d) Die Hofkapelle Kaiser Maximilians I. und die Besetzung der Tänze

Maximilian verfügte über verschiedene leistungsstarke Instrumentalensembles.[371] Um 1515 sind neben dem Organisten Paul Hofhaimer verschiedene Instrumentalistengruppen nachweisbar. Abgesehen von vier *geigern* (Gambisten)[372] und zwei Lautenisten bestand ein Bläserensemble mit drei Pommernspielern und zwei Posaunisten. Dieses konnte jedoch auch durch Krummhörner oder Zinken erweitert werden. Das Trompeterensemble bestand aus 12 Trompetern und einem Pauker. Dazu kamen schließlich drei Schweizerpfeifer (Querflötenspieler).[373]

Angesichts des Vorhandenseins eines solch stattlichen Instrumentalapparates, den Maximilian auch als wichtigen Teil kaiserlicher Selbstdarstellung in den Holzschnitten des *Triumphzuges* darstellen ließ,[374] nimmt es wunder, daß die bildlichen und archivalischen Belege über Tänze am kaiserlichen Hof stets ein sehr kleines Ensemble zeigen. In den zahlreichen Vorzeichnungen zu Maximilians *Freydal* dominiert deutlich ein Zweimann-Ensemble mit Querflöte (Schwegel) und Trommel, das Pommern-Posaunen-Ensemble fehlt völlig.[375] Die Zahl der Musiker beträgt meist nur zwei, dreistimmige Ensembles begegnen nur jeweils einmal in folgenden Kombinationen: drei Trompeten, zwei Trompeten und Schalmei, drei Schalmeien (Pommern?).[376]

Mit diesen Ensembles sind die Tänze der Augsburger Handschrift jedoch nicht ausführbar. Sehr gut paßt dagegen ein Ensemble mit Schalmei, Pommern, Krummhörnern und Posaune, wie es in einem der Wagen des *Triumphzuges* dargestellt ist (siehe Abb. 16). In den Anweisungen, die Maximilian seinem Geheimschreiber Marx Treitzsaurwein 1512 zur Ausführung der Darstellungen diktierte, heißt es hierzu:

Musica, Schalmeyen, pusaunen, krumphörner.
Item mer ain Nider wägenle auf kleinen pfluegsradlein zu machen, das sollen zwen püffel ziehen, unnd ain knabl solle fuerman sein und des Maisters Reym fueren.
Auf demselben wägenle sollen sein fünf Schalmeyer, Pusauner unnd krumphorner. Unnd der Neyschl solle Maister sein, unnd sein Reim, so das knäbl fueren wird, solle auf die maynung gemacht werden:

---

371 Zu den in Diensten Maximilians stehenden Instrumentalisten liegen verschiedene Studien vor, auf die hier zurückgegriffen werden kann. Unter den neueren Darstellungen sind hier insbesondere zu erwähnen: Polk, *German Instrumental Music*, bes. S. 89–94; ders., *Patronage*. Speziell zu den Bläserensembles vgl. Welker, *Bläserensembles*.

372 Zu ihnen vgl. Polk, *Vedel and Geige*, bes. S. 531 und 541.

373 Diese Angaben nach Polk, *German Instrumental Music*, S. 92.

374 Diese vielfach reproduzierten Holzschnitte sind vollständig zusammengestellt bei Henning, *Musica Maximiliana*, S. 118–146.

375 Vgl. hierzu Gstrein, *Tanzmusik-Ensembles*, S. 88–95.

376 Vgl. die Abbildungen bei Henning, *Musica Maximiliana*, S. 90 (Taf. 70), S. 78 (Taf. 46), S. 92 (Taf. 75).

Wie Er zu frewdt dem kaiser unnd nach seiner unnderricht solichs Innsonderheit auf das lusstigist gestimpt hab.

'Posaunen und Scholmayen gut,
krumphorner auch zu guetem muet,
gestimbt und zusamb Reguliert,
hab Ich damit auch vil hofiert,
wie Kaiserliche Mayestat
dasselbige mir angegeben hat.'

Sy alle unnd das knabel sollen die lobkrenntzle aufhaben.[377]

Abb. 16: Hans Burgkmair d.Ä.: Holzschnitt aus dem *Triumphzug* Kaiser Maximilians I.

Leiter dieses Ensembles war der Posaunist Hans Neuschel d.J. (Onkel des oben erwähnten Georg Neuschel),[378] der aber nicht festes Mitglied der kaiserlichen Kapelle war, sondern in Nürnberg als Stadtpfeifer und gefragter Posaunen- und Trompetenmacher tätig war. Doch wurde er vom Kaiser immer wieder als Musiker angefordert; dem kam Neuschel jedoch offensichtlich nicht immer gerne nach, da die damit jeweils verbundene längere Abwesenheit seinen Geschäften abträglich war.[379] Neuschel lieferte seine Instrumente u.a. nach Heidelberg an Pfalzgraf Ludwig,[380] doch drang sein Ruhm bis nach Rom: Papst

377 Zitiert nach Schestag, *Kaiser Maximilian I. Triumph*, S. 158.

378 Vgl. Nickel, *Holzblasinstrumentenbau*, S. 55.

379 So beorderte ihn der Kaiser im Jahre 1504 in sein Hoflager, wogegen Neuschel vorbrachte, daß er in seiner vom verstorbenen Vater übernommenen Werkstatt aufgrund zahlreicher Aufträge nicht abkömmlich sei; vgl. Senn, *Innsbruck*, S. 26. Vgl. auch Jahn, *Nürnberger Trompeten- und Posaunenmacher*, S. 25f.

380 Der Kurfürst erhielt 1510 aus Nürnberg betreffs der von ihm bestellten Trompeten und Posaunen die Nachricht, daß Neuschel die Posaunen angefertigt habe, die Trompeten jedoch noch nicht fertig seien; vgl. Pietzsch, *Heidelberg*, S. 119.

Leo X. bestellte bei ihm silberne Posaunen, die Neuschel selbst lieferte und dort auch vorführte.[381] Neuschels Fähigkeiten als Posaunist und Instrumentenbauer finden auch in der *Brevis Germaniae descriptio* von 1512 des Johannes Cochlaeus lobende Erwähnung.[382]

Die Tänze der Augsburger Handschrift sind mit dem beschriebenen Ensemble von Schalmei, Pommer, Krummhorn und Posaune in verschiedenen Zusammenstellungen spielbar. Die Stimmendisposition entspricht dabei jener späterer italienischer Tanzsammlungen wie London Roy. App. 59–62 und auch der vierstimmigen Grunddisposition der zweiten Hess-Sammlung (siehe Kap. VI.7): Diskant im c2-Schlüssel, Tenor und (bei den vierstimmigen Sätzen) Alt im c4-Schlüssel sowie ein Baß. Dies entspricht genau jenem Ensemble, das Sebastian Virdung 1511 (für Blockflöten, aber auch auf Krummhörner und Pommern übertragbar) und Martin Agricola 1529 (für Blockflöten, Krummhörner und Pommern) beschreiben.[383] Ein vierstimmiges Ensemble besteht danach aus einem Diskant in *g*, zwei Tenören in *c* sowie einem Baß in *F*. Es ist demnach bezeichnend für die instrumentale Besetzung, daß der Alt, der im Vokalsatz der Zeit im c3-Schlüssel notiert wird (mit einem Umfang von etwa *f* bis a^1), hier durchgehend tiefer liegt und sich im Umfang mit dem Tenor deckt. Höher liegende Altstimmen können zwar von Blockflöten (ebenso von den bei beiden Autoren nicht näher beschriebenen Posaunen) gespielt werden, nicht jedoch von Krummhörnern (Tenorkrummhorn: c–d^1), und auch die Pommern sind in ihrer Höhe weniger flexibel als die Blockflöten (vgl. auch oben die Umfangsangaben S. 287). Tatsächlich sind alle Alt- und Tenorstimmen auf dem Krummhorn spielbar, ebenso die meisten Diskant- bzw. Baßstimmen. Die Umfänge der Diskantstimmen entsprechen ebenfalls genau den Angaben bei Virdung und Agricola, denn keine unterschreitet den Grundton *g* der Diskantinstrumente. Entsprechendes gilt für die Baßstimmen, von denen keine den Basiston *F* unterschreitet.

Zwar sind die einzelnen Stimmen der Augsburger Tänze auch von der sehr viel flexibleren Posaune (Alt-, Tenor- oder Baßstimme) sowie dem Zink (Diskantstimme) spielbar, doch deuten die eng begrenzten Umfänge mehr auf ein Holzbläserensemble aus einer Schalmei, verschiedenen Pommern oder/und Krummhörnern hin.

---

381 Siehe Jahn, *Nürnberger Trompeten- und Posaunenmacher*, S. 26.

382 In dem Kapitel über die Nürnberger Künstler heißt es hier (nach Cochlaeus, *Descriptio*, S. 90): *Johannes Neuschel. Novi Joannem Neuschel, virum, qui peregre profectus multis regibus servit; musice peritissimus, tubarum nedum inflator, sed egregius quoque exculptor nobiscum sepe humano concentui tube sonoritatem permiscet. Eius tube ultra septingenta missa sunt miliaria.*

383 Virdung, *Musica getutscht*, fol. [O III]^r und Agricola, *Musica instrumentalis* 1529, fol. IX^r–[X]^r. In einem Teil dieser Auflage von Agricolas Werk, so auch im der Faksimileausgabe zugrundeliegenden Flensburger Exemplar, sind die Grifftabellen zu *Discantus* und *Tenor. Altus* vertauscht. Korrekt ist z.B. das Exemplar der Leipziger Musikbibliothek.

Aufgrund dieser Beobachtungen kann auch keine Rede davon sein, daß die Tänze der Augsburger Handschrift eine Quinte aufwärts transponiert werden müssen, wie Keith Polk meint.[384] Polk geht von der Besetzung der Alta capella des 15. Jahrhunderts mit Schalmei, Pommer und Zugtrompete aus. Dieses Ensemble wird jedoch um 1500 von einem Standard-Ensemble aus Diskant (*g*-Alt), zwei Tenören und Baß abgelöst. Einen frühen Hinweis hierauf gibt übrigens auch der bereits erwähnte Traktat für die Berner Stadtpfeifer von 1491: er erwähnt lediglich die Schlüssel c2, c4 und f4 (bzw. G1), auf denen die Musik für die *pfyffen* (gemeint sind wohl Blasinstrumente allgemein) notiert werde.[385]

Das Bläserensemble vollzieht damit die Ausweitung des Klangraumes in die Tiefe nach, wie sich dies in der Vokalmusik bereits seit der Mitte des 15. Jahrhunderts beobachten läßt. Im Streben nach klanglicher Homogenität geht dies einher mit dem Ausbau des Instrumentariums zu Familien mit verschiedenen Lagen.[386] Ein charakteristischer Unterschied zur Vokalmusik besteht allerdings darin, daß das instrumentale Ensemble nicht der in der Vokalmusik üblichen Stimmendisposition (D, A, T, B) folgt, sondern einen insgesamt tieferen Klang dichter beeinander liegender Instrumente mit *g*-Alt, zwei Tenören und Baß bevorzugt.

---

384 Vgl. Polk, *German Instrumental Music*, S. 153; Polk bezieht sich auf die Praxis des 15. Jahrhunderts – einer Zeit, in der sich das Tiefenregister im Instrumentarium erst allmählich zu entwickeln begann.
Merkwürdig ist auch, was Polk (S. 151) zu dem Tanz *La monina* (fol. 20^{v}) anmerkt. Hier habe der Bearbeiter der Augsburger Version die der Londoner Handschrift verändert, um das tiefe *b* zu vermeiden (M 14). Dieser Ton ist auf dem g-Pommer tatsächlich problematisch, doch spricht Polk ja später davon (s.o.), daß alle Sätze höher transponiert werden müßten – auf welchem Instrument also sollte diese Version gespielt werden? Und wozu müßte eine ja zweifellos instrumentale Version (die der Londoner Handschrift) für Instrumente verändert werden? Zudem folgt Polk einer Übertragungswillkür von Jonas (Übertragung der Londoner Version in Jonas, *Augsburger Liederbuch*, Bd. I, S. 64f.): Das von ihr notierte *b* steht nicht in der Handschrift, beide Versionen haben als tiefsten Ton *h*. Überhaupt hat der von ihr gebotene Notentext hier unbegreiflicherweise kaum etwas mit dem der Handschrift zu tun.

385 *Hie volget nach die tabulatur uf die pfyffen, die do anzöugunge gibt uf weliche linien ein yegliche stymmen, als des Discants, Tenors etc. uf die pfyffen gesetzt sol werden.* Es folgen Darstellungen des c2-Schlüssels (*yeglichen Discantes*), des c4-Schlüssels (*yeglichen Tenors oder Hoch-Contra*) und des f4- bzw. G1-Schlüssels (*yeglichen Baß-Contra*); siehe Geering, *Ein tütsche Musica (Faksimile)*, Bd. 1, S. [13]f. (Faksimile) und Bd. 2, S. 13f. (Edition). Vgl. auch oben S. 13, Anm. 39.

386 Vgl. dazu auch Kämper, *Studien*, S. 29 und Ravizza, *Ensemble*, S. 76, 241ff.

5. Die Tanzsammlungen der Brüder Paul und Bartholomäus Hess

Die zweibändige Tanzsammlung der Gebrüder Paul und Bartholomäus Hess,[387] die im folgenden eingehend untersucht werden soll, ist die umfangreichste Quelle für die Tanzmusik des 16. Jahrhunderts und der erste deutsche Tanzmusikdruck überhaupt. Dennoch haben die beiden 1555 in Breslau erschienenen Bände in der Forschung bislang wenig Beachtung gefunden. Die Untersuchung der beiden Tanzsammlungen wird nämlich durch zwei Umstände erschwert: Zum einen ist das Diskantstimmbuch beider Sammlungen verschollen, zum anderen trägt keiner der Tänze einen Titel (die Sätze sind lediglich durchnumeriert).

Zuerst machte Wolfgang Suppan 1965 in einem kurzen Aufsatz auf das Werk aufmerksam, beschränkte sich dabei aber auf das Referieren der Vorreden.[388] Im selben Jahr erschien Howard M. Browns grundlegende Bibliographie *Instrumental Music Printed before 1600*. Brown bot erstmals einige Konkordanzen, jedoch lediglich zu der Sammlung ausländischer Tänze (Hess 1555b); außerdem druckte er die Vorrede (nicht die Widmung) zu diesem Band ab.[389] Brown berücksichtigte (was angesichts der Fülle des von ihm bearbeiteten Materials nur allzu verständlich ist) zur Ermittlung der Konkordanzen ausschließlich gedruckte Sammlungen mit Tänzen für Instrumentalensemble. Der Sammlung deutscher und polnischer Tänze widmete Raymond Meylan eine kleine Studie, in der ihm die Identifikation etlicher in den Tenorstimmen verarbeiteter Tanzmelodien gelang.[390]

Die 155 Tänze umfassende Sammlung deutscher und polnischer Tänze (Hess 1555a) kommt der Untersuchung immerhin so weit entgegen, daß die Hauptstimme, der deutschen Tradition zeitgenösisscher Vokalmusik folgend, häufig der Tenor ist.[391] So ließen sich neben einer wenig umfangreichen Parallelüberlieferung vollständiger Sätze zugrundeliegende Melodien in anderen Fassungen finden: einstimmige Liedmelodien, Melodien in anderen mehrstimmigen Bearbeitungen oder Kompositionen für Laute oder Tasteninstrumente, die die Melodie meist in der Oberstimme führen. Für eine ganze Reihe von Tänzen liegen somit in dieser ersten Hess-Sammlung die einzigen Bearbeitungen für Instrumentalensemble vor, von Tänzen also, die sich sonst nur in Bearbeitungen für Laute oder (in geringerem Umfang) für Tasteninstrumente finden.

---

387 RISM 1555^{34} und 1555^{35} (im folgenden „Hess 1555a" und „Hess 1555b"). In der musikwissenschaftlichen Literatur wurden beide bisher unter dem Namen „Hessen" geführt; zur korrekten Namensform vgl. unten S. 157.

388 Suppan, *Collection.*

389 Brown, *Instrumental Music*, S. 164–167. Die Sammlung Hess 1555a hat hier das Sigel 1555_3, Hess 1555b das Sigel 1555_2.

390 Meylan, *Tanzmusik.* Auf die von Meylan festgestellten Identifikationen wird bei der Quellenbeschreibung jeweils hingewiesen.

391 Vgl. unten Abschn. VI.6.h).

Die 322 ausländischen Tänze der zweiten Sammlung (Hess 1555b), hauptsächlich italienischer und französischer Herkunft, sind dagegen noch schwieriger zu handhaben. Da in diesen Tänzen die Melodie zumeist in der Oberstimme liegt, ist eine Identifizierung zunächst nur dort möglich, wo vollständige Kompositionen aus anderen erhaltenen Sammlungen übernommen wurden. Hinzu kommt noch eine Gruppe italienischer und einiger weniger französischer Tänze, die ebenfalls dem Tenorprinzip folgen, sowie einige Tänze, die auf Baßmodellen basieren, wie Passamezzo oder Romanesca.

Zu beiden Sammlungen konnten eine ganze Reihe von Kompositionen aufgrund der Tatsache identifiziert werden, daß diese Sätze (und nicht nur die Melodien) für Laute oder Tasteninstrumente intavoliert wurden. So ließen sich etliche Kompositionen für diese Instrumente durch Vergleich mit den beiden Hess-Sammlungen erstmals als Intavolierungen von Ensemblesätzen nachweisen.

Die nachfolgenden Inhaltsbeschreibungen der beiden Drucke enthalten Angaben zu Konkordanzen, Neuausgaben, Intavolierungen und anderen Bearbeitungen sowie gegebenenfalls ausführliche Kommentare. Es sollte an dieser Stelle darauf hingewiesen werden, daß der Begriff der Konkordanz hier im strengen Sinne angewandt wird. Gerade in der wissenschaftlichen Literatur über die Tanzmusik wird der Begriff häufig zu unscharf benutzt. Als Konkordanz wird hier nur eine Quelle angesehen, in der ein übereinstimmender Satz vorliegt. Nicht unter diesen Begriff fallen damit Sätze, bei denen lediglich eine Stimme, in diesem Fall eine Tanzmelodie, übereinstimmt. Solche verschiedenen Sätze, wie sie im Repertoire der Tanzmusik häufig anzutreffen sind, werden als „andere Bearbeitungen" bezeichnet, so z.B. verschiedene Bearbeitungen der *Benzenauer*-Melodie. Gerade bei der Tanzmusik sind die Abweichungen zwischen den verschiedenen Quellen eines Satzes allerdings oft erheblich. Hierauf wird mit der Bemerkung „abweichende Fassung" verwiesen. Da viele Tänze in anderen Quellen nur vierstimmig überliefert sind, während die Sätze der Brüder Hess großenteils fünf- oder sechsstimmig sind (siehe die genauen Angaben zu den beiden Sammlungen), wird auch die Stimmenzahl dieser Konkordanzquellen angegeben.

Intavolierungen sind dagegen Übertragungen eines vollständigen Satzes auf ein Soloinstrument, zumeist für die Laute oder ein Tasteninstrument. Der Grad der Bearbeitung der Vorlage kann dabei sehr unterschiedlich sein – von der nahezu notengetreuen Übertragung bis hin zu stark kolorierten Bearbeitungen und Veränderungen in der Stimmführung. Diese Intavolierungspraxis wird nicht eingehend besprochen, da dies außerhalb des Gegenstandsbereiches vorliegender Arbeit liegt.[392] Wichtige Veränderungen werden dabei jedoch genannt; zudem ermöglicht die Gegenüberstellung der mehrstimmigen Sätze mit den Intavolie-

392 Vgl. hierzu Dorfmüller, *Studien* sowie Göllner, *Lute Intabulation.*

rungen in Band II einen bequemen Vergleich. Von den Intavolierungen strikt zu trennen sind jene Bearbeitungen für Laute oder Tasteninstrumente, die lediglich eine Melodie verwenden, die auch Ensemblesätzen zugrunde liegt. Beispiele hierfür sind etwa die Hoftänze für Laute, die die Tanzmelodie zumeist in der Oberstimme bearbeiten.

Die Konkordanzen werden jeweils möglichst vollständig angegeben, ebenso andere Ensemblebearbeitungen. Die oft zahllosen Bearbeitungen für Tasteninstrumente, Laute usw. werden dagegen nur für die deutschen Tänze in größtmöglicher Vollständigkeit angegeben. Bei den Tänzen aus Italien, Frankreich usw. wird dagegen auf eine vollständige Auflistung verzichtet, wenn entsprechende Nachweise bereits in anderen Arbeiten zu finden sind. Zudem würde die Nachprüfung und Untersuchung der oft Dutzenden von Bearbeitungen den Rahmen dieser Arbeit sprengen.

Doch zuvor geben die beiden folgenden Abschnitte einen Überblick über die bekannten biographischen Daten zu den Gebrüdern Hess sowie die Widmungen ihrer Veröffentlichungen und deren Hintergründe.

a) Die Brüder Paul und Bartholomäus Hess

Zunächst wäre die Frage nach der korrekten Schreibung des Nachnamens der Brüder zu stellen. Zwar hat sich nämlich in der musikwissenschaftlichen Literatur die Schreibung „Hessen" eingebürgert, doch zeigt ein Überblick über die verschiedenen Schreibweisen des Namens in den historischen Quellen, daß es sich bei der Schreibung *Hessen* um einen Plural handelt: Die Widmungen beider Tanzsammlungen sind unterzeichnet mit *Paulus und Bartholomeus Hessen / gebrüder / besolte Instrumentisten der Königlichen Stadt Breslaw.* In der lateinischen Form, die sich beim gemeinsamen Wappen der Brüder findet (siehe unten S. 166) bezeichnen sie sich entsprechend als *Paulus* [&] *Bartolomeus Hessi, Civitatis Vratislavien*[*sis*] *Musici*. Im Singular finden wir dagegen die Schreibungen *Hess* bzw. *Höß* sowie *Hesse* (siehe unten). So ergäben sich als mögliche Schreibweisen Hess, Höß oder auch Hesse. Angesichts der Variabilität der frühneuhochdeutschen Orthographie sei hier als vereinheitlichte Schreibweise, die auch den Quellen am nächsten kommt, Hess vorgeschlagen.

Die biographischen Informationen, die wir über die beiden Brüder besitzen, sind leider nur sehr spärlich. Über Bartholomäus Hess heißt es in einer handschriftlichen Sammlung kurzer Biographien schlesischer Gelehrter und Künstler aus dem 17. Jahrhundert:

BARTHOLOMÆUS HESS, S.P.Q.VV. [= Wratislaviensis] *Musicus Instrumentalis Ordinarius.*
Cornua cum fidibus, mihi laus, movisse canoris;
Suavia, laus major, composuisse mele.

(N[atus] *Betæ, in Stiria, 18. August. horis matut. An. 1518. Calag. Clar. ed. Musicalibus Canticis. O*[biit] *VVratisl. 27 Juiii* [= Julii] *An. 1585. ætat. an. 67.)*[393]

Bartholomäus – und wohl auch Paul – stammte also aus der Steiermark. Beim Geburtsort *Betæ* dürfte es sich um Pettau handeln, das sonst lateinisch *Petenas*, *Betobia* o.ä. heißt.[394] Bartholomäus war demnach Stadtpfeifer der Stadt Breslau, ebenso wie sein Bruder Paul, denn die Widmungen beider Tanzsammlungen, die 1555 erschienen, sind unterzeichnet: *Paulus und Bartholomeus Hessen / gebrüder / besolte Instrumentisten der Königlichen Stadt Breslaw.*[395]

Zum Wirken der beiden Brüder liegen einige weitere Dokumente vor, die bislang jedoch noch nicht beachtet wurden. Bereits 1921 veröffentlichte Albert Smijers in einem Aufsatz über die kaiserliche Hofkapelle im Auszug ein Dokument, das wichtige Hinweise auf die Tätigkeit von Paul Hess enthält. Das Dokument bezieht sich auf eine Zahlung Ferdinands I., König von Böhmen und Ungarn, seit 1531 gewählter Römischer König (Kaiser 1558), an Paul Hess. Es stammt aus dem Jahre 1549 und hat folgenden Wortlaut:

Paulsen Höß, Statpheiffer von Preslaw. Zu Bezallung etlicher Geschray Pheiffen, die er Irer Khu. Mt. etc. kheuflichen überanntwort. Laut Bevelch unnd Quittung zu Praag am 15. Tag Octobris geben und zuegstöld funffzig Taller. Und dann für sein Zerunng, Füerlon und Raiß doselbsthin geen Praag, und widerumb anhaimbs geen Preslaw, so ime Ir Mt. ect. verordnet haben vierundzwainzig Taller, bringen zusamen 74 Taller, jeden per 70 Kreuzer gerechnet. Benenntlichen 86 fl. Rheinisch 20 Kreuzer...id est 86fl 20x.[396]

Dieses Dokument ist in mehrfacher Hinsicht aufschlußreich. Zunächst erfahren wir, daß Paul Hess bereits 1549 Stadtpfeifer in Breslau war und in Beziehung zum königlichen Hof in Prag stand. König Ferdinand I. unterhielt dort spätestens seit 1526 eine Hofkapelle.[397] Seit 1549 gehörten ihr der Zinkenist Zacharias Freinstain, sechs namentlich nicht genannte Trompeter sowie ein Heerpauker an.[398]

---

393 Zitiert nach der Ausgabe aus dem Jahre 1706; siehe Schindler, *Silesia togata*, S. 124f. Hierauf gründen sich auch die Ausführungen bei Hoffmann, *Tonkünstler Schlesiens*, S. 188, der seinerseits von Eitner, *Quellenlexikon*, Bd. 5, S. 133, benutzt wurde; vgl. auch Schaal, *Hessen*, Sp. 325.

394 Vgl. Graesse/Benedict, *Orbis latinus*, S. 239.

395 Hess 1555a und Hess 1555b, ohne Blatt-Zählung, jeweils am Ende der Widmungen.

396 Wien, ÖStA, Hofzahlamts-Rechnungen 1549, fol. 178. Für die Mitteilung des Wortlautes danke ich Herrn Hofrat DDr. Gottfried Mraz, Direktor des Finanz- und Hofkammerarchivs und des Haus-, Hof- und Staatsarchivs. Der Eintrag ist etwas gekürzt abgedruckt bei Smijers, *Hofmusik-Kapelle*, Bd. III, S. 189.

397 Vgl. Hirzel, *Dienstinstruktion* sowie Birkendorf, *Codex Pernner*, S. 164f. Zu Ferdinand vgl. auch unten S. 162.

398 Vgl. Köchel, *Hof-Musikkapelle*, S. 45. Zur Hofkapelle Ferdinands I. vgl. auch Ruhnke, *Hofmusikkollegien*, S. 257–260, der jedoch diesen Nachweis bei Köchel nicht benutzt. Ein Zacharias Freistein ist 1555 als Zinkenist in Dresden nachweisbar und dürfte mit dem oben genannten identisch sein; siehe ebd., S. 217. Als Reverenz an König Ferdinand ist auch die Aufnahme des *Königs Ferdinandus tantz* in Hess 1555a zu sehen (vgl. unten S. 191).

Besonders bemerkenswert ist die Tatsache, daß Paul Hess als Lieferant von Schreierpfeifen auftritt. Zwar ist es möglich, daß er hier lediglich als Händler fungierte, dennoch ist es wahrscheinlicher, daß er die Instrumente auch selbst baute. Mehrfach nämlich sind Stadtpfeifer auch als gefragte Instrumentenbauer nachweisbar. Schreierpfeifen (Pommerinstrumente mit Windkapsel, in verschiedenen Größen) wurden z.B. 1536 und 1544 von dem Münchner Stadtpfeifer Arsazius Schnitzer für den dortigen Gebrauch angefertigt.[399]

Daß die Brüder Hess als Instrumentenlieferanten gefragt waren, belegt auch ein Hinweis aus Leipzig. Für die dortigen Stadtpfeifer lieferte 1556 nun Bartholomäus Hess drei *Brommertpfeifen* (Pommern):

3 Brommertpfeifen Bartholomeo Hesse von Breslau samt Fuhrlohn 62 fl. 20 Gr.[400]

Musikalisch erregten die Breslauer Stadtpfeifer bereits im Jahre 1548 ein gewisses Aufsehen. In diesem Jahr nämlich trat das Ensemble, vermutlich bereits mit den beiden Brüdern Hess, bei der Vermählung Augusts von Sachsen mit der dänischen Prinzessin Anna in Torgau auf. In einem anonymen Bericht über die Hochzeit wird über einen Auftritt innerhalb des Gottesdienstes berichtet:

Nach gescheener predigt haben der Königlichen Stat Breslaw Musici ein herlich stück sex vocum geblasen / Under deß haben die beiden Churfürsten die Braut vor den Bischoff und Altar bracht [...].[401]

Die Breslauer Stadtpfeifer traten also an prominenter Stelle (während des Gottesdienstes) bei einer Art von Gastspiel auf, was doch darauf hindeutet, daß die Musiker einen guten Ruf besaßen, der nicht nur bis Prag, sondern auch bis ins Sächsische reichte. Zudem belegt dies die Existenz eines sechsstimmigen Ensembles, wie es ja auch für eine große Zahl von Tänzen der zweiten Sammlung gefordert wird.

Gedruckt wurden die Bände in Breslau bei Crispinus Scharffenberg, der seit 1553 ein Privileg des Rats der Stadt besaß, das ihm seine Position als einzigem Drucker der Stadt garantierte.[402] Scharffenberg druckte auch einige andere musikalische und musiktheoretische Werke, darunter das *Compendiolum musicae pro incipientibus* von Heinrich Faber sowie die *Musica* des Nicolaus Listenius (1573), zwei der am weitesten verbreiteten und am häufigsten gedruckten

---

399 Vgl. Boydell, *Crumhorn*, S. 326f. Zum Instrument näheres ebd., S. 325–341.

400 Zitiert nach Wustmann, *Musikgeschichte Leipzigs*, Bd. 1, S. 161.

401 *Vorzeichnus* 1548, fol. A II^{v}–A III^{r}. Vgl. auch Blankenburg, *Walter*, S. 88, der vermutet, daß es sich bei dieser sechsstimmigen Komposition um Johann Walters *Nun bitten wir den Heiligen Geist* gehandelt habe. Wahrscheinlicher ist, daß Kompositionen Walters an anderer Stelle im Gottesdienst erklangen, bei dem nach dem gedruckten Bericht auch *etzlich schöne geseng figurirt / auch zum teil mit instrumenten darein geblasen* wurde (*Vorzeichnus* 1548, fol. A II^{v}).

402 Das Privileg ist abgedruckt bei Burbianka, *Scharffenberg*, S. 290f. Die beiden Bände werden beschrieben ebd., S. 106f. (Nr. 5 und 6). Danach befindet sich in der UB Wrocław ein Altstimmbuch, das nicht in RISM verzeichnet ist.

Musiklehrbücher des 16. Jahrhunderts.[403] Während es sich bei diesen Werken nur um Nachdrucke handelt, ist Valentin Trillers *Ein schlesisches Singebuechlein* 1555 bei Scharffenberg im Erstdruck erschienen (2. Auflage 1559 als *Ein christliches Singebuch*).[404]

Interessant wäre es nun, etwas über die Verbreitung der beiden Tanzsammlungen zu erfahren. Gewisse Aufschlüsse bieten zum einen das Augsburger Exemplar, zum anderen zwei Hinweise in alten Inventaren.

Im Exemplar der Staats- und Stadtbibliothek Augsburg (Signatur: Tonk. Schl. 241–244) sind in vier erhaltenen Stimmbüchern beide Bände zusammengebunden (das Diskantstimmbuch fehlt). Alle Stimmbücher besitzen prächtige geprägte Ledereinbände, die neben den Stimmbezeichnungen (*Altus*, *Tenor*, *Bassus*, *Quinta Sexta vox*) die Jahreszahl *M=D=LVIII* aufweisen.[405] Daß die Bände tatsächlich in diesem Jahr gebunden wurden, bezeugt auch ein Besitzeintrag, der sich auf dem vorderen Innendeckel eines jeden Bandes findet: *Dise Gesanngbüecher gehörn ainem Erbarn Rath zue, Anno d*[omi]*nj. 1558.* Bei diesem Rat handelt es sich höchstwahrscheinlich um den der freien Reichsstadt Augsburg.[406] Von leichten Wasserflecken abgesehen sind die Bände hervorragend erhalten und zeigen keinerlei Gebrauchsspuren, außer einigen handschriftlich eingetragenen Korrekturen, die sich ausschließlich auf falsche Tonhöhen beziehen. Dabei wurden den falsch notierten Tonhöhen kleine Häkchen angefügt, die auf die korrekte Position auf dem Liniensystem hinweisen. Diese Korrekturmethode findet sich auch in vielen anderen Quellen der Zeit, sowohl in Handschriften als auch in Drucken. Ob die Korrekturen von Benutzern eingetragen wurden oder bereits zu einem früheren Zeitpunkt (bei einer nachträglichen Korrektur durch Drucker oder Herausgeber), läßt sich nicht feststellen.

Es kann vermutet werden, daß der Rat die beiden Sammlungen für seine zu jener Zeit sechs Stadtpfeifer anschaffte. Für das Jahr 1555 lassen sich anhand aktenkundig gewordener Streitereien unter den Stadtpfeifern nachweisen: Wolfgang Ganß, sein namentlich nicht genannter Sohn, Hans Drechsler d.Ä. und d.J., Georg Prenner und Jakob Hurlacher.[407] Wolfgang Ganß war *Stattpusauner*, sein Sohn war zwei Jahre lang in Ferrara ausgebildet worden und wird vom Vater insbesondere als hervorragender Zinkenist gelobt. In den Augsburger Akten, die Auseinandersetzungen zwischen den Stadtpfeifern dokumentieren, wird außer-

403 Beschreibung bei Burbianka, *Scharffenberg*, S. 120 bzw. S. 178.

404 Vgl. ebd., S. 107f. und S. 113f.

405 Der Buchbinder konnte nicht sicher ermittelt werden, doch wurde ein Teil der Platten und Stempel auch von einem Buchbinder mit den Initialen *H.W.* verwendet. Vgl. Haebler, *Rollen- und Plattenstempel*, S. 486–489 sowie ergänzend Kyriss, *Berichtigungen*, S. 119f.

406 Freundliche Auskunft von Herrn Bibliotheksdirektor Dr. Helmut Gier, Augsburg.

407 Vgl. Sandberger, *Bemerkungen*, S. LVII–LX. Layer, *Musik und Musiker*, S. 51 erwähnt nur fünf Stadtpfeifer, da er Ganßens Sohn übersah.

dem ein großer Pommer (Baß?) erwähnt, der hier allerdings als „Schlaginstrument“ Verwendung fand; Wolfgang Ganß schreibt:

Uff sollichs hat gleich obgedachter Jörg prenner, ainen großen Pumhart gezuckht und meinen Son damit [...] *uff den Kopf schlagen wellen, welchen straich Ime mein Son mit dem Arm auffgefanngen.*[408]

Die wertvollen Bände wurden den Stadtpfeifern wohl nur leihweise überlassen und von diesen in den drei vom Rat festgelegten wöchentlichen Übungsstunden verwendet.[409] Bei ihren Auftritten musizierten die Stadtpfeifer entweder auswendig oder fertigten sich Abschriften einzelner Stücke an, wie dies für vokale Musikaufführungen dieser Zeit bezeugt ist.[410]

Eine weitere Spur führt ebenfalls nach Augsburg. Das Inventar der Musikaliensammlung Raimund Fuggers d.J. (vgl. auch unten S. 301) verzeichnet in der zweiten Abteilung (*Librj musyces so ich zusamen bracht*) unter der Nummer 108:

Vil feiner lieblicher stuck, Spanischer, Welscher, Englischer, Französischer Compositio, und denz, Jl 300. mit 6. 5. und 4. auf alle Instrument dienstlich, truckht In Bresslaw, ist uneinpunden.[411]

Auch eine fürstliche Hofkapelle hatte die Sammlung in ihrem Repertoire. Das *Inventarium Der instrumenten Büecher und des ihenigen so zur Music gehörig*, das der von 1569–1588 regierende Markgraf Philipp II. von Baden-Baden 1582 anfertigen ließ, enthält neben zahlreichen Instrumenten auch eine stattliche Notensammlung, darunter:

Fünf partes in goldgelb pergamen, grün und leibfarben schnit, gantz gelbem schnit eingebunden, mit auch rot und goldgelben Bendern darinn allerlai polnisch und deutsch dentz, mit 4 und 5 stimmen, bleibt der author ongemeldt, Sonst gedruckht zu Bressla, durch crispinum Scharpfemberg mit darzuo gebundenen vilen kurzweiligen teutschen liedern.[412]

Bei den beigebundenen Liedern dürfte es sich um eine der Forsterschen Liedersammlungen handeln, höchstwahrscheinlich die zweite Auflage des zweiten Bandes *Des andern Theyls viler kurtweyliger frischer teutscher Liedlein* (1549[36]), da dieser Titel unter den Liederdrucken der Zeit dem zitierten Inventareintrag am nächsten kommt. Auch dies dokumentiert das Nebeneinander instrumentaler und vokaler Sammlungen im Repertoire der Instrumentalisten.

---

408 Nach Sandberger, *Bemerkungen*, S. LIX. Weitere Instrumente nennt ein Verzeichnis der im Besitz des Rates befindlichen Instrumente aus dem Jahr 1540; ebd., S. LVII.

409 Vgl. Sandberger, *Bemerkungen*, S. LIX.

410 So heißt es in der Dresdner Kantoreiordnung von 1555, der Kapellmeister solle vor Aufführungen an der kurfürstlichen Tafel die Kompositionen *sauber umbschreiben unnd ubersingen* [proben] lassen (siehe Fürstenau, *Canntoreiordnung*, S. 241).

411 Zitiert nach Schaal, *Musikbibliothek*, S. 132.

412 Nedden, *Quellen*, S. 25. Vgl. auch unten S. 301.

Daß die Tänze der Gebrüder Hess nicht nur bis in den Südwesten Deutschlands, sondern bis hin nach Kopenhagen und Stockholm Verbreitung gefunden haben, zeigt die Übernahme zahlreicher Kompositionen in die Handschriften Kopenhagen 1873 sowie StockholmKB 229 und StockholmKA 45. Aufnahme fanden in diese Handschriften allerdings nur Tänze aus Hess 1555b.[413]

b) Die Widmungsträger der Tanzsammlungen Hess 1555a und Hess 1555b und deren Beziehungen zu den Gebrüdern Hess

Die Widmungen der Bände dokumentieren eine enge Verbindung zwischen beiden Drucken. Die Sammlung deutscher und polnischer Tänze nämlich ist Erzherzog Ferdinand II. von Österreich gewidmet, die andere dessen Bruder Maximilian, dem späteren Kaiser Maximilian II. (dieser Band enthält zudem eine ausführliche Vorrede, die später besprochen werden soll). In der Widmung an Ferdinand sprechen die Brüder Hess direkt die Tatsache an, daß sie eine Maximilian gewidmete Tanzsammlung *in Truck geben* hätten und nun auch Ferdinand eine Tanzsammlung widmen wollten, da er wie sein Vater und sein Bruder an *der liebligkeit und schönen Concordanten der Musica / sonderes und gnedigstes gefallen* habe. Dies scheint darauf hinzudeuten, daß die Maximilian gewidmete Sammlung früher entstanden und in Druck gegangen sei. Vergleicht man allerdings die Datierungen der beiden Widmungen, so zeigt sich, daß beide am selben Tag unterzeichnet wurden. Denn die Widmung an Maximilian ist auf den *Heiligen Ostertag / des 1555. Jahrs* datiert, der mit dem in in der anderen Sammlung angegebenen *XIIII. Aprilis. Anno M.D.LV.* identisch ist. Der Grund für die Gleichdatierung beider Sammlungen ist mit Sicherheit darin zu suchen, daß die Brüder Hess bemüht waren, beiden Fürsten gleichermaßen ihre Reverenz zu erweisen. Um die Notwendigkeit hierfür zu verdeutlichen, ist ein kleiner Blick in die Geschichte nötig.

Als *besolte Instrumentisten der Königlichen Stadt Breslaw* lag es für die Brüder Hess nahe, zwei solch repräsentative Sammlungen ihrem Landesherrn zu widmen. König von Böhmen war seit 1527 (die Wahl erfolgte 1526) Ferdinand I. von Österreich, der 1531 zum Römischen König gewählt und 1558 zum Kaiser gekrönt wurde.[414] So heißt es denn auch in der Vorrede (nicht der Widmung!) zur Sammlung ausländischer Tänze, diese sei der *Röm. Kön. Maiestet, und derselben Erben zu ehren* herausgegeben worden. Die Widmungen selbst wenden sich allerdings nicht an Ferdinand I., sondern an die besagten Erben, d.h. seine Söhne Maximilian und Ferdinand II. Maximilian (1527–1576) wurde zwar 1549 zum designierten König von Böhmen erhoben, zu seinem Statthalter in Böhmen

---

413 Vgl. die entsprechenden Nachweise in Abschn. VI.7.a) sowie Abschn. VI.7.k).

414 Siehe Wandruszka, *Ferdinand I.*, S. 81ff.

machte Ferdinand allerdings dessen jüngeren Bruder Erzherzog Ferdinand II. (1529–1595).[415] Wegen des dadurch gespannten Verhältnisses zwischen den Brüdern schien es wohl geboten, sich beiden durch je eine Widmung zu empfehlen.[416]

Die Widmungen sind aber nicht nur aus solch taktischen Überlegungen heraus zu verstehen. Wie oben dargestellt wurde, stand Paul Hess spätestens seit 1549 als Instrumentenlieferant in Beziehung zum Prager Hof Ferdinands I. Gerade dem Tanz wurde von Ferdinand einige Bedeutung zugemessen, und schon seit 1529 wurden seine Kinder und die Edelknaben von einem Tanzmeister (Hans Reich) unterwiesen. 1531 schreibt Ferdinand, daß für seine Kinder *zu ainer Übung und Kurtzweyl ain Tantzmaister sambt seinem Son, bei dreyzehn Jar alt, in Dienst bestellt und angenommen* wurde.[417] Auch das *welsch* tanzen wurde am Hof Ferdinands I. gelehrt; 1549 nämlich erhielt ein Abraham Jud *härpfenschlager* dafür eine Belohnung, *das er der Römischen Khn. Mt. etc. edelknaben wellisch tannzen gelernnt.*[418] Diese Erwähnung eines jüdischen Tanzlehrers, der vermutlich aus Italien kam, erinnert an die große Tradition jüdischer Tanzmeister in Italien, deren berühmtester Vertreter Guglielmo Ebreo da Pesaro (ca. 1425–1480) war.

An dieser Stelle wäre auch auf einen interessanten Bericht hinzuweisen, den der spätere Stralsunder Bürgermeister Bartholomäus Sastrow (1520–1603) in seiner Selbstbiographie über seine Beobachtungen beim Augsburger Reichstag von 1547/48 mitteilt. Sastrow nämlich hatte auch Zugang zu den Banketten und Tanzveranstaltungen, die die hochgestellten Teilnehmer des Reichstages in ihren Unterkünften veranstalteten. So bemerkt er, daß diese *fast alle Tage unnd Abende Tantze, welsche unnd teutsche* veranstalteten, und weiter:

sonderlich Konig Ferdinandus war selten ohne Geste; wurden stets herlich, darzu mit allerlei Kurtzweill vonn prechtigen Tantzen tractieret; hett überauß stattliche, wollgeordnete Musicam, non solum instrumentalem, verum etiam vocalem [...]. *Ich habe auf den Abent bei ime ein Tantz gesehen, das ein Spannischer Herr, so ein lang Kleit bis auf die Erde, unnd umbher zu, das man von den Fussen nicht woll etwas sehen konnte, ahn hatte, ein Frawlin auffzug, unnd mit derselben ein Algarde oder Passionesa (wie sies nennen, ich vorstehes nicht) dantzete; er thet ab unnd zu gewaltige Sprunge, sie auch; wuste ime von allen Seiten zu begegnen, das es mit Lust anzusehen war; unnd wen dan der Dantz zu Ende, fing ein ander Par ein welschen Dantz ahn.*[419]

Wir haben also auch hier wieder das typische Nebeneinander von deutschen und *welschen* Tänzen vor uns, hinzu kommt jedoch noch ein Sastrow merkwür-

415 Vgl. Press, *Maximilian II.*, S. 472.

416 Die Erwähnung Maximilias in der Widmung zu Hess 1555a als dem *erwelten und gekrönten Könige zu Behmen* kann nur ein Versehen sein, da dieser zu jener Zeit zwar gewählt war, die Krönung aber erst 1562 in Prag stattfand (siehe Press, *Maximilian II.*, S. 472).

417 Senn, *Innsbruck*, S. 48 bzw. 49.

418 Smijers, *Hofmusik-Kapelle* 3, S. 191.

419 Zitiert nach Mohnike, *Sastrow*, Bd. 2, S. 84f.

dig erscheinender Tanz, bei dem es sich offenbar um einen Passamezzo mit Gagliarda handelte (oder ihre besondere spanische Ausformung?). Wenn auch Sastrow mit der Bezeichnung des Tanzes nichts anzufangen wußte, so ist es doch immerhin bemerkenswert, daß er sich danach eigens erkundigte. Ein solcher Reichstag war also ein wichtiger Ort, an dem auch ein mit den Gepflogenheiten der großen Welt nicht so vertrauter Bürger Bekanntschaft mit allerlei Tänzen und Musik machen konnte. Auch belegt der Bericht, daß Ferdinands Instrumentalisten neben deutschen auch fremde Tänze in ihrem Repertoire hatten.[420]

Einige Formulierungen in den Widmungen deuten zudem darauf hin, daß die Brüder Hess mit dem musikalischen Leben am Hof Ferdinands und seiner Söhne vertraut waren. So heißt es in der Widmung an Maximilian, daß dieser ebenso wie sein Vater *diese adeliche schöne kunst auch teglich uben lassen*. Und zwar sowohl die Kirchenmusik, um *Gott den Herren dadurch zuloben*, als auch die private Kammermusik, um dadurch *ihre beladne gemütter / nach den grossen Veterlichen gescheфften und sorgen / dadurch zu erquicken*. Sicherlich standen die Brüder zuvor nicht in den Diensten des Hauses Habsburg, denn darauf hinzuweisen hätten sie sicherlich nicht versäumt.[421] Dennoch geht das Lob, das vor allem Maximilian zuteil wird, über das übliche Fürstenlob hinaus, wenn gesagt wird, dieser sei nicht nur *mit lieb der Musica von Got begnadet*, sondern er habe ihnen auch *vorliehen / das wir dieselbige gar manchfaltig geubet*. Was damit allerdings konkret gemeint ist, bleibt unklar. Da ja, wie die Instrumentenlieferungen belegen, Kontakt zum Habsburgerhof bestand, wäre es durchaus denkbar, daß die Breslauer Stadtpfeifer dort (wie in Torgau) auch musikalisch in einer Art von „Gastspielen“ aktiv wurden und dafür entsprechend belohnt wurden.

Ferdinands I. Söhne lebten von 1533 an bei Königin Anna in Innsbruck, 1543 zog Maximilian mit seiner Mutter nach Prag, wo er einen eigenen Hof unterhielt; sein Bruder Ferdinand blieb in Innsbruck.[422] Sowohl Ferdinand II. als auch Maximilian II. entfalteten später in ihren Hofkapellen ein reiches musikalisches Leben.[423]

Beide scheinen auch einiges Interesse am Tanzen gehabt zu haben. So unterhielt Ferdinand II. später selbst einen italienischen Tanzmeister.[424] Maximilian

---

420 Während Ferdinand als sehr gesellig beschrieben wird, bemerkt Sastrow übrigens, daß dessen Bruder Kaiser Karl V. keinerlei Bankette abhielt (ebd., S. 85) und seine Musiker nur in der Kirche auftreten ließ: *hett ein stattliche Cantherei, auch musicam instrumentalem, die sich in den Kirchen woll horen liessen, aber in seinem Gemach klungen sie nicht* (ebd., S. 88).

421 In der Untersuchung von Walter Pass über die Hofkapelle Maximilians II. finden die Brüder Hess nur Erwähnung als Herausgeber der Maximilian gewidmeten Tanzsammlung (vgl. Pass, *Maximilian II.*, S. 404).

422 Vgl. Senn, *Innsbruck*, S. 48.

423 Zu Ferdinand II. vgl. Senn, *Innsbruck*, S. 63–186, zu Maximilian II. insbesondere Pass, *Maxilimilian II.*

424 Vgl. Senn, *Innsbruck*, S. 177.

II. tritt uns später in einem Bericht über zu seinen Ehren 1575 in Dresden abgehaltene Feierlichkeiten selbst als Tänzer entgegen. Den ersten Tanz tanzten der Kaiser und die Kurfürstin,

darauf der konnigk mit des Bernstein tochter den welschen tanz angefangen und vollendett, gleichergestalt der Erzherzog Ernst, dem es ein wenigk zirlicher von stat gingk; auf diessen hatt der konnigk noch einen seltzamen tanz mit einem stablicht [Fackel] *allein angefangen, welchen er hernacher mit der von Bernstein vorwechseltt unnd ist in unnssern augen slecht dingk gewessen.*[425]

Wenn auch der Kaiser hier nicht gerade als begnadeter Tänzer in Erscheinung tritt, so dokumentiert dies doch, daß Maximilian II. tatsächlich beide Tanzmanieren beherrschte, und zwar die einheimische, wie auch die *welsche*.

Insgesamt läßt sich also feststellen, daß die Widmungen nicht als reine Ehrbezeugungen zu verstehen sind, sondern im Hause Habsburg durchaus ein echtes Interesse an dieser Musik vorhanden war.

Den Widmungen an die hochgestellten Persönlichkeiten wird durch aufwendigen Wappenschmuck in den Stimmbüchern Nachdruck verliehen. Im Maximilian gewidmeten Band sind die Stimmbezeichnungen jeweils mit dessen Wappen versehen:

Abb. 17: Hess 1555b, T fol. [A 1]^{r}

425 Aus einem Brief Fürst Joachim Ernsts zu Anhalt an Graf Georg Ernst von Henneberg; zitiert nach Brückner, *Festlichkeiten*, S. 235. Bei dem genannten Bernstein handelt es sich um Hans von Bernstein (1525–1589), kursächsischer Geheimer Rat, seine Frau war Agnes von Malitz zu Windisch-Bohra (siehe Kaiser, *Bernstein*). Zur Darstellung eines musikalisch untermalten Banketts Maximilians vgl. auch die Abbildung auf S. 7.

Als Zeichen der Verbundenheit der königlichen Stadt Breslau mit dem gewählten König findet sich auf der Rückseite des letzten Blattes, mit Ausnahme des Quinta/Sexta-vox-Stimmbuches, das Wappen Breslaus (siehe Abb. 18). An entsprechender Stelle wurde dagegen im Quinta/Sexta-vox-Stimmbuch ein Wappen der Gebrüder Hess abgedruckt, das sie als *Musici* der Stadt Breslau ausweist (siehe Abb. 19). In dem Erzherzog Ferdinand gewidmeten Band finden wir dagegen dessen Wappen, und zwar in allen Stimmbüchern außer dem Tenor umgeben von den jeweiligen Stimmbezeichnungen (siehe Abb. 20); im Tenor ist das Wappen im Anschluß an die Vorrede vor der ersten Komposition abgedruckt.

Beide Bände waren, wie aus Titel bzw. Widmung hervorgeht, mit einem Druckprivileg König Ferdinands versehen, das die Sammlungen für sechs Jahre vor Nachdrucken schützen sollte. Leider ließen sich der Text des Privilegs oder sonstige diesbezügliche Schriftstücke nicht nachweisen.[426]

Abb. 18: Hess 1555b, B fol. [S 4]^{v}

[426] Freundliche Mitteilung von Frau Hon.-Prof. Dr. Christiane Thomas, Österreichisches Staatsarchiv.

Abb. 19: Hess 1555b, 5/6 fol. [K 2]v

Abb. 20: Hess 1555a, Titelblatt der B-Stimme

6. Die Sammlung deutscher und polnischer Tänze der Gebrüder Hess

a) Inhaltsbeschreibung

TENOR
Etlicher gutter Teutscher und Polnischer Tentz / biss in die anderthalbhundert mit fünff und vier stimmen zugebrauchen / auff allerley Instrument dinstlich / mit sonderm vleis zusamen getragen / dermassen vor nie in Druck komen.
Mit Römischer / Ungrischer / Böhmischer Kön. Maiestat etc. freiheit begnadet und begabet / innerhalb sechs jaren nicht nachzudrucken.
Gedruckt zu Breslaw / Durch Crispinum Scharffenberg.
M.D.LV.
RISM 1555[34]

Vier (von ursprünglich fünf) Stimmbüchern: *Altus*, *Tenor*, *Bassus*, *Vagant* (Exemplar der Staats- und Stadtbibliothek Augsburg; ein einzelnes Altstimmbuch befindet sich in der Universitätsbiliothek Wrocław). Alle Kompositionen sind fünfstimmig. Wie auch auf dem Titelblatt angegeben (*mit fünff und vier stimmen zugebrauchen*) kann eine Stimme, d.h. der Vagant, ausgelassen werden. Vollständiger Titel sowie das Widmungsschreiben sind nur im Tenorstimmbuch enthalten.

Widmung (ohne Bogenzählung; diese beginnt erst mit Tanz Nr. 1):

fol. [1]^{v}:
Dem durchleuchtigisten hochgebornen Fürsten und Herren Herrn Ferdinando Ertzhertzogen zu Osterreich / Hertzogen in Kernten / Steir / Krain / Wirtenwerg / Grafen zu Tiroll / Obristen statthalter der kron [in] *Behem etc. unserm gnedigsten Fürsten und Herren.*
Durchlauchster hochgeborner gnedigster Fürst und Herr / demnach wir dem durchlauchsten grossmechtigsten Fürsten und Herrn / Herrn Maximiliano / erwelten und gekrönten Könige zu Behmen etc. unserm gnedigsten Herrn / zu unterthenigsten gefallen in Truck geben haben / mancherley schöne Composition auff Spanische / Welsche / Englische und Frantzösische art / und offentlich ist / das ewer Fürstliche durchlauchtigkeit / so wol als irer geliebster Herr und Vater / dergleichen ihr lieber Herr und Bruder / aus recht Fürstlicher angeborner Adligkeit / zu sampt andern hohen tugenden / mit der auch begnadet / das sie an der liebligkeit und schönen Concordanten der Musica / sonderes und gnedigstes gefallen tragen. Da haben wir nicht wollen unterlassen / dieweil wir mit sonderer mühe und vortreibung langer
fol. [2]^{r}:
zeit / mancherley schöne Composition zusamen bracht / Welche auff allen Instrumenten gar lieblich zugebrauchen / und auff Deutsche tentze gerichtet / dieselben E[urer] *F*[ürstlichen] *D*[urchlauchtigkeit] *zu unterthenigstem gefallen auff unsern kosten und verlegung auch inn Druck zugeben / der unterthenigsten zuvorsicht. Ewer Fürstliche durchlauchtigkeit werde jr die art jres lieben Vaterlandes auch gnedigist und wolgefallen lassen / Und diesen unsern vleis mühe und unkosten / zu gnedigstem willen annemen. Unnd bitten E*[ure] *F*[ürstliche] *D*[urchlauchtigkeit] *wollen unser gnedigster Fürst und Herr sein / und bleiben. Datum Breslaw den XIIII. Aprilis. Anno M.D.LV.*
Ewr Fürst[lichen] *D*[urchlauchtigkeit]

Unterthenigste diener

Paulus und Bartholomeus Hessen / gebrüder / besolte Instrumentisten der Königlichen Stadt Breslaw.

fol. [2]^{v}: Wappen mit der Umschrift *FERDINANDUS. VON. GOTTES GENADEN ERTZHERTZOG ZU OSTERREICH.*

3. [Tanz – Nachtanz *Es wolt ain maydlin waschen gan*]

Diesem Tanz liegt im Tenor die Melodie *Es wolt ain maydlin waschen gan* zugrunde. Die ersten acht Mensuren der Tenor-Melodie stimmen weitgehend mit dem Beginn des Tenors in einem anonymen Satz in MünchenUB 328–331 (T fol. 123^{v}) überein, der weitere Verlauf zeigt jedoch keine erkennbaren Zusammenhänge. In recht freier Form verwendet Caspar Othmayr die Tanzmelodie in einem Liedsatz (Othmayr 1549, Nr. 30; Ed. in Othmayr, *Liedlein*, Bd. II, S. 81–85); die Melodie liegt dort ebenfalls im Tenor, ist aber in einen polyphonen Satz eingebaut, in dem auch die übrigen Stimmen melodisches Material übernehmen. Hier der Beginn der drei Melodiefassungen:

Notenbeisp. 7: a) Hess 1555a, Nr. 3 (Beginn der T-Stimme)
b) MünchenUB 328–331, fol. 123v (Beginn der T-Stimme)
c) Othmayr 1549, Nr. 30 (Beginn der T-Stimme, längere Pausen ausgelassen)

6. [Tanz – Nachtanz: *Ein junckfraw mir gefallen thet*]

Dem Tanz liegt eine Liedmelodie zugrunde, die auch Ludwig Senfl in einem Tenorlied verwendete (Ed. in Senfl, *Werke*, Bd. II, S. 82):

Notenbeisp. 8: a) Hess 1555a, Nr. 6 (T-Stimme)
b) L. Senfl, *Ein junckfraw mir gefallen thet* (T-Stimme)

Der Tanz ist sowohl in der Melodieführung der Tenorstimme als auch in der Formbildung (Wiederholung der Musik des ersten Stollens) so nah an der textierten Komposition, daß es durchaus möglich ist, daß wir es hier mit einem sonst nicht bekannten Tenorliedsatz zu tun haben, dem für die Verwendung als Tanz lediglich ein Nachtanz sowie eine fünfte Stimme hinzugefügt wurde (vgl. als eindeutiges Beispiel unten Nr. 67). Die in der Tanz-Fassung angehängten vier Mensuren könnten auf diese Umarbeitung zurückzuführen sein, es ist jedoch ebenso im Tenorliedrepertoire zu beobachten, daß die letzte Textzeile auf eine Fortspinnung der zugehörigen Musik wiederholt wird.

11. [Tanz – Nachtanz]

Der Tenor wird bei Neusidler 1540, fol. F 1^{r} im Diskant bearbeitet als *Ein welscher tantz*.[427] Vgl. auch Nr. 12.

12. [Tanz – Nachtanz]

Dieselbe Tenor-Melodie wie in Nr. 11, hier eine Quarte tiefer in einem anderen Satz.

13. [Hoftanz – Nachtanz][428]

16. [Hoftanz – Nachtanz]

Die im Tenor verarbeitete Melodie liegt auch der Oberstimme einer *Chorea* für Laute in Wien 18688, fol. 18^{v} (Ed. in DTÖ 37, S. 101) zugrunde; die Fortführung in der vorliegenden Bearbeitung fehlt dort. Ähnliches Material verwendet auch *Der dritt gstraifft danntz* für Laute in MünchenSB 1512, fol. 42^{v} (Ed. in Bischoff/Zirnbauer, *Lieder und Tänze*, S. 15) sowie *Wider ein guter Tantz mit vier Stymmen* bei Heckel 1562, Tenor, S.

---

427 Ed. in DTÖ 37, S. 40f. Siehe Meylan, *Tanzmusik*, S. 266 und 270 (mit Gegenüberstellung). Die Melodie weist zudem einige Ähnlichkeit mit der in der Oberstimme eines Lautensatzes in Wien 18688 bearbeiteten auf, die dort bezeichnet ist als: *Der stifl Tantz – Der Hupfauf mit der Miströre* (Ed. in DTÖ 37, S. 99).

428 Meylan vermutet eine Basse-danse-Bearbeitung, siehe Meylan, *Tanzmusik*, S. 266.

109ff. (dieser ebenfalls mit einer gegenüber den anderen Lautentänzen erweiterten Fassung, die jedoch nicht mit der bei Hess übereinstimmt).[429]

Bemerkenswert ist bei diesem Hoftanz die trotz notiertem Tempus imperfectum diminutum durchgängige Rhythymisierung in der Prolatio perfecta.[430] Hier eine Gegenüberstellung des Tenors mit der Oberstimme des Lautentanzes in Wien 18688 (ohne den Nachtanz):

Notenbeisp. 9: a) Hess 1555a, Nr. 16 (Beginn der T-Stimme)
b) *Chorea* aus Wien 18688, fol. 18^{v} (Oberstimme nach DTÖ 37, S. 101)

17./18. Die Tenorstimmen sind melodisch verwandt, im Nachtanz beider Tänze ist der Tenor nahezu identisch.

21. [Tanz – Nachtanz *Mein Herz ist alles Traurens voll*]

Die diesem Tanz zugrunde liegende Melodie findet sich in Ludwig Senfls Quodlibet *Ach Gott, wem soll ich klagen / Ich armer Mann / Mein Herz ist alles Traurens voll*, verarbeitet in der Altstimme mit dem Text *Mein Herz ist alles Traurens voll*.[431] Sie ist jedoch noch an anderer Stelle überliefert, und zwar als Schlußchor *Cedant fori contentio* des vierten Aktes von Johannes Reuchlins *Scenica progymnasmata*, auch benannt nach der Hauptperson *Henno*, die erstmals 1498 in Basel gedruckt wurde.[432] Aufgeführt wurde das Stück zum ersten Mal im Heidelberger Haus des Wormser Bischofs Johann Dalberg am 31. Januar 1497. Die Melodie ist in Reuchlins Spiel einstimmig, wobei die

---

429 Die Bezeichnung *gstraifft danntz* bezieht sich auf das sog. „Durchstreichen", das akkordische Spiel mit dem Daumen, das insbesondere in der Tanzmusik Anwendung fand; vgl. Dorfmüller, *Studien*, S. 56ff. Zur Beziehung zwischen den Lautentänzen vgl. auch ebd., S. 160f.

430 Zum Hoftanz und dessen Besonderheiten vgl. unten Kap. VI.6.c).

431 Einzige Quelle: Wien 18810, A fol. 51^{r}. Vom Text sind nur diese ersten Worte unterlegt. Andere Quellen für Text oder Melodie waren bisher nicht bekannt; Ed. in Senfl, *Werke*, Bd. II, S. 79ff.; vgl. auch ebd., S. 142.

432 Siehe Reuchlin, *Henno* 1498, fol. B^{r}. Der Text ist leicht zugänglich in der Ausgabe Reuchlin, *Henno*, ed. Schnur. Die Übertragung der Melodie ist dort (S. 32) allerdings problematisch; vgl. dazu die weiteren Bemerkungen.

Lesung durch den fehlenden Schlüssel erschwert wird; zudem ist dort das Tempus perfectum cum prolatione perfecta vorgezeichnet, was musikalisch jedoch keinen Sinn ergibt.[433] In einigen späteren Drucken ist die Melodie allerdings im Tempus imperfectum diminutuim mit c4-Schlüssel und b-Vorzeichen notiert; sie entspricht damit genau dem Tenor des Tanzes bei Hess (z.B. Ausgaben Tübingen 1512, fol. LXI^{v} und Köln 1519, fol. B 2^{r}). Für eine geradtaktige Deutung der Melodie sprechen neben der identischen Melodiefassung bei Hess auch die späteren mehrstimmigen Bearbeitungen: In der Wiener Ausgabe von 1523 ist die Melodie als Mittelstimme eines dreistimmigen Satzes für Knabenstimmen (offensichtlich für Schulaufführungen) im Tempus imperfectum verarbeitet.[434] Interessanterweise wird dort die Melodie, nun in der Art eines Nachtanzes im Tempus perfectum, auch in der Oberstimme des Schlußchores des dritten Aktes verwendet, jedoch in einer deutlich vom Nachtanz bei Hess abweichenden Form.[435] Eine weitere dreistimmige Bearbeitung in der Kölner Ausgabe von 1534 verwendet die Melodie in der Oberstimme.[436]

Für unseren Zusammenhang besonders von Bedeutung ist schließlich eine weitere Überlieferung der Melodie, nun mit deutschem Text: 1539 erschien in Köln das satirische Schauspiel *Ein gemeyne Bicht oder bekennung der Predicanten to Soest*. Als Verfasser des 1534 in Soest entstandenen Spiels, das sich gegen die Einführung der Reformation in der Stadt richtet, wird ein Daniel van Soest genannt.[437] Darin findet sich ein Tanzlied, dessen Melodie ebenfalls mit der des Tanzes übereinstimmt; die ersten Zeilen lauten: *Nu holt*[!] *all an und weset fro Und springet ho An diesem dantze grott und dar tho kleyne*.[438] Möglicherweise handelt es sich hierbei um den Beginn des ursprünglichen Textes, wie dies bei Kontrafakturen öfter der Fall ist.

Überblickt man nun diese verschiedenen Überlieferungen, so zeigt sich, daß wir es hier mit einer einstimmigen Tanzliedmelodie zu tun haben, die sich bis zum Ende des 15. Jahrhunderts zurückverfolgen läßt. In der Nachbemerkung zu Reuchlins Spiel heißt es: *Modos fecit Daniel Megel*.[439] Die Überlieferung der Melodie macht jedoch deutlich, daß der 1497 in den Matrikeln der Heidelberger Universität nachweisbare Daniel Megel[440] nicht als Schöpfer, sondern als Bearbeiter der Melodie anzusehen ist (in diesem Sinne ist also das *fecit* zu präzisieren). Die Wahl einer Tanzliedmelodie erfolgte hier ganz bewußt, denn die Chöre des Stückes wurden unter Begleitung eines Pfeifers (*choraules*) nach antikem Vorbild tanzend vorgetragen.[441]

Hier eine Gegenüberstellung des Tanz-Tenors mit der Melodie bei Reuchlin:

433 Ein diplomatischer Abdruck findet sich im *Nachtrag* zu Wolf, *Lieder*, S. 412, eine musikalisch überzeugende geradtaktige Übertragung bei Liliencron, *Chorgesänge*, S. 353.

434 Ed. bei Liliencron, *Chorgesänge*, S. 355.

435 Ed. ebd. (Text: *Musis poëtis*).

436 Ed. ebd., S. 358.

437 Vgl. Wolf, *Lieder*, S. 58–64.

438 Ed. ebd., S. 60.

439 Reuchlin, *Henno*, ed. Schnur, S. 40.

440 Vgl. Pietzsch, *Universitäten*, S. 102.

441 So heißt es in dem dem Stück beigegebenen Preisgedicht eines Jakob Dracontius:
Namque hic multimodus pedibus saliendo choraules
In gyrum ducit, voce strepente choros.
(Reuchlin, *Henno*, ed. Schnur, S. 44). Diese Praxis findet sich auch in zahlreichen nachfolgenden Humanisten- und Schuldramen; vgl. Liliencron, *Chorgesänge*, S. 344.

Notenbeisp. 10: a) Hess 1555b, Nr. 21 (T-Stimme)
b) *Cedant fori contentio* aus Reuchlin, *Henno* 1512, fol. LXI^{v}

27. [Tanz – Nachtanz]
Intav.: KrakauBP 1716, fol. 212^{r}–212^{v} (*Corea*; Ed.: CEKM 6/V, S. 20f.).[442]
Ed.: Band II, Nr. IV.1.

Der erste von mehreren Tanzsätzen, die Jan von Lublin in seinem Tabulaturbuch (KrakauBP 1716) intavolierte (vgl. die Gegenüberstellung in Band II).

29. [Tanz – Nachtanz *Mir ist ein schöns brauns Maidelein*?]
Ed.: Thomas, *Music for Crumhorns*, Bd. 1, S. 64 (ohne Vagant).

Bernard Thomas hat darauf hingewiesen, daß zu diesem Satz als Oberstimme die Liedweise paßt, die Caspar Othmayr im Tenor seiner Komposition dieses Textes verwendete.[443]

31. [Tanz – Nachtanz]

Diesem Tanz liegt im Tenor eine Melodie zugrunde, die Adam Reißner in seinem handschriftlichem Gesangbuch von 1554 für seine geistliche Dichtung *Christus wir mit lob erhebenn* verwendete.[444] Offenbar handelt es sich hier um eine überwiegend mündlich verbreitete Tanzlied-Melodie (vgl. auch Nr. 86), die jedoch in anderen Quellen nicht nachweisbar ist.[445]

---

442 Vgl. Meylan, *Tanzmusik*, S. 266.

443 Siehe die Einleitung zu *Music for Crumhorns* 1, S. 3. Vgl. auch die Tänze *Mir ist ein feins brauns mägetlin gefallen in meinen sin* in M. Neusidler 1574, fol. L 3^{r} und *Ist mir ein fein braun Meg*[delein] bei Paix 1583, fol. 169^{r} (Ed. in Merian, *Tanz*, S. 159ff.).

444 Vgl. Meylan, *Tanzmusik*, S. 266; zu Reißners Gesangbuch siehe Lipphardt, *Reißner*; Faksimile von Reißners Melodie ebd., S. 76.

445 Freundliche Auskunft von Herrn Dr. Hans-Otto Korth (Gesellschaft zur wissenschaftlichen Edition des deutschen Kirchenlieds, Kassel).

Notenbeisp. 11: a) Hess 1555a, Nr. 31 (T-Stimme)
b) *Christus wir mit lob erhebenn* aus Adam Reißners Gesangbuch (nach Lipphardt, *Reißner*, S. 76)

36. [*Studenden Dantz*]
Intav.: Ammerbach 1583, S. 185f. (*Studenden Dantz*; Ed.: Jacobs, *Ammerbach*, S. 329).
Ed.: Band II, Nr. IV.2.

Unter dem Titel *Studenten Tanz* finden sich in Tabulaturen zahlreiche Sätze. Die von mir verglichenen verwenden jedoch gemeinsam eine andere Melodie (für Tasteninstrumente: MünchenSB 262, fol. 61^r; für Laute: Basel F.IX. 23, fol. 8^v, Neusidler 1549, Nr. 22).[446]

43. [Tanz – Nachtanz]
Intav.: Drusina 1556, fol. 1 2^v– 1 3^r (*Tantz – Sprunck*).
Ed.: Band II, Nr. IV.3.

46. [Tanz – Nachtanz *Brunsmedelijn*?]
Ed.: Band II, Nr. IV.4.

Der Satz des ersten Abschnitts ist dem der *Allemaigne* VII bei Susato 1551, fol. 12^v, sehr ähnlich (Ed. in Susato, *Danserye* II, S. 39). Der des zweiten dagegen weist nur noch geringe Ähnlichkeit mit Susatos Satz auf, recht deutlich ist sie jedoch noch im Baß (Gegenüberstellung beider Versionen in Band II). Offenbar fungierte hier eine deutsche Variante der weitverbreiteten Tanzmelodie *Brunsmedelijn* als Oberstimme. In zwei weiteren Sätze der Sammlung liegt die Melodie im Tenor (Nr. 139 und 140; Näheres siehe dort).

48. [Tanz – Nachtanz *Haÿduczkÿ*]
Intav.: KrakauBP 1716, fol. 220^v (*Haÿduczkÿ*; Ed.: CEKM 6/V, S. 37f.).
Ed.: Band II, Nr. IV.5.

446 Weitere Nachweise bei Dieckmann, *Tänze*, S. 137f.

50. [Tanz – Nachtanz *Poznanie*]
Ed.: Thomas, *Music for Crumhorns* 1, S. 63 (ohne Vagant, Quarte tiefer transponiert).

Bernard Thomas bemerkt, daß die in Nr. 119–121 im Tenor verarbeitete Melodie (vgl. dort) als Diskantstimme zu diesem Satz paßt und hat diese in seiner Ausgabe entsprechend ergänzt.[447] Tatsächlich entspricht auch die Führung von Tenor und Baß weitgehend den Bearbeitungen in KrakauBP 1716, fol. 112ʳ (*Poznanie*), 212ᵛ (ohne Titel, unvollst.) und 215ᵛ (siehe auch unten Nr. 119).

52. [Tanz – Nachtanz *Zaklolam szÿa Tharnem*]
Intav.: KrakauBP 1716, fol. 215ʳ (*Zaklolam szÿa Tharnem ad unum* [saltum]; Ed.: CEKM 6/V, S. 25f.).
Ed.: Band II, Nr. IV.6.

Die Oberstimmen-Melodie liegt in verschiedenen Varianten einer Vielzahl von Tänzen aus Italien, Frankreich und England zugrunde.[448] Nahezu identisch ist z.B. die Melodie des *Bal todesco* bei Gorzanis 1563, S. 52 (Ed. in Moe, *Dance Music*, S. 323 und Hudson, *Allemande*, Bd. II, S. 114f.).[449]

Der erste Abschnitt ist zudem weitgehend identisch mit dem des Tanzes *Wer das Töchterlein haben wil* in Elias Nikolaus Ammerbachs Tabulaturbuch von 1571 (in der veränderten Neuauflage von 1583 mit dem Titel *Heckerling unnd Haberstro*).[450] Diesem ersten Abschnitt liegt ein Baßgerüst zugrunde (mit daraus resultierender Ähnlichkeit der Oberstimme), das in vielen Tanzkompositionen des 16. und frühen 17. Jahrhunderts begegnet; z.B. in der bekannten Pavane *Belle qui tiens ma vie* bei Arbeau 1588 (fol. 30–32ʳ), in der Allemande Nr. 8 bei Susato 1551, *Des Printzen Tantz* bei Heckel 1562, Tenor, S. 132 und der *Alemande prynce* im sog. *Susanne van Soldt Manuskript*.[451]

59. [Hoftanz – Nachtanz *Es taget vor dem walde*]
Ed.: EML 237, S. 2f. (mit ergänztem D).

Die Melodie dieses Hoftanzes (im Tenor) ist aus der Melodie des Liedes *Es taget vor dem walde* abgeleitet.[452] Die ursprünglich sicher einstimmige Liedmelodie ist u.a. in einem fünfstimmigen Satz Ludwig Senfls überliefert, dessen Tenor hier dem des Tanzes gegenüber gestellt ist:

447 Einleitung zu Thomas, *Music for Crumhorns* 1, S. 3.
448 Vgl. die Zusammenstellung bei Moe, *Dance Music*, S. 258f.
449 Vgl. auch Hudson, *Allemande*, Bd. I, S. 63.
450 Edition in Jacobs, *Ammerbach*, S. 75f.
451 Edition der letztgenannten Komposition in Curtis, *Nederlandse Klaviermuziek*, S. 24f.; weitere Nachweise ebd., S. XXIX sowie bei Ward, *Dublin*, S. 47f.
452 Vgl. Meylan, *Tanzmusik*, S. 265 bzw. 269.

Notenbeisp. 12: a) Hess 1555a, Nr. 59 (T-Stimme)
b) Ludwig Senfl, *Es taget vor dem walde* (T-Stimme; nach Senfl, *Werke*, Bd. 2, S. 37ff., 9 M Pause zu Beginn ausgelassen)

Die Gegenüberstellung beider Tenor-Melodien zeigt, daß die starke Dehnung der Liedmelodie in der Bearbeitung als Tanz den typischen Hoftanz-Takt (perfekter Modus, in der Übertragung ein 6/2-Takt) ergibt. Ein weiteres Beispiel ist der nachfolgende Hoftanz über die *Benzenauer*-Weise.

63. [Hoftanz – Nachtanz *Benzenauer*]
Ed.: EML 111, S. 4f. (mit ergänztem D; Quarte höher transponiert).

Weitere Tanzbearbeitungen der Benzenauer-Melodie:[453]
I. Für Ensemble
1–4. siehe unten Nr. 64–66 und 68
5. Basel F.X. 21, fol. 62^r (nur Tenorstimme).
II. Für Tasteninstrumente
1. Basel F.IX. 22, fol. 72^v–74^r (Hans Buchner: *Dantz moss. Benczenauher*; Ed. in SMd 6, S. 62f. und Merian, *Tanz*, S. 54).
III. Für Laute
1. Basel F.X. 11, fol. 16^v–17^r (*Ein guter bentzenawer – Proportz*).
2. Basel F.IX. 70, Nr. 257 (*Bentzenauwer dantz – Nachdantz*).
3. ebd., Nr. 269 (*Der Bentzenauwer dantz – Proportio*).
4. ebd., Nr. 272 (*Bentzenauwer*).
5. Samedan M 1, S. 10f. (*Benzenouwer*).[454]
6. ebd., S. 13f. (*Bentzinouwer Cantilena*).
7. ebd., S. 14f. (*Bentzinouwer dantz*).
8. ebd., S. 15 (*Bentzinouwer Aliter*).
9. ebd., S. 21f. (*Bentzinouw*[er] *oder Zurich tantz*).
10. ebd., S. 34f. (*Ein guter Bentzinouwer*, gezeichnet mit den Initialen *I.V.S.*).
11. ebd., S. 47 (*Bentzinouwer oder Zurich tantz Tenor*).
12. Berlin 40588, S. 14f. (*Benzenouwer*); Ed. in Niehüser, *Handschrift 40588*, S. 59f.
13. Berlin 40588, S. 16f. (*Benzenouwer Zürichtanz*); Ed. ebd., S. 61f.

---

453 Vgl. auch Gombosi, *Hoftanz*, S. 54f.
454 Zu dieser Handschrift vgl. Staehelin, *Neue Quellen*, S. 76–81.

14. Berlin 40588, S. 48f. (*Benzenouwer coleriert*); Ed. ebd., S. 94f.
15. Berlin 40588, S. 50f. (*Benzenouwer*); Ed. ebd., S. 96f.
16. Berlin 40588, S. 52f. (*Benzenouwer*); Ed. ebd., S. 98f.
17. Donaueschingen G I 4, Bd. 1, fol. 38^{v} (*Der Pentzenawer dantz – Hupff auf*).
18. MünchenSB 1512, fol. 13^{r}–13^{v} (*Der drit danntz – Der auff und auff*).[455]
19. Ebd., fol. 30^{v}–31^{r} (*Der dritt Hoff danntz – Der auff unnd auff*; Ed. in Bischoff/ Zirnbauer, *Lieder und Tänze*, S. 14).[456]
20. Ebd., fol. 57^{r}–57^{v} (*Der dritt stat pfeiffer dantz – Der auff unnd auff*).
21. Judenkünig 1523, fol. b 4^{r}–b 4^{v} (*Ain hoff dantz mit zway stimen*). [457]
22. Neusidler 1549, fol. i 2^{v}–i 4^{r} (*Der Bentzenawer, Tantz weyss – Volgt der Hupff auff*; Ed. in Back, *Lieder*, S. 26f.).
23. Wecker 1552, Nr. 10 (*Der Bentzenawer dantz*)

Die Benzenauer-Weise ist eine der im Tanzrepertoire der Tabulaturen für Laute und Tasteninstrumente beliebtesten Melodien.[458] Die verschiedenen Varianten der Tanzweise (s.u.) gehen auf das historische Lied vom Benzenauer zurück, dem glücklosen Helden einer Schlacht im Jahre 1504.[459] Die Beliebtheit der Melodie im Tanzrepertoire läuft parallel mit ihrer Beliebtheit als *Ton* für zahlreiche andere historisch-politische und auch geistliche Lieder.[460]

Einzige Quelle der ursprünglichen Liedmelodie ist die umfangreiche Dresdner Handschrift M 53, die in Mensuralnotation einstimmige, überwiegend geistliche Lieder überliefert, daneben auch einige historische Lieder, die aus den 1550er bis 1560er Jahren stammen.[461] Nach den Angaben Franz M. Böhmes, der Text und Melodie in seinem *Altdeutschen Liederbuch* abdruckte, war die Melodie in der Handschrift zweimal vorhanden, einmal mit dem ursprünglichen Text, ein weiteres Mal mit dem Text *Wolauff ihr lieben lantzknecht*.[462] Teile der Handschrift sind heute leider infolge von Kriegsschäden unleserlich, so daß nur noch die zweite genannte Eintragung vorhanden ist (fol. 160^{r}).

Textlich-musikalische Form des Liedes:

Text:	ab	ab	c	d	c	d
Musik:	A	A	B1	B2	B1‘	B2‘

Nur die Nummern 66 und 68 basieren auf der vollständigen Melodie.[463] Zur Veranschaulichung seien hier die Tenorstimmen dieser Sätze der Liedmelodie gegenüber gestellt.[464]

455 Vgl. Gombosi, *Hoftanz*, S. 54ff.
456 Vgl. Gombosi, *Hoftanz*, S. 54ff.
457 Vgl. ebd., S. 55.
458 Vgl. die Nachweise bei Brown, *Instrumental Music*, Dieckmann, *Tänze* und Merian, *Tanz*.
459 Text und Melodie bei Böhme, *Altdeutsches Liederbuch*, S. 469ff.
460 Vgl. Böhme, *Altdeutsches Liederbuch*, S. 471f.
461 Dresden M 53. Vgl. die Beschreibung in *Katalog Dresden*, Bd. II, S. 451–456.
462 Vgl. Böhme, *Altdeutsches Liederbuch*, S. 471f.
463 Auch Hans Buchners *Tanzmaß Benzenauer* für ein Tasteninstrument verarbeitet die vollständige Melodie (Ed. in SMd 6, S. 62f.).
464 Näheres zu den einzelnen Versionen bieten die Kommentare zu den jeweiligen Nummern.

Notenbeisp. 13: a) Hess 1555a, Nr. 66 (T-Stimme)
b) Hess 1555a, Nr. 68 (T-Stimme, Quarte tiefer transponiert)
c) *Benzenauer*-Lied aus Dresden M 53, fol. 160r (Quarte tiefer transponiert)

Dagegen verwendet Nr. 65 nur die Abschnitte A und B1, letzteren jedoch sehr frei. Noch weiter entfernt sich Nr. 63 (Nr. 64 ist nahezu identisch); nach Bearbeitung des Abschnittes A verläuft diese Melodiefassung unabhängig von der Vorlage:

Notenbeisp. 14: a) Hess 1555a, Nr. 63 (Beginn der T-Stimme)
b) Hess 1555a, Nr. 65 (Beginn der T-Stimme)
c) *Benzenauer*-Lied aus Dresden M 53, fol. 160^{r} (Quarte tiefer transponiert)

Auf die metrische Vielschichtigkeit dieser Tanzmelodien soll später noch näher eingegangen werden. Es sei hier nur darauf hingewiesen, daß die stets im Tempus imperfectum diminutum notierten Tänze einen steten Wechsel verschiedener Metren aufweisen, der in diesen Beipielen der Einfachheit halber nicht im Einzelnen wiedergeben wird.[465]

64. [Hoftanz – Nachtanz *Benzenauer*]

Konk.: MünchenSB 1516, Nr. 181–182 (*Tantz – Trippl*, 4st.); RegensburgBZ A.R. 940/41, Nr. 177 (*Welscher tantz*, 3st. ohne Alt, B fehlt); Ulm 236, Nr. 80 (*Der Polnisch tantz – Tripla*, 4st.).

Ed.: Band II, Nr. IV.7; EML 111, S. 2f. (nach Hess, mit ergänztem D nach den anderen Quellen und Quarte höher transponiert); Wendel, *Musiksammlung*, Bd. III, Nr. 11 (nach Ulm 236); Brennecke, *Carmina* 1, Nr. 3 (nach RegensburgBZ A.R. 940/41); Whisler, *Munich 1516*, S. 454–459 (nach MünchenSB 1516).

Der Alt zeigt größere Abweichungen gegenüber den anderen Quellen, steht aber der Münchner Fassung deutlich näher. Diese schreibt die Wiederholungen im Gegensatz zu Hess aber aus und bringt dabei einige Varianten. Die Tenorstimme ist identisch mit der von Nr. 63.

65. [Hoftanz – Nachtanz *Benzenauer*]

66. [Hoftanz – Nachtanz *Benzenauer*]

Diese Bearbeitung weicht vom typischen Hoftanz ab, da die Schlüsse der Abschnitte A, B2 und B2‘ jeweils keinen vollständigen Großtakt ausfüllen (siehe Notenbeisp. 13 zu Nr. 63). In der T-Stimme läßt sich dies zwar durch die Einfügung von Pausen ausgleichen, doch weisen die übrigen Stimmen hier keine Einschnitte auf, so daß sich die gesamte metrische Struktur verschiebt. Solche Schwierigkeiten bei der musikalischen Umsetzung lassen sich, um mit Otto Gombosi zu sprechen, als „Verfallserscheinungen“ einer Tanzgattung verstehen, die nach der Mitte des 16. Jahrhunderts bereits aus der Mode gekommen war.[466]

---

465 Man vergleiche beispielsweise im Tenor von Nr. 65 die vielfältigen Wechsel zwischen (modern gesprochen) 3/2, 6/4, 6/2 und 12/4.

466 Siehe Gombosi, *Hoftanz*, S. 61.

67. [Anonym: *Wer sich der bulschafft unterwindt* – neuer Nachtanz]
Konk.: [1519]^5, Nr. 29 (4st., ohne Nachtanz).
Ed.: Band II, Nr. IV.8; Bernoulli/Moser, *Arnt von Aich*, S. 58 (nach [1519]^5).

Bei der Bildung des Nachtanzes ist die Vagantstimme auffällig. Während nämlich die übrigen Stimmen den Nachtanz wörtlich aus dem Haupttanz ableiten, ist der Vagant häufig unabhängig geführt.

Geschickt wurde das Lied um eine Mensur gekürzt (zwischen M 4 und 5 des Tanzes), so daß sich das Stück nun als Tanz in Phrasen von jeweils vier Mensuren Länge gliedert.

Innerhalb des Tenorliedrepertoires, das Arnt von Aichs Druck, dem die Komposition vermutlich entnommen wurde (andere Quellen sind nicht bekannt), überliefert, fällt die Komposition durch ihre Kleingliedrigkeit auf.[467] Denkbar wäre, daß schon der anonyme Satz bei Arnt von Aich als Tanzlied gedacht war, wogegen allerdings die irreguläre Neuntaktigkeit des ersten Abschnitts spricht. Somit ist die Aufnahme der Komposition in die Hess-Sammlung wohl in erster Linie auf das Gespür der Bearbeiter zurückzuführen, passende mehrstimmige Vokalkompositionen zusammenzutragen, die sich leicht in Tänze umarbeiten ließen. Wie in anderen Fällen (vgl. Nr. 88 und 131) ist das entscheidende Moment hierbei die regelmäßige Gliederung der Vorlagen in Abschnitte von je vier oder acht Mensuren Länge, wie sie für den Deutschen Tanz typisch sind.[468]

68. [Hoftanz – Nachtanz *Benzenauer*]

Die metrischen Probleme liegen hier ähnlich wie bei Nr. 66. Die Tenorstimme läßt ohne weiteres eine Interpretation im Tempus perfectum cum prolatione imperfecta oder im Modus perfectum zu. Sie gliedert sich in vier Abschnitte von je acht perfekten Breven (oder vier perfekten Longen), allerdings nur, läßt man die vorausgehenden acht imperfekten Brevis-Pausen außer acht (siehe Notenbeisp. 13 zu Nr. 63). Diese Pausen machen eine Interpretation in der genannten Weise unmöglich. Auch in diesem Fall könnte von einer gewissen Unsicherheit bei der Überführung einer einstimmigem Tanzmelodie in einen mehrstimmigen Satz gesprochen werden, da den vier je acht perfekte Brevis-Mensuren umfassenden Tenor-Perioden ein „Vorspiel" von acht imperfekten Brevis-Mensuren vorausgeht.

Dies führt uns zu Beobachtungen der Satzstruktur. Auffällig ist der sonst im Repertoire der Hess-Sammlungen selten anzutreffende imitatorische Satz zu Beginn (man vergleiche etwa Nr. 149). Hier wird sogar (mit halbierten Notenwerten) der Beginn der *Benzenauer*-Melodie andeutungsweise vorausimitiert, wobei der Vagant integraler Bestandteil des Satzes zu sein scheint, da er sich in die Abfolge der Imitationen (im Abstand von je zwei Mensuren) einfügt. Zudem wird die Wiederholung des A-Teils hier – anders als in Nr. 66 – variiert. Bei der Wiederholung fehlt das „Vorspiel", was darauf hindeuten könnte, daß dieses tatsächlich als Einleitung zum Tanz gemeint sein könnte und sich daher nicht in das metrische Schema einzupassen braucht.

---

467 Es ist dies zwar innerhalb des gesamtem Tenorliedrepertoires eher selten, doch finden sich bei Arnt von Aich noch etliche ähnlich gebaute Sätze; vgl. die Edition Bernoulli/Moser, *Arnt von Aich*, Nr. 3–5, 11, 16, 25, 32, 39, 47, 59, 65 und 68.

468 Vgl. unten Abschn. VI.6.g).

70. [Hoftanz – Nachtanz]

Der Tenor stimmt weitgehend überein mit dem von Nr. 71.

71. [Hoftanz – Nachtanz]

Vgl. Nr. 70.

72. [Hoftanz – Nachtanz *Le petit rouen*]

Eine Bearbeitung der Basse-danse-Melodie *Le petit rouen*,[469] die auch dem Tanz Nr. 74 (siehe unten) sowie einem *Hoftantz* in MünchenSB 1516 zugrunde liegt.[470]

Die stellenweise stark ausgezierte Melodie der Basse danse wird in dieser Bearbeitung (wie in der in MünchenSB 1516) sehr regelmäßig durchgeführt; legt man der im Tempus imperfectum diminutum notierten Komposition einen 6/2-Takt zugrunde (perfekter Modus), so verteilen sich die cantus-firmus-Töne regelmäßig auf die Zählzeiten eins und drei des perfekten Modus.

[469] Vgl. Meylan, *Tanzmusik*, S. 265 und Meylan, *Migration*, S. 223.

[470] MünchenSB 1516, Nr. 183–184 (Ed. in Thomas/Gingell, *Renaissance-Tanzbuch*, S. 112ff. und bei Heartz, *Hoftanz*, S. 29–33). Dem Nachtanz der Münchner Handschrift liegt jedoch die Melodie *Der ander tantz* (vgl. Nr. 112) zugrunde.

Notenbeisp. 15: a) Hess 1555a, Nr. 72 (T-Stimme)
b) MünchenSB 1516, Nr. 183 (T-Stimme)
c) Basse danse *Le petit rouen* (nach Crane, *Materials*, S. 56, hier Quarte höher transponiert)

74. [Hoftanz *Le petit rouen* – Nachtanz *Der Beyrisch Bot*]

Dem Tenor liegt dieselbe Melodie zugrunde wie der Nr. 72. Sie wird hier jedoch etwas zusammengedrängt, indem gelegentlich drei oder auch vier cantus-firmus-Töne einer Mensur der Tenorstimme entsprechen.

Notenbeisp. 16: a) Hess 1555a, Nr. 74 (T-Stimme)
b) Basse danse *Le petit rouen* (nach Crane, *Materials*, S. 56, hier Quarte höher transponiert)

Beim Nachtanz fällt auf, daß die hier zugrundeliegende Melodie nicht, wie sonst üblich, mit der des Haupttanzes übereinstimmt. Vielmehr entspricht sie der in den nachfolgenden Nummern 76 bis 81 verarbeiteten Melodie (*Der Beyrisch Bot*, vgl. dort). Ähnlich verhält es sich bei der oben genannten Bearbeitung von *Petit rouen* in MünchenSB 1516. Dort liegt dem Nachtanz ebenfalls eine andere Melodie (die von *Der annder Hoff danntz*, vgl. Nr. 112) zugrunde; die Verwendung verschiedener Hoftanz-Melodien für Tanz und Nachtanz war also durchaus üblich.[471]

76. [Hoftanz – Nachtanz *Der Beyrisch Bot*]

Den Nummern 76–78, 80 und 81 liegt eine Hoftanz-Melodie zugrunde, die sich in der Oberstimme eines Lautensatzes bei Hans Neusidler 1549 findet (Nr. 25). Der Tanz trägt dort den Titel *Der Beyrisch Bot / Tantz weyß*, was darauf hindeutet, daß auch diesem Tanz eine Liedmelodie zugrunde liegt.[472] Ebenfalls in der Oberstimme verarbeiten die

---

471 Vgl. auch Heartz, *Hoftanz*, S. 35.

472 Dorfmüller, *Studien*, S. 160 identifiziert diese Melodie mit der von *Der annder danntz*. Eine Beziehung zwischen beiden kann ich aber nicht erkennen (vgl. Nr. 112). Die Melodie

Melodie *Ein schöner Tantz in Höffen zu gebrauchen* bei Heckel 1562 (Tenor, S. 107) sowie *Der annder danntz* in MünchenSB 1512 (fol.10r–10v; Ed. in Bischoff/Zirnbauer, *Lieder und Tänze*, S. 13).[473]

Hier eine Gegenüberstellung der verschiedenen Versionen der Melodie mit der Oberstimme aus Neusidlers Satz:

weist keine Ähnlichkeit auf mit dem Lied *Ey du lieber botenbub*, abgedruckt bei Böhme, *Altdeutsches Liederbuch*, S. 394.

473 Vgl. Dorfmüller, *Studien*, S. 160. Vgl. auch Nr. 74. Die T-Stimme von Nr. 79 weist nur zu Beginn eine Ähnlichkeit mit *Der Beyrisch Bot* auf.

Notenbeisp. 17: a) Hess 1555a, Nr. 76 (T-Stimme)
b) Hess 1555a, Nr. 77 (T-Stimme)
c) Hess 1555a, Nr. 78 (T-Stimme)
d) Hess 1555a, Nr. 80 (T-Stimme, Quarte höher transponiert)
e) *Der Beyrisch Bot / Tantz weyß* aus Neusidler 1549, Nr. 25 (Oberstimme)

77. [Hoftanz – Nachtanz *Der Beyrisch Bot*]

Der Tenor ist eine Variante von Nr. 76.

78. [Hoftanz – Nachtanz *Der Beyrisch Bot*]

Der Tenor ist eine Variante von Nr. 77.

80. [Hoftanz – Nachtanz *Der Beyrisch Bot*]

Eine weitere Variante, nun eine Quarte tiefer.

Die rhythmische Zubereitung des Tenors ist hier auffällig widersprüchlich. Stellt man sie nämlich der intakten Melodie aus Nr. 76 gegenüber, so zeigt sich, daß die Melodie hier nicht nur um die Wiederholung des ersten Abschnitts gekürzt wurde; zusätzlich fehlen am Ende dieses ersten Abschnitts zwei Breven, so daß die gesamte metrische Gliederung verschoben wird, der zweite Abschnitt also nicht – wie ursprünglich – mit der „Eins" des zugrundeliegenden Modus beginnt. Die Gegenüberstellung im Notenbeispiel oben zu Nr. 76 zeigt, daß nur eine Verlängerung (hier als Pausen ergänzt) des Abschnitts A wieder zu einer intakten Gliederung führt. Dies zeigt – einmal mehr – wie wenig die ursprüngliche metrische Struktur des Tenors verbindlich für die mehrstimmigen Sätze ist.

81. [Hoftanz – Nachtanz *Der Beyrisch Bot*]

Der Tenor ist eine Variante von Nr. 80.

82. [Tanz – Nachtanz *Bruder Conrad*]

Ed.: Thomas, *Music for Crumhorns* 1, S. 56f. (mit ergänztem D).

Der Tenor erscheint in einer *B. Schwertfeger* zugeschriebenen Bearbeitung in Ulm 236 (Nr. 81) als *Des königs von Polen tantz*.[474]

Mit dem Titel *Conradus* erscheint die Tenorstimme auch als Mittelstimme in zwei Bearbeitungen des Orgeltabulaturbuchs des Jan von Lublin (KrakauBP 1716, fol. 37^{r} und 216^{v}; Ed. in CEKM 6/V, S. 1f. bzw. 29f.). Weniger deutlich, aber noch erkennbar, ist die Beziehung zu *Bruder Cunrad Dantzmaß* bei Bernhard Schmid d.Ä. 1577 (Ed. in Merian, *Tanz*, S. 106f.).

Dagegen bestehen kaum nennenswerte Beziehungen zu *Ein ander kurtz Dentzlein* bei Ammerbach1571, das Franz M. Böhme (offenbar versehentlich) mit dem Titel *Bruder Cunrads Tanzmass* in seiner *Geschichte des Tanzes* veröffentlicht hat.[475]

Dies wirft die Frage nach der Beziehung des Tanzes zum Lied *Bruder Conrad* auf, das in verschiedenen Bearbeitungen überliefert ist.

Quellen einer Melodie zu *Bruder Conrad*:

1. Anonym: KrakauBJ 40098, Tenor, fol. C II^{r}: *Bruder Konrad der lag siech*; als Contratenor eines Quodlibets (*In fewirss / Bruder Konrad / Ich sachs eyns mols*).

---

474 Ed. in Wendel, *Musiksammlung*, Bd. III, Nr. 12 und Thomas/Gingell, *Renaissance-Tanzbuch*, S. 116ff. Einen polnischen König namens Konrad, worauf der Titel hindeuten könnte, gab es im 16. Jahrhundert nicht. Die Melodie weist zudem eine gewisse Ähnlichkeit mit dem *Saltarello tedesco Gratioso* auf, der in zwei italienischen Tanzlehrbüchern überliefert ist (vgl. Kinkeldey, *Dance Tunes*, S. 110f.). Vgl. auch Nr. 87!

475 Bd. II, S. 69f.; danach auch bei Merian, *Tanz*, S. 76. Vgl. auch die Edition bei Jacobs, *Ammerbach*, Nr. 43 und den Kommentar S. XLIV, Anm. 136.

2. Anonym: [c. $1535]^{15}$, Nr. 43 (nur D, A und B): *Bruder Cunradt der lag siech.*
3. Heinrich Isaac: *Bruder conrat super fortuna* in Wien 18810, D fol. 22^{v}–23^{r}, A fol. 19^{v}–20^{r}, T fol. 20^{r}–20^{v}, B fol. 20^{r}–20^{v}.
4. Ders.: *Missa Carminum* (Agnus Dei III).[476]
5. Anonym: *Bruder conrat* in MünchenUB 328–331, D fol. 14^{v}–15^{r}, T fol. 49^{v}, B fol. 8^{r} (A fehlt).

Der Melodiefassung bei Hess entspricht jene bei Jan von Lublin fast wörtlich, unter den Vokalkompositionen kommt der Tanzmelodie am nächsten die Fassung in der Tenorstimme des anonymen Satzes *Bruder conrat* in MünchenUB 328–331. Der anonyme vierstimmige Satz, den der Sammeldruck 1535^{15} überliefert, läßt leider keine genauen Schlüsse zu, da der Tenor als Hauptstimme fehlt; doch läßt auch der Diskant (wohl eine Vorausimitation des später einsetzenden Tenors) die Melodie deutlich erkennen. Ein Vergleich des Beginns der wichtigsten Melodievarianten veranschaulicht die beschriebenen Zusammanhänge:

Notenbeisp. 18: a) Hess 1555a, Nr. 82 (Beginn der T-Stimme)
b) *Conradus* aus KrakauBP 1716, fol. 37^{r} (Beginn der T-Stimme)
c) *Bruder conrat* aus MünchenUB 328–331, T fol. 49^{v} (Beginn der T-Stimme)

83. [Tanz – Nachtanz *Bruder Conrad*]

Der Tenor stimmt (mit Abweichungen) mit dem von Nr. 82 überein.

85. [*Pastorum Tantz*?]
Ed.: Thomas, *Music for Crumhorns* 1, S. 60f.[477]

86. [*Polnischer Tanz / Der Schäfer von der neuen Stadt*]
Konk.: Iserlohn IV 36 F 124, Nr. 128 (im Register: [E]*inn palnscher*[!] *dantz*, nur Fragment der Tenorstimme).
Ed.: Band II, Nr. IV.9.

Die Überlieferung des Handschriftenfragments aus Iserlohn ist nicht auf den Druck in der Hess-Sammlung zurückzuführen, da die Melodie der Handschrift etwas schlichter ist und insbesondere der Nachtanz im Tempus imperfectum cum prolatione perfecta notiert ist, während er im Druck im Tempus perfectum erscheint.

---

476 Vgl. Staehelin, *Isaac*, Bd. 3, S. 61.
477 Vgl. Bernard Thomas, Einleitung zu *Music for Crumhorns*, Bd. 1, S. 3.

Raymond Meylan hat auf die Ähnlichkeit der Tenor-Melodie mit dem Tanzlied *Der schäfer in der neuen statt* hingewiesen, das in einer geistlichen Text-Parodie Adam Reißners überliefert ist.[478] Auffällig bei der Umarbeitung der Lied- zur Tanzmelodie ist nicht nur die Kürzung (ABBC gegenüber ABB'CDDB''), sondern auch die rhythmische Glättung der zwischen 6/4 und 3/2 wechselnden Liedmelodie hin zu einfachen geradtaktigen Phrasen von je vier Mensuren Länge.

Notenbeisp. 19: a) Hess 1555a, Nr. 86 (T-Stimme)
b) Tanzlied *Der schäfer in der neuen statt* aus Adam Reißners Gesangbuch (nach Lipphardt, *Volksliedweisen*, S. 72, große Sekunde tiefer transponiert)

Dieses Tanzlied wird bereits in einer Straßburger Predigt von 1490 erwähnt, in der auch die erste Strophe zitiert wird:[479]

Der scheffer von der nuwen stat
der het myn dochter gerne,
Ich habe sie im dicke und vil verseit,
ich meyn, ich welle sie im geben:
Nun hab dir myn dochter,
ich gib dir myn dochter,
dis singent die scheffer alle.[480]

Das Tenor-Baß-Gerüst dieses Tanzes stimmt weitgehend mit dem eines Tanzes im Tabulaturbuch des Nicolaus Ammerbach überein, der in der Ausgabe von 1571 den Titel *Pastorum Dantz* trägt und in der von 1583 wieder erscheint, nun unter dem Titel *Ein ander Dantz*.[481] Der Titel *Pastorum Dantz* verweist auf die Herkunft des Tanzes,

---

478 Meylan, *Tanzmusik*, S. 266; Faksimilie der Melodie nach Reißner bei Lipphardt, *Reißner*, S. 76f., Übertragung mit Unterlegung des ursprünglichen Textes wie des Kontrafakturtextes bei Lipphardt, *Volksliedweisen*, S. 72.

479 Siehe Lipphardt, *Reißner*, S. 76. Vgl. auch Böhme, *Geschichte des Tanzes*, Bd. II, Nr. 12; dort Versuch der Rekonstruktion der Melodie nach zwei Zitaten in Quodlibets.

480 Nach Wackernagel, *Kirchenlied*, Bd. III, S. 1131.

481 Edition in Jacobs, *Ammerbach*, S. 81f.

das Tanzlied *Der Schäfer von der neuen Stadt*.[482] Dieser Tanz begegnet bei Ammerbach nochmals, nun um den Mittelteil gekürzt, mit dem Titel *Salve puella, Got grüs* (siehe Nr. 87).

87. [*Des königs tantz* – Nachtanz]

Ein anderer vierstimmiger Satz mit dem Titel *Des königs tantz* in der Handschrift Ulm 236 (Nr. 82) verwendet dieselbe Tenor-Melodie (Ed. in Thomas/Gingell, *Renaissance-Tanzbuch*, S. 115f. und Wendel, *Musiksammlung*, Bd. III, S. 40ff.).

Diese Melodie wird in einer Vielzahl von Lautenkompositionen bearbeitet. Z.B. als *Der Polnisch Tantz* bei Neusidler 1544^{23}, Nr. 21 (gekürzt; Ed. in DTÖ 37, S. 53); *Ein guoter Hofftantz* bei Heckel 1562, Discant, S. 103; *Ein ser guet Danntz* in MünchenSB 1512, fol. 47^{v} (Ed. in Bischoff/Zirnbauer, *Lieder und Tänze*, S. 17); *Mass Tantz* in Wien 18688, fol. 27^{v} (Ed. in DTÖ 37, S. 99f.);[483] *Salve puella* in Basel F.X. 11 und anderen Lautenhandschriften sowie als *Salve puella, Gott grüs* bei Ammerbach 1571 und 1583 (Ed. bei Jacobs, *Ammerbach*, S. 93f.).[484]

Bei genauerer Betrachtung zeigt sich, daß diese Melodie nicht nur mit dem ersten und dritten Abschnitt von Nr. 86 übereinstimmt, sondern darüber hinaus eine gekürzte Version von Nr. 82 ist. Zieht man in die Betrachtung noch die nachfolgenden Kompositionen mit ein, so wird deutlich, daß hier nicht nur nach dem Prinzip direkter melodischer Abhängigkeit geordnet wird, sondern auch nach dem Prinzip der Ähnlichkeit. Denn auch die nachfolgenden Kompositionen passen sich, jedenfalls was den Beginn betrifft, in dieses Schema ein; auch Sermisys *Tant que vivray* (Nr. 88) beginnt ähnlich wie die vorausgegangenen Stücke, wenn auch der weitere Verlauf vollständig abweicht und sicherlich nicht von einer melodischen Abhängigkeit gesprochen werden kann.

88. [Claudin de Sermisy: Chanson *Tant que vivray* – Nachtanz]

Konk. der Chanson (alle 4st.): 1528^{3}, fol. 2^{v}–3^{r} (anonym); [c. 1528]^{8}, fol. 16^{v} (anonym); 1531^{2}, fol. 16^{v} (anonym); 1535^{7}, fol. 12^{v}–13^{r} (Sermisy); Basel F.IX. 59–62, Nr. 27 (anonym); Basel F.X. 17–20, Nr. 4 (anonym); Basel F.X. 22–24, Nr. 19 (anonym, T fehlt); RegensburgBZ A.R. 940/41, Nr. 108 (anonym).[485]

Ed.: Thomas, *Music for Crumhorns* 1, S. 58f. (nach Hess, Quarte tiefer, mit ergänztem D); CMM 52/IV, S. 99f. (Chanson).

Dies ist ein bemerkenswertes Beispiel für die Verwendung eines vollständigen Chansonsatzes als deutscher Tanz. Gegenüber der Chanson werden zusätzliche Wiederholungen eingefügt, die letzte entfällt; dadurch ergibt sich statt der Form ABCABCDD bei

---

482 Der Schäfertanz wird auch in der Revaler Hochzeitsordnung von 1532 erwähnt, wonach ihn drei oder vier Stadtspielleute bei Hochzeiten der wohlhabendsten Bürger *mit flöuten off* [= oder] *krum hornen spelen* solten; siehe Moser, *Cöln*, S. 139. Vgl. auch Gstrein, *Tanzmusik-Ensembles*, S. 82f.

483 Den Titel *Mass Tantz* deutet Dorfmüller als Verballhornung des sonst gebräuchlichen Begriffs *Tantzmass*; siehe Dorfmüller, *Studien*, S. 41.

484 Vgl. auch Meylan, *Tanzmusik*, S. 266 und 271 sowie Dorfmüller, *Studien*, S. 163, der auch auf die mosaikartige Kombination gleicher Abschnitte in verschiedenen Tänzen hinweist. Vgl. auch die Melodie *So stampen wir die hirse* in Hans Walthers *Geistliche Ringeltentze* (1550), abgedruckt bei Böhme, *Geschichte des Tanzes*, Bd. II, S. 11.

485 Weitere Quellen in CMM 52/IV, S. XIV.

Sermisy hier AABBCCD. Der Nachtanz wurde mittels Überführung des Satzes in das Tempus perfectum hinzugefügt.

Eine andere Bearbeitung der Chanson als Tanz findet sich auch in der in der zweiten Hälfte des 16. Jahrhunderts in Süddeutschland entstandenen Lautentabulaturhandschrift MünchenSB 9516, Nr. 10–11 (*Bassameso francese – Saltarella*).[486]

89. [Bettlertanz – Nachtanz]
Ed.: Band II, Nr. IV.10.

Der Tenor entspricht weitgehend der Oberstimme der zahlreichen Lautenbearbeitungen:

1. Neusidler 1540, fol. D 1^{r}–D 1^{v} (*Der Bethler tantz – Hupff auff*; Ed. in DTÖ 37, S. 38) = Neusidler 1544^{24}, fol. D 2^{v}–D 3^{r} (*Der petler tantz – Der hupff auff zum petler tantz*).
2. Heckel 1562, Tenor, S. 151f. (*Der Betler Tantz – Proportz auff den Betler*; Ed. der Oberstimme in Böhme, *Geschichte des Tanzes*, Bd. II, Nr. 58a).
3. Basel F.IX. 70, S. 251 (*Der Bettler dantz*).
4. Samedan M 1, fol. 15^{r-v} (*Der bättler Tantz – Proportz*).
5. Berlin 40588, S. 71 (*Bättler tantz – Hoppentantz*; Ed. in Niehüser, *Handschrift 40588*, S. 116ff.).
6. MünchenSB 1512, fol. 49^{v}–50^{r} (*Ein gueter danntz Der petler*).
7. Wertheim 6, S. 24 (*Ach der betler – Der Nachdantz betler*).
8. KrakauBJ W 510, fol. 45^{r-v} (*Bettlerdantz – Nachdantz*).

Die dem Tanz zugrundeliegende Liedmelodie findet sich im Tenor eines fünfstimmigen Liedsatzes (*Der reich man war geritten auss*) von Jobst vom Brandt in 1556^{29} (Nr. VIII).[487] Notenbeispiel 20 (siehe S. 191) stellt den Tenor bei Hess der Oberstimme der Bearbeitung bei Neusidler 1540 sowie der Liedmelodie gegenüber.

Nach Böhme wurde der Tanz 1580 in Kursachsen verboten.[488] Dies könnte darauf hindeuten, daß zwischen dem Text des Liedes und der Ausführung des Tanzes eine gewisse Verbindung bestand. Im Text nämlich ist von einem Bettler die Rede, der zum Haus eines reichen Mannes kommt und in dessen Abwesenheit die Ehefrau um eine Gabe bittet. Da ihr Mann jedoch alle Lebensmittel eingeschlossen hat, bietet sie sich schließlich selbst an, wovon der Text mit vielfältigen erotischen Anspielungen zu berichten weiß. Es liegt nahe, daß der Tanz auf diese anstößige Geschichte Bezug nahm; darauf deuten auch Tänze hin, die Böhme noch für das 19. Jahrhundert bezeugt, wie etwa der „polnische Bettelmann, der für sich ein Stück Brot und für seine Frau einen Kuss, oder umgekehrt, von der im Kreise sitzenden Spielgesellschaft verlangt“.[489]

---

486 Vgl. Ottmann, *Lautentabulatur*, S. 61 und 65f.

487 Die nach Brandts Satz rekonstruierte Liedmelodie findet sich, zusammen mit weiteren Hinweisen auf die bis ins 15. Jahrhundert zurückreichende Geschichte des Liedes, bei Böhme, *Altdeutsches Liederbuch*, S. 127ff.

488 Vgl. Böhme, *Geschichte des Tanzes*, Bd. I, S. 57.

489 Ebd., S. 58.

Notenbeisp. 20: a) Hess 1555a, Nr. 89 (T-Stimme)
b) *Der Bethler tantz* aus Neusidler 1540 (Oberstimme, nach Ed. in DTÖ 37, S. 38, Terz höher transponiert)
c) Lied *Der reich man war geritten auss* (nach Böhme, Altdeutsches Liederbuch, S. 127)[490]

93. [*Königs Ferdinandus tantz* (Pavane) – Nachtanz]
Konk.: Basel F.X. 22–24, Nr. 6 (*Paduaner*; T und vierter Teil fehlen; größere Varianten im Nachtanz); Attaingnant 1530, Pavane 3 (ohne Nachtanz).
Intav.: Neusidler 1549, Nr. 29 (*Königs Ferdinandus tantz*; Ed. in Back, *Lieder*, S. 18); KrakauBP 1716, fol. 97v (*Ferdinandi*; Ed. in CEKM 6/V, S. 3f.).
Ed.: Band II, Nr. IV.11; ADP 1, S. 11 (nach Attaingnant 1530); Erig, *Basel*, S. 7 (nach Basel F.X. 22–24).

Hess stimmt – mit etlichen Varianten – mit der Basler Handschrift überein. Der vierte Teil fehlt beiden, dem Attaingnant-Druck dagegen fehlt der Nachtanz; dieser wurde offensichtlich schon in Deutschland nach dortigem Brauch hinzugefügt. Im dritten Teil sind bei Hess A und T gegenüber Attaingnants Druck vertauscht (in der Basler Handschrift trifft dies für den zweiten Teil zu); der Alt des ersten Teiles weicht – als Folge der quasi-imitatorischen Führung des Vagants – deutlich von Attaingnant ab.

Daß sowohl Hess als auch die Basler Handschrift nicht direkt auf Attaingnant, sondern auf eine deutsche Bearbeitung des Tanzes zurückgehen, belegen die Intavolierun-

490 Im mehrstimmigen Satz längere Pausen zwischen den einzelnen Abschnitten der Melodie.

gen dieser Version bei Neusidler und im Tabulaturbuch des Jan von Lublin (KrakauBP 1716). Angesichts der Beziehungen der Brüder Hess zu König Ferdinand (vgl. oben S. 158ff.) lag es nahe, diesen Tanz hier aufzunehmen.

94. [Pavane *La rote de rode* – Nachtanz]
Konk.: [c. 1528][9], Pavane 4; Attaingnant 1530, Pavane 14 (*Pavenne*, 4st.) und 25 (*Pavenne La rote de rode*, 4st. – Variante von Nr. 14, Quarte höher); Hess 1555b, Nr. 59 und 158 (siehe dort); Cambrai 125–128, fol. 136r (*Pavane La Rote*, 4st.); StockholmKB 229, 2. Abt., Nr. 13 (nur B und 6) und Nr. 55 (nur B und neue 5. Stimme, Quarte höher); StockholmKA 45, 2. Abt. Nr. 13 (nur B).
Intav.: 1530[7], fol. 40v (*La Rote de Rode*; Ed. in Heartz, *Preludes*, S. 117).
Ed.: Band II, Nr. IV.12; ADP 1, S. 20 und 36 (nach Attaingnant 1530), S. 44 (nach [c. 1528][9]); Thomas, *Music for Crumhorns*, S. 51 (nach Cambrai 125–128).

Die Konkordanz-Quellen bieten jeweils unterschiedliche Fassungen (alle ohne Nachtanz). Die Version bei Hess weicht von allen anderen deutlich ab, steht aber der in [c. 1528][9] am nächsten. In der Übertragung in Band II ist diese der von Hess gegenüber gestellt.

Da solch einschneidende Bearbeitungen Attaingnantscher Tänze sonst bei Hess nicht anzutreffen sind, ist es durchaus möglich, daß diese Version bereits auf eine andere französische Quelle zurückgeht, die uns nicht mehr erhalten ist. Die Melodie dieser Pavane liegt offenbar im Tenor, da sie allein bei den Ensemblebearbeitungen übereinstimmt, während die übrigen Stimmen stärkere Abweichungen zeigen. Die Intavolierung für Laute in Attaingnants *Dixhuit basses dances* (1530[7]) bringt allerdings als *Subjectum* in Mensuralnotenschrift zur Lautentabulatur eine einfache Version der Oberstimme, die der Version der Pavane 25 in Attaingnant 1530 entspricht und die im Lautensatz leicht koloriert wird.

95. [Tanz – Nachtanz]

Die Tenorstimmen von 95 und 96 sind nahezu identisch und weisen die Form AABB auf; Nr. 97 entspricht dem Schema BBCC. Der allen drei gemeinsame Abschnitt B wird auch in mehreren Kompositionen in KrakauBP 1716 bearbeitet.[491]

96. [Tanz – Nachtanz]

Vgl. Nr. 95.

97. [Tanz – Nachtanz]

Vgl. Nr. 95.

100. [Hoftanz – Nachtanz *Schwarzknab*][492]
Konk.: MünchenUB 718, Nr. 21 (*Hoff danntz*).

---

491 Fol. 111v (2 Kompositionen), 213v, 217v (Ed. in CEKM 6/V, S. 7f., 8, 22f., 31f.). Alle Sätze sind ohne Titel. Diese Melodie weist eine deutliche Ähnlichkeit mit dem D-Beginn von Josquins *In te domine speravi* auf, doch ist sie zu simpel, um einen direkten Bezug zu Josquins Stück herzustellen (vgl. Wilkowska-Chomińska, *Lublin*, S. 29).

492 Vgl. Meylan, *Tanzmusik*, S. 265 bzw. 269.

Ed.: Thomas/Gingell, *Renaissance-Tanzbuch*, S. 108–111 (nach Hess 1555a mit ergänzter Oberstimme nach MünchenUB 718).

Weitere Bearbeitungen des *Schwarzknab*-Tenors:

I. Für Ensemble

1. MünchenUB 718, Nr. 9 (*Hoff danntz*).
2. Basel F.X. 5–9, Nr. 20 (*Chorea*) und 23 (*Proportio*); vgl. auch unten S. 289.

3.–8. Unten Nr. 101, 102, 104, 106, 108, 110.

II. Für Tasteninstrumente

1. Basel F.IX. 22, fol. 63^{r}–65^{v} (Johannes Weck: *Tancz der schwarcz knab – Der Hopp tancz*; Ed. in SMd 6, S. 56f. und Merian, *Tanz*, S. 52ff.).
2. Zürich Z.XI.301, fol. 31^{r} (*Schwarz knab*; Ed. in SMd 7, S. 45).
3. LeipzigMB I.8.191, fol. 3^{v}–9^{r} (*Der stadtpfeyffer Tantz – der Trippel*).[493]

III. Für Laute

1. Basel F.IX. 23, fol. 13^{v}–14^{v} (*Hof tantz – Nach dantz*).[494]
2. Basel F.IX. 70, S. 250f. (*Schwartz knab der hoffdantz – Nachdantz*).
3. Berlin 40588, S. 56f. (*Schwartz knab*; Ed. in Niehüser, *Handschrift 40588*, S.102f.).
4. Ebd., S. 58f. (*Schwarzknab coleriert*; Ed. ebd., S.104f.).
5. Ebd., S. 60ff. (*Schwartz Knab*; Ed. ebd., S. 106f.).
6. Ebd., S. 63ff. (*Schwartzknab*; Ed. ebd., S. 108ff.).
7. Ebd., S. 72f. (*Hoppentantz* – nur der Nachtanz; Ed. ebd., S. 117f.).
8. KrakauBJ 40154, fol. 16^{r}–17^{v} (am Ende: *Finis Gassenhauer uff die vorgschen Tantz Mas*).[495]
9. Ebd., fol. 28^{r}–28^{v} (ohne Titel).
10. Ebd., fol. 7^{r}–7^{v}, 24^{r}–24^{v} (am Ende: *Finis Tantz mass der schwarts pueb oder pfaff – Finis hupff auff*).
11. MünchenSB 1512, fol. 5^{v}–6^{r} (*Ein gueter danntz – Der auff und auff*).
12. Ebd., fol. 18^{v}–20^{r} (*Der Erst Hoff danntz – Der Hupff auff*).[496]
13. Ebd., fol. 44^{v}–45^{r} (unvollständig).
14. Ebd., fol. 53^{v}–54^{r} (*Der Erst stat pfeiffer danntz – Der Hupff auff*).
15. Samedan M 1, fol. 6^{r-v} (*Swartzknab*).
16. ebd., fol. 24^{v}–25^{r} (*Zwartz knab tantzmaas Tenor*).
17. ebd., fol. 25^{r-v} (*Swartz knab Discant .etc.*).
18. Ulm 131b, fol. 4^{v}–5^{v} (*Ain gutter danntz der schwartz knab genannt – Nachlauff*; Ed. in Back, *Lieder*, S. 36f.).
19. Wertheim 6, S. 23f. (*Hoffdantz – nachdantz*).
20. Wien 18688, fol. 15^{v} (*Coree Tantzmass – Auff und auff*; Ed. in DTÖ 37, S. 101ff.).[497]
21. Heckel 1562, Tenor, S. 104ff. (*Wider ein schöner Hofftantz mit lieblicher Colleratur*).
22. Ebd., S. 111ff. (*Ein schöner schwäbischer Tantz – Proportz auff den Tantz*).

---

493 Vgl. Stenzl, *Intavolatura*, S. 59f.

494 Vgl. auch Weber, *Iselin*, S. 62f.

495 Zu den *Schwarzknab*-Sätzen dieser Handschrift vgl. Meyer, *Un répertoire de luth*, S. 340 und 343.

496 Vgl. Gombosi, *Hoftanz*, S. 53ff.

497 In der Edition fälschlich als zweite von drei *Paduanen*; vgl. Dorfmüller, *Studien*, S. 160.

23. Ebd., S. 153ff. (*Der schwartz Knab – Proportz auff den schwartzen Knaben*); = Samedan M 1, fol. 14^{v}–15^{v} (*Swartz rüter – Propors*).[498]
24. Judenkünig ca. 1515, fol. C 1^{v} (*Der hoff dantz*; Ed. bei Gombosi, *Hoftanz*, S. 60f.).[499]
25. Judenkünig 1523, fol. e 1^{r} (*Der hoff dantz*; Ed. in DTÖ 37, S. 12f.).
26. Neusidler 1536, fol. t 3^{v}–t 4^{v} (*Hie folget der recht artlich hofftantz im abzug – Hupff auff*, identisch mit Neusidler 1544^{23}, Nr. 24 und Neusidler 1549, Nr. 25; Ed. in Chilesotti, *Lautenspieler*, S. 6).
27. Ebd., fol. v 1^{r}–v 1^{v} (*Ein geringer hofftantz – Der hupff auff*, identisch mit Neusidler 1540, Nr. 16 und Neusidler 1547, Nr. 14; Ed. in Chilesotti, *Lautenspieler*, S. 8).
28. Ebd., fol. v 2^{r}–v 3^{v} (*Ein ser guter hoff tantz mit durch straichen – Hupff auff*; Ed. in Chilesotti, *Lautenspieler*, S. 10 und DTÖ 37, S. 34).
29. Neusidler 1544^{23}, fol. E 1^{v}–E 2^{v} (*Ein guter artlicher hoff tantz – Der hupff auff zum hoff tantz*).
30. Neusidler 1544^{24}, fol. B 1^{v}–B 2^{r} (*Ein guter Hofftantz – Der hupff auff zum Hofftantz*).
31. Wecker 1552, Nr. 28 (*Der schwartz knab dantz*).

Der Hoftanz-Rhythmus kommt hier sehr deutlich zum Tragen: Der gesamten Weise liegt ein Grundrhythmus zugrunde, der zum perfekten Modus hin tendiert (in originalen Notenwerten: ⊨ ◇ ◇ ◇ ◇ ; siehe Notenbeispiel 21).

Die vokale Vorlage dieser einfachen zweiteiligen Tanzmelodie konnte bislang nicht ermittelt werden. Wie die anderen Hoftanzmelodien begegnet auch die *Schwarzknab*-Weise in verschiedenen Varianten. Die Grundform, wie sie auch den meisten Bearbeitungen für Laute und Tasteninstrumenten zugrunde liegt, findet sich (mit gewissen Abweichungen) in Nr. 100, 102 und 104. Doch selbst zwischen diesen drei Versionen zeigen sich wichtige Unterschiede in der Form und der Länge der Abschnitte. Allen gemeinsam ist die stete Abfolge der Abschnitte A und B. In den Nummern 100 und 102 ergeben sich je sechs Durchführungen dieses Paares, Nr. 104 bringt nur vier Durchführungen. Wichtiges Unterscheidungsmerkmal zwischen 100 und 102 ist ein Einschub von drei Brevis-Mensuren in M 7/8.

Die sich so ergebende Unterschiedlichkeit in der Phrasengliederung dieses Tanzes wirft erneut die Frage nach dem Verhältnis zur Tanzpraxis auf. Solch unterschiedliche Behandlungen der Tanzmelodie mußten sicherlich zu Problemen in der Praxis führen, wird man doch davon ausgehen können, daß sich Tänzer und Musiker über die Länge und die Gliederung des Tanzes einig sein mußten und hierüber für jeden Tanz gewisse Festlegungen bestanden.

[498] Vgl. Meyer, *Sources* I, S. 32.
[499] Vgl. ebd., S. 53, Anm. 8.

Notenbeisp. 21: a) Hess 1555a, Nr. 100 (T-Stimme)
b) Hess 1555a, Nr. 102 (T-Stimme)
c) Hess 15551, Nr. 104 (T-Stimme)

101. [Tanz – Nachtanz *Schwarzknab*]

Im Tanz ist die Melodie hier stark gekürzt (auf insgesamt 12 Breven), während der Nachtanz die vollständige Melodie bearbeitet.

102. [Hoftanz – Nachtanz *Schwarzknab*]

Vgl. Nr. 100.

103. [Tanz – Nachtanz *Rex*]
Intav.: KrakauBP 1716, fol. 132^{r} (*Rex*; Ed. in CEKM 6/V, S. 12f.).
Ed.: Band II, Nr. IV.13.

104. [Hoftanz – Nachtanz *Schwarzknab*]
Ed.: EML 237, S. 4f. (mit ergänztem D).

Vgl. Nr. 100.

106. [Hoftanz – Nachtanz *Schwarzknab*?]

Eine deutlich abweichende Fassung der *Schwarzknab*-Melodie. Auffällig ist hier die Rhythmisierung des Beginns.

Notenbeisp. 22: Hess 1555a, Nr. 106 (Beginn der T-Stimme)

Der punktierte Rhythmus macht unmißverständlich deutlich, daß kein perfektes Tempus, sondern perfekter Modus gemeint ist (vgl. dagegen aber andere Beispiele wie Nr. 66).

108. [Hoftanz – Nachtanz *Schwarzknab*]

Diese Fassung der Tanzmelodie (eine Variante von Nr. 106, hier eine Quarte tiefer) ist insbesondere durch ihren stets konstanten Rhythmus auffällig, der sich durch das gesamte Stück zieht und der als stetes Abwechseln von perfektem Tempus und perfekter Prolation zu deuten ist (in originalen Notenwerten): 𝆸 𝆹 𝆹 𝆹𝅥 𝆹 𝆹𝅥.

Der Hoftanz ist also in seiner Rhythmik nicht nur vieldeutig, sondern auch vielfältig – die verschiedenen rhythmischen Zubereitungen dieser Tanzmelodie im Tenor zeigen anschaulich, daß es nicht den typischen Hoftanzrhythmus gibt, sondern verschiedene rhythmische Gliederungsmöglichkeiten innerhalb der Großtakte.

110. [Hoftanz – Nachtanz *Schwarzknab*]

Die *Schwarzknab*-Weise wird hier in kolorierter Fassung präsentiert und zudem auch rhythmisch umgedeutet. Es ist, wie in den anderen Fällen, das Tempus imperfectum diminutum vorgeschrieben, doch findet sich nach dem „Auftakt" von vier Seminimimen ein Distinktionsstrich, wie er auch in zeitgenössischen deutschen Quellen verwendet wird:[500] 𝆺𝅥 𝆺𝅥 𝆺𝅥 𝆺𝅥 ✓ 𝆹· 𝆹𝅥 𝆹𝅥 𝆹𝅥. Dort allerdings übernimmt er in Kompositionen im Tempus perfectum die Rolle des punctus divisionis.[501] Tatsächlich scheint hier das Tempus perfectum deutlich durch, noch stärker jedoch tendiert die metrische Zubereitung der Melodie zur perfekten Prolation, was auch daran deutlich wird, daß die Grundtöne der Tanzmelodie zumeist auf die erste Zählzeit jeder Prolation fallen.

Notenbeisp. 23: a) Hess 1555a, Nr. 110 (Beginn der T-Stimme, Quarte höher transponiert)
b) Hess 1555a, Nr. 100 (Beginn der T-Stimme)

500 Vgl. etwa die Handschrift Ulm 236; siehe auch Wolf, *Handbuch* I, S. 429f.

501 Vgl. auch Apel, *Notation*, S. 125.

112. [Hoftanz – Nachtanz *Der annder Hoff danntz*]

Daniel Heartz hat sich mit dieser Melodie in seinem Aufsatz über den Hoftanz ausführlich beschäftigt, wobei ihm allerdings die beiden hier vorliegenden Sätze entgingen.[502] Er wies darauf hin, daß dieser Tanz in einer der wichtigsten handschriftlichen Lautentabulaturen (MünchenSB 1512) als *Der annder hoff dantz* (d.h. „Der zweite") bezeichnet wird, während der *Schwarzknab* als *Der erst* und der *Benzenauer* als *Der dritt* bezeichnet werden (vgl. oben Nr. 63 und 100). Hiermit wird die Zusammengehörigkeit dieser drei wichtigsten Hoftänze dokumentiert.[503]

Neben dem nachfolgenden Satz Nr. 113 wären folgende Bearbeitungen für solistische Instrumente zu erwähnen:

I. Für Tasteninstrument

1. Basel F.IX. 58, fol. 3ᵛ (Johannes Weck: *Ein ander dancz*; Ed. in SMd 6, S. 83f. und Merian, *Tanz*, S. 56f.).[504]

II. Für Laute

1. MünchenSB 1512, fol. 23ᵛ–24ʳ (*Der annder Hoff danntz – Der Hupff auff*).[505]
2. Ebd., fol. 55ᵛ–56ᵛ (*Der annder stat pfeiffer Danntz*; Ed. in Heartz, *Hoftanz*, S. 23).
3. Judenkünig 1523, fol. e 2ʳ– e 3ʳ (*Der ander hoff dantz*; Ed. in DTÖ 37, S. 13f.).[506]

Die Melodie liegt auch einem Nachtanz (*Tripl*) in MünchenSB 1516, Nr. 184 zugrunde (vgl. oben Nr. 72). Zudem findet sich der Beginn der Tenormelodie auf einem Gemälde, welches das sog. Augsburger Gartenfest aus dem Jahr 1522 darstellt (vgl. S. 212).[507]

Die beiden Fassungen der Melodie bei Hess weichen nur wenig voneinander ab; Nr. 113 zeigt eine Tendenz zu leichten Auszierungen der Melodie. Diese läßt deutlich das intendierte perfekte Tempus erkennen, wie es auch bei Judenkünig vorgeschrieben ist.

502 Heartz, *Hoftanz*, bes. S. 21–27.

503 Kurt Dorfmüller bemerkt in seiner Arbeit über die Münchner Lautentabulatur (MünchenSB 1512), daß die Melodie dieses Hoftanzes mit der von *Der Beyrisch Bot* bei Neusidler 1549 übereinstimme (siehe Dorfmüller, *Studien*, S. 160). Tatsächlich aber ist zwischen beiden keinerlei Beziehung erkennbar. Zum *Beyrisch Bot* vgl. oben Nr. 76.

504 Vgl. Heartz, *Hoftanz*, S. 21f.

505 Vgl. Gombosi, *Hoftanz*, S. 53 und 56.

506 Vgl. Heartz, *Hoftanz*, S. 22 (dort auch Rekonstruktion des cantus firmus).

507 Abb. bei Heartz, *Hoftanz*, Abb. IV, Übertragung ebd., S. 26.

Notenbeisp. 24: a) Hess 1555a, Nr. 112 (T-Stimme)
b) Hess 1555a, Nr. 113 (T-Stimme)
c) *Der ander hoff dantz* aus Judenkünig 1523 (Oberstimme; nach DTÖ 37, S. 13f., hier kleine Terz höher transponiert)

113. [Hoftanz – Nachtanz *Der annder Hoff danntz*]

Vgl. Nr. 112.

114. [Hoftanz – Nachtanz]

Der Tenor ist identisch mit dem von Nr. 115 (Basse danse-Melodie?).

115. [Hoftanz – Nachtanz]

Siehe Nr. 114.

116. [Hoftanz – Nachtanz]

Ed.: Meylan, *Migration*, S. 226–228 (mit ergänztem D, ohne Nachtanz).

Der Tenor verarbeitet die auch Nr. 114 und 115 zugrundeliegende Melodie, hier ist jedoch das Tempus perfectum diminutum vorgeschrieben. Meylan vermutet daher, daß es sich nicht um einen Hoftanz, sondern eine „haute danse“ handle.[508] Unbeachtet bleibt dabei aber der zugehörige Nachtanz; die Vorzeichnung des Tempus perfectum diminutum (das innerhalb der Sammlung nur hier begegnet) ist wohl ein Versuch, die rhythmischen Verhältnisse hier deutlicher darzustellen, als dies in anderen Tänzen der Fall ist (diese Tempus-Vorzeichnung findet sich auch in Hoftänzen Judenkünigs).

119. [Tanz – Nachtanz]
Ed.: Band II, Nr. IV.14.

Die Melodie im Tenor liegt auch den folgenden Sätzen Nr. 120 und 121 zugrunde. Drei Bearbeitungen in KrakauBP 1716 verwenden sie jeweils in der Oberstimme: fol. 112^{r} (*Poznanie*), 212^{v} (ohne Titel, unvollst.), 215^{v} (*Alia* [chorea] *ad unum* [saltum] / *Poznanie*).[509] In derselben Handschrift erscheint die Melodie in der Mittelstimme eines dreistimmigen Satzes mit der Bezeichnung *alia* (fol. 214^{r}; Ed. in CEKM 6/V, S. 23f.). Ein Satz mit Melodie in der Oberstimme findet sich oben unter Nr. 50.

120. [Tanz – Nachtanz]

Vgl. Nr. 119.

121. [Tanz – Nachtanz]
Intav.: KrakauBP 1716, fol. 214^{r} (*alia* [chorea ad unum saltum]; Ed. in CEKM 6/V, S. 23f.).
Ed.: Thomas, *Music for Crumhorns* 1, S. 61 (ohne Vagant).

Vgl. Nr. 119.

122. [Tanz – Nachtanz]
Intav.: Ammerbach 1571, fol. 57^{v}–58^{v} (*Ein ander hübscher Dantz – Proportio*; Ed. in Jacobs, *Ammerbach*, S. 95f.).
Ed.: Band II, Nr. IV.15.

Die einzelnen Abschnitte werden bei Ammerbach im Gegensatz zu Hess jeweils wiederholt; die Form bei Hess: 𝄆ABCDD’𝄇 – 𝄆abcdd’𝄇; bei Ammerbach: AABBCCDD’DD’ – aabbccdddd.[510]

126. [Tanz – Nachtanz *Wer ich ein falck*]

Die Melodie im Tenor dieses Tanzes findet sich auch in einem vierstimmigen Satz Heinrich Fincks im Leipziger Apel-Kodex (LeipzigUB 1494, fol. 149^{v}–150^{r}; Ed. in EdM 33, S. 193ff.).[511] Sie wird dort in D, T und B nacheinander jeweils einmal vollständig durchgeführt und sodann nach einem Wechsel vom Tempus imperfectum zum Tempus perfectum nochmals kanonisch verarbeitet.

---

508 Vgl. Meylan, *Migration*, S. 223.

509 Ed. in CEKM 6/V, S. 9f., 28 bzw. 27. Vgl. auch Meylan, *Tanzmusik*, S. 266.

510 Kleinbuchstaben bezeichnen hier und in den folgenden Formschemata die jeweils entsprechenden Abschnitte im Nachtanz.

511 Als lateinische Kontrafaktur *Invicto regi jubilo* auch in Berlin 40021 (siehe EdM 77, S. 278–282). Eine ältere Version der Melodie überliefert das Hohenfurter Liederbuch mit dem Text einer geistlichen Kontrafaktur *Hyet ich die gnad* (Ed. in Bäumker, *Liederbuch*, Nr. LXIII). Die Melodie ist dort ungeradtaktig, auch fehlt die Wiederholung der ersten Zeile.

Notenbeisp. 25: a) Hess 1555a, Nr. 126 (T-Stimme)
b) Heinrich Finck, *Wer ich ein falck* (D-Stimme, M 4–28; nach EdM 33, S. 193ff.)

127. [Tanz – Nachtanz *Wer ich ein falck*]
Ed.: Band II, Nr. IV.16.

Die formale Anlage dieses Tanzes stimmt mit der von Nr. 126 überein, abgesehen von der Tatsache, daß der zweite Abschnitt hier eine Mensur länger ist. Tatsächlich läßt sich die Tenorstimme von Nr. 126 (eine Quinte höher transponiert) ohne Schwierigkeiten als Diskantstimme in diesen Satz einpassen (vgl. die Übertragung mit Rekonstruktion der Oberstimme in Band II). Entsprechend den Gruppen der Hoftänze sind hier zwei Bearbeitungen der Tanzmelodie zusammengefaßt, eine mit Tenor-, eine mit Diskantmelodie (ein entsprechender Fall unten Nr. 149/150).

129. [Tanz – Nachtanz]

Vgl. Nr. 130.

130. [Tanz – Nachtanz]

Im Tenor die gleiche Melodie wie in Nr. 129.

131. [Costanzo Festa: *Quando ritrovo la mia pastorella* – Nachtanz]
Konk. des Madrigals: [c. 1530][1], fol. 14^{v} (anonym); [c. 1537][6], Nr. 11; 1541[11], Nr. 35 (*Con. Festa*); RegensburgBZ A.R. 940/41, Nr. 134 (nur Textmarke *Pastorella*, anonym); Ulm 236, Nr. 114 (nur Textmarke *Pastorella*, anonym).
Ed.: Thomas, *Music for Crumhorns* 1, S. 62f. (nach Hess, Quarte tiefer transponiert); CMM 25/VIII, S. 46f. (Festa).

Weitere Bearbeitungen als Tanz in Hess 1555b, Nr. 79 und 94 (vgl. unten).

Von Festas Madrigal-Satz werden nur die ersten 12 Mensuren übernommen und durch Verkürzung (Auslassen der Semibrevis-Pause in M 5 des Madrigals) so verändert, daß sich – unter Hinzufügung von Wiederholungen – drei Abschnitte von jeweils vier Mensuren Länge ergeben (Formschema AABCC).

Interessant sind Übereinstimmungen dieser Fassung mit den beiden deutschen Quellen des Madrigals unter dem Titel *Pastorella*.[512] Dort ist das Madrigal zwar vollständig, doch findet sich ebenso die Kürzung um eine Semibrevis in M 4. Dadurch ergeben sich ebenfalls am Beginn der Komposition drei Abschnitte von je vier Mensuren Länge (jedoch ohne Einfügung von Wiederholungszeichen). Daß die Komposition in dieser Form als Tanz gedient hat, ist jedoch sehr unwahrscheinlich, da die folgenden, ebenfalls klar abgetrennten Abschnitte unregelmäßige Längen aufweisen. Jedenfalls deutet diese Übereinstimmung auf überlieferungsgeschichtliche Zusammenhänge hin: das Werk fand in Deutschland handschriftlich Verbreitung und war durch den Titel *Pastorella* bezüglich der sprachlichen Zugehörigkeit sozusagen „neutral" und konnte daher als einheimische Komposition aufgefaßt und in eine Sammlung deutscher Tänze aufgenommen werden.[513]

132. [Pavane – Nachtanz (Bearbeitung von *La scarpa mi fa mal*)]

Konk.: Attaingnant 1530, Pavane 22 (ohne Nachtanz); Basel F.X. 22–24, Nr. 9 (*Paduaner* und Nachtanz, T fehlt; insbes. im Diskant starke Abweichungen von Attaingnant); Cambrai 125–128, fol. 146^r ([P]*avanes*, Quarte tiefer).[514]
Attaingnant 1530, Basse danse 5 (*La scarpa my faict mal*, nur erster Abschnitt des Nachtanzes, Sekunde höher).

Intav.: KrakauBP 1716, fol. 131^r (*Poznania*; Ed. in CEKM 6/V, S. 10f.); ebd., fol. 213^r (*Italica*; Ed. ebd., S. 21).

Ed.: Band II, Nr. IV.17; ADP 1, S. 34f. (Pavane nach Attaingnant 1530); ebd., S. 4 (Basse danse nach Attaingnant 1530).

Dieses Tanzpaar ist eine besonders kuriose Kombination verschiedener Einzelteile: Die Musik des Tanzes ist identisch mit der oben genannten Pavane; der Nachtanz jedoch erweist sich im ersten der beiden Abschnitte als Bearbeitung des ersten Abschnitts der Basse danse *La scarpa my faict mal*, die sich wie die Pavane bei Attaingnant 1530 findet. Der zweite Abschnitt dagegen ist (wie bei den meisten anderen Nachtänzen der Sammlung) aus dem ersten Abschnitt des Tanzes (d.h. der Pavane) durch Umformung in das Tempus perfectum abgeleitet. Bemerkenswert ist bei der Verwendung der Basse danse auch die Veränderung des Charakters, denn schließlich ist die Basse danse (trotz ihres ungeraden Metrums) ein gemessener Schreittanz. Den Schlüssel zur Klärung dieses Problems bietet die Tatsache, daß es sich hier offensichtlich um einen Tanz italieni-

---

512 Vgl. die Edition in Wendel, *Musiksammlung*, Bd. III, S. 63ff., dem allerdings die tatsächliche Identität der Kompositionen entgangen ist und der daher nur die Handschriften RegensburgBZ A.R. 940/41 und Ulm 236 als Quellen nennt.

513 Bei der Kürzung in den beiden Handschriften ist allerdings auch zu berücksichtigen, daß das Madrigal, der italienischen Deklamation folgend, häufig auf die „schwache" Zählzeit, d.h. die 2. Semibrevis einer jeden Mensur, kadenziert. Dies ist für deutschsprachige Kompositionen dieser Zeit (vor den madrigalischen Einflüssen bei Orlando di Lasso) durchaus ungewöhnlich und ließ sich so auf einfache Art und Weise ändern.

514 Für weitere Bearbeitungen der Pavane für Laute vgl. Heartz, *Sources*, S. 318f., Heartz, *Preludes*, S. LXXXf. und LXXXII sowie Diehl, *Cambrai*, S. 723ff.

schen Ursprungs handelt, und zwar um einen Saltarello. Hierauf deutet zum einen der italienische Titel hin, sodann auch die Tatsache, daß der Tanz vornehmlich in italienischen Quellen überliefert wird (vgl. Hess 1555b, Nr. 48). Dort hat er den Charakter eines Saltarellos (vgl. auch die Bearbeitung in Augsburg 142a, fol. 20^{r}; siehe oben S. 148). Zudem existiert in der italienischen Tanzmusik dieser Zeit keine der französischen Basse danse entsprechende Form.[515] Der Tanz wurde also in Frankreich zu einer Basse danse umgedeutet. Schließlich liegt der Tanz (mit Nachtanz) auch in zwei Intavolierungen in der Orgeltabulatur Jan von Lublins (KrakauBP 1716) vor, von denen eine den Titel *Italica* trägt. Im Zusammenhang betrachtet, könnte dies darauf hindeuten, daß all diese Quellen auf eine verlorene italienische Quelle zurückgehen, die bereits beide Tänze nach dem italienischen Muster von Paduana und Saltarello miteinander verband, wofür auch die Bezeichnung des Tanzes als *Paduaner* in der Basler Handschrift spricht.

Alt, Tenor und Baß stimmen im Tanz, von geringfügigen Abweichungen abgesehen, mit Attaingnant überein. Allerdings schreibt Hess im Alt das durchgängig erforderliche *es* im Gegensatz zu Attaingnant ausdrücklich vor. Das *es* ist in diesem Satz ein Problem, das sich allenfalls durch weitgehende Emendationen lösen ließe. Man vergleiche insbesondere die Führung der Diskantstimme bei Attaingnant in M 10: Hier erklingt im Diskant zu dem (durch die Führung der Baßstimme zwingenden) *es* des Alts ein a^1, so daß das Vorzeichen *as* ergänzt werden müßte, was allerdings den modalen Rahmen sprengen würde. Die Basler Fassung bietet hier durch eine veränderte Führung des Diskants eine gute Lösung.

137. [Tanz – Nachtanz]

Intav.: Ammerbach 1571, fol. 55^{v} (*Ein ander hübscher Dantz – Proportio*); Ammerbach 1583, S. 191f. (*Ein ander lustiges Dentzlein – Proportio*; Ed. beider leicht voneinander abweichenden Fassungen bei Jacobs, *Ammerbach*, S. 91ff.).

Ed.: Band II, Nr. IV.18.

In Ammerbachs Intavolierungen sind die Wiederholungen ausgeschrieben. Die Abweichungen der beiden Versionen Ammerbachs sind zwar nicht tiefgreifend, jedoch in zweierlei Hinsicht aufschlußreich. Zum einen wurden in der späteren Version die auftaktigen Einsätze, die auch bei Hess vorhanden sind, bis auf eine Ausnahme zugunsten volltaktiger Einsätze eliminiert. Zum anderen ist der Nachtanz in der späteren Fassung in der Prolatio perfecta notiert, während die ältere wie Hess das Tempus perfectum vorschreibt (entsprechend mit doppelten Notenwerten).

Daß Ammerbach tatsächlich den vorliegenden Satz intavoliert, ist, auch bei kleineren Varianten, eindeutig (vgl. die Gegenüberstellung in Band II). Ein Unterschied ist allerdings auffällig: Der irreguläre zweite Abschnitt des Nachtanzes hat bei Hess fünf Mensuren, da bei der Umformung des Tanzes stereotyp Minimen in Semibreven überführt wurden. Ammerbach korrigiert dies, indem er rhythmisch beschleunigt (ein ähnlicher Fall ist Nr. 148, vgl. dort).

139. [Allemande *Brunsmedelijn* – Nachtanz]

Die *Brunsmedelijn*-Melodie (hier im Tenor) liegt in zahlreichen weiteren Bearbeitungen vor:

---

515 Vgl. dazu Moe, *Dance Music*, S. 55f.

I. Für Ensemble
1. Susato 1551, fol. 12ᵛ (*Allemaigne VII*) = 1571^{14}, fol. 9ʳ (*Almande smedelijn*; Ed. in Susato, *Danserye* II, S. 39).
2. Mainerio 1578, S. 10 (*Todescha – Saltarello*). = 1583^{21}, fol. 18ᵛ (*Almande Bruynsmedelijn – Saltarello*).
3. Oben Nr. 46.
4. Unten Nr. 140.

II. Für Tasteninstrumente
1. Berlin 40098, Nr. 116 (*Ein Ander Teuttscher Tanntz – Der Sprungkh Drauff*, August Nörmiger; Ed. in Merian, *Tanz*, S. 248).
2. Dublin 408 (ohne Titel; Ed. in Ward, *Dublin*, S. 21).
3. London Add. 29485, fol. 12ʳ (*Almande Brun Smeedelyn – Reprynse Brun Smeedelyn*, für Tasteninstrument; Ed. in Curtis, *Nederlandse klaviermuziek*, S. 22f.).
4. Frescobaldi 1624, S. 40 (*Capriccio quinto sopra la bassa fiamenga*, auch in den Ausgaben 1626, 1628 und 1642).

III. Für Zupfinstrumente
1. Amsterdam 208. A. 27, fol. 71ʳ (*Das Medlein das ist hübsch und fein – Saltarello*; Ed. der Melodie in Duyse, *Lied* II, S. 1771).[516]
2. Leiden 133.1.63, fol. 490ʳ (*Bruynsmedelijn*; Ed. der Melodie in Duyse, *Lied* II, S. 1771).
3. Samedan M 1, S. 33 (*Chorea Meitlin khom mit mir uber rÿn* – Nachtanz).
4. 1568^{23}, fol. 87ᵛ (*Almande smeechdelijn – Reprinse*).
5. 1569^{37}, fol. 2ʳ (*Almande bruynsmedelijn – Le reprinse* = 1570^{34}, fol. 51ᵛ, Sebastian Vreedmann. Für Cister; Ed. in Ward, *Dublin*, S. 49f.).
6. Jobin 1573, Nr. 32 (*Dantz – Nach dantz*; Ed bei Hudson, *Allemande*, Bd. 2, S. 11).
7. Caroso 1581, fol. 53^{r-v} (*Balletto Bassa Ducale – La sua Sciolta*. Für Laute und ein Melodieinstrument nebst Choreographie).[517]
8. Waissel 1591, fol. D 3ᵛ (*Tantz – Sprung*; Melodie bei Hudson, *Allemande*, Bd. 1, S. 6).
9. Caroso 1600, S. 259 (*Balletto Bassa Savella – La Sciolta*).
10. Negri 1602, S. 186f. (*Alemana d'Amore*; für Laute und ein Melodieinstrument; Ed. in Hudson, *Allemande*, Bd. 2, S. 136f., die Choreographie ebd., Bd. 1, S. 73f.).

IV. Sonstige
1. Fruytiers 1565, Nr. 46 (mit dem Text *Dit is 't boeck van tverbond* mit der Melodie-Angabe *op de wyse van Frisch meechdelijng, oft etc.*; Ed. in Scheurleer, *Ecclesiasticus*, S. 51 und Duyse, *Lied* II, S. 1771).

Die früheste Quelle dieser Tanzmelodie ist Susatos Tanzsammlung von 1551; dort findet sie sich im Diskant der *Allemaigne* VII (in obiger Übersicht I.1.). Danach finden sich Bearbeitungen in zahlreichen Sammlungen des 16. und frühen 17. Jahrhunderts, bis hin zu Girolamos Frescobaldis *Capriccio sopra la bassa fiamenga* (1624).[518]

Der Titel (z.B. *Allemande Bruynsmedelijn* in 1583^{21}) deutet auf eine Liedmelodie hin, die wohl dieser Tanzmelodie zugrunde liegt. Die bislang nicht nachgewiesene Bear-

---

516 Vgl. auch Dieckmann, *Tänze*, S. 86.

517 Gewidmet ist dieser Tanz der Herzogin Dorothea von Braunschweig und Lüneburg. Er wurde also im Blick auf die deutsche Herkunft der Melodie gezielt einer deutschen Fürstin zugedacht.

518 Vgl. Moe, *Dance Music*, S. 271f, und Curtis, *Nederlandse Klaviermuziek*, S. XXVIII.

beitung der Melodie im Tenor eines Satzes bei Hess läßt darauf schließen, daß es sich bei dieser Allemande tatsächlich um eine Melodie deutschen Ursprungs handelt. Hess dürfte dabei die ursprünglichere Version überliefern, da kaum damit zu rechnen ist, daß Susatos Melodie vom Diskant in den Tenor verlegt wurde. Vielmehr fügt sich die Melodie in die Reihe von Bearbeitungen deutscher Liedmelodien ein, die sich in unserer Sammlung nachweisen ließen.

Es ist ein weit verbreitetes Phänomen der Liedüberlieferung dieser Zeit, daß Lieder wie das vom *Bruynsmedelijn* ihrer allgemeinen Bekanntheit wegen nicht aufgezeichnet wurden; eine Angabe der *Weise* genügte. Glücklicherweise aber ist die Melodie in diesem und ähnlichen Fällen durch Kontrafakturen überliefert worden, die auch den ursprünglichen Text angeben. Die weite Verbreitung dieser Melodie ergibt allerdings kein ganz einheitliches Bild. Die vokale Melodie überliefert allein Ian Fruytiers in seinem *Ecclesiasticus* von 1565.[519] Dieses Werk ist eine metrische Übersetzung des Liber Ecclesiasticus, für die Fruytiers verschiedenste geistliche und weltliche sowie Tanzmelodien verwendete. Dort findet sich die Melodie mit dem Text *Dit is 't boeck van tverbond* und der Melodie-Angabe *op de wyse van Frisch meechdelijng, oft etc.*

Notenbeisp. 26: a) Hess 1555a, Nr. 139 (T-Stimme)
b) Hess 1555a, Nr. 140 (T-Stimme)
c) *Allemaigne VII* aus Susato 1551, fol. 12^{v} (D-Stimme, große Sekunde tiefer transponiert)

Bei dem Textanfang *Frisch meechdelijng*, den Fruytiers angibt, handelt es sich möglicherweise um eine Variante des Textes. Einen anderen Textanfang teilt ein niederländisches Liederbuch aus dem Jahre 1603 mit.[520] Für ein Lied, das sich auf eine historische Begebenheit des Jahres 1589 bezieht (*Seght, ghy Bergsche soldaten*) wird dort auf die Melodie verwiesen: *Op de wijse: Bruynsmedelijn / Bruynsmedelijn / ghy zijt seer hups / etc.* Leider ist diese Aufzeichnung ohne Melodie.

519 Vgl. die Edition von Scheurleer, *Ecclesiasticus*, S. 51 sowie Duyse, *Lied* II, S. 1771.

520 Siehe Duyse, *Lied*, Bd. II, S. 1770.

Es sei hier auch noch auf eine Bearbeitung der Tanzmelodie hingewiesen, die bislang nicht bekannt war. Die Schweizer Lautentabulatur Samedan M 1 überliefert den Tanz unter dem Titel *Meitlin khom mit mir uber rÿn* (siehe die Übersicht oben Nr. III/3). Dies bezeugt, daß die zugrunde liegende Liedmelodie auch im oberdeutschen Bereich in einer eigenen Textversion verbreitet war (man denke hier auch an die intensiven Handelsbeziehungen entlang des Rheins).

John Ward und Lawrence H. Moe haben darauf hingewiesen, daß der erste Abschnitt von Susatos Melodie wörtlich mit einer Passage aus der Diskantstimme von Claudin de Sermisys Chanson *Au joly bois* übereinstimmt.[521] Es spricht jedoch einiges dafür, daß es sich dabei nur um eine zufällige Übereinstimmung handelt. Zum einen ist diese viertaktige Phrase sehr simpel. Vor allem aber erscheint das Melodie-Fragment bei Sermisy innerhalb einer Phrase, im Tanz dagegen am Beginn. Die Übereinstimmung beschränkt sich auf diese eine Phrase, auch der zugehörige Text bei Sermisy (*en ung jardin*) steht in keinem Zusammenhang mit einem der Titel, unter denen der Tanz in den Quellen begegnet.

Demgegenüber schlägt Richard Hudson Stephan Zirlers Lied *Ach Gretlein* als mögliche Vorlage für die Tanzmelodie vor.[522] Diese Melodie ist teilweise sehr ähnlich, weicht teilweise aber auch stark ab, so daß es kaum möglich ist, eine direkte Abhängigkeit festzustellen.

140. [Allemande *Brunsmedelijn* – Nachtanz]

Vgl. Nr. 139.

142. [Tanz – Nachtanz]

Intav.: KrakauBP 1716, fol. 102^{v} (ohne Titel; Ed. in CEKM 6/V, S. 5).[523]

Ed.: Band II, Nr. IV.19.

143. [*Ein kurtzer Dantz*]

Intav.: Ammerbach 1571, fol. L 2^{v} (*Ein kurtzer Dantz*; Ed. in Jacobs, *Ammerbach*, S. 90).

Ed.: Band II, Nr. IV.20.

148. [*Der alten Weiber Tantz*]

Intav.: Drusina 1556, fol. l 2^{r} (*Tantz – Sprunck*); Neusidler 1574, Nr. 33 (*Der alten Weiber Tantz*; Ed. in Hudson, *Allemande*, Bd. II, S. 15f.).

Ed.: Band II, Nr. IV.21.

---

521 Vgl. Moe, *Dance Music*, S. 188f. und Ward, *Dublin*, S. 49f.

522 Siehe Hudson, *Allemande*, Bd. I, S. 37f. Entgegen Hudson steht dieses Lied noch nicht in der 1. Ausgabe von Forsters zweiter Liedersammlung (1540^{21}), sondern erst in der zweiten Auflage (1549^{36}).

523 Vgl. Meylan, *Tanzmusik*, S. 266. Starke Ähnlichkeit besteht auch mit *Eyn Tantz* in LeipzigMB I.8.191, fol. 15^{v}–19^{r} (ebenfalls für ein Tasteninstrument).
Im thematischen Index der Faksimile-Ausgabe von KrakauBP 1716 wird Sermisys Chanson *Tant que vivray* als Vorlage dieses Tanzes in Lublins Tabulatur genannt (vgl. Wilkowska-Chomińska, *Lublin*, S. 28). Die Ähnlichkeit der Oberstimme zu Beginn scheint mir jedoch nicht ausreichend, um hier von einer Vorlage für den Tanz zu sprechen.

Drusinas Intavolierung, die dem Satz bei Hess am nächsten steht, weicht lediglich in der Form ab: AABBC – ababc gegenüber AABBCC – aabbcc bei Hess (vgl. die Gegenüberstellung in Band II).

Weitere Bearbeitungen:[524]

I. Für Laute
1. Kargel 1575, fol. H 3ʳ (*Almanda Imperiala*)
2. Waissel 1591, fol. C 2ʳ (*17. Tantz*; Beginn bei Kosack, *Laute*, S. 113)
3. Wien 19259, fol. 4ʳ (*Des Hertzog Augusti Dantz*; Ed. in DTÖ 37, S. 119)

II. Für Tasteninstrumente
1. Ammerbach 1583, S. 197 (*Ein Schlesier Dantz*; Ed. in Jacobs, *Ammerbach*, S. 330f.)
2. Schmid 1577, fol. Z 3ᵛ (*Der Imperial. Ein Fürstlicher Hofdantz*; Ed. in Merian, *Tanz*, S. 107f.)
3. Berlin 733, fol. 40ᵛ–41ʳ (*Breschlisch dantz*)
4. Berlin 40115, fol. 7ᵛ–8ʳ (*Geissler* [*Brissler*?] *Tanz*; Ed. in Merian, *Tanz*, S. 205)

149. [*Zeuner tantz – Hupff auff*]

Die Tenor-Melodie dieses Tanzes liegt verschiedenen Bearbeitungen für Solo-Instrumente zugrunde (dort stets als Oberstimme):[525]

I. Für Zupfinstrumente
1. Heckel 1562, Tenor, S. 138ff. (*Der Züner Tantz – Proportz auff den Züner*; Ed. in Böhme, *Geschichte des Tanzes*, Bd. II, Nr. 59)
2. Neusidler 1540, fol C 2ʳ⁻ᵛ (*Der Zeuner tantz – Hupff auff*; Ed. in DTÖ 37, S. 39)
3. Dresden J 307 (siehe Böhme, *Geschichte des Tanzes*, Bd. II, Nr. 137)
4. MünchenSB 1512, fol. 45ᵛ–46ʳ (*Der Zeiner dantz – Der auf unnd auff*)
5. Wien 9704, fol. 8ʳ⁻ᵛ (*Zeiner danz*; Ed. in Flotzinger, *Lautenbüchlein*, S. 16)

II. Für Tasteninstrumente
1. KrakauBP 1716, fol. 219ᵛ (*CzaynerThancz*; Ed. in CEKM 6/V, S. 35f.)

Eine weitere Bearbeitung, mit der Melodie in der Oberstimme, unten Nr. 150.

Auffallendstes Merkmal dieses Satzes ist das sonst in der Sammlung nur selten zu beobachtende sukzessive Einsetzen der Stimmen, sogar mit einem Ansatz zur Durchimitation. Dies legt die Vermutung nahe, daß es sich hier ursprünglich um einen Vokalsatz handelte, dem eine sonst nicht nachweisbare Liedmelodie zugrunde liegt. Dieses Lied bildete offenbar, ähnlich wie beim *Bettlertanz* (siehe Nr. 89), die Grundlage der Tanzmelodie. Dies könnte auch die ungewöhnliche Länge der Abschnitte erklären. Während nämlich die im Tenor liegende Melodie selbst deutlich in Abschnitte von 8+4+4 Brevis-Mensuren gegliedert ist, werden die Abschnitte A und B durch vorangestellte Pausen auf 12 bzw. 10 Mensuren verlängert. Demgegenüber ist die Bearbeitung Neusidlers z.B. in regelmäßige Gruppen von 8 bzw. 4 Mensuren gegliedert. Dasselbe gilt bei Neusidler für den Nachtanz, während Hess Gruppen von 10, 8 und 5(!) Brevis-Mensuren bildet, obwohl hier keine Imitationen mehr erfolgen und der Satz weitgehend homorhythmisch ist.

---

524 Vgl. auch Hudson, *Allemande*, Bd. 1, S. 35, 46 und 65.

525 Der *Zeiner Tantz* in der Lautentabulatur LeipzigMB II.6.15, S. 370 steht zu dieser Melodie in keiner Beziehung.

Notenbeisp. 27: a) Hess 1555a, Nr. 149 (T-Stimme)
b) *Der Zeüner tantz* aus Neusidler 1540 (Oberstimme, unter Auslassung der variierten Wiederholung des Abschnitts A; nach DTÖ 37, S. 39)

Nach Böhme war der *Zeuner* vermutlich eine Art Reigentanz, bei dem zwei Gruppen einen Zaun um einzelne Tänzer in der Mitte bildeten (daher der Name).[526] Offenbar handelte es sich hier um einen Fastnachtstanz; in dem Lied *Furwitz der Kramer hat vil war*, überschrieben *Ein Faßnacht Reyen*, wird der Tanz als Teil des wilden Fastnachtstreibens beschrieben. Danach wurde er mit Sprüngen ausgeführt, wobei die verkleideten Tänzer Schellenbänder um ihre Knie trugen:

Wer weysse hend behalten wil / wirdt hendtschůch bey im[527] *finden /*
Der schellen band der hat er vil /
umb beyde knye zů binden /
Die mumerey bossirt damit /
wo die am tantz her klingen /
Ir keyner wil sich saumen nicht /
am zeüner frey her springen.[528]

Einen direkten Beleg dafür, daß es sich hier um einen Fastnachtstanz handelte, bietet ein Hinweis aus Wunsiedel von 1478, als zwei Schäfer für das Aufspielen zum Fastnachtstanz bezahlt wurden: *4 gr.* [Groschen] *den Schäfern, die an der Vaßnacht den Trotter vnd Zeuner pfiffen.*[529] Das Ensemble dieser beiden Schäfer wird man sich wohl als aus Dudelsack und Schalmei bestehend zu denken haben, wie es sich auf zahlreichen Darstellungen findet.

---

526 Siehe Böhme, *Geschichte des Tanzes*, Bd. I, S. 55f.

527 Gemeint ist ein umherziehender Händler.

528 *Bergkreyen*, Nr. 13, fol. B II^{r} (ohne Melodie). In abweichender Lesart ist der Text auch abgedruckt (mit einer Melodie nach 1545[7]) bei Böhme, *Altdeutsches Liederbuch*, S. 427ff.

529 Siehe Singer, *Tänze von 1478*, S. 39; zum *Trotter* vgl. ebd. , S. 40f.

Christian Weiße bemerkt in seinem 1673 erschienenen Buch *Die drei ärgsten erznarren*: *Denn solche leichtfertige Täntze, wie der Zeuner-Tantz bißweilen gehalten wird, und wie Anno 1530 zu Dantzig einer von lauter vermummten nackichten Personen angestellet worde* [...], *die soll man mit Prügeln und Staupbesen von einander treiben.*[530]

Wird man auch Weißes Bericht über eine Ausführung dieses Tanzes durch maskierte Nackte mit gehöriger Zurückhaltung beurteilen müssen, so zeigen doch die oben mitgeteilten Hinweise über die Ausführung dieses Tanzes immerhin deutlich, daß wir es hier mit einem sehr ausgelassenen Tanz zu tun haben. In diese Richtung deuten auch ausdrückliche Verbote verschiedener Tänze, unter denen auch der *Zeuner* mehrfach genannt wird. Diese Verbote finden sich in Hochzeitsordnungen und weisen damit auf einen weiteren Anlaß hin, zu dem dieser Tanz wohl gerne aufgeführt wurde. In Breslau selbst wird der Tanz in der Hochzeitsordnung des Jahres 1500 verboten, indem den Spielleuten geboten wird, sie sollten *alleine zu Tanze schlagen, pfeiffen oder Trommeten, die alten Tänze und keine neue Tänze, als Zeuner, Taubentanz, Schmoller und ander neue und ungewönliche Tänze.*[531] Als neuen und ungewöhnlichen Tanz verbietet den *Zeuner* neben anderen auch eine Königsberger Hochzeitsordnung (erlassen zwischen 1529 und 1553): *Hiemit sollen auch die newen ungewonlichen tentz, als Spizzenickel,*[532] *Jeger, und Zeüner tentze, neben dem aushaltendt gentzlichen bey dreyen marcken bues, oder acht tagen ym thorm verboten seyn.*[533]

150. [*Zeuner tantz – Hupff auff*]
Ed.: Band II, Nr. IV.22.

Dieser Tanz weist nicht nur die gleiche Struktur auf wie Nr. 149, bei genauerer Untersuchung zeigt sich auch, daß die Melodie des *Zeuner*-Tanzes zu diesem Satz paßt. Die Melodie erscheint hier in einer Variante ohne Auftakt, wie sie auch bei Heckel oder Jan von Lublin (KrakauBP 1716) begegnet (vgl. die Angaben oben zu Nr. 149).

153. [Tanz – Nachtanz]
Intav.: KrakauBP 1716, fol. 222^{v} (ohne Titel; Ed. in CEKM 6/V, S. 40f.).
Ed.: Band II, Nr. IV.23.

154. [Bauerntanz – Nachtanz]
Konk.: Iserlohn IV 36 F 124, Nr. 112 (T: *Der baren tantz*, B: *Bauren*[?] *tantz*, nur unvollständige T- und B-Stimmen).[534]

---

530 Zitiert nach Böhme, *Geschichte des Tanzes*, Bd. I, S. 111.

531 Nach *Scriptores rerum silesiacarum*, Bd. 3, S. 205.

532 Bolte, *Geschichte des Tanzes* erläutert: „d.i. junges Mädchen".

533 Zitat nach ebd., S. 91.

534 Der Beginn der Baßstimme ist abgerissen und daher schlecht lesbar. Für die Lesung *Bauren tantz* spricht auch ein ähnlich bordunhaftes Stück in Jan von Lublins Orgeltabulatur mit dem Titel *Paur thancz* (fol. 218^{r}).

b) Anordnung und Quellen

Ein Ordnungsprinzip, das der gesamten Abfolge der Tänze zugrunde liegt (z.B. nach Gattungen, Besetzungen oder Tonarten), läßt sich nicht feststellen. Doch sind jene Kompositionen, denen dieselbe Tanzweise zugrunde liegt, meist zu Gruppen zusammengefaßt. Dabei handelt es sich teils um identische (oder fast identische) Tenorstimmen, teils um abweichende Melodiefassungen, die sich in Melodik oder formaler Anlage mehr oder weniger stark unterscheiden können. Ebenso ist eine Tendenz zu erkennen, ähnliche, oder wenigstens ähnlich beginnende, Melodien zusammenzufassen (vgl. etwa die Bemerkungen zu Nr. 87). Die Gruppierung von Tanzweisen wird an einigen Stellen auch unterbrochen, und zwar dort, wo sonst innerhalb einer Komposition ein Umblättern erforderlich geworden wäre. So gehört z.B. Nr. 67 nicht zur Gruppe der *Benzenauer*-Bearbeitungen (Nr. 63–66, 68). Da Nr. 68 mehr als eine Seite im Druck einnimmt, nach Nr. 66 (auf fol. G^{v}) jedoch nur eine Seite Raum zur Verfügung stand, wurde die kürzere Komposition Nr. 67 eingeschoben.

Darüber hinaus ist innerhalb der Gruppen eine Trennung nach Tonarten zu beobachten. Dort, wo eine Tanzweise in verschiedenen Lagen vorliegt, werden diese jeweils zusammengefaßt. So steht die erste Gruppe der *Schwarzknab*-Bearbeitungen (100–106) in *f* (mit einem ♭), die zweite (Nr. 108, 110) in *c* (ohne Vorzeichen).

Welche Quellen benutzten die Gebrüder Hess für ihre Tanzsammlung, und wie groß ist ihr eigener Anteil an den Kompositionen? Ein Punkt ist zunächst zu bedenken, überschaut man das gesamte Tanzmusikrepertoire des 16. Jahrhunderts: es ist dies das Mißverhältnis zwischen der großen Zahl von überlieferten Kompositionen für Soloinstrumente (Tasteninstrumente, insbesondere aber Laute) und der, sieht man von der Hess-Sammlung ab, sehr geringen Anzahl von Sätzen für Instrumentalensemble.

Nach eigener Aussage in der Vorrede haben die Gebrüder Hess die vorliegenden Tänze *zusammen bracht*, also gesammelt; von einem eigenen kompositorischen Anteil der beiden ist nicht die Rede. Woher nun bezogen sie die Kompositionen? Es wurde bereits darauf hingewiesen, daß gerade unter den Tanzsammlungen mit großen Verlusten in der Überlieferung zu rechnen ist. Doch läßt ein Blick auf die Parallelüberlieferung der Tänze in anderen Quellen den Schluß zu, daß solche Sammlungen existiert haben müssen. Besondere Bedeutung unter diesen Parallelquellen kommt der Orgeltabulatur des Jan von Lublin (KrakauBP 1716) zu.[535] Diese Handschrift enthält verschiedene Daten, die von 1537 bis 1548 reichen, sich aber wohl eher auf das Jahr der Komposition (bzw. Intavolierung) als das der Niederschrift beziehen, doch erschienen die gedruckten Vokalvorlagen (Motetten, Lieder, Chansons, Madrigale) bereits vor 1548, so daß wohl

535 Vgl. Nr. 27, 48, 50, 52, 82, 93, 95–97, 103, 119–121, 132, 142, 153.

um diese Zeit mit dem Abschluß der Handschrift zu rechnen ist.[536] Die Tanzkompositionen sind teilweise auf freigebliebenem Raum eingetragen, es findet sich jedoch auch eine zusammengehörige Gruppe auf fol. 213^{v} bis 224^{r}, die überschrieben ist: *Sequuntur coreae N*[icolai] *C*[racoviensis] *1541*.[537] Eine ganze Reihe von Tanzsätzen dieser Handschrift sind Intavolierungen von Sätzen, die wir in der Hess-Sammlung wiederfinden. Dies gilt, nebenbei bemerkt, auch für einige französische und italienische Tänze der zweiten Hess-Sammlung. Dies läßt also darauf schließen, daß bereits um 1540 eine oder mehrere Tanzsammlungen existierten, die in Schlesien und ebenso im angrenzenden Polen bekannt waren.

Überlieferungsgeschichtlich von großem Interesse ist auch die Ermittlung mehrerer Tänze, die später Elias Nikolaus Ammerbach in seinem *Orgel oder Instrument Tabulaturbuch* (1571, 2. erweiterte Auflage 1583) intavolierte (Nr. 36, 122, 137, 143). Bislang waren zu diesen Tänzen keine Ensemblevorlagen bekannt, doch zeigen die ermittelten Vorlagen bei Hess, daß zumindest einige auf mehrstimmigen Ensemblesätzen basieren (entsprechend den Intavolierungen von Vokalkompositionen bei Ammerbach).[538] Dies und der durchgehend vierstimmige Satz der Tänze läßt die Vermutung zu, daß noch andere Ensembletanzsammlungen existierten, die Ammerbach die Vorlagen lieferten, heute aber verloren sind. Es wurde darauf hingewiesen, daß die Intavolierungen (von Einzelheiten abgesehen) den Sätzen bei Hess bis in die Stimmführung hinein entsprechen. Ob aber unmittelbar die Hess-Sammlung Ammerbachs Quelle bildete, läßt sich freilich aufgrund der fehlenden Vergleichsquellen nicht entscheiden.

Der retrospektive Charakter der Sammlung wird auch bei einem Vergleich mit den wenigen Quellen deutlich, die Tänze für Instrumentalensemble überliefern, denn zu fast allen diesen Quellen bestehen Konkordanzen. Dabei weichen die Fassungen jedoch deutlich voneinander ab, keine kann als Abschrift aus dem Druck angesehen werden. Deutlich wird dies zunächst bereits daran, daß in keiner dieser Quellen die Vagantstimme erscheint, sie sind durchweg vier-, in einem Fall auch nur dreistimmig. Gerade der Alt zeigt dabei oft starke Abweichungen; dies bestätigt die Annahme eines ursprünglich dreistimmigen Satzes, dem der Alt wohl oft erst später hinzugefügt wurde (vgl. insbesondere Nr. 64).

---

536 Vgl. White, *Lublin*, S. 139 und 142.

537 Vgl. Wilkowska-Chomińska, *Lublin*, S. 12. Zu dem vermutlichen Intavolator Mikołaj z Krakowa (Nicolaus von Krakau) vgl. auch White, *Lublin*, S. 138f.

538 Jacobs bietet in seiner Edition keine Nachweise zu den genannten Tänzen. Mit dem Nachweis von mehrerer Intavolierungsvorlagen wird die im Blick auf die sonstige Überlieferung ohnehin abwegige Bemerkung in der 1990 entstandenen Dissertation Freudenbergers hinfällig, zu den deutschen Tänzen gäbe es „keine Konkordanzquellen", da diese stets nur „einstimmig weitergegeben" worden seien (vgl. Freudenberger, *Ammerbachs Orgeltabulaturen*, S. 456).

Bemerkenswert ist unter den Repertoirebeziehungen auch die Überlieferung der beiden Vokalkompositionen *Tant que vivray* (Nr. 88) und *Quando ritrovo la mia pastorella* (Nr. 131, vgl. die Nachweise dort) in den Handschriften RegensburgBZ A.R. 940/41 und Ulm 236. Beide nämlich sind dort in ihrer ursprünglichen vokalen Gestalt, jedoch ohne Text, überliefert. Beide Handschriften enthalten zudem einen Tanz, der auch in die Hess-Sammlung aufgenommen wurde (Nr. 64). Diese, wenn auch nur punktuellen, Repertoiregemeinsamkeiten lassen doch immerhin erkennbar werden, daß all diese Quellen aus einem gemeinsamen Fundus schöpften, der zudem nicht nur inländische Werke enthielt, sondern auch Chansons und Madrigale – eine Mischung, wie sie für diese Gruppe von Handschriften typisch ist. Es wurde bereits darauf hingewiesen, daß eine textlose Überlieferung dieser Vokalkompositionen nicht zwingend auf deren instrumentale Ausführung schließen lassen muß. Immerhin aber deuten diese Überlieferungen darauf hin, daß diese Werke (auch) ein instrumentales Repertoire bilden.

Die Tänze dieser Sammlung lassen sich grob in zwei Gruppen einteilen. Die erste Gruppe bilden die Hoftänze, die teilweise in den Quellen auch als solche bezeichnet werden und sich aufgrund ihrer Eigenheiten auch deutlich gegen die zweite Gruppe abgrenzen lassen. Demgegenüber sind die Tänze der zweiten Gruppe, die meist nur als *Tanz* bezeichnet werden, schwerer zu fassen. Wenden wir uns zunächst dem Hoftanz zu.

c) Der Hoftanz

Literarisch ist der Begriff Hoftanz (*hovetanz* u.ä.) seit dem 14. Jahrhundert belegt.[539] Er bezeichnet (insbesondere im Gegensatz zum gesprungenen Reien) einen geschrittenen höfischen Tanz. Seit dem 15. Jahrhundert begegnet der Hoftanz in literarischen Texten auch mit mehrstimmiger Musikbegleitung, so im niederdeutschen *Reineke de Vos*, wo es heißt:

man danzede den hofdanz bi maneren
mit trumpen und mit schalmeiden.[540]

In musikalischen Quellen begegnet der Hoftanz erstmals in den beiden Lautentabulaturbüchern Hans Judenkünigs. Das erste erschien in Wien ca. 1515–1519 und enthält einen *hoff dantz* (= *Schwarzknab*, vgl. Nr. 100); die zweite Sammlung wurde dort 1523 gedruckt und enthält drei so bezeichnete Hoftänze, jeweils mit einem Nachtanz.[541] Die Gattungsbezeichnung fehlt allerdings häufig, stattdessen wird in den Titeln oft auf die zugrundeliegende Liedmelodie verwie-

---

539 Vgl. Harding, *Dancing Terms*, S. 121f. sowie Böhme, *Geschichte des Tanzes*, Bd. I, S. 29ff.

540 Zitiert nach Harding, *Dancing Terms*, S. 121.

541 Beschreibung bei Brown, *Instrumental Music*, S. 23f. ($151?_1$) bzw. 25ff. (1523_2).

sen, wie z.B. *Bentzinouwer dantz* oder einfach nur *Benzenauer* (vgl. Nr. 63). Der Hoftanz kommt um die Mitte des 16. Jahrhunderts aus der Mode, bereits 1544 ist der *Schwarzknab* für Neusidler *Der recht alt Hoff Tantz*.[542] Die Bezeichnung findet sich zwar noch in Tabulaturen für Tasteninstrumente bis gegen Ende des 16. Jahrhunderts, doch haben diese Tänze nichts mehr mit dem eigentlichen Hoftanz zu tun. Zu nennen wären hier etwa die „Hoftänze“ bei Bernhard Schmid 1577.[543]

Es ist aufschlußreich, daß gerade Hoftänze in den Tabulaturquellen auch (ohne Angabe des tatsächlichen Titels) einfach als *Stadtpfeifer Tanz* bezeichnet werden (vgl. Nr. 63 und 100). Dies weist nicht nur auf die Vermittlung dieser Tänze durch die Stadtpfeifer hin, sondern auch auf die Tatsache, daß Hoftänze einen zentralen Bestandteil von deren Repertoire bildeten. Ort dieser Tänze waren die Rat- oder Tanzhäuser der bedeutenden Reichsstädte, wo die sogenannten *Geschlechtertänze* aufgeführt wurden. Dafür, daß hier tatsächlich Hoftänze aufgeführt wurden, sprechen sowohl ikonographische als auch literarische Zeugnisse. Zu den interessantesten bildlichen Zeugnissen gehören die verschiedenen Darstellungen des sogenannten *Augsburger Geschlechtertanzes*.[544] Musikalisch von besonderem Interesse ist eine Darstellung aus dem Jahre 1522, auf deren Bedeutung Daniel Heartz hingewiesen hat.[545] Hier ist der Tanz, als Teil einer historisch-allegorischen Szenerie, ins Freie verlegt. Auf einem Podium stehen zwei oder drei Gruppen von Musikern, in der Mitte die drei Stadtpfeifer Jakob Hurlacher, Georg Eyselin und Bernhard Hurlacher mit Schalmei, Pommer und Zugtrompete. Bei der auf dem Schriftband über den Musikern dargestellten Melodie handelt es sich um den Beginn des Tenors von *Der annder Hoff danntz* (siehe oben Nr. 112, vgl. auch unten S. 305).[546]

---

542 Vgl. Gombosi, *Hoftanz*, S. 57 und Dorfmüller, *Studien*, S. 172.

543 Vgl. Young, *Schmid*, S. 345.

544 Die älteste dieser Darstellungen findet sich auf einem Gemälde aus dem Jahre 1500, abgebildet u.a. bei Heartz, *Hoftanz*, Plate V und Boockmann, *Stadt*, S. 140. Boockmann weist auch darauf hin, daß hier nicht nur die Mitglieder des Patriziats (der „Geschlechter“) dargestellt sind, sondern auch Angehörige der „Mehrer“, einer Gesellschaft, der „nichtpatrizische Ehegatten von Patriziern bzw. Patrizierinnen“ angehörten. Diese und weitere Darstellungen aus Augsburg sind abgebildet und unter historischen und kunstgeschichtlichen Aspekten besprochen in Grüber, *Kurzweil*, S. 68–77. Eine ähnliche Darstellung eines Tanzes im Münchner Tanzhaus aus dem Jahre 1568 findet sich bei Brunner, *Städtisches Tanzen*, Abb. 4.

545 Heartz, *Hoftanz*, S. 25ff.

546 Das Gemälde, das Narziß Renner zugeschrieben wird, existierte in zwei Versionen. Die ehemals in Berlin befindliche wurde im 2. Weltkrieg vernichtet, ist aber bei Habich, *Geschlechtertanz*, abgebildet (danach hier in einem Ausschnitt wiedergegeben; ebenso abgebildet bei Heartz, *Hoftanz*, Plate II–IV). Die zweite Version befindet sich in Augsburg, ist jedoch in sehr schlechtem Erhaltungszustand (abgebildet und besprochen in Grüber, *Kurzweil*, S. 78f.).

Abb. 21: Narziß Renner(?), *Augsburger Gartenfest* (Ausschnitt)

Dazu sei auch noch auf ein literarisches Zeugnis hingewiesen, das den Gegensatz von Hoftanz und Geschlechtertanz einerseits sowie dem „Deutschem Tanz" (vgl. unten) andererseits zu Ausdruck bringt. In seiner *Geschichtklitterung* (*Gargantua*, 1582) beschreibt Johann Fischart ein zur Fastnachtszeit im Freien von Studenten abgehaltenes Tanzvergnügen und führt in launigen Worten aus:

> *O weit von dannen ir Hofdäntz: Es ist einmal gut, daß ir etwas guts zu Hof habt, welches die hoflebenschender nit schelten mögen: Auch ihr Nörnbergisch Geschlechterdäntz, die kein herumbspänleinn leiden können: Hie ist ein ander Tantzschul, auch ein anderer Schweitzerischer Buffe, der mit einer Elenlanghandhabigen Fochtel unnd mit außgestrecktem Contractem, ungebogenen Arm daher vordantzet, oder vortritt: Hie gilts den Scharrer, den Zäuner* [siehe Nr. 149!], *den Kotzendantz, den Moriscen*[tanz], *den schwartzen Knaben, der gern das braun Meidlein wolt haben, Ja haben, wann mans ihm geb. Nun Meidlin fort, dran, sprungsweiß an Spiß, wie ein jungs Wild im Spißhart. Seh, seh, mein leydiger kund, wie schöne hochauff hebende, langschreitende Storckenbeyn zum dantzen.*[547]

Aus dieser (wenn auch teilweise dunklen) Beschreibung geht als wichtigster Unterschied zwischen Hof- und Geschlechtertanz und den anderen z.T. namentlich genannten Tänzen hervor, daß der Hof- bzw. Geschlechtertanz ohne Umfassen und ohne Sprünge als Schreittanz ausgeführt wurde. Die anderen Tänze sollen hier unter dem Begriff „Deutscher Tanz" zusammengefaßt und unten eigens besprochen werden.

Zum Hoftanz sind durch Otto Gombosi und Daniel Heartz bereits grundlegende Studien vorgelegt worden.[548] Der Hoftanz ist danach folgendermaßen charakterisiert:

Meist im Tempus imperfectum diminutum (¢) notiert, liegt diesen Tänzen jedoch nicht die Brevis als metrische Einheit zugrunde, vielmehr basiert der Hoftanz auf „Großtakten" aus je drei imperfekt notierten Brevis-Mensuren. Gombosi ging davon aus, daß sich die jeweilige Tanzmelodie (in den von ihm untersuchten Lautenkompositionen meist in der Oberstimme) in Großtakte aus je zwei perfekten Breven (𝅜 · 𝅜 ·) untergliedere, während sich die Unterstimme dagegen im Tempus imperfectum cum prolatione perfecta bewege.[549] Daniel Heartz hat dagegen darauf hingewiesen, daß neben dieser Unterteilung von 3+3 eine Unterteilung von 4+2 ebenso wie eine Mischung aus beiden zu beobachten ist.[550] Heartz wies auch als erster auf Hoftänze für Instrumentalensemble hin, während sich Gombosi auf Bearbeitungen für Laute und Tasteninstrumente beschränkte. Doch auch Heartz übersah bei seinen Untersuchungen die Hess-Sammlung; auf deren außerordentliche Bedeutung für den Hoftanz wies zuerst Raymond Meylan hin.[551] Meylan ging davon aus, daß den Hoftänzen grundsätzlich der perfekte Modus, also eine Untergliederung in Gruppen von je drei imperfekten Breven, zugrundeliege. Die Übersicht über den Inhalt der ersten Hess-Sammlung hat jedoch gezeigt, daß eine Vielzahl von Möglichkeiten der rhythmischen Zubereitung der jeweils zugrundeliegenden Tanzmelodie zu beobachten

---

547 Fischart, *Geschichtklitterung*, S. 121f. Vgl. auch Böhme, *Geschichte des Tanzes*, Bd. I, S. 49.

548 Gombosi, *Hoftanz* und Heartz, *Hoftanz.*

549 Vgl. Gombosi, *Hoftanz*, S. 51. Auf das reizvolle Gegeneinander verschiedener Metren in den verschiedenen Stimmen soll später eingegangen werden.

550 Vgl. Heartz, *Hoftanz*, S. 21f.

551 Siehe Meylan, *Tanzmusik*.

ist. ⊨◇◇◇◇ bildet das rhythmische Grundmuster vieler der melodietragenden Tenorstimmen (vgl. z.B. Nr. 63, 64, 66, 76, 78, 100). Dieses ist in sich bereits zweifach deutbar, nämlich als 3+3 oder 2+2+2. Beide Möglichkeiten werden auch durchgeführt, häufig jedoch bleibt die metrische Gliederung unbestimmt. Wie oben ausgeführt, neigt beispielsweise Nr. 66 zu 3+3, also dem Tempus perfectum; Nr. 106 dagegen läßt keinen Zweifel daran, daß 2+2+2 gemeint ist, also der perfekte Modus mit imperfektem Tempus. Eine weitere Möglichkeit ist die Unterteilung der Longa in vier perfekte Semibreven (Tempus imperfectum cum prolatione perfecta) in Nr. 16 und 110 (vgl. oben).[552]

Die zu Beginn hervortretenden rhythmischen Grundmuster werden im Laufe der Komposition mehr oder weniger stark verändert, teilweise werden sie auch strikt durchgehalten. Stärkere Veränderungen finden sich insbesondere vor Phrasenenden.

Gerade die letzte perfekte Longa-Mensur der Tenorphrasen läßt häufig erkennen, daß hier der Schlußton „ausgespielt" wird, um den Satz rhythmisch im Fluß zu halten. Deutlich wird dies z.B. in Nr. 64 (siehe Band II, Nr. IV.7): Die Zieltöne der Melodieabschnitte werden bereits auf der „Eins" erreicht, um dann nur noch umspielt zu werden, ebenso werden im Satz bereits die Schlußklänge erreicht, die analog zum Tenor auch von den anderen Stimmen nur noch umspielt werden (M 4, 8 und 11).

Auffällig ist bei mehreren Sätzen die vor den anderen Stimmen mit einem Lauf von vier Semiminimen einsetzende Tenorstimme (z.B. Nr. 72). Diese Praxis ist auch in den Hoftänzen für Laute zu beobachten, doch handelt es sich hier um eine offenbar typisch instrumentale Floskel, die bereits in Orgelkompositionen des 15. Jahrhunderts häufig zu finden ist, so im Buxheimer Orgelbuch (und dies nicht nur bei Bearbeitungen von Basse-danse-Melodien, sondern auch bei Intavolierungen von Vokalkompositionen).

Die Herkunft der Tanzmelodien ließ sich leider nur für einen Teil des Repertoires vollständig oder teilweise feststellen. Viele Tänze gehen offenbar auf weltliche Lieder zurück, z.B. *Es taget vor dem walde* (Nr. 59) und das Lied vom *Benzenauer* (Nr. 63–66, 68). Liedvorlagen sind anzunehmen bei *Schwarzknab* (Nr. 100–106, 108, 110) und *Der Beyrisch Bot* (Nr. 76–81). Dabei bewirkt die Umformung von Liedmelodien, denen das Tempus imperfectum diminutum zugrunde liegt, in Melodien, die Großtakte aus drei imperfekten oder zwei perfekten Breven zur Grundlage haben, eine Dehnung der Melodien durch Verlängerung einzelner Töne sowie durch melodische Einschübe (vgl. die Gegenüberstellungen oben). Diese Dehnung ergibt einen insgesamt langsamen Grundrhythmus. Dieser langsame Grundrhythmus hat eine Parallele in der Basse

552 Aufgrund dieser Vieldeutigkeit und den häufigen Wechseln des Metrums ist die stereotype Vorzeichnung ¢ nicht als fehlerhaft zu interpretieren, sondern als praktikable Möglichkeit, Mißdeutungen und notationstechnische Komplikationen zu vermeiden.

danse des 15. Jahrhunderts. In diesem Zusamenhang ist Daniel Heartz' Entdekkung von großer Bedeutung, daß auch die Melodie von *Le petit rouen*, einer der beliebtesten Basse danses des 15. Jahrhunderts, als Hoftanz-Melodie verwendet wurde (vgl. oben Nr. 72). Diese Basse danse ist eine der wenigen, die aus gleichförmigen Perioden aufgebaut ist, hier sind es fünf Gruppen von je 8 Melodietönen.[553] In der Bearbeitung als Hoftanz werden diese Töne jeweils auf die erste und dritte Brevis der perfekten Longa verteilt. Die so entstehende symmetrische Anlage des gesamten Tanzes betrachtet Heartz als Grundform des Hoftanzes, womit dieser eine deutsche Abart der Basse danse wäre. Ein wesentlicher Unterschied zur Basse danse besteht allerdings darin, daß dort im Gegensatz zum Hoftanz die Gerüsttöne der Melodie jeweils gleich lang sind und nicht nach dem Hoftanz-Schema „lang–kurz" mensuriert werden.[554]

Auch gilt die beschriebene symmetrische Grundstruktur zwar für die von Heartz herangezogenen *Le petit rouen* und *Der annder Hoff danntz*, doch zeigt ein Überblick über das sehr viel umfangreichere Hoftanzrepertoire der Hess-Sammlung, daß sehr häufig auch asymmetrische Anlagen anzutreffen sind.

Folgende Übersicht zur Struktur der Hoftänze der Hess-Sammlung gibt einen Überblick über die Länge und Anlage der Tänze. Einheit ist dabei die Longa, die entweder aus drei imperfekten oder zwei perfekten Breven besteht, vorgezeichnet ist (mit Ausnahme von Nr. 116 im Tempus perfectum diminutum) stets das Tempus imperfectum diminutum; berücksichtigt sind hier nur die Tänze, nicht die Nachtänze, auf die später eingegangen wird. Die häufig unvollständige letzte Longa wird hier mitgezählt, jedoch durch „(–)" als solche gekennzeichnet.

Tabelle 3: Struktur der Hoftänze in Hess 1555b (in Longa-Einheiten)

Nr.	Anordnung und Länge der Abschnitte
13	‖: 16 :‖
14	‖: 8 :‖
15	‖: 15(–) :‖
34	‖: 16 :‖
59	‖: 13(–) :‖
62	‖: 14(–) :‖
63, 64	‖: 4 :‖ ‖: 3 :‖ ‖: 4 :‖
65	‖: 12 :‖
66	‖: 4(–) :‖ 4(–) ‖ 4(–) ‖
68	(„Vorspiel" von 8 Breven, im T Pausen) ‖: 4 :‖ ‖ 4 ‖ ‖ 4 ‖
70	1 (Pause im T) ‖: 17(–) :‖
71	‖: 15(–) :‖
72	‖: 20(–) :‖
74	‖: 19 :‖
76	‖: 4 :‖ ‖ 6(–) ‖

553 Vgl. Heartz, *Hoftanz*, S. 34.

554 Darauf weist auch Gombosi, *Capirola*, S. LIV hin.

77	‖: 4 :‖ ‖ 5 ‖
78	‖: 4 :‖ ‖: 2 :‖ ‖: 4 :‖
79	‖: 10(–) :‖
80	‖: 6(–), 5(–) :‖
81	‖: 1 :‖ ‖: 1 :‖ ‖: 1 :‖ ‖: 1 :‖ ‖: 1 :‖ ‖: 1 :‖
100	‖ 8 ‖ ‖: 8 :‖
102	‖: 14(–) :‖
104	‖ 16(–):‖
106	‖: 11(–) :‖
108	‖: 19(–) :‖
110	‖: 16 :‖
112	‖: 4 :‖ ‖ 8(–) ‖
113	‖ 4 ‖ ‖ 8(–) ‖
114, 115	‖ 28(–) ‖
116	‖ 16(–) ‖
135	‖ 8(–) ‖

Bemerkenswert ist insbesondere die Tatsache, daß ein- und dieselbe Tanzmelodie sowohl in der Anordnung ihrer Abschnitte als auch in ihrer Gesamtlänge variieren kann (man vergleiche z.B. die *Benzenauer*-Bearbeitungen Nr. 63–66 und 68). Zwar zeigt sich eine gewisse Bevorzugung von Vierergruppen und deren Vielfachen, doch finden wir ebenso irreguläre Anlagen von drei oder fünf „Großtakten".

Geht man davon aus, daß diese Musik tatsächlich zum Tanz gespielt wurde, so läßt dies nur den Schluß zu, daß der Hoftanz nicht die für jeden einzelnen Tanz genau festgelegte Schrittfolge der Basse danse besaß, sondern lediglich aus einem Grundschritt bestand, der so lange wiederholt wurde, bis die Musik zu Ende war. Dies entspricht auch dem Charakter des Tanzes, wie er sich auf den bildlichen Tanzdarstellungen zeigt. Zu sehen sind dort mehrere Tanzpaare, die sich hintereinander im Kreis schreitend fortbewegen. Solch einer Form des Rundtanzes ist die Aufeinanderfolge eines bestimmten Grundschrittes durchaus angemessen.

d) Der Nachtanz der Hoftänze

Die Tenormelodie des Haupttanzes wird im Nachtanz in die Proportio tripla (hier stets vorgeschrieben mit dem Mensurzeichen *3*) überführt. Aufgrund dieses Mensurverhältnisses wird der Nachtanz in anderen Quellen häufig auch als *Proportz* oder *Tripla* bezeichnet. Zwei „Großtakten" des Tanzes entspricht dabei eine Longa (zwei perfekte Breven) des Nachtanzes.

Doch die direkte Ableitung des Nachtanzes aus dem Tanz beschränkt sich nicht allein auf die Tenormelodie, vielmehr wird meist der gesamte Satz, mit mehr oder weniger großen Veränderungen, in die Proportio tripla überführt. Beim Hoftanz ist diese Verbindung jedoch weniger eng als beim Deutschen Tanz (vgl. unten). Die im Verhältnis zum Tenor häufig sehr bewegten Gegenstimmen würden im Nachtanz unspielbar schnell werden, so daß diese vereinfacht werden und dadurch ein mehr homorhythmischer Satz entsteht.

Als Beispiel dieser Umformung vergleiche man z.B. den Beginn von Tanz und Nachtanz von Nr. 64:

Notenbeisp. 28: Hess 1555a, Nr. 64 (Beginn von Tanz und Nachtanz)

e) Zur Satztechnik

Der Satz der Hoftänze ist zunächst geprägt von den Eigenheiten der Hoftanzweisen im Tenor, d.h. von deren relativ langsamer Grundbewegung und der Länge der Abschnitte. Neben der Tenor-Achse bildet der Baß als Gegenstimme das Fundament der Komposition. Dies läßt sich besonders gut dort zeigen, wo eine identische Tenorstimme in verschiedenen Sätzen vorliegt, wie bei den *Benzenauer*-Bearbeitungen Nr. 63 und 64; Nr. 64 liegt zudem in drei handschriftlichen Fassungen vor, die auch eine Diskantstimme enthalten und die (insbesondere in der in zwei Handschriften enthaltenen Altstimme) deutliche Unterschiede aufweisen. Betrachtet man zunächst das Verhältnis von Tenor- und Baßstimme, so wird deutlich, daß Quinte und Oktave (bzw. Einklang) den Verlauf der Baßstimme im Verhältnis zum Tenor bestimmen. Ein Blick auf den Beginn von Nr. 64 zeigt die enge Verbindung von Tenor und Baß (siehe Band II, Nr. IV.7). Des öftern drohende Quintparallelen werden durch zwischengeschaltete Terzen oder Oktaven verhindert. Auch zeigt das Beispiel die häufig zu beobachtende Technik, Tonwiederholungen im Tenor mit wechselnden Intervallen zu kontrapunktieren, so z.B. in M 1ff.

Die Oberstimme ist hier, nach Einsätzen in der Oktave (resp. Doppeloktave) oder Duodezime zu Beginn der Abschnitte über weite Strecken in Dezimparallelen zum Baß geführt. Diese einfache, etwas altertümliche Technik ist in den Tanzsätzen häufig anzutreffen. Sie findet sich bereits ausgeprägt in Sätzen des Glogauer Liederbuches (um 1480), ist aber auch in der deutschen Liedkomposition der ersten Hälfte des 16. Jahrhunderts weit verbreitet, so bei Paul Hofhaimer, Heinrich Finck und bis hin zu Lorenz Lemlin (gest. nach 1549).[555]

Vergleichen wir nun das Tenor-Baß-Gerüst von Nr. 63 und 64, so zeigt sich, daß die Führung der Baßstimme in Nr. 63 gegenüber der von Nr. 64 bewegter ist und so einen häufigeren Wechsel der Intervallverhältnisse zum Tenor aufweist. An die Stelle der häufigen rhythmischen Parallelführung mit zahlreichen Sprüngen tritt in Nr. 63 eine eigenständigere, mehr „melodische“ Baßstimme. Diese Baßstimme entwickelt dann auch ein rhythmisches Eigenleben. In M 6 beobachten wir etwa eine Triolenbildung:

Tenor: 𝅝 𝅗𝅥 𝅗𝅥 𝅗𝅥. 𝅘𝅥
Baß: 𝅗𝅥 𝅘𝅥 𝅗𝅥 𝅘𝅥 𝅗𝅥 𝅘𝅥 𝅗𝅥 𝅘𝅥

Die Sätze der Hoftänze zeigen zudem in der Klauselbildung sehr deutlich, daß eigentlicher Zielton der Kadenzen nicht die letzte Brevis der Abschnitte ist, sondern die „Eins“ der letzten perfekten Longa (vgl. z.B. Nr. 64). Alle Stimmen erreichen den Zielton bereits hier, der Tenor läuft lediglich noch nach, die anderen Stimmen füllen dieses Auslaufen durch entsprechende Bewegungen aus.

Die angesprochene Triolenbildung führt in einigen Sätzen zu einem rhythmisch anspruchsvollen Gegeneinander der verschiedenen Stimmen. Besonders ausgeprägt ist dies z.B. in Nr. 108. Hier ist der Tenor in sich bereits von einem steten Metrumwechsel geprägt (3/2, 3/4, 3/4): 𝅝 𝅗𝅥 𝅗𝅥 𝅘𝅥 𝅗𝅥 𝅘𝅥 (vgl. auch oben S. 196).

---

[555] Vgl. Albrecht, *Othmayr*, S. 62.

Dagegen bewegen sich die übrigen Stimmen fast durchgehend im Rhythmus der Prolatio perfecta: ♩. ♪ ♩ 𝅗𝅥 ♩ usw.:

Notenbeisp. 29: Hess 1555a, Nr. 108 (Beginn)

Diese Mischung verschiedener Metren sowohl in der Vertikalen als auch der Horizontalen ist eines der auffälligsten Merkmale des Hoftanzes. Eine ähnliche rhythmisch-metrische Vielschichtigkeit ist der italienischen oder französischen Tanzmusik der Zeit fremd. Die Vorbilder hierfür finden sich vielmehr in den Basse danse-Kompositionen der Zeit um 1500, namentlich den zahlreichen Kompositionen, die als Tenor die Melodie der Basse danse *La spagna* verwenden.[556] Die Basse danse lieferte also nicht nur Hoftanzmelodien (wie im Falle von *Le petit rouen*), sondern auch kompositorische Vorbilder. Zudem ist dies ein weiteres Indiz dafür, daß viele der Hoftanzkompositionen einige Jahrzehnte vor dem Erscheinen des Drucks entstanden sind.[557]

f) Die Vagantstimmen

Alle Konkordanzen zu den Tänzen der ersten Hess-Sammlung sind vierstimmig, gelegentlich auch dreistimmig. Die Hinzufügung der fünften Stimme dürfte daher, soweit die Quellenlage hier Schlüsse zuläßt, auf die Herausgeber Paul und Bartholomäus Hess selbst zurückzuführen sein. Die Erweiterung vierstimmiger Sätze auf fünf oder mehr Stimmen ist ein Verfahren, das unter den Instrumentalisten vielfach belegt ist. Man denke hier etwa an einen Brief des in venezianischen Diensten stehenden Posaunisten Giovanni Aluixe an Francesco Gonzaga aus dem Jahre 1495.[558] Dort ist die Rede von zwei Motetten Obrechts und Bus-

556 Vgl. die zahlreichen Beispiele bei Gombosi, *Capirola*, bes. S. XXXVIII–LVI.

557 Man vergleiche auch die Überlieferung des Hoftanzes Nr. 100 in der 1523/24 entstandenen Handschrift MünchenUB 718 (siehe oben S. 76).

558 Siehe Kämper, *Studien*, S. 53.

nois', denen zwei bzw. eine weitere Stimme für Posaune hinzugefügt wurden. Weitere Beispiele finden sich etwa in der Handschrift Kopenhagen 1872.

Daß die Vagantstimmen nachträglich hinzugefügt wurden, macht auch die Aussage auf dem Titelblatt deutlich, daß die Stücke *mit fünff und* [d.h. oder] *vier stimmen zugebrauchen* seien. Die Führung dieser Stimmen ist mitunter recht abenteuerlich und gelegentlich auch mit Satzfehlern durchsetzt. An manchen Stellen zeigt sich, daß der Vagant zwar mit Tenor und Baß, nicht jedoch mit dem Alt koordiniert ist, so daß zwischen Alt und Vagant immer wieder Dissonanzen und Quint- oder Oktavparallelen entstehen.[559]

Solche Satzfehler werfen die Frage auf, ob wir es hier mit so etwas wie niedergeschriebenen Improvisationen zu tun haben. Andererseits zeigen die Vagantstimmen aber, daß meist nach passenden Stellen innerhalb des Satzes gesucht wurde, in die diese zusätzliche Stimme eingefügt werden konnte. Auch finden sich mitunter Pausen in der Vagantstimme, deren Einfügung sich nur dadurch erklären läßt, daß hierdurch Satzfehler vermieden werden sollten. Man vergleiche z.B. Nr. 64, M 8: Hier hilft eine eingeschobene Pause, eine offene Einklangsparallele zum Baß zu vermeiden.[560] Die Breslauer Stadtpfeifer verfügten also durchaus über Grundkenntnisse der Kompositionslehre, wenn ihnen auch bei deren Umsetzung der eine oder andere Fehler unterlief.

Die Verteilung der Vagantstimmen auf die verschiedenen Stimmlagen bzw. Schlüssel stellt sich wie folgt dar:

Tabelle 4: Schlüsselung der Vagant-Stimmen in Hess 1555a

Schlüssel	**Nr.**
g2	151
c1	142
c3	58, 60, 69, 123
c4	1, 2, 4–9, 12–17, 22, 25–27, 30, 32, 38–55, 57, 59, 61–64, 66, 68, 73, 80, 82, 88–91, 94, 97, 99, 103, 109, 111, 112, 118, 119, 122, 124–126, 128–133, 137, 139, 143, 144, 146
f3	21, 24, 29, 31, 33, 34, 37, 56, 67, 70, 74, 75, 77–79, 81, 84–87, 92, 93, 95, 96, 98, 100–102, 104–108, 110, 113, 114, 127, 134, 135, 138, 141, 145, 147–150, 154, 155
f4	3, 11, 18–20, 23, 35, 36, 65, 71 (B: f3!), 72, 76 (B: f3), 83, 115–117, 121, 136, 140, 152, 153
f5	10

Es überwiegen also deutlich Vagantstimmen in Tenorlage, gefolgt von solchen in Bariton- und Baßlage. Jene in Tenorlage kreuzen häufig die Tenorstimmen und suchen bei eng liegenden Tenor- und Baßstimmen Töne oberhalb des

559 Vgl. z.B. Nr. 100, M 49/50 oder Nr. 27, M 9/10.

560 Siehe Band II, Nr. IV.7.

Tenors auf, bei weiterer Lage füllen sie größere Intervalle aus, bevorzugt Oktav- durch Quint-Oktavklänge.

Bemerkenswert sind die Vagantstimmen in tieferer Lage (f3-, f4- oder in einem Fall auch f5-Schlüssel) durch das stellenweise Unterschreiten der Baßstimme. An relativ hoch liegenden Stellen des Basses (*f* und höher) kommt der Vagantstimme die Aufgabe zu, jenen klanglich durch Aufsuchen der Unteroktave zu verstärken (vgl. z.B. Nr. 153, Band II Nr. IV.23).

Die Untersuchung der Vagantstimmen ermöglicht auch einen Einblick in ein wichtiges aufführungspraktisches Problem der Musik des 16. Jahrhunderts, den Gebrauch des Subsemitoniums in Kadenzen (meist in der Oberstimme). Erst im späteren 16. Jahrhundert setzt sich die ausdrückliche Vorzeichnung dieses Leittons in der Ensemblemusik durch. Praktische Beispiele für diesen Gebrauch finden sich aber seit dem 15. Jahrhundert in Orgel- und Lautentabulaturen.[561] Robert Toft zitiert in seiner Darstellung dieser Praktiken aus der Vorrede zum zweiten Band der Hess-Sammlungen (Hess 1555b) jene Aussagen der Brüder, die sich auf die in Deutschland ungebräuchliche Verwendung des Kreuzes, d.h. des Subsemitoniums beziehen:

die vielfaltigen bezeichneten kreutzlen / bedeuten die Semitonien / so wider den gebrauch deutscher Musica befunden / wirdt darmit ihres landes gebrauch angezeiget / zu viel angenemer lieblicheit / wo sie recht gemacht werden.[562]

Diese Aussage, die im Blick auf die zweite Hess-Sammlung noch eigens erörtert werden soll, macht eines deutlich: Halbtöne werden in Deutschland nicht nur nicht notiert, sondern ihr Gebrauch ist gänzlich unüblich. Dem widersprechen allerdings teilweise die von Toft untersuchten deutschen Intavolierungen für Laute und Gamben, die durch ihre Notation in Tabulatur die Tonhöhen eindeutig festlegen. So haben auch die Untersuchungen zum Tabulaturbuch Wiltzells gezeigt, daß die Erhöhung des Leittons durchaus üblich war, wenn sie auch nicht immer konsequent durchgeführt wurde.

Vergleicht man aber die Intavolierungen der Hess-Sätze, in denen allerdings stets der Vagant fehlt, bei Ammerbach, Drusina oder Jan von Lublin (KrakauBP 1716), so zeigt sich doch, daß dort Leittöne fast durchgehend ergänzt wurden (vgl. die Gegenüberstellungen in Band II).

Was hat dies nun mit den Vagantstimmen zu tun? Toft bemerkt, daß im Gegensatz zu den vielen vorgeschriebenen Kreuzen der zweiten Sammlung in der ersten nur in fünf Tänzen Kreuze eingezeichnet seien.[563] Dies ist jedoch eine sehr oberflächliche Betrachtungsweise, zumal die Oberstimmen, in denen ja die Diskantklauseln die entscheidende Rolle spielen, fehlen. Den Schlüssel bietet viel-

---

561 Vgl. Toft, *Aural Images* und die dort genannte ältere Literatur.

562 Hess 1555b, fol. [3^{v}]. Vgl. Toft, *Aural Images*, S. 95ff.

563 Ebd., S. 96.

mehr die Stimmführung des Vagants in den Klauseln; ein Beispiel von vielen möge dies verdeutlichen:

Notenbeisp. 30: Hess 1555a, Nr. 64 (M 3–4)

Die Stimmführung in der Kadenz von M 3 nach M 4 verläuft in allen vier Hauptstimmen regelgerecht: Quintfall des Basses, Tenorklausel mit Ganzton abwärts im Tenor, Terzfall (oder gleichbleibender Ton) im Alt, Quartvorhalt mit Auflösung zur Terz im Diskant. Dies würde eine Ergänzung des Vorzeichens *fis* in der Oberstimme erlauben. Doch der Vagant macht dies unmöglich: sein *f* stünde gegen das *fis* der Oberstimme, auch eine Erhöhung des notierten *f* wird durch die Stimmführung (*f–c–f*) verhindert, will man nicht eine Tritonusfortschreitung erhalten. Bliebe theoretisch noch die zusätzliche Erhöhung des *c* zu *cis*, doch steht dem wiederum das *g* des Tenors entgegen. Diese „Halbtonverhinderung" läßt sich in nahezu allen Sätzen beobachten. Sie kommt zumeist dadurch zustande, daß der Vagant den Quintfall des Basses mit einem Sprung von der Oberterz zur Oberquinte des Basses kontrapunktiert.

Dies läßt, nimmt man die Aussagen im zweiten Band hinzu, nur den Schluß zu, daß es bei professionellen Instrumentalisten – oder zumindest bei denen in Breslau – nicht üblich war, in Kadenzen eine Leittonerhöhung vorzunehmen. Die uneinheitliche Haltung der Tabulaturen ließe sich somit als Ausdruck eines Übergangsstadiums interpretieren. In noch verschärftem Ausmaß wird uns das Problem bei der Betrachtung der fünf- und sechsstimmigen Tänze in Hess 1555b begegnen.

Es sei hier auch auf Kurt Dorfmüllers Ausführungen zum Akzidentien-Problem in der Lautenmusik der Zeit verwiesen.[564] Dorfmüller weist nach, daß auch spieltechnische Gründe für auffällige Fortschreitungen in Kadenzfloskeln verant-

564 Vgl. Dorfmüller, *Studien*, S. 113–117.

wortlich sein können und macht darüber hinaus deutlich, daß das Akzidens auch als rein melodisches Ornament, unabhängig von strengen Satzregeln, zu verstehen ist.

Die problematische Position der Vagantstimme im mehr als vierstimmigen Satz ist allerdings kein Phänomen, das allein in der Instrumentalmusik zu beobachten ist. Eine mit dem oben gegebenen Beispiel fast identische Kadenzbildung findet sich beispielsweise auch im ersten Kyrie der fünfstimmigen *Missa De beata virgine* (I) von Heinrich Isaac:

Notenbeisp. 31: Heinrich Isaac, Ausschnitt aus dem Kyrie I der *Missa De beata virgine* I (nach Isaac, *Messen*, S. 16, M 15–17)

Martin Staehelin hat darauf hingewiesen, daß dieses Phänomen der vorweggenommenen Terz der Diskantstimme im Vagant (mit eingesprungener Dissonanz *f* gegen *g*) in der Musik um 1500, bis hin aber zu Adrian Willaert, immer wieder im mehr als vierstimmigen Satz zu beobachten ist.[565] Wir haben es also hier keineswegs mit dem Problem eines unerfahrenen Komponisten bzw. Bearbeiters zu tun, vielmehr mit einem im fünfstimmigen Satz der ersten Jahrhunderthälfte gängigen Verfahren.

565 Vgl. Martin Staehelin, *Revisionsbericht* zu Isaac, *Messen*, S. 94. Der drohende Querstand zwischen D und V wird auch gerne vermieden, indem der V zu pausieren hat, so daß der Satz an der problematischen Stelle vier- und erst im Schlußklang wieder fünfstimmig wird.

g) Der Deutsche Tanz

In dieser zweiten Gruppe sind zunächst alle jene Tänze zusammenzufassen, die nicht dem Typus des Hoftanzes entsprechen; sie werden in den Quellen häufig nur als *Tanz* bezeichnet oder tragen Titel wie *Der Zeuner tantz*, *Der Bethler Tanz* usw., die meist auf eine zugrundeliegende Liedmelodie verweisen. Musikalisches Hauptunterscheidungsmerkmal gegenüber den Hoftänzen ist ihre Kleingliedrigkeit mit Abschnitten von meist je vier, teilweise auch sechs oder acht Brevis-Mensuren. Im folgenden soll versucht werden, diese Gruppe von Tänzen unter formalen und kompositionstechnischen Aspekten sowie in ihrem Verhältnis zum Lied zu charakterisieren.

h) Die Hauptstimme der Deutschen Tänze – Melodie im Diskant oder im Tenor?

Richard Hudson versucht in seinem Buch *The Allemande, the Balletto and the Tanz* eine Charakterisierung dieser Tanzform durch folgende Merkmale:[566] Die Musik sei relativ homophon, die Melodie liege in der Oberstimme, die von gewöhnlich drei darunter liegenden Stimmen „harmonisiert" („harmonized") werde. Der Haupttanz stehe in geradem Takt, mit jeweils vier Grundschlägen pro Takt („four substantial beats in each measure"). In dem folgenden Nachtanz werden, so Hudson, Melodie und Harmonien („harmonies") in einen Dreiertakt transformiert. Tanz und Nachtanz schließlich bestünden aus mehreren Teilen, die normalerweise sofort wiederholt würden, entweder wörtlich oder mit Variationen.

Die frühesten Beispiele finden sich nach Hudson in Hans Neusidlers Lautentabulaturdruck von 1540 (*Ein newes Lautenbüchlein*), wie z.B. *Der Bethler Tantz* oder *Der Zeuner Tantz*.[567] Das Auftreten dieser neuen Tanzgattung dürfte jedoch bereits um einiges früher anzusetzen sein. Neben archivalischen Belegen, wie der Erwähnung des *Zeuner*-Tanzes in einem Dokument von 1478 (siehe oben S. 207), sind bereits im vor 1522 entstandenen Lautenbüchlein des Jakob Thurner praktische Beispiele überliefert.[568]

Hudson kommt auch kurz auf die Sammlung deutscher und polnischer Tänze der Brüder Hess zu sprechen.[569] Er vermutet, diese Sammlung gehöre zu einer älteren Tradition, da Titel und Vorwort nur im Tenorstimmbuch zu finden seien und manchmal Pausen die einzelnen Phrasen der Tenorstimmen voneinander trennten. Es könne es sich demzufolge nicht um Deutsche Tänze handeln, da

566 Hudson, *Allemande*, Bd. 1, S. 3.

567 Ebd., S. 4.

568 Darin u.a. auch der *Zeiner* [*Zeuner*] *danz* (Nr. 6); siehe Flotzinger, *Lautenbüchlein* (mit Faksimile, Edition und Kommentar); zur Datierung vgl. dort S. VIIff.

569 Ebd., S. 20f.

die Melodie offenbar im Tenor liege. Hätte Hudson aber die Melodien im Tenor näher untersucht, so hätte er bemerkt, daß einige von ihnen sich etwa in dem genannten Druck Neusidlers wiederfinden lassen, wie z.B. *Der Bethler Tantz* und *Der Zeuner Tantz* (vgl. Hess 1555a, Nr. 89 bzw. Nr. 149). Andererseits führen die Hoftänze für Laute die Melodie größtenteils ebenfalls in der Oberstimme. Die Position der zugrundeliegenden Tanzmelodie ist also keineswegs ein Merkmal bestimmter Tanzgattungen, vielmehr ein kompositionstechnisches. Dieses kompositionstechnische Merkmal ist seinerseits vom Aufführungsmedium abhängig. Um eine Melodie als Hauptstimme des Satzes überhaupt hörbar werden zu lassen, verlangt die Laute aus klangtechnischen Gründen nach deren Verlegung in die Oberstimme. Ähnliche Entwicklungen lassen sich bei der Musik für Tasteninstrumente beobachten; hier ist in der ersten Hälfte des 16. Jahrhunderts eine deutliche Wandlung vom Tenor- hin zum Diskant-bestimmten Satz erkennbar (man vergleiche auch die Nachweise zur Orgeltabulatur des Jan von Lublin bei der Beschreibung von Hess 1555a – die bei Hess im Tenor verarbeiteten Melodien finden sich dort teils in der Oberstimme, teils im Tenor).

Aufgrund der fehlenden Oberstimme ist eine Beantwortung der Frage schwierig, in welchem Umfang diese in den vorliegenden Sätzen die Melodie trägt. Immerhin macht die Auffindung einiger Intavolierungen mit Oberstimmenmelodie eine ungefähre Abschätzung möglich. Einen weiteren Ansatz bietet die oben beschriebene Zusammenfassung mehrerer Bearbeitungen einer Tanzmelodie zu Gruppen. So kann versucht werden, benachbarte Sätze daraufhin zu überprüfen, ob die ermittelte Melodie als Oberstimme zu einem der vorliegenden Sätze paßt. Dieses Verfahren führte immerhin in zwei Fällen zum Erfolg und zwar bei den Nrn. 149 und 150 bzw. 126 und 127. Dies macht deutlich, daß ganz bewußt auch Tänze nebeneinander plaziert wurden, die verschiedene Satztypen aufweisen.

Bei den anderen nicht identifizierten Sätzen bliebe als einzige Lösung nur der Versuch, die in Tabulaturen überlieferten Tanzmelodien daraufhin zu überprüfen, ob sie zu den vorliegenden Sätzen passen – ein außerordentlich aufwendiges Verfahren, das zudem durch die häufigen Abweichungen in Melodik und Form, in denen diese Tänze existierten, erschwert würde.

Die Frage, in welcher Stimme eigentlich die Melodie liegt, ist nicht immer eindeutig zu entscheiden. Sie ist dort leicht zu beantworten, wo eine Melodie in verschiedenen Bearbeitungen vorliegt und somit das einzige verbindende Glied darstellt (so z.B. bei den Hoftänzen für Laute, die die Melodie in der Oberstimme führen).

Unter den in Lautentabulaturen überlieferten Tänzen bilden jene zwei Sätze, die auch Benedikt Drusina für Laute intavolierte, einen Sonderfall, da sie im Gegensatz zu den anderen Lautensätzen den vollständigen vierstimmigen Satz übernehmen (Nr. 43 und 148). Zwar betont der Lautensatz durch Kolorierung die

Oberstimme, doch muß dies nicht zwangsläufig bedeuten, daß diese auch die Melodie führt. Melodisch sind weder Diskant noch Tenor besonders ausgeprägt. In Nr. 43 zeigt der Tenor allerdings Merkmale einer reinen Kontrapunktstimme, man vergleiche insbesondere M 17: hier bewegen sich Diskant und Baß stufenweise in Dezimparallelen aufwärts, während der Tenor lediglich in Pendelbewegungen die Klänge ausfüllt. Daß gerade diese Sätze für die Laute bearbeitet wurden, könnte also doch durch die Lage der Melodie in der Oberstimme begründet sein.

Mit Sicherheit liegt im Satz Nr. 148 die Melodie in der Oberstimme, da diese Oberstimmenmelodie in einer ganzen Reihe weiterer Bearbeitungen für Soloinstrumente nachweisbar ist (vgl. die Nachweise oben).

Auch ein Vergleich von Tanz und Nachtanz gibt bei der Suche nach der Hauptstimme interessante Aufschlüsse. Die beschriebene Umformung des Satzes im Nachtanz ist nämlich nicht immer in allen Stimmen notengetreu. Auffällig ist z.B. in Nr. 122 die abweichende Führung der Diskantstimme (ebenso Alt, Vagant und Baß) im Abschnitt b des Nachtanzes gegenüber B im Tanz (M 9ff. bzw. 35ff.).[570] Allein der Tenor verläuft hier entsprechend dem Tanz, so daß er als die Hauptstimme anzusehen ist.

Dieses Nebeneinander von Diskant- und Tenor-bestimmten Sätzen ist keine deutsche Besonderheit. Zwar wird in der zeitgenössischen italienischen und französischen Tanzmusik der Satz mit Melodie im Diskant deutlich bevorzugt, doch auch dort finden sich Sätze, deren Hauptstimme der Tenor ist (z.B. Hess 1555b, Nr. 12: *El bisson*, Nr. 48: *La scarpa mi fa mal*; vgl. unten). Dies gilt bei den französischen Tänzen insbesondere für jene, denen Tanzmelodien italienischen Ursprungs zugrunde liegen. Das Tenor-Prinzip war also auch in der italienischen Tanzkomposition verbreitet und fand von dort seinen Weg in die französische.[571]

i) Die Herkunft der Tanzmelodien

Dies führt uns zur Frage nach der Herkunft der zugrundeliegenden Melodien. Die bei der Untersuchung des Inhalts gemachten Identifikationen zeigen deutlich, daß der Deutsche Tanz, ebenso wie der Hoftanz, häufig auf Liedmelodien zurückgeht (ähnliches gilt für die italienischen Tänze der Zeit).[572] Dabei stellen

---

570 Siehe Band II, Nr. IV.15.

571 Durch diese Beobachtungen wird auch Hudsons Behauptung hinfällig, der Deutsche Tanz sei in melodischer Hinsicht von der Klauselbildung des Diskants mit der Fortschreitung 7–1 geprägt (Hudson, *Allemande*, S. 7ff.). Ganz abgesehen von der Tatsache, daß auch die verschiedenen Formen der Diskantklausel, die Hudson als typisch für den Deutschen Tanz anführt, Allgemeingut der Zeit sind, ist die Klauselbildung in erster Linie von der Funktion einer Stimme im mehrstimmigen Satz abhängig.

572 Vgl. Kämper, *Studien*, S. 162.

sich folgende Fragen: Handelt es sich bei den zugrundeliegenden Liedern um Tanzlieder, dienten diese also bereits im vokalen Vortrag der Tanzbegleitung, oder ist der Tanz eine nachträgliche Ableitung? Wie ist das Verhältnis von Ein- und Mehrstimmigkeit, d.h. existierten die Tanzmelodien zuerst unabhängig von mehrstimmigen Sätzen, und welchen Wandlungen werden diese bei ihrer Versetzung in die Sphäre der Mehrstimmigkeit unterworfen?

In den vorliegenden Fällen sind eindeutige Schlüsse aufgrund der Quellenlage kaum möglich. Nur wenige Tanzliedmelodien sind auch einstimmig überliefert. So zeigt die einstimmige Version des Liedes vom *schefer in der nuwen stat* (Nr. 86) erhebliche Abweichungen gegenüber der Tenorstimme bei Hess. Grundlegend sind dabei zunächst die rhythmischen Unterschiede: obschon im Tempus imperfectum diminutum notiert, tendiert die einstimmige Melodie deutlich zu einem Wechsel zwischen (modern gesprochen) 6/4- und 3/2-Takt, was nach Auffassung Lipphardts „dem lasziven Zug des [=der] ursprünglichen 'Proportio tripla' in stilisierender Weise entgegenwirkt".[573] Allerdings stellt sich hier die Frage, ob das für das mittelalterliche Reigenlied typische Dreiermetrum tatsächlich zugrundelag, zumal in der Predigt des Jahres 1490, in welcher das Lied zitiert wird, nur von einem *weltlichen liede* die Rede ist.[574] Wenn auch das Textmetrum eine solche Rhythmisierung nahelegt, so ist doch eine nachträgliche Umrhythmisierung des Liedes zum Tanz ebenso möglich. Der Text ließe sich dem Tanz (ebenso wie dem Nachtanz) ohne Schwierigkeiten unterlegen, abgesehen von der allerdings wichtigen Tatsache, daß die Form eine andere ist und der musikalische Abschnitt D im Tanz fehlt.

Lied:	A		B	B'	C		D	D	B'
Tanz:	A	A	B	B	C	C			

Ein grundlegender Unterschied bleibt ebenfalls festzuhalten: das Reigenlied kennt nicht die Unterscheidung zwischen Tanz und Nachtanz.

Ein anderes Beispiel ist der *Bettlertanz* (Nr. 89). Die Übereinstimmung der Tanzmelodie mit der des Liedes ist hier sehr viel enger. Doch es zeigen sich auch deutliche Unterschiede. Insbesondere die Form des Liedes wurde verändert. Dieses weist musikalisch eine einfache Reihungsform auf (ABCD), während im Tanz zusätzlich Wiederholungen eingefügt werden: AABCDCD. Die rhythmische Zusammenziehung in den Abschnitten C und D gegenüber dem Lied kann eine Anpassung der Liedmelodie sein, ebenso ist es jedoch möglich, daß die Melodie im mehrstimmigen Liedsatz gedehnt wurde. In jedem Falle macht der Vergleich deutlich, daß hier die Melodie eines bekannten Liedes, das später auch in die mehrstimmige Tenorliedkomposition Eingang fand, den Erfordernissen der Tanzmusik angepaßt wurde. Zudem zeigt der Vergleich mit der Melodieversion bei Neusidler die typischen melodischen Veränderungen in den Klauseln. In

573 Lipphardt, *Volksliedweisen*, S. 73.
574 Wackernagel, *Kirchenlied*, Bd. III, S. 1131.

den Kadenzen treten anstelle der Tenorklauseln Diskantklauseln, um die Melodie ihrer Funktion als Oberstimme im Lautensatz anzupassen.

Sonderfälle sind der Tenorliedsatz *Wer sich der bulschafft unterwindt* (Nr. 67), das Madrigal *Quando ritrovo* (Nr. 131) und die Chanson *Tant que vivray* (Nr. 88). Diese ursprünglich vokalen Sätzen ließen sich aufgrund ihrer regelmäßigen Phrasenstruktur durch geringfügige Veränderungen in Tänze verwandeln.

Ein interessanter Apekt der Verbindung von Tanz- und Liedmelodien ist auch der einer möglichen Umsetzung des Liedinhaltes in eine Art von Tanzpantomime. Es wurde bereits beim *Bettlertanz* darauf hingewiesen, daß vermutlich Beziehungen zwischen der Ausführung des Tanzes und dem Inhalt des zugrundeliegenden Liedes bestanden (vgl. die Bemerkungen zu Nr. 89). Daß sich dabei besonders anstößige Tanzsitten mit bestimmten Tänzen verbanden, belegen einige Tanzverbote, die sich ausdrücklich auf den unzüchtigen Charakter dieser Tänze bezogen. So findet in einer Verordnung aus Kursachsen aus dem Jahre 1580 auch der *Bettlertanz* Erwähnung, als es darum geht, moralisch besonders bedenkliche Tänze zu verbieten.[575] Hier verband sich sicherlich der schlüpfrige Text mit entsprechenden Figuren des Tanzes.[576]

j) Die formale Gestalt der Deutschen Tänze

Die Länge der einzelnen Abschnitte ist sehr unterschiedlich, doch werden Abschnitte von je vier (oder acht) Brevis-Mensuren bevorzugt. Relativ häufig sind jedoch auch solche von drei oder sechs Breven Länge. Zwar besitzen wir keine choreographischen Zeugnisse, die uns bei der Deutung dieses Unterschiedes helfen können, doch enthält die Orgeltabulatur des Jan von Lublin (KrakauBP 1716), eine Quelle mit zahlreichen Parallelen zu den Tanzsammlungen der Brüder Hess, einige Hinweise. Dort nämlich finden sich bei einigen Tanzkompositionen Angaben, die sich offensichtlich auf die tänzerische Ausführung der Tänze beziehen, die sich aber auch auf Unterschiede in der Abschnittslänge beziehen lassen. Es sind dies einerseits eine *Corea super duos saltus* (fol. 211^{v}, Ed. in CEKM 6/V, S. 18f.) und eine *Alia* [corea] *super duos saltus* (fol. 214^{v}, Ed. ebd., S. 24f.), andererseits ein Tanz *ad unum* [saltum] (fol. 215^{r}, Ed. ebd., S. 25f.; vgl. Nr. 52) und eine *Alia* [corea] *ad unum* [saltum] (215^{v}, Ed. ebd., S. 27; vgl. Nr. 119).

Die Tänze *super duos saltus* nun setzen sich aus drei- oder sechstaktigen Abschnitten zusammen, die *ad unum saltum* aus vier- oder achttaktigen. Dem-

575 Die Tänze sollten *ohne einiges Verdrehen und unzüchtige Geberde* vor sich gehen. Daher sollten *die ärgerlichen Lobe-Tänze, Bettler-Tänze* und ähnliche verboten werden; zitiert nach Böhme, *Geschichte der Tanzes*, Bd. I, S. 116.

576 Zu pantomimischen Elementen als Parallelerscheinung im italienischen Tanz der Zeit vgl. Kämper, *Studien*, S. 163.

nach wurden also auch die Tänze mit Sprüngen ausgeführt, nicht nur die Nachtänze (Hupfauf). Den Unterschied zwischen der Ausführung von Tanz und Nachtanz verdeutlichen auch Bemerkungen in zwei Traktaten Martin Agricolas. In seiner *Musica figuralis Deudsch* (1532) bemerkt Agricola bezüglich der Proportio Tripla: *ein solcher Tact wird alzeit gehalten inn den Melodeyen / auff die vollsprüngigen tentze zugerichtet / wie inn dem alten liedlein / Hastu mich genommen etc.*[577] In den 1561 postum veröffentlichten *Duo libri musices* heißt es an entsprechender Stelle bezüglich von Tempus perfectum und Prolatio perfecta: *Nimirum hic tactus ad chorearum integrorum saltuum cantiones, videlicet, 'Ketterlein von dem Hagen.' 'Der Guckuck hat sich zu tode gefallen.' 'Alleine Gott inn der höge sey ehre' etc. non modo utilis, verumetiam pernecessarius censetur.*[578] Die *vollsprüngigen tentze*, resp. *chorearum integrorum saltuum cantiones*, entsprechen in ihrer Mensurierung den Nachtänzen, die bei Hess und in den meisten anderen Quellen im Tempus perfectum als Proportio tripla notiert werden.[579] Die älteren Tanzlieder, die Agricola aufzählt, entsprechen dem Typus des gesungenen einstimmigen Reigentanzes, wie er in einigen Quellen des 15. Jahrhunderts überliefert ist.[580] Dieser eigenständige Reigentanz ging dann, soweit die vorliegenden Quellen Schlüsse zulassen, als Nachtanz in das Paar Tanz – Nachtanz ein. Was nun die tänzerische Ausführung angeht, so lassen die herangezogenen Zeugnissse darauf schließen, daß neben dem offenbar mit drei Sprungbewegungen pro Mensur ausgeführten Nachtanz auch der Tanz mit Sprüngen ausgeführt wurde. Hierauf deutete ja bereits das oben S. 213 mitgeteilte Zitat aus Fischarts *Gargantua* hin, in dem auf die Unterschiede zwischen dem geschrittenen Hoftanz und dem gesprungenen Deutschen Tanz abgehoben wurde. Die Zahl der Sprünge hängt dabei von der Länge der Abschnitte ab und nicht (wie beim Nachtanz) von der zugrundeliegenden Mensur. Daher könnte man sich vorstellen, daß in den Tänzen *ad unum saltum* je ein Sprung auf vier Mensuren kommt, in denen *super duos saltus* dagegen je zwei auf drei Mensuren.

Wenn sich auch die Einzelheiten der Schrittfolgen und deren genaues Aussehen wohl nicht mehr rekonstruieren lassen, so geben uns diese Andeutungen doch immerhin einen Hinweis darauf, daß der Tanz in wenigstens zwei Formen vorhanden war, die sich durch die musikalische Formbildung unterscheiden. Sehr viel häufiger als diese klar unterschiedenen Tanzarten sind allerdings Mischformen, z.B. aus Abschnitten von je sechs und vier Mensuren (vgl. z.B. die Bemerkungen zum Bettlertanz oben S. 228).

---

577 Agricola, *Musica figuralis*, fol. G V^{r}.

578 Agricola, *Duo libri*, fol. E 3^{r}.

579 Beispiele für die Notation des Nachtanzes in der Prolatio perfecta finden sich z.B. in Iserlohn IV 36 F 124 (vgl. Nr. 86).

580 Mehrere Beispiele enthält die Hohenfurter Liederhandschrift; vgl. Bäumker, *Liederbuch*, Nr. LII–LVII. Zur mittelalterlichen Tradition vgl. Petzsch, *Reigenlied.*

k) Der Nachtanz

Die Bildung des Nachtanzes erfolgt entsprechend den Hoftänzen. Dabei sind jedoch zwei verschiedene Methoden zu beobachten. Bei der ersten entspricht eine Brevis des Tanzes einer perfekten Brevis des Nachtanzes, wie z.B. bei Nr. 122:

Notenbeisp. 32: Hess 1555a, Nr. 122 (Beginn von Tanz und Nachtanz)

Bei der zweiten Methode entspricht eine Brevis des Tanzes zwei perfekten Breven des Nachtanzes (so bei Nr. 52, siehe Notenbeisp. 33). Diese weniger häufige Variante tritt nur bei Tänzen auf, deren Abschnitte im Tanz nicht länger als vier Breven sind. Ausschlaggebend für dieses Verfahren ist offensichtlich vor allem die Rhythmik: es sind dies stets Tänze, bei denen die Minima (Viertel in der Übertragung) vorherrschend ist und die damit eine raschere Grundbewegung aufweisen als die übrigen, sich überwiegend in Semibreven bewegenden Tänze.

Notenbeisp. 33: Hess 1555a, Nr. 52 (Beginn von Tanz und Nachtanz)

Zwar sind alle Tänze im Tempus imperfectum diminutum (¢) notiert, doch deuten diese rhythmisch-metrischen Unterschiede auf eine Verschiebung des *Tactus* von der Brevis zur Semibrevis. So betrachtet ergäbe auch die unterschiedliche Darstellung des Nachtanzes einen Sinn: unter Zugrundelegung der Brevis als *Tactus* entspräche ¢ ◇ ◇ im Nachtanz 3 ⊨ ◇. Dies entspricht der erstgenannten Methode. Bei der zweiten ergäbe sich aus ¢ ◇ ◇ im Nachtanz 3 ⊨ ◇ ⊨ ◇. Als *Tactus* entspräche damit einer Semibrevis des Tanzes eine perfekte Brevis des Nachtanzes. Diese Form müßte eigentlich im Tanz nicht mit ¢, sondern mit C notiert werden. Die Nichtbeachtung solcher notationstechnischen Feinheiten ist aber in diesem relativ späten Stadium der Mensuralnotation keine Besonderheit.

Sicherlich sind die Verhältnisse nicht unbedingt mathematisch genau zu nehmen, doch löst sich so auch das Problem, daß die Abschnitte im Nachtanz bei der zweiten Methode doppelt so lang werden. Denn so bleibt die Zahl der „Schläge" gleich, setzt man die Semibrevis des Tanzes der perfekten Brevis des Nachtanzes gleich. Es sei noch darauf hingewiesen, daß, nimmt man die zeitgenössische Musiktheorie als Maßstab, im strengen Sinne nur diese zweite Variante als *Proportio tripla* bezeichnet werden kann; bei der ersten handelt es sich eigentlich um eine *Proportio sesquialtera*.

l) Satztechnische Aspekte

Der Satz der Deutschen Tänze ist geprägt von den im Vergleich zu den Hoftänzen kurzen Abschnitten und der einfachen rhythmischen Faktur der zugrundeliegenden Tanzmelodien. Die Sätze sind daher weitgehend homorhythmisch und dem einfachen Tenorliedtypus vergleichbar, wie er etwa in dem Liederbuch Arnt von Aichs ([1519]^5) auftritt, aus dem ja auch ein Satz übernommen wurde (siehe Nr. 67). Auch die französischen Tänze der Sammlungen Pierre Attaingnants dürften den Satz der Deutschen Tänze beeinflußt haben (vgl. dazu unten S. 235).

Einige Sätze zeigen allerdings Ansätze zu einer verfeinerten Kompositionstechnik. Ein einfaches Beispiel bietet Nr. 86 (*Der Schäfer von der neuen Stadt*): Der Tanz hat die Form AABBCC', wobei die Wiederholung des letzten Abschnitts im Gegensatz zu den vorangegangenen ausgeschrieben ist; dort nämlich schließt der erste Durchgang des Abschnitts C (M 12) trugschlüssig, indem der Baß statt des erwarteten *F* den Ton *d* aufsucht.[581] Die tonartliche Anlage des Tanzes (f-Modus mit ♭) wird so geschickt umgesetzt. Die Abschnitte A und B nämlich enden jeweils auf *c*, der Quinte über dem Grundton der Melodie, zu dem dann Abschnitt C zurückführt. Dieses einfache Mittel (alle anderen Stimmen wiederholen notengetreu) bewirkt ein harmonisches Offenhalten des Satzes und spart das Erreichen des f-Klanges für den tatsächlich letzten Abschnitt auf.

Ein ähnliches, etwas raffinierteres Verfahren findet sich im Bettlertanz (Nr. 89). Auch bei diesem (mit der Form AABCC') geht es um den Übergang zur Wiederholung des C-Abschnittes und die Vermeidung einer zu scharfen Zäsur (M 14). Dies wird dadurch erreicht, daß der Alt auf dem Kadenzklang pausiert, während der Vagant durch sein rasches synkopisches Fortschreiten den Satz in Gang hält. Beide beschriebenen Praktiken sind in der zeitgenössischen Vokalmusik weit verbreitet, lassen sich jedoch ebenso in den Tänzen Attaingnants oder den italienischen Tänzen der Handschrift London Roy. App. 59–62 beobachten. Sie stellen einen, wenn auch zaghaften, Versuch dar, der Gefahr der Eintönigkeit

[581] Siehe Band II, Nr. IV.9.

entgegenzuwirken, die durch die Aneinanderreihung kurzer in sich geschlossener Abschnitte leicht entsteht.

Zwei andere Sätze gehen noch sehr viel weiter, so daß man sich fragen muß, ob hier tatsächlich Tanzsätze vorliegen, oder ob es sich nicht um Liedsätze handelt, deren Melodien zwar in anderen Sätzen als Tänze Verwendung fanden, die in der vorliegenden Bearbeitung aber als Vokalkompositionen anzusehen sind. Dies betrifft zum einen die erste Bearbeitung des *Zeuner*-Tanzes (Nr. 149), auf dessen satztechnische Besonderheiten bereits hingewiesen wurde. Der imitatorische Satz mit seinen Abschnitten von irregulärer Länge steht in deutlichem Gegensatz zu der Anlage der Tanzkompositionen über diese Melodie in den Lauten- und Orgeltabulaturen (vgl. die entsprechenden Nachweise). Der nachfolgende Satz Nr. 150, der nun die Melodie in der Oberstimme hat, weist demgegenüber die regelmäßige Struktur des Tanzes auf. Dem Tanzsatz wurde also die polyphone Liedbearbeitung vorangestellt und so der Zusammenhang zwischen Lied und Tanz verdeutlicht.

Ähnlich angelegt ist auch die Gruppe Nr. 119 bis 121, in der eine Melodie nicht nur in verschiedenen Varianten, sondern auch in verschiedenen Satztypen präsentiert wird. Der Satz Nr. 119 ist durchgehend polyphon gehalten, und im Gegensatz zu Nr. 149 wird hier die imitatorische Anlage auch im Nachtanz beibehalten. Der Satz mit der Form ‖:AA'BB':‖ ist so gebaut, daß die Melodie permanent durch Alt, Tenor und Baß wandert (der Diskant scheint ebenso wie der Vagant nicht hieran beteiligt zu sein, da es nicht möglich ist, ihn in diese Imitationsfelder einzubauen). Dabei wird die erste Phrase der Melodie in zwei Unterabschnitte aufgeteilt (T: M 5–7 und 9–11). Die Abschnitte A' und B sind hier dadurch besonders eng verbunden, daß der Alt die Melodie des Abschnittes B bereits vorausimitiert, während der Tenor noch die letzten Töne des Abschnitts A vorträgt (M 21). Auch in dieser Gruppe folgen (analog der Gruppe Nr. 149/150) dem polyphonen Satz zwei homorhythmische Tanzsätze mit klar gegliederten Abschnitten von je vier bzw. zwei Mensuren Länge.

Dem Vagant kommt wie bei den Hoftänzen eine Sonderstellung zu. Häufig ist er besonders bewegt geführt und lockert so den Satz auf. Auffällig ist insbesondere die Ausfüllung von Schlußklängen, wobei den gehaltenen Schlußtönen der bewegte, häufig synkopisch geführte Vagant gegenübersteht. So kommt dem Vagant (vgl. z.B. Nr. 93) die Aufgabe zu, die einzelnen Abschnitte, an deren Ende die übrigen Stimmen zur Ruhe kommen, mittels einer durchgehenden Bewegung eng aneinander zu binden. Zudem führt diese enge Anbindung dazu, daß ein Verharren auf den Schlußtönen der einzelnen Abschnitte vermieden wird. Ein solches Verharren, zu dem die Musiker durch die Schlußkadenzen verführt werden können, wirkt für die Tänzer störend, da es den Fluß der Tanzschritte behindert. Dementsprechend wird denn auch in der Vorrede des zweiten Bandes

(Hess 1555b) darauf hingewiesen, daß die Wiederholungen *ohne stilhalten* auszuführen seien (siehe unten S. 267). Hier ist dies allerdings auskomponiert.

m) Pavanen, Chansons und Madrigale als Deutsche Tänze

Wie kommen Pavanen, eine Chanson und ein Madrigal in eine deutsche Tanzsammlung? Im Blick auf Madrigal und Chanson wurde oben bereits darauf hingewiesen, daß beide auch sonst in deutschen Quellen überliefert sind. Ähnlich verhält es sich mit den drei Pavanen (Nr. 93, 94, 132). Zwei dieser Tänze sind auch in der um 1547 entstandenen Basler Handschrift Basel F.X. 22–24 überliefert, und zwar ebenso mit einem Nachtanz, den die französischen Quellen nicht aufweisen.[582] Dies macht deutlich, daß die Stücke bereits vor dem Druck bei Hess im deutschsprachigen Raum verbreitet waren, und zwar in der hier typischen Verbindung von Tanz und Nachtanz. Attaingnants Druck von 1530, dem vermutlich beide entnommen wurden, trennt im Gegensatz hierzu Pavanen und Gaillarden. Zudem sind die Nachtänze mit keiner der Atttaingnantschen Gaillarden identisch (zum Sonderfall Nr. 132 vgl. oben). Bei Nr. 93 fällt auf, daß Tanz und Nachtanz musikalisch nicht verwandt sind. Dies entspricht dem Stadium der beiden frühen Ensembletanzsammlungen Attaingnants von 1530.[583] Die Gruppierung musikalisch aufeinander bezogener Pavane-Gaillarde-Paare findet sich in einigen Beispielen in Attaingnants *Quatorze Gaillardes* (1531) für Tasteninstrumente, im Ensemblerepertoire jedoch erst seit 1550 im *Quart livre de danceries* von Claude Gervaise (ebenfalls bei Attaingnant in Paris gedruckt). Bei Nr. 94 dagegen ist der Nachtanz aus der Pavane abgeleitet, somit ist dies eines der frühesten Beispiele für diese Technik im Ensemblerepertoire (auffällig übrigens, daß der Nachtanz deutlich am Tenor orientiert ist, der im Vergleich insbesondere zum Diskant melodisch wenig verändert wurde).

Wie sich bei der Besprechung des zweiten Bandes der Hess-Sammlung noch zeigen wird, spricht einiges dafür, daß in diese zweite Sammlung auch Tänze aus verlorenen Sammlungen Attaingnants eingegangen sind. Es ist daher sehr wohl möglich, daß Pavane-Gaillarde-Paare bereits um 1530 in Ensemblesätzen vorlagen. Dies kam der deutschen Neigung zu solchen Tanzpaaren entgegen und hat so sicherlich auch deren Aufnahme in Deutschland befördert. Es kann aber vermutet werden, daß die französische Tanzkomposition auch stilistisch Einfluß ausgeübt hat. Dies gilt insbesondere für den dort vorgebildeten Übergang zu kleingliedrigeren Tänzen mit Oberstimmenmelodie und eine Melodik, die sich mehr und mehr von vokalen Vorbildern löst.

---

[582] Zu dieser Handschrift vgl. auch unten S. 290.

[583] [c. 1528][9] und Attaingnant 1530. Beide wurden 1530 gedruckt; vgl. Heartz, *Attaingnant*, S. 230 bzw.234.

n) Polnische Tänze

Wie und wo ist nun der polnische Anteil in dieser Tanzsammlung zu lokalisieren? Überblickt man zunächst die Bezeichnung einzelner Tänze in den Konkordanzquellen, so ergibt sich ein wenig aussagekräftiges Bild, variieren die Titel doch von Quelle zu Quelle sehr stark – jeder in einer der anderen Quellen als polnisch bezeichneter Tanz wird in wieder anderen anders bezeichnet. Ein extremes Beispiel ist Nr. 64, eine Bearbeitung der mit einiger Sicherheit deutschen *Benzenauer*-Weise: Die Handschrift RegensburgBZ A.R. 940/41 überliefert ihn mit dem Titel *Welscher tantz*, während er in Ulm 236 als *Der Polnisch tantz* bezeichnet wird. Ähnlich verhält es sich mit den Tänzen Nr. 82 (*Des königs von Polen tantz* in Ulm 236 – Bearbeitung der *Bruder-Conrad*-Melodie), 86 (als *Polnischer Tanz* in Iserlohn IV 36 F 124, in anderen Quellen als Schäfertanz) und Nr. 87 (bei Neusidler als *Der Polnisch Tantz*, in anderen Quellen als *Salve puella* und mit weiteren Titeln).

Unter den sonst nur in Jan von Lublins Orgeltabulatur (KrakauBP 1716) belegten Tänzen können sehr wohl solche polnischen Ursprungs sein (vgl. Nr. 27, 48, 50, 95, 103, 119–121, 142, 153). Doch weisen diese keine Merkmale auf, die sie in signifikanter Weise von den übrigen unterscheiden.[584] Auch die in Jan von Lublins Tabulatur mehrfach auftauchende Bezeichnung *Poznanie* hilft hier wenig weiter. Diese scheint auf die Stadt Poznan (Posen) hinzudeuten und damit eine lokale Tanzform zu bezeichnen.[585] Dem widerspricht jedoch der Tanz *Poznania* fol. 131^{r}, der fol. 213^{r} nochmals in einer abweichenden Intavolierung unter dem Titel *Italica* auftaucht – beide Versionen gehen auf die Pavane 22 bei Attaingnant 1530 zurück (vgl. die Ausführungen zu Nr. 132). Das polnische „poznanie" bedeutet aber auch „Begegnung" oder „Kennenlernen"; daher liegt es näher, hierin einen Bezug auf eine lokale Tanzmanier zu sehen, die allerdings auch auf Tanzmusik fremden Ursprung angewandt werden konnte.

---

584 Die Hess-Samlung wird von Koch in seiner Arbeit über den polnischen Tanz nicht untersucht (siehe Koch, *Der polnische Tanz*). Die von ihm festgestellten Charakteristika des polnischen Tanzes beziehen sich auf Kompositionen um 1600 und sind in den vorliegenden, stilistisch älteren Werken nicht zu finden.

585 Vgl. dazu Chybiński, *Tabulatura*, S. 330.

7. Die Sammlung ausländischer Tänze der Gebrüder Hess

a) Inhaltsbeschreibung

Der Druck umfaßte fünf Stimmbücher: Den nicht mehr erhaltenen Diskant, *Altus*, *Tenor*, *Bassus* sowie ein Stimmbuch *Quinta* [&] *Sexta Vox* (Staats- und Stadtbibliothek Augsburg, Signatur: Tonk. Schl. 241–244). Das letztgenannte Stimmbuch enthält jeweils auf gegenüberliegenden Seiten die fünfte und sechste Stimme, wobei auf der linken die tiefere (*Quinta Vox*) und auf der rechten die höhere Stimme (*Sexta Vox*) abgedruckt ist. Die im Druck jeweils gekennzeichneten Zusatzstimmen, die von den Gebrüdern Hess hinzugefügt wurden (vgl. unten S. 266), werden in der folgenden Beschreibung mit den vorgezeichneten Schlüsseln angegeben.

Titelblatt, Tenor:
Viel Feiner Lieblicher Stucklein / Spanischer / Welscher / Englischer / Frantzösischer composition und tentz / Uber drey hundert / mit Sechsen / Fünffen / und Vieren / auff alle Instrument dienstlich / mit sonderm fleis zusamen bracht / vor nie in druck kommen.
Gedruckt zu Breslaw / Durch Crispinum Scharffenberg. [1555]
RISM 1555[35]

fol. II^r:
Dem Durchlauchtigisten / Grosmechtigisten Fürsten und Herren / Herrn Maximiliano / Königen zu Behem / Ertzhertzogen zu Österreich / Margraffen in Merhern / Hertzogen zu Lücemburg und in Slesien / Margraffen zu Lausatz / etc. unserm Gnedigsten Herren und König.

Durchlauchtigister / Grosmechtigster König / Gnedigster Herr / Es mercket meniglich / das die Edle unnd schöne kunst Musica / nicht die wenigste under den gaben ist / die uns der ewige Got / aus sondern Gnaden in dieser verderbten natur / zu einem exempel der volkommenheit verliehen. Dann ein jeder verstendiger Mensch gar liederlich daraus zumercken hat / was vor liebligkeit und einigkeit / aus recht gehaltener mas unnd ordnung erwachse. Und hinwider / was vor unfreuntliches / zerstrewtes wesen erfolge / da solche mas und ordnung nachgelassen wirdt / Welches dann gar leichtlich gemercket / unnd dis gehasset / jenes aber geliebt unnd gelobet wird / Unnd mag hieraus ein schön exempel genomen werden / So wol gar höher hendel / und gantzer regiment / als schlechter sachen und gemeiner hausordnung / Da das so ordentlich / unnd auff tugenden gerichtet / einen schönen gerechten gesangk der gar keine vicia leiden kan. Das aber / so ohne ordnung durch allerley untugenden gefüret / einem falschen gebrechlichen gesang billich vorgleicht wirdt. Das also aller sachen auff erden ein exempel davon kan genomen und wolgesagt möcht werden / der aller schönste
fol. II^v:
gerechtiste und lieblichste gesang / denn alle Componisten also fleissig suchen und doch das ende nicht erlangen mügen / wer ein exempel unsers ewigen lebens / Da wir aller laster / müh und gebrechen ledig sein werden. Welchen gesang uns allein Christus unser Herr und erlöser componiert / unnd zulernen vorgelegt hat / Der wolle uns auch helffen / das wir ihn recht und wol lernen / Unnd denselben in seiner gegenwert / mit ewigen freuden singen mügen. Derhalben mit grund zuschlissen / Der Allmechtige Got habe sonders gefallen / da die menschen solcher

schönen gaben / sich mit dancksagung gebrauchen / Erstlich Got zu lobe / und folgend zu erquickung ihrer gemütter / Wie dann die schrifft voller exempel / Und ewer Könn. Wyrde / so wol als derselben geliebster Herr und Vater / Die Römm. Könnig. Maiestet / unser aller gnedigster Herr / als die Christlichen / fleissigen unnd nüchtern Herren / diese adeliche schöne kunst auch teglich uben lassen / Erstlich Gott den Herren dadurch zuloben / unnd nachmals ihre beladne gemütter / nach den grossen Veterlichen gescheﬀten und sorgen / dadurch zu erquicken. Derhalben sie keinen unkosten sparen / und auch under allen Herren dieser unnd vorgehender zeit bey allen nationen / billich das lob und den preis erhalten. Unnd dieweil wir gespürt / das ewr Könn. Wyrde / neben andern manigfaltigen / und hohen Königlichen gaben / auch mit lieb der Musica von Got begnadet / und uns auch von im vorliehen / das wir dieselbige gar manchfaltig geubet / Da haben wir offt gewünschet / das wir ewr Könn. Wyrden dis fals in aller underthenigkeit zum dienstlichsten möchten erscheinen. Unnd demnach wir viel jar her / durch sondere unsre grosse mühe / unnd unkosten / aus allerley Nationen / mit Fleis zusamen gebracht haben mancherley schöne Composition / auff Spanische / Welsche / Englische /
fol. [III]^{r}:
und Frantzösische art / Welche ob sie schon alle zu anreitzung der selben art schöne künstlichen tentzen / mügen gebraucht werden / Doch ohne das so artlich gesetzt / das sie vor teutscher Composition / Auch allen andern nationen / auff allen instrumenten gantz lieblich und freundlich zuhören sein / Und wir bisher nit vormercket / das dermassen Composition / besonder diser land orten / jhe im druck sey ausgangen. Das haben wir nicht wollen underlassen / Ewr Könn. Wyrden / als unserm allergnedigsten Herren / und liebhaber dieser schönen kunst / zu underthenigstem dienst dieselben auff unsern unkosten und vorlegung in druck zu bringen. Der hoffnung und underthenigsten bitten / Ewr Königliche Wyrden werde und wolle ihr das / so wir zum aller dienstlichsten unnd underthenigsten gemeint / aller gnedigst gefallen lassen / Und unser aller Gnedigster Herr sein und bleiben.
Datum Breslaw / An dem Heiligen Ostertag / des 1555. Jahrs.

Ewr Könn. Wyrde

Underthenigste diener

Paulus und Bartholomeus Hessen
gebrüder / besolte Instrumentisten
der Königlichen Stadt Breslaw.

fol. [III]^{v}:
Gottes Güt / Gnad und Barmhertzigkeit / So wol unsern Freundlichen Grus / auch gehorsame unnd Willige dienst / sindt von uns gebrüdern / Paulo unnd Bartholomeo Hessen besolten Musicis / und mitbürgern der Königlichen und Loblichen Stat Breslaw / allen liebhabern und ehrlichen nachforschern / der Edlen / Freien und Hochlöblichen kunst Musica. Dieweil wir Könn. Wyrden zu Behem etc. Unserm aller gnedigsten Herrn zu underthenigster schuldiger dienstbarkeit / diese nachvolgende Composition frembder landt art / in druck gefertiget / Haben wir fur unerfarne derer Nation einen kleinen underricht fur notwendig geacht / und hiernach gestelt. Erstlich / weil dise noten und Composition ohne namen und Text verlassen ist / das iere Carmen dicke verkeret / auch solchs wenig zum singen / allein auff die instrument lieblich und dienstlich. Derwegen nichts daran gelegen wie sie jeder taufft / Zum andern / die vielfaltigen bezeichneten kreutzlen / bedeuten die Semitonien / so wider den gebrauch deutscher Musica befunden / wirdt darmit ihres landes gebrauch angezeigt / zu viel angenemer lieblicheit / wo sie recht gemacht werden. Auch werden an etlichen orten vitia gespürt / weil aber solches bein[!] *ihrer nation also componiert und zum theil nit fur unrecht geacht / Auch nicht fur deutsche compositz ausgeben / haben wir nichts endern wollen / damit ihr art und das sprichwort bleibe und erhalten / Jedes land fürt seinen eignen brauch und weise. Auch sind etliche anfangende stücklen / mit fünffter unnd sechster stimmen gemehrt / wegen volkommenheit und viler geselschafft / und mügen auch wider ausgelassen werden. Denn wo zu end einer stimmen ein Kleblet-*

fol. [IV]r:
lein befunden wird / das sind die zu gefürten stimmen / Und wo solche ausgelassen werden / und im Bass zu ende ein sternlein verzeichnet ist / So sol derselbe Bass entgegen ein octava höher als es claviert genomen werden. Auch ist dieser stücklen art und gebrauch alles und jedes von einer repetition zu der andern / unter einer durchgehenden mensur / ohne stilhalten zurepitieren / Wo aber zwerch liny zwischen den noten befunden werden / so solle man bey der nechstfolgenden repetition bey solcher linien die repetierung wider holen. Auch sindt solche stück von uns nit allein zum tantzen vermaint. Sonder wegen ihrer frembden lieblichen unnd aller Nation annemblichen art / vor unserer landtsgebrauch und Compositionen darinnen auch wunderliche unergrünte freud / und von himel entleihender gaben Gottes auff erden wenig mit geschmeckt / unnd manigfeldtiglich under allen nationen wunderlicher weis zerteilt / vermerckt zu seinem Götlichen lob und ehren / nachmals zu aufflösung und erquickung vieler Gotseliger und fromer / doch etlicher massen beladener und betrübter gemüter. Damit wir auch der heiligen unnd unerforschlichen Trinitet / ohne auffhören mit triumphieren / fur alle seine Allmechtige wundergaben / nicht allein lob und dancksagung thüen / sondern auch von hertzen nach den rechten unnd ewigen freuden trachten sollen / die unaussprechlich sind / und welcher dise irdische und zergengliche freude / nichts oder ja gar wenig zuvergleichen ist. Allweil wir aber uns der Römm. Könn. Maiestet / Unserm aller gnedigsten herrn / So wol ihren hoch adelichsten Erben alles schuldigen gehorsams und underthenigkeit underworffen erkennen / Und denselben nach höchstem vermügen mit Leib unnd gut sonderlich zudienen verpflichtet. So haben wir ihrer Römm. Könn. Maiestet / und derselben Erben zu ehren / auch auff vieler
fol. [IV]v:
ehrlicher leut und liebhaber der Musica / anlangen / solch lieblich und schön composition in druck geben und verlegt / Und so viel wir der aus fleissiger samlung diser zeit gehabt. Demnach wir einen jeden nach seinem standt dienstlich unnd freundtlich wollen gebetten haben / wolte ihm solchen unsern fleis nicht allein dencklich gefallen / Sonder die Musica und uns der selben liebhaber zu forderung und Freundtschafft lassen entpfolhen sein. Sich auch enthalten inner sechs jahren dieses nachzudrucken / Bey der Röm. Könn. Maiestet schweren ungnaden / Und in unserm Privilegio austrucklicher straffe / nemblich bey verlust zehen marck lötiges golds und der bücher. Des sich meniglich wirt zurichten haben.

1. [Pavane – Gaillarde]

Konk.: Kopenhagen 1873, D fol. 166r (nur Titel *1 englisch*), T fol. 81r (*englÿch tanz*, nur A, große Sekunde tiefer), 5 fol. 173r (ohne Titel), 6 fol. 58v (ohne Titel) und 1r (*Engelschen dantz*, große Sekunde tiefer);[586] StockholmKB 229, 2. Abt., Nr. 1 (nur B und 6); StockholmKA 45, 2. Abt. Nr. 1 (nur B).

2. [Passamezzo moderno – Saltarello]

Konk.: Kopenhagen 1872, Nr. 104/II (*Welsch Tanz*: *Passemesso – Sprung*, 6st.); Kopenhagen 1873, D fol. 166r, T fol. 78v (= 6), 5 fol. 173v, 6 fol. 55v (= T); StockholmKB 229, 2. Abt. Nr. 3 (nur B und 6); StockholmKA 45, 2. Abt. Nr. 3 (nur B).

Ed.: Band II, Nr. V.1; EML 171, S. 2f. (nach Hess 1555b mit ergänztem D nach Kopenhagen 1873); Dania sonans V, S. 246–249 (nach Kopenhagen 1872).

586 Zu dieser Kopenhagener Handschrift vgl. unten Abschn. VI.7.k).

3. [Pavana – Saltarello]

Konk.: Kopenhagen 1873, D fol. 168^{r}, T fol. 80^{v}–81^{r} (= 6), B fol. 92^{r} (oben: *F A* [?]), 5 fol. 167^{v}–168^{r}, 6 fol. 58^{r} (= T).

Ed.: Band II, Nr. V.2; EML 171, S. 4f. (nach Hess 1555b mit ergänztem D nach Kopenhagen 1873, Quarte höher transponiert).

Zusatzstimme: 6 (c2-Schlüssel).

4. [Pavane?]

Konk.: StockholmKB 229, 2. Abt., Nr. 22 (nur B und 6); StockholmKA 45, 2. Abt. Nr. 22 (nur B).

5. [Gagliarda *La rocha el fuso*][587]

Konk.: Kopenhagen 1873, D fol. 168^{r} (nur die ersten 6 Töne), T fol. 81^{r} (= 6, zum g1-Schlüssel des Drucks zusätzlich c1-Schlüssel, am Ende: *neddrick sinken*),[588] 5 fol. 166^{r}, 6 fol. 58^{v} (= T); StockholmKB 229, 2. Abt., Nr. 21 (nur B und 6).

Intav.: KrakauBP 1716, fol. 188^{r} (*Rocal fusa*; Ed. in CEKM 6/V, S. 14).

Ed.: Band II, Nr. V.3.

Zusatzstimmen: 5 und 6 (c3 und g1-Schlüssel).

Die Melodie dieses Tanzes liegt in allen Bearbeitungen im Diskant. Andere Bearbeitungen für Ensemble:[589]

1. London Roy. App. 59–62, fol. 9^{v} (fälschlich mit dem Titel *El tu tu*, 4st.; Ed. in Morrow, *44 Italian Dances* 1, S. 22f.).
2. MünchenSB 1503h, Nr. 5 (*La rocha el fuso*, 4st.; Ed. in Morrow, *Italian Dances*, S. 9).
3. Estrée 1559c, fol. 13^{r} (*Gaillarde, Les cinq pas*, 5st.).
4. Ebd., fol. 13^{v} (*Gaillarde, La fatigue*, 4st.).
5. 1571^{14}, fol. 15^{r} (*La rocque Gaillarde*, 4st.).

6. [Pavane]

Konk.: Attaingnant 1530, Pavane 18 (6st.); Uppsala 76c, fol.139^{r} (ohne Titel, 6st.).[590]

Ed.: ADP 1, S. 19 (nach Attaingnant 1530); Salmen, *Schichtung*, S. 95 (nach Hess, ohne D).

Die Fassung bei Hess stimmt genau mit den beiden anderen Quellen überein. Attaingnants *Superius* erscheint bei Hess als *Sexta vox*, das fehlende Diskantstimmbuch enthielt demnach den *Secundus superius*, bei dem es sich der Stimmführung nach auch tatsächlich um den eigentlichen Diskant handelt.

7. [Pavane?]

Zusatzstimmen: 5 und 6 (f5- und f4-Schlüssel); der B ist beim Auslassen der Zusatzstimmen eine Oktave aufwärts zu transponieren.

---

587 Vgl. auch die Einleitung zu Morrow, *44 Italian Dances* 1, S. VII.

588 Offensichtlich eine Anweisung, den außerordentlich hoch geschlüsselten Satz eine Quinte tiefer zu transponieren.

589 Für zahlreiche weitere Bearbeitungen siehe Moe, *Dance Music*, S. 239 und Ward, *Music*, Bd. 1, S. 21. Vgl. auch Cunningham, *Ensemble Dances*, S. 197.

590 Vgl. auch die Einleitung zu ADP 1, S. VII [recte VI].

9. [Pavane – Gaillarde]

Zusatzstimme: 6 (f5-Schlüssel); der B ist beim Auslassen der Zusatzstimme eine Oktave aufwärts zu transponieren.

10. [Pavane?]

Zusatzstimmen: 5 und 6 (beide f4-Schlüssel).

11. [Gaillarde?]

Zusatzstimme: 6 (c1-Schlüssel).

12. [Pavane *El bisson*]

Konk.: MünchenSB 1503h, Nr. 10 (*El bisson*, 4st.); [c. 1528]^{9}, Pavane 5 (Quarte höher, 4st.).

Ed.: Morrow, *Italian Dances*, S. 16f. (nach MünchenSB 1503h); ADP 1, S. 44f. (nach [c. 1528]^{9}).

Zusatzstimmen: 5 und 6 (f4- und c2-Schlüssel); der B ist beim Auslassen der Zusatzstimmen eine Oktave aufwärts zu transponieren.

Beide Konkordanzen weichen deutlich von der Version bei Hess ab. Die Melodie des Tanzes liegt im Tenor (Form: AABBCC). Dieser stimmt bei nur geringfügigen Abweichungen mit dem in [c. 1528]^{9} überein (dort Quarte höher). Besonderheit des Satzes in der Münchner Handschrift ist, daß dort die Melodie zunächst im Diskant liegt, dann aber bei der Wiederholung des A-Teils in den Tenor verlegt wird, wobei nun der Diskant die Tenorstimme des A-Teils eine Oktave tiefer wiederholt.

13. [Pavane?]

Zusatzstimmen: 5 und 6 (f4- und G3-Schlüssel); der B ist beim Auslassen der Zusatzstimmen eine Oktave aufwärts zu transponieren.

14. [Pavane – Gaillarde]

Zusatzstimmen: B(!) und 6 (G4- und c2-Schlüssel).

15. [Pavane – Gaillarde]

Konk.: Kopenhagen 1873, D fol. 166^{r}, T fol. 78^{v} (= 6), B fol. 90^{v}, 5 fol. 173^{v}, 6 fol. 55^{v} (= T).

Zusatzstimme: 6 (c2-Schlüssel).

16. [Pavane?]

Konk.: Kopenhagen 1873, D fol. 166^{r}, T fol. 79^{r} (= 6), B fol. 90^{v}, 5 fol. 167^{r} und 174^{r}, 6 fol. 55^{v}–56^{r} (= T).

Ed.: Band II, Nr. V.4.

Zusatzstimme: 6 (c2-Schlüssel).

17. [Gagliarda *La cara cosa / La Gamba*]

Konk.: Kopenhagen 1873, D fol. 166^v (nur die Zahlen *5* und *17* eingetragen), T fol. 79^r (= 6), B fol. 90^v, 5 fol.167^r und 174^r, 6 fol. 56^r (= T); London Roy. App. 59–62, fol. 16^v (*La Gamba*, 4st., Quarte höher; abweichende Fassung).

Intav.: Ammerbach 1583, S. 176 (*Ein ander Galliart*, ohne 5 und 6; Ed. in Jacobs, *Ammerbach*, S. 322f.).

Ed.: Thomas/Gingell, *Renaissance-Tanzbuch*, S. 120 (nach Hess, Quinte höher transponiert); Morrow, *44 Italian Dances* 2, S. 9 (nach London Roy. App. 59–62).

Zusatzstimmen: 5 und 6 (G3-[591] und c2-Schlüssel); der B ist beim Auslassen der Zusatzstimmen eine Oktave aufwärts zu transponieren.

Eine andere Bearbeitung für Ensemble überliefert die Handschrift MünchenSB 1503h, Nr. 7 (*La cara cosa*; Ed. in Morrow, *Italian Dances*, S. 12).[592]

18. [Pavane?]

Zusatzstimmen: 5 und 6 (f4- und c1-Schlüssel).

19. [Gagliarda *La traditora*]

Konk.: Basel F.X. 17–20, Nr. 10 (*Traditora*, nur D und A); Kopenhagen 1873, D fol. 166^v (nur die Nummern *6* und *19* eingetragen), T fol. 79^r (= 6), B fol. 90^v (nur die Zahl *19* eingetragen), 5 fol. 166^v–167^r und 174^r, 6 fol 56^r; London Roy. App. 59–62, fol. 5^v (*La traditora*, 4st.).

Ed.: Morrow, *44 Italian Dances* 1, S. 13 (nach London Roy. App. 59–62); Erig, *Basel*, S. 11 (nach Basel F.X. 17–20).

Zusatzstimmen: 5 und 6 (f4- und c1-Schlüssel); der B ist beim Auslassen der Zusatzstimmen eine Oktave aufwärts zu transponieren.

Andere Bearbeitungen für Ensemble:

1. MünchenSB 1503h, Nr. 9 (*La traditora*, 4st.; Ed. in Morrow, *Italian Dances*, S. 14f.).
2. 1571^{14}, fol. 12^v (*Gaillarde Traditore*).
3. Unten Nr. 32
4. Unten Nr. 229.[593]

20. [Passamezzo moderno-Variante][594]

Zusatzstimme: 6 (c2-Schlüssel).

21. [Gaillarde?]

Zusatzstimmen: 5 und 6 (f4- und c1-Schlüssel); der B ist beim Auslassen der Zusatzstimmen eine Oktave aufwärts zu transponieren.

591 Im Druck fälschlich G4-Schlüssel.

592 Zu weiteren Bearbeitungen vgl. Cunningham, *Ensemble Dances*, S. 189. und Ward, *Music*, Bd. 1, S. 111f. Der Tanz basiert auf dem Folia-Baß.

593 Zu weiteren Bearbeitungen vgl. Moe, *Dance Music*, S. 224f.

594 Zu anderen Varianten in der französischen Pavane vgl. Apel, *Attaingnant*, S. 365.

22. [Tanz – Nachtanz]
Konk.: Kopenhagen 1873, D fol. 166^{v}, T fol. 79^{v} (= 6), B fol. 91^{r}, 5 fol. 166^{v} und 174^{v}, 6 fol. 56^{r} (= T).
Intav.: Drusina 1556, fol. l 3^{v} (*Tantz – Sprunck*; Ed. in Tappert, *Sang und Klang*, S. 31).[595]
Ed.: Band II, Nr. V.5.

Zusatzstimme: 6 (c4-Schlüssel). Eine Oktavtransposition beim Auslassen der Zusatzstimmen ist zwar nicht angegeben, doch zeigt ein Vergleich mit der vierstimmigen Intavolierung für Laute bei Drusina, daß der Baß eine Oktave tiefer transponiert wurde. Die *Quinta vox* (G3-Schlüssel) dürfte daher ebenfalls von den Bearbeitern hinzugefügt worden sein.

Bemerkung im Baß: *Secunt niderer*. Die Baßstimme im Gamma-Schlüssel ist tatsächlich einen Ton zu hoch notiert. Offensichtlich wurde bei der Oktavtransposition der unbekannten Vorlage diese direkt abgeschrieben, da die Stimme in der notierten Form als eine Oktave tiefer zu transponierender Baßschlüssel zu lesen ist.
Passamezzo moderno-Variante?

23. [Passamezzo antico – Saltarello]
Konk.: Kopenhagen 1872, Nr. 104/I (*Welsch Tantz / Lamelanza – Sprung*, 6st., 6 stimmt jedoch nicht überein); Kopenhagen 1873, D fol. 166^{v} (nur der Vermerk *welsch*), T fol. 79^{v} (= 6, *welch*[!] *danz*), B fol. 91^{r} (nicht eingetragen, nur der Vermerk *weles*[!]), 5 fol. 174^{v}, 6 fol. 56^{v} (= T); StockholmKB 229, 2. Abt., Nr. 5 (nur B und 6).
Ed.: Band II, Nr. V.6 (nebst der abweichenden 6. Stimme in Kopenhagen 1872); Dania sonans V, S. 244f. (nach Kopenhagen 1872).

Zusatzstimme: 6 (c2-Schlüssel).

24. [Pavane – Gaillarde]
Intav.: New Haven 13, fol. 18^{v}–19^{r} (*A pavin*; Ed. in Ward, *Music*, Bd. 2, S. 124).
Ed.: Band II, Nr. V.7.

Zusatzstimme: 6 (c1-Schlüssel).

Der stark kolorierten Intavolierung der Pavane folgt im sog. „Osborn Commonplace-book“ (New Haven 13) eine *Traditor galliard* (vgl. Nr. 19). Diese hat jedoch mit der vorliegenden, aus der Pavane abgeleiteten Gaillarde nichts gemein, von einer Ähnlichkeit der Oberstimme im ersten Abschnitt abgesehen.

25. [Pavane?]

Zusatzstimme: 6 (c2-Schlüssel).

26. [Pavane?]
Konk.: Kopenhagen 1873, D fol. 166^{v}, T fol. 79^{v}–80^{r} (= 6), B fol. 91^{r}, 5 fol. 174^{v}, 6 fol. 56^{v} (= T); StockholmKB 229, 2. Abt., Nr. 2 (nur B und 6); StockholmKA 45, 2. Abt. Nr. 2 (nur B).
Ed.: Band II, Nr. V.8.

595 Der Tanz erscheint hier unter den *Choreae germanicae*.

Zusatzstimme: 6 (c2-Schlüssel).

27. [Pavane?]
Konk.: StockholmKB 229, 2. Abt., Nr. 4 (nur B und 6); StockholmKA 45, 2. Abt. Nr. 4 (nur B).

Zusatzstimme: 6 (c2-Schlüssel).

28. [*Pavane d'Angleterre* / *Prince Edward's Paven*]
Konk.: Gervaise 1555, fol. 3v–4r (*Pavane d'Angleterre*, 5st., hier mit nachfolgender Gaillarde); Kopenhagen 1873, D fol. 168r, T fol. 81v (= 6), B fol. 93r, 5 fol. 166v, 6 fol. 57v (= T).
Ed.: Expert, *Danceries*, S. 18ff. (nach Gervaise 1555).

Zusatzstimme: 5 (f5-Schlüssel); der B ist beim Auslassen der Zusatzstimme eine Oktave aufwärts zu transponieren.

Der Druck des *Sixième livre de danceries* aus der Offizin Pierre Attaingnants (Gervaise 1555) wurde erst am 2. Oktober 1555 abgeschlossen, so daß dieser Druck als Vorlage ausgeschlossen werden kann.[596] Wie schon der Titel andeutet, ist der Tanz aber in zahlreichen englischen Quellen, bearbeitet für Laute, Bandora, Baßgambe, Tasteninstrumente und Ensemble, überliefert.[597] Daher lag den Hess-Brüdern sicherlich eine englische Quelle vor. Eine vierstimmige Ensemblefassung findet sich in den sog. *Thomas Wode Partbooks* (entstanden ca. 1562–1590). Hier trägt der Tanz, dessen Melodie in der Oberstimme liegt, den Titel *Prince Edward's Paven* (Ed. in MB XV, S. 192). Während dort die Mittelstimmen stark abweichen, entspricht der Baß weitgehend dem der vorliegenden Bearbeitung. In dieser wechselt die Melodie im 3. Abschnitt in die *Sexta vox* (entsprechend Gervaises *Contratenor*).

In englischen Quellen wird der Tanz auch als Pavane *Heaven and earth* oder ähnlich bezeichnet. Möglicherweise bildet ein Lied des englischen Dichters Thomas Wyatt (*Hevyn and erth*) die Grundlage des Tanzes.[598]

29. [Pavana *El Todescho*]
Konk.: London Roy. App. 59–62, fol. 16r (*El Todescho*, 4st.).
Ed.: Band II, Nr. V.8; Morrow, *44 Italian Dances* 2, S. 8 (nach London Roy. App. 59–62).

Zusatzstimmen: 5 und 6 (f5- und f4-Schlüssel); der B ist beim Auslassen der Zusatzstimmen eine Oktave aufwärts zu transponieren.

Die Fassung der Handschrift weicht, insbesondere im Mittelteil, stark ab (vgl. die Gegenüberstellung beider Sätze in Band II).[599]

---

596 Vgl. Heartz, *Attaingnant*, S. 373.

597 Siehe Ward, *Music*, Bd. 1, S. 131.

598 Ebd. Der Text, Gervaises Diskantstimme unterlegt, findet sich ebd., Bd. 2, S. 64. Eine Bearbeitung für Tasteninstrumente in London Roy. App. 58, fol. 52r, 55v; Ed. ebd., Bd. 2, S. 147 (*Heven & erth*).

599 Zu anderen Bearbeitungen vgl. auch Moe, *Dance Music*, S. 229.

30. [Basse danse]

Konk.: Attaingnant 1530, Basse danse 1 (5st., Quarte höher), Basse danse 3 (4st., Quarte höher); Cambrai 125–128, fol. 138^{r} ([B]*asse danche*, 4st., Quarte höher).

Ed.: ADP 1, S. 2 bzw. 3 (nach Attaingnant 1530).

Zusatzstimme: 6 (c2-Schlüssel).

Der Baß ist gegenüber den anderen Stimmen eine Quarte zu hoch notiert, enthält aber den Hinweis *quart niderer*. Dies läßt die Vermutung zu, daß diese Komposition (wie wohl viele andere) direkt aus dem Druck übernommen wurde und dabei die Transposition der Baßstimme vergessen wurde. Die *Quinta vox* entspricht dem *Secundus Bassus* der Basse danse 1 bei Attaingnant 1530.

31. [Gaillarde?]

Zusatzstimmen: 5 und 6 (f5- und f3-Schlüssel)? Zwar findet sich bei keiner dieser Stimmen der Hinweis darauf, daß sie ausgelassen werden können, doch steht am Ende der Baßstimme der entsprechende Hinweis, der für diesen Fall eine Oktavtransposition verlangt.

32. [Gagliarda *La traditora*][600]

Konk.: Kopenhagen 1873, D fol. 167^{r}, T fol. 80^{r} (= 6), B fol. 91^{r}, 5 fol. 175^{r}, 6 fol. 56^{v} (= T).

Zusatzstimme: 5 (f5-Schlüssel).

Melodie in der Oberstimme. Vgl. auch Nr. 19 und 229.

33. [Gaillarde?]

Zusatzstimme: 5 (f4-Schlüssel).

34. [Gaillarde?]

Zusatzstimme: 5 (f4-Schlüssel).

35. [Pavane?]

Zusatzstimmen: 5 und 6 (f4- und c1-Schlüssel); der B ist beim Auslassen der Zusatzstimmen eine Oktave aufwärts zu transponieren.

36. [Pavane – Gaillarde?]

Zusatzstimme: 6 (f4-Schlüssel).

37. [Pavane?]

Zusatzstimme: 5 (f5-Schlüssel).

38. [Basse danse?]

Konk.: StockholmKB 229, 2. Abt., Nr. 6 (nur B und 6); StockholmKA 45, 2. Abt. Nr. 6 (nur B).

Zusatzstimme: 6 (c1-Schlüssel).

---

600 Vgl. die Einleitung zu Morrow, *44 Italian Dances* 1, S. VI.

39. [Pavane?]

Zusatzstimmen: 5 und 6 (c4- und c1-Schlüssel); der B ist beim Auslassen der Zusatzstimmen eine Oktave aufwärts zu transponieren.

Dieser Tanz basiert auf einem Baßgerüst, das in jedem der beiden Teile einmal (unter geringen Veränderungen) durchgeführt wird.

40. [Pavane?]

Zusatzstimmen: 5 und 6 (beide f4-Schlüssel); der B ist beim Auslassen der Zusatzstimmen eine Oktave aufwärts zu transponieren.

41. [Pavane]

Konk.: MünchenSB 1516, Nr. 185 (*Pavane 1*, 4st., Quarte höher; Wiederholungen der Abschnitte 1 und 2 fehlen; stärkere rhythmische Abweichungen).

Ed.: Whisler, *Munich 1516*, S. 465ff. (nach MünchenSB 1503h).

Zusatzstimmen: 5 und 6 (c4- und c1-Schlüssel); der B ist beim Auslassen der Zusatzstimmen eine Oktave aufwärts zu transponieren.

42. [Gaillarde?]

Zusatzstimmen: 5 und 6 (c4- und c1-Schlüssel); der B ist beim Auslassen der Zusatzstimmen eine Oktave aufwärts zu transponieren.

43. [Pavane?]

Konk.: Kopenhagen 1873, D fol. 168^r, T fol. 81^r (= 6), B fol. 92^v, 5 fol. 168^r, 6 fol. 58^r.

Zusatzstimmen: 5 und 6 (c4- und c1-Schlüssel); der B ist beim Auslassen der Zusatzstimmen eine Oktave aufwärts zu transponieren.

44. [Chiarentana *La geomatria*]

Konk.: Kopenhagen 1873, D fol. 167^r, T fol. 80^r (= 6), B fol. 91^v, 5 fol. 167^v–168^r und 175^r, 6 fol. 56^v–57^r (= T).

Intav.: MünchenSB 1511b, fol. 5^v (*La geomatria*, nur D, T, B).

Ed.: Band II, Nr. V.10.

Zusatzstimmen: 5 und 6 (c4- und c1-Schlüssel); der B ist beim Auslassen der Zusatzstimmen eine Oktave aufwärts zu transponieren.[601]

45. [Gagliarda *Lodesana*]

Konk.: Kopenhagen 1873, D fol. 168^v, T fol. 81^v (= 6), B fol. 92^v, 5 fol. 166^r, 6 fol. 57^v (= T); StockholmKB 229, 2. Abt., Nr. 58 (nur B und andere 5. Stimme, Quarte höher).

Zusatzstimmen: 5 und 6 (c4- und c1-Schlüssel); der B ist beim Auslassen der Zusatzstimmen eine Oktave aufwärts zu transponieren.[602]

---

601 Bezeichnung als Chiarentana bei Pifaro 1546, Nr. 3 (*Chiarenzana la geometrina*). Zu weiteren Bearbeitungen für Laute und Tasteninstrumente vgl. Moe, *Dance Music*, S. 240. Zur Tanzgattung *Chiarentana* ebd., S. 62 sowie Anonym, *Chiarentana*. Vgl. auch unten Nr. 162.

602 Zu weiteren Bearbeitungen für Laute und Tasteninstrumente vgl. Moe, *Dance Music*, S. 236f.

47. [Basse danse?]
Konk.: Kopenhagen 1873, D fol. 168^{v}, T fol. 81^{v}–82^{r} (= 6), B fol. 92^{v}, 5 fol. 166^{r}, 6 fol. 57^{v} (= T).

Zusatzstimmen: 5 und 6 (c4- und c1-Schlüssel); der B ist beim Auslassen der Zusatzstimmen eine Oktave aufwärts zu transponieren.

48. [Basse danse *La scarpa mi fa mal*]
Konk.: Kopenhagen 1873, D fol. 168^{v}, T fol. 81^{v} (= 6, Vermerk: *k neddrick*),[603] B fol. 91^{r}, 5 fol. 167^{v}, 6 fol. 57^{v}.

Zusatzstimmen: 5 und 6 (c4- und c1-Schlüssel); der B ist beim Auslassen der Zusatzstimmen eine Oktave aufwärts zu transponieren.
Andere Bearbeitungen der Tenor-Melodie für Ensemble:[604]
1. Attaingnant 1530, Basse danse 5 (*La scarpa my faict mal*; Ed. in ADP 1, S. 4).
2. Hess 1555a, Nr. 132 (vgl. oben S. 201).
2. Augsburg 142a, fol. 20^{r} (3st., ohne Titel; vgl.oben S. 148).

49. [Pavane – Gaillarde]

Zusatzstimmen: 5 und 6 (c4- und c1-Schlüssel); der B ist beim Auslassen der Zusatzstimmen eine Oktave aufwärts zu transponieren.

50. [Pavane – Gaillarde]
Konk.: StockholmKB 229, 2. Abt., Nr. 7 (nur B und 6, ohne Gaillarde).

Zusatzstimmen: 5 und 6 (c4- und c1-Schlüssel); der B ist beim Auslassen der Zusatzstimmen eine Oktave aufwärts zu transponieren.

Form: ||: A(8) A’(8) B(8) :|| [605]

Dieser Tanz basiert in seinen Teilen A und A’ auf einem Baßmodell, das auch die Grundlage einer Pavane (mit Gaillarde) in Attaingnants *Quatorze Gaillardes* (1531) bildet (fol. 26^{r}; Ed. in CEKM 8, S. 24ff. und *Keyboard Repertoire* 14, S. 24f.; vgl. Notenbeisp. 34). Eine Bearbeitung für Laute findet sich in Attaingnants *Dixhuit basses dances* (1530^{7}, Ed. in Heartz, *Preludes*, S. 96ff.).

Willi Apel hat darauf hingewiesen, daß dieses Modell eine frühe Variante des Passamezzo moderno ist.[606] Die Oberstimme tritt jedoch auch ohne das Baßgerüst in Ensemblebearbeitungen auf (so in Uppsala 76c, fol. 138^{v}, ohne Titel; Susato 1551, fol. 5^{v} mit dem Titel *Danse du Roy*). Diese Melodie paßt jedoch nicht zu vorliegendem Satz bei Hess.

Heartz identifiziert die genannten Bearbeitungen bei Attaingnant mit dem Tanz *Bel fiore*.[607] Das Baßmodell ähnelt zwar dem dieses Tanzes, es ist dort aber anders rhythmisiert und zudem mit einer anderen Melodie verbunden (siehe Nr. 51).[608]

---

603 Die Anmerkung in 6 *k*[*wint?*] *neddrick* ist wohl (ähnlich Nr. 5) ein Hinweis auf eine Tiefertransposition.

604 Zur vokalen Vorlage und weiteren Bearbeitungen vgl. Jeppesen, *Tanzbuch*, S. 259, Heartz, *Preludes*, S. LXXXIII und Moe, *Dance Music*, S. 178.

605 In Klammern die Anzahl der Brevis-Mensuren.

606 Siehe Apel, *Attaingnant*, S. 365.

607 Siehe Heartz, *Preludes*, S. LXXX.

608 Darauf hat Jean-Michel Vaccaro hingewiesen; vgl. Vaccaro, *Musique de luth*, S. 264.

Notenbeisp. 34: a) Hess 1555b, Nr. 50 (B-Stimme, M 1–16)
b) Rekonstruiertes Baßgerüst
c) *Pavane* aus Attaingnant 1531, fol. 26r (B, Quarte tiefer transponiert)

51. [Saltarello *Bel fiore*]
Konk.: Kopenhagen 1873, D fol. 167v, T fol. 82r (= 6), B fol. 93v, 5 fol. 168v, 6 fol. 58v (= T); StockholmKB 229, 2. Abt., Nr. 9 (nur B und 6).

Zusatzstimmen: 5 und 6 (c4- und c1-Schlüssel).

D und B dieses Tanzes stimmen weitgehend mit dem Saltarello *Bel Fiore* überein, wie ihn z.B. Drusinas *Tabulatura* überliefert (fol. k3r).[609] Der Tanz hat bei Drusina die Form ‖:A A' B:‖, bei Hess einen zusätzlichen dritten Abschnitt (AABBCC).[610]

Vgl. auch Nr. 50.

52. [Pavane]
Konk.: [c. 1528]9, Pavane 6 (4st., Quarte höher, stark abweichend); MünchenSB 1516, Nr. 186 (*Pavane 2*, 4st., stark abweichend); Kopenhagen 1873, D fol. 167r, T fol. 80r (= 6), B fol. 91v, 5 fol. 175r, 6 fol. 57r (= T).[611]
Ed.: ADP 1, S. 45 (nach [c. 1528]9); Whisler, *Munich 1516*, S. 468f. (nach MünchenSB 1503h).

---

609 Zu weiteren Bearbeitungen für Laute vgl. die Zusammenstellungen bei Moe, *Dance Music*, S. 222 und Vaccaro, *La musique de luth*, S. 264f.

610 Es konnten hier nicht alle anderen Bearbeitungen untersucht werden, doch scheint dieser dritte Abschnitt bei jenen ebenfalls zu fehlen; jedenfalls trifft dies zu auf Crema 1546, fol. I 3r (*Saltarello bel fior*, Ed. in Moe, *Dance Music*, S. 338f.) und Le Roy 1551, fol. 30v (*Gaillarde*).

611 Vgl. auch Cambrai 125–128, fol. 146r; siehe den kritischen Bericht zu *Keyboard Repertoire* 14, S. 4 (zu Nr. 16). Dort wird fälschlich die vorliegende Komposition gleichgesetzt mit der Pavane 22 in Attaingnant 1530.

Zusatzstimmen: 5 und 6 (f5- und f4-Schlüssel); der B ist beim Auslassen der Zusatzstimmen eine Oktave aufwärts zu transponieren.

Die Versionen Attaingnants und der Münchner Handschrift stimmen, von leichten Auszierungen in der Münchner Oberstimme abgesehen, überein.

53. [Pavane?]

Zusatzstimmen: 5 und 6 (f4- und c1-Schlüssel); der B ist beim Auslassen der Zusatzstimmen eine Oktave aufwärts zu transponieren.

54. [Pavane – Gaillarde]

Konk.: StockholmKB 229, 2. Abt., Nr. 10 (nur B und 6); StockholmKA 45, 2. Abt. Nr. 10 (nur B).

Zusatzstimmen: 5 und 6 (f4- und c1-Schlüssel).

55. [Pavane – Gaillarde]

Konk.: Uppsala 76c, fol. 137v (ohne Titel, Quarte höher, 5st., nur Pavane; die fünfte Stimme stimmt nicht mit der bei Hess überein).

Ed.: Band II, Nr. V.11.

Zusatzstimme in der Pavane: 6 (c1-Schlüssel), in der Gaillarde: 5 und 6 (G3- und f4-Schlüssel).

56. [Pavane?]

Konk.: StockholmKB 229, 2. Abt., Nr. 9 (nur B und 6).

Zusatzstimmen: 5 und 6 (f4- und c1-Schlüssel).

57. [Basse danse?]

Konk.: StockholmKB 229, 2. Abt., Nr. 11 (nur B und 6); StockholmKA 45, 2. Abt. Nr. 11 (nur B).

Zusatzstimmen: 5 und 6 (f4- und c2-Schlüssel).

58. [Pavane?]

Konk.: StockholmKB 229, 2. Abt., Nr. 12 (nur B und 6); StockholmKA 45, 2. Abt. Nr. 12 (nur B).

Zusatzstimmen: 5 und 6 (f4- und c1-Schlüssel).

59. [Pavane *La rote de rode*]

Konk.: Attaingnant 1530, Pavane 14 (*Pavenne*) und 25 (*Pavenne La rote de rode* – Variante von Nr. 14, beide 4st., Quarte höher); Cambrai 125–128, fol. 136r (*Pavane La Rote*, 4st., stark abweichend); StockholmKB 229, 2. Abt., Nr. 13 (nur B und 6) und Nr. 55 (nur B und neue 5. Stimme, Quarte höher); StockholmKA 45, 2. Abt. Nr. 13 (nur B).

Ed.: ADP 1, S. 20 und 36 (nach Attaingnant 1530), S. 44 (nach [c. 1528][9]); Thomas, *Music for Crumhorns*, S. 51 (nach Cambrai 125–128).

Zusatzstimmen: 5 und 6 (f5- und c1-Schlüssel); der B ist beim Auslassen der Zusatzstimmen eine Oktave aufwärts zu transponieren.

Zu anderen Bearbeitungen der Tenor-Melodie vgl. unten Nr. 158 sowie Hess 1555a, Nr. 94. Vgl. auch unten Nr. 62.

60. [Passamezzo antico *Caminata*]
Konk.: Augsburg 142a, fol. 21r (ohne Titel, 4st.); FlorenzBN Panc. 27, fol. 116v–117r (*Caminata*, 4st.).
Ed.: Band II, Nr. III.6 (nach Augsburg 142a); Jonas, *Augsburger Liederbuch*, Bd. I, S. 66f. (nach FlorenzBN Panc. 27, fehlerhaft); Wolf, *Sing- und Spielmusik*, Nr. 26 (nach FlorenzBN Panc. 27).

Zusatzstimmen: 5 und 6 (f4- und c1-Schlüssel); der B ist beim Auslassen der Zusatzstimmen eine Oktave aufwärts zu transponieren.

61. [Passamezzo antico]

Zusatzstimmen: 5 und 6 (f4- und c1-Schlüssel); der B ist beim Auslassen der Zusatzstimmen eine Oktave aufwärts zu transponieren.

62. [Gaillarde]
Konk.: StockholmKB 229, 2. Abt., Nr. 55, 2. Teil (nur B und neue 5. Stimme, Quarte höher als Gaillarde zu Hess 1555b, Nr. 59).

Zusatzstimmen: 5 und 6 (f4- und c1-Schlüssel); der B ist beim Auslassen der Zusatzstimmen eine Oktave aufwärts zu transponieren.

63. [Pavane *La bataille*]
Konk.: RegensburgTH 3/I, Nr. 17 (*LA Battaglia*, nur B); [c. 1550][24], Tanz Nr. 11 (*Pavane. La Bataille*, 4st., Quarte höher); Susato 1551, fol. 13v (*Pavane La Battaille*, 4st.);[612] Basel F.IX. 59–62, Nr. 31 (*Die schlacht in kurtz*, 4st.); Basel F.X. 17–20, Nr. 5 (*Die schlacht*, 4st.); Brügge 41, fol. 16r (*Pavane*, nur B); Sitten Tir. 87-4, fol. 7r (*Alabaria oder die kleine Schlacht*, nur B); Ulm 235, Nr. 24 (mit unterlegtem Text *Audi tellus*, 4st.);[613] London Roy. App. 59–62, fol. 7v (*La bataglia*, 4st.).
Ed.: Band II, Nr. V.12; *Renaissance-Tanzbuch*, S. 28f. (Quarte höher transponiert).

Zusatzstimmen: 5 und 6 (f4- und c1-Schlüssel).
Vokale Vorlage: Clément Janequin, Chanson *La guerre*.[614]

---

612 Der Baß ist hier eine Quart zu hoch notiert, ist aber mit dem Hinweis *Een quart Leger* versehen.

613 Dies ist ein besonders kurioses Beispiel der deutschen Kontrafakturpraxis, für die sich in dieser Handschrift etliche Beispiele finden. Doch hier wird nicht eine Chanson, sondern ein Tanz mit einem geistlichen Text versehen, und dazu noch einer mit trommelnden Tonrepetitionen, die auf Janequins lautmalerische Chanson *La guerre* zurückgehen. Der Text findet sich in *Analecta Hymnica*, Bd. XLIX, Nr. 779. Es liegt auch ein zeitgenössischer Druck vor in den *Responsoria*, Nürnberg, Johannes Petreius, 1550, fol. 150v, hier als *cantus vulgaris de morte* bezeichnet (auch zahlreiche Nachdrucke bis 1618; vgl. Teramoto/ Brinzing, *Petreius*, S. 121 und 129).
Beschreibung der Handschrift bei Gottwald, *Ulm*, S. 89–98 (Datierung ca. 1574). Die Nr. hier nach dem Original (diese Nr. von moderner Hand), bei Gottwald Nr. 23 (S. 93, Konkordanzen dort nicht nachgewiesen).

614 Vgl. auch Cunningham, *Ensemble Dances*, S. 181.

64. [Jean Mouton: *Jamais n'aymeray masson*]
Konk.: 1520^{6}, fol. 6^{v}–7^{r}, 55^{v}–56^{r} (anonym, nur D und B); 1542^{8}, Nr. 86 (anonym); London Add. 35087, fol. 55^{v}–56^{r} (*Jo. Mouton*); $[1560]^{1}$, Nr. 47 (anonym).
Ed.: Band II, Nr. V.13; Rhau, *Musikdrucke*, Bd. IX, Nr. 86 (nach 1542^{8}).

Zusatzstimmen: 5 und 6 (f4- und g2-Schlüssel).

Dieser Tanz basiert auf der dreistimmigen Chanson Moutons. Tenor und Baß stimmen weitgehend mit der Chanson überein, Alt, Quinta und Sexta vox wurden hinzugefügt. Die Quellen der Chanson (nur auf diese beziehen sich die oben angegebenen Konkordanzen) weichen in Details voneinander ab, wobei die vorliegende Bearbeitung dem Druck in 1542^{8} am nächsten steht.[615]

65. [Pavane – Gaillarde *J'ay le rebours*]
Konk.: $[c. 1528]^{9}$, Pavane 3 (4st., nur Pavane).
Ed.: Band II, Nr. V.14; ADP 1, S. 43 (nach $[c. 1528]^{9}$).

Zusatzstimmen: 5 und 6 (f4- und c3-Schlüssel); der B ist beim Auslassen der Zusatzstimmen eine Oktave aufwärts zu transponieren.

Diese Pavane basiert auf Pierre Certons Chanson *J'ay le rebours*.[616] Eine andere Bearbeitung der Diskant-Melodie findet sich in 1571^{14}, fol. 5^{v} mit dem Titel *Pavane i'ay du mal tant – La gaillarde*.[617]

Nach Nr. 65 in A, T und B: *Finis Sex vocum, Sequitur Quinque*. In 5 und 6: *FINIS*, danach (fol. K 4^{v}): *Ehre sey Gott in der höhe / Friede auff Erden / und den Menschen* ein *wolgefallen*. Darunter ein Holzschnitt: Anbetung der Heiligen Drei Könige.

67. [Gaillarde?]
Konk.: Kopenhagen 1873, D fol. 167^{r}, T fol. 80^{v}, B fol. 91^{v} (fol. 92^{v} nochmals nur die Nr. *67*, jedoch nicht eingetragen), 5 fol. 175^{r}, 6 fol. 58^{r} (= T).

73. [Pavane?]
Konk.: StockholmKB 229, 2. Abt., Nr. 42 (nur B und neue 5. Stimme, zusammen mit Gaillarde Hess 1555b, Nr. 88); StockholmKA 45, 2. Abt. Nr. 42 (nur B, ebenso).

75. [Pavane?]
Konk.: Kopenhagen 1873, D fol. 168^{v}, B fol. 93^{r}, 5 fol. 167^{v}, 6 fol. 58^{r} (= T).

76. [Gagliarda/Saltarello *La rocha el fuso / El tu tu*]
Ed.: Band II, Nr. V.15.

---

615 Vgl. Th. Noblitt, Krit. Bericht zu Rhau, *Musikdrucke* IX, S. 299; dort auch mehrere Bearbeitungen für Laute. Die dort als Konkordanz angegebene vierstimmige *V. Ronde* in Susato 1551, fol. XVIII^{v} ist tatsächlich keine Konkordanz, sondern eine freie Bearbeitung der Chanson.

616 Vgl. Brown, *Instrumental Music*, S. 33.

617 Zu weiteren Bearbeitungen der Melodie vgl. den Kommentar zu Morlaye, *Œuvres*, S. XXXI.

Die Tanzmelodien *La rocha el fuso* und *El tu tu* sind sich sehr ähnlich. Daher rührt vermutlich auch die Verwechslung beider Tänze in London Roy. App. 59–62 (vgl. auch oben Nr. 5).[618] Die Zuordnung des vorliegenden Satzes zu einer der beiden Melodien ist aufgrund der fehlenden Oberstimme schwierig, doch erhält man das befriedigendste Ergebnis durch eine Kombination beider Melodien. In der Übertragung wurde für den A-Teil die Oberstimme des Satzes aus London Roy. App. 59–62, fol. 6ʳ (*La rocha el fuso*) verwendet, für die Teile B und C die aus dem Satz in MünchenSB 1503h, Nr. 5 (*La rocha el fuso*), jeweils eine Quarte tiefer transponiert. Ein solches Baukastenprinzip ist übrigens in verschiedenen anderen Sätzen der genannten Handschriften zu beobachten.[619]

79. [Pavane – Gaillarde *Quando ritrovo la mia pastorella*]

Dieser Tanz basiert auf dem Tenor von Costanzo Festas Madrigal *Quando ritrovo la mia pastorella*; im Gegensatz zu den anderen Bearbeitungen in den Hess-Sammlungen (vgl. Hess 1555a, Nr. 131 sowie unten Nr. 94) wurde jedoch nur der Beginn des Tenors übernommen, der auch den anderen Tänzen zugrunde liegt (hier eine Quarte tiefer). Alle übrigen Stimmen wurden in diesem Satz neu komponiert (dies gilt ebenso für den Diskant – Festas Diskant paßt nicht zu diesem Satz).

81. [Pavane – Gaillarde]

Konk.: StockholmKB 229, 2. Abt., Nr. 23 (*Padoana*, nur B und neue 5. Stimme, Quarte höher); ebd. Nr. 24 (*Galliarda*) gehört offenbar dazu, stimmt aber nicht mit der bei Hess überein (vgl. oben Nr. 1); StockholmKA 45, 2. Abt. Nr. 23 (nur B, Quarte höher, nur *Paduna* [!]).

82. [Tanz]

83. [Tanz]

Tenor wie Nr. 82.

86. [*Kyng Harry the VIIIth Pavyn*]

Intav.: London Roy. App. 58, fol. 47ᵛ (*Kyng Harry the VIIIth Pavyn*, Quarte höher; Ed. in MB LXVI, S. 70).

Ed.: Band II, Nr. V.16.

Die im Druck vorgeschriebenen Wiederholungen fehlen in der Intavolierung. Merkwürdig an dieser Intavolierung ist, daß sie nur Diskant, Alt(!) und Baß benutzt, möglicherweise wurden die fehlenden Stimmen von anderen Instrumenten gespielt.

Eine andere Bearbeitung des Tanzes für Ensemble im *Tiers livre de danseries* von Jean d'Estrée (1559c), fol. 11ᵛ mit dem Titel *Pavane Lesquercarde* (= 1571^{14}, fol. 6ʳ: *Pavane Lesquercarde*).[620]

---

618 Vgl. den Kommentar in Morrow, *44 Italian Dances* 1, S. VI.

619 Z.B. ist der letzte Abschnitt von *El moro* in MünchenSB 1503h (Nr. 8) identisch mit dem letzten von *El marchese* (ebd. Nr. 1); vgl. den Kommentar in Morrow, *Italian Dances*, S. 4.

620 Die B-Stimme ist nahezu identisch mit der bei Hess. Vgl. auch Ward, *Music*, Bd. 1, S. 13 (*The kynges pawvion* in der Handschrift London Stowe 389). Ward weist auch darauf hin, daß Léo Delibes die Melodie im vierten seiner *Airs de danse dans le style ancien* aus dem Jahre 1882 verwendete.

87. [Gaillarde?]
Konk.: Kopenhagen 1873, D fol. 167^r, T fol. 80^v, B fol. 91^v–92^r (fol. 92^v nochmals nur die Nr. *87* eingetragen), 5 fol. 175^v.

88. [Gaillarde]
Konk.: StockholmKB 229, 2. Abt., Nr. 42 (nur B und neue 5. Stimme, als Gaillarde zu Hess 1555b, Nr. 73); StockholmKA 45, 2. Abt. Nr. 42 (nur B, ebenso).

94. [Costanzo Festa: *Quando ritrovo la mia pastorella*]
Konk.: vgl. Hess 1555a, Nr. 131 sowie oben Nr. 79.

Mit einigen Varianten stimmt dieser Satz mit dem in Hess 1555a (Nr. 131) überein (hier eine Quarte tiefer), mit Ausnahme der an Stelle des Vagants neukomponierten *Quinta vox*. Ein Nachtanz fehlt.

96. [Pavane – Gaillarde]
Konk.: StockholmKB 229, 2. Abt., Nr. 41 (nur B und neue 5. Stimme); StockholmKA 45, 2. Abt. Nr. 41 (nur B).

107. [Gaillarde]
Intav.: London Roy. App. 58, fol. 49^v (*A Galyard*, Quinte höher; Ed. in MB LXVI, S. 72).[621]
Ed.: *Renaissance-Tanzbuch*, S. 31 (Quinte höher transponiert).

110. [*Pass'e mezzo* und *Saltarel de la louetta*?]

Der Baß des ersten der beiden Teile dieses Tanzes ist im Passamezzo wie im Saltarello weitgehend identisch mit dem *Pass'e mezzo de la louetta* bzw. *Saltarel de la louetta* in Giovanni Maria da Cremas *Intabolatura de lauto* (1546), fol. K 1^v bzw. K 2^v (Ed. in Crema, *Intavolatura*, S. 60ff.). Vgl. Notenbeisp. 35 (S. 254).

621 Das Stück hat zudem entfernte Ähnlichkeit mit der *Galliarde 2* bei Estrées, *Tiers livre*, 1559; vgl. *Renaissance-Tanzbuch*, S. 14.

Notenbeisp. 35: a) Hess 1555b, Nr. 110 (Beginn, D ergänzt)
b) *Pass'e mezzo de la louetta* aus Crema 1546 (Beginn)

111. [Pavane *La Gaiette / Il estoit une filette*]
Konk.: [c. 1550][24], Tanz Nr. 13 (*Pavane. La Gaiette*, 4st., Quinte höher; abweichende Fassung).
Ed.: Giesbert, *Fröhliche Musik*, S. 7 (nach [c. 1550][24]).

Ein anderer vierstimmiger Satz der Diskant-Melodie findet sich bei Susato 1551, fol. 9^{r} mit dem Titel *Ronde Il estoit une filette* (Ed. in Giesbert, *Danserye* I, S. 24).

112. [Pavane]
Konk.: Uppsala 76c, fol. 137^{r} (ohne Titel. 5st.).

123. [Gaillarde?]
Konk.: StockholmKB 229, 2. Abt., Nr. 20 (nur B und neue 6. Stimme).

126. [Romanesca]

Diesem Satz liegt als Baßmodell die *Romanesca* zugrunde.[622] Der Tenor ist nahezu identisch mit dem von Nr. 241 (vgl. auch dort).

132. [Pavane – Gaillarde 1 – Gaillarde 2]
Konk.: StockholmKB 229, 2. Abt., Nr. 38 (Pavane) und 39 (Gaillarde 2, jeweils nur B und neue 5. Stimme); StockholmKA 45, 2. Abt. Nr. 38 (Pavane) und 39 (Gaillarde 2, nur B).

---

622 Für zahlreiche weitere Bearbeitungen dieses Baßmodells vgl. Moe, *Dance Music*, S. 244–247.

Intav.: Mudarra 1546, Libro I, fol. 18^r (*Pavana* für Vihuela; Ed. in MME VII, Notenteil S. 22f.) und fol. 23^v (*Pavana* für Gitarre; Ed. ebd. S. 29); Attaingnant 1531, fol. 6^r (*Gaillarde*; Ed. in CEKM 8, S. 5f. und *Keyboard Repertoire* 14, S. 9).

Ed.: Band II, Nr. V.17.

Zusatzstimme: 5 (c2-Schlüssel).

Das harmonische Modell der Pavane liegt in zahlreichen anderen Versionen vor, hier nur zwei Titel: Barberiis 1549, fol. a 4^v (*La pavana del Duca*, Ed. in Moe, *Dance Music*, S. 325f.); Paix 1583, fol. Cc III^v (*Der Keyserin Tantz*, Ed. in Merian, *Tanz*, S. 144f.).[623] Der erste Abschnitt dieser Pavane bildet auch die Grundlage einer Vielzahl von Kompositionen für Laute und Tasteninstrumente von Antonio de Cabezón (*Pavana Italiana*) über John Bull (*Spanish Pavan*) bis hin zu Jan Pieterszoon Sweelinck und Samuel Scheidt (*Paduana Hispanica*), in zahlreichen Bearbeitungen bis weit in das 17. Jahrhunderts hinein auch mit dem Titel *Pavaniglia*.[624] Otto Gombosi wies darauf hin, daß diesem Tanz die zweite Periode des Foliabasses zugrunde liegt, angehängt wird noch der Romanesca-Baß.[625]

Die erste Gaillarde lies sich in anderen Quellen nicht nachweisen, doch zur zweiten überliefert Pierre Attaingnant eine Intavolierung für ein Tasteninstrument in seinen *Quatorze Gaillardes* (1531). In der Form weicht die Fassung bei Hess etwas ab. Bei Attaingnant hat die Gaillarde die Form ABA'B'CC', bei Hess dagegen: AABCC.[626]

134. [*Quannti Hispanni*]

Konk.: RegensburgTH 3/I, Nr. 88 (*Quannti Hispanni*, nur B, mit starken Abweichungen); Hess 1555b, Nr. 200 (Terz höher, 4st.).

Zusatzstimme: 5 (c1-Schlüssel).

Nach Nr. 134 in 5/6: *FINIS*, in den anderen Stimmen: *Finis. Quinque vocum, Sequuntur Quatuor.*

135. [Pavane – Gaillarde]

Konk.: StockholmKB 229, 2. Abt., Nr. 36 (nur B und zusätzliche 5. Stimme, ohne Gaillarde); StockholmKA 45, 2. Abt. Nr. 36 (nur B).

139. [Saltarello *Monta sus*]

Der Tenor des ersten Abschnitts stimmt mit dem des Tanzes *Monta sus* in MünchenSB 1503h, Nr. 2 überein (Ed. in Morrow, *Italian Dances*, S. 6).

---

623 Vgl. Moe, *Dance Music*, S. 249ff. Diese Versionen unterscheiden sich vor allem durch eine mehr oder weniger stark abweichende Rhythmisierung des harmonischen Modells.

624 Vgl. auch Emilio Pujol, Kommentar zu MME VII, S. 67 sowie insbesondere Moe, *Dance Music*, S. 166f.

625 Gombosi, *Folia*, S. 123ff. Zu zahlreichen weiteren Versionen vgl. Poulton, *Spanish Pavan* sowie Ward, *Broadside Ballad*, S. 75ff.

626 Vgl. auch die Version für Laute bei Heartz, *Preludes*, Nr. 87.

144. [Tanz]
Konk.: Augsburg 142a, fol. 19^v (3st., ohne Titel, mit deutlichen Abweichungen).[627]
Ed.: Band II, Nr. V.18 (nach Hess 1555b); Band II, Nr. III.2 (nach Augsburg 142a); Jonas, *Liederbuch* I, S. 62f. (nach Augsburg 142a, fehlerhaft).

150. [Saltarello?]

Andere Version unten Nr. 176 (Quinte tiefer).

155. [*La castalda*]
Intav.: MünchenSB 1511b, fol. 6^r (*La castalda*).
Ed.: Band II, Nr. V.19.

Baß und Tenor dieses Tanzes entsprechen weitgehend den beiden Unterstimmen des Lautensatzes in MünchenSB 1511b.[628] Die Oberstimme läßt sich ohne größere Veränderungen dem vorliegenden Satz anpassen (vgl. die Gegenüberstellung in Band II).

156. [Pavane *La sguizera*]
Konk.: Hess 1555b, Nr. 197 (Quarte höher); [c. 1528]^9, Pavane 1 (Quarte höher); Cambrai 125–128, fol. 136^v ([P]*avane*).
Intav.: Venedig Ital. IV. 1227, Nr. 13 (*La sguizera*; Ed. in Jeppesen, *Balli*, S. 10).
Ed.: Thomas, *Music for Crumhorns* 1, S. 48 (nach Cambrai 125–128); ADP 1, S. 42 (nach [c. 1528]^9).

Der Alt weicht in den anderen Quellen stark ab, weniger stark der Baß. Die Version bei Hess steht der in Cambrai 125–128 näher.[629]

158. [Pavane *La rote de rode*]
Konk.: [c. 1528]^9, Pavane 4 (Quarte höher, 4st.); Hess 1555a, Nr. 94 (mit Nachtanz, 5st.).
Ed.: ADP 1, S. 44 (nach [c. 1528]^9).

Vgl. auch oben Nr. 59. Dieser Tanz wurde nicht Attaingnants Druck [c. 1528]^9 entnommen, da die dort in der B-Stimme zu beobachtenden Druckfehler hier nicht anzutreffen sind (vgl. auch die Edition von Hess 1555a, Nr. 94). Bei Hess erscheint zudem am Ende anstelle der gewöhnlichen Baß-Klausel bei Attaingnant eine Oktavsprung-Klausel (vgl. dazu unten S. 274).

159. [Passamezzo antico]

162. [Pavana – Saltarello]
Konk.: London Roy. App. 59–62, fol. 3^v (*El saltarello*, ohne Pavana).
Ed.: Band II, Nr. V.20 (D in der Pavana ergänzt); Morrow, *44 Italian Dances* 1, S. 7 (nach London Roy. App. 59–62, nur Saltarello).

---

627 Vgl. oben S. 148.

628 Keine Beziehung ist erkennbar zu *La gastalda* in Venedig Ital. IV. 1227, Nr. 6 (Ed. in Jeppesen, *Balli*, S. 4).

629 Varianten der Melodie mit verdoppelten Notenwerten in verschiedenen Kompositionen, darunter Cambrai 125–128, fol. 118^v ([P]*avane*) u.v.a.; vgl. Diehl, *Cambrai*, S. 631f., Heartz, *Preludes*, S. LXXXf. sowie die Einleitung zu CEKM 8, S. VIII.

Die Oberstimme ähnelt in den beiden ersten Abschnitten deutlich der von Nr. 44.

163. [*El stendardo*]
Intav.: MünchenSB 1511b, fol. 7ᵛ (*El stendardo*).
Ed.: Band II, Nr. V.21.

Nr. 164 ist ein anderer Satz dieses Tanzes (vgl. unten). Er weist keine Beziehung zu dem Saltarello *El stendardo* in MünchenSB 1503h (Nr. 12) auf.

164. [*El stendardo*]
Intav.: MünchenSB 1511b, fol. 7ᵛ (*El stendardo*).
Ed.: Band II, Nr. V.22.

Dieser Tanz ist eine andere Version von Nr. 163. Der Tenor ist nahezu identisch, der Baß sehr ähnlich, während der Alt neu komponiert ist. Der Diskant muß nur an wenigen Stellen verändert werden (vgl. etwa M 5/6).

165. [Saltarello?]

166. [Saltarello?]

Der Tenor weitgehend identisch mit dem von Nr. 165.

175. [Pavane]
Konk.: Attaingnant 1530, Pavane 13 (Quarte höher).
Ed.: ADP 1, S. 18f. (nach Attaingnant 1530).

Die Unterschiede zu Attaingnant sind gering, abgesehen von den Oktavsprungklauseln des Basses, die bei Hess stets an Stelle der regulären Quintfallklauseln stehen (möglicherweise überliefert Hess eine ältere italienische Fassung). Für eine andere Vorlage spricht auch die korrektere Lesart des Basses.[630]

176. [Saltarello?]

Andere Version von Nr. 150 (dort Quinte höher).

183. [Gagliarda/Saltarello *Basela un' tratto*]

Andere Bearbeitungen der im Tenor liegenden Melodie für Ensemble:

1. MünchenSB 1503h, Nr. 3 (*Basela un tratto*; Ed. in Morrow, *Italian Dances*, S. 7).
2. London Roy. App. 59–62, fol. 3ʳ (*Baxela un' tratto*; Ed. in Morrow, *44 Italian Dances* 1, S. 6).

Mit dem Titel *Le rotto el carro* begegnet die Melodie u.a. in Venedig Ital. IV. 1227, Nr. 12 (Ed. in Jeppesen, *Balli*, S. 9; für Tasteninstrument, Melodie in der Oberstimme) und MünchenSB 1511b, fol. 17ʳ (für Laute, Melodie ebenso in der Oberstimme).[631]

In der vorliegenden Komposition stimmt die Melodie jedoch nur im ersten Abschnitt (A) überein. Die anderen Versionen haben die Form AABB, hier ist der Tanz um einen dritten Abschnitt erweitert (AABBC).

630 Bei Attaingnant M 11, 1 fälschlich *c* statt *b*.

631 Zu weiteren Bearbeitungen vgl. den Kommentar zu Morrow, *44 Italian Dances* 1, S. VI.

184. [Pavane]
Konk.: Attaingnant 1530, Pavane 17.
Ed.: ADP 1, S. 21 (nach Attaingnant 1530).

Zwei bei Attaingnant fehlerhafte Baßtöne sind hier korrekt.[632]

191. [Gaillarde]
Konk.: [c. 1528]^{9}, Gaillarde 6.
Ed.: ADP 1, S. 26f. (nach [c. 1528]^{9}).
Hier korrektere Lesart als bei Attaingnant.[633]

194. [Pavane]
Konk.: Attaingnant 1530, Pavane 5; Cambrai 125–128, fol. 135^{r} ([P]*avane*).
Ed.: ADP 1, S. 14 (nach Attaingnant 1530).

Passamezzo moderno.

197. [Pavane *La sguizera*]
Konk.: Hess 1555b, Nr. 156 (Quarte tiefer); [c. 1528]^{9}, Pavane 1; Cambrai 125–128, fol. 136^{v} ([P]*avane*, Quarte tiefer).
Ed.: ADP 1, S. 42 (nach [c. 1528]^{9}.

Im Gegensatz zur Version unter der Nr. 156 stimmt diese mit [c. 1528]^{9} überein.

200. [*Quannti Hispanni*]
Konk.: RegensburgTH 3/I, Nr. 88 (*Quannti Hispanni*, nur B, mit starken Abweichungen); Hess 1555b, Nr. 134 (6st., Terz tiefer).

202. [Pavana *La morte de la ragione*]
Konk.: Attaingnant 1547, fol. 30^{v}–31^{r} (*Pavane*); London Roy. App. 59–62, fol. 1^{v} (*La morte de la ragione*).
Ed.: Meylan, *Attaingnant*, S. 48f. (nach Attaingnant 1547); Morrow, *44 Italian Dances* 1, S. 2f. (nach London Roy. App. 59–62).

Die vorliegende Fassung steht der französischen bei Attaingnant 1547 näher, hat jedoch mit der italienischen der Londoner Handschrift die auffälligen Oktavsprungklauseln gemeinsam.

204. [Pavane – Gaillarde *Dellestarpe* / *La tenerina*]
Konk.: Gervaise 1550, fol. 18^{v}–19^{r} (*Pavane DELLESTARPE*, ohne Gaillarde, Quarte höher; die beiden letzten Abschnitte fehlen); London Roy. App. 59–62, fol. 11^{r} (*La tenerina*, nur Pavana, der letzte Abschnitt fehlt; abweichende Fassung).[634]
Ed.: Band II, Nr. V.23; Morrow, *44 Italian Dances* 1, S. 24 (nach London Roy. App. 59–62).

---

632 M 5,1 (fälschlich *e* statt *f*) und M 16 (*e* statt *g*).

633 M 4,6 bei Attaingnant fälschlich *B* statt *f*.

634 Vgl. auch die Einleitung zu Morrow, *44 Italian Dances* 1, S. VII. Cambrai 125–128, fol. 137^{v} ([L]*a fasana pavana*) ist entgegen Cunningham, *Ensemble Dances*, S. 199, keine Konkordanz. Bearbeitungen für Laute bei Moe, *Dance Music*, S. 394.

Bemerkenswert ist die Version bei Hess insbesondere durch die in den anderen Quellen fehlende Gaillarde, die in der Übertragung in Band II ergänzt wurde.

Der Baß ist eine Variante des Passamezzo antico.

210. [Passamezzo]
Ed.: Band II, Nr. V.24.

Der erste Abschnitt dieses Tanzes bildet die Grundlage eines *Pass'e mezo* in Antonio Rottas *Intabolatura de lauto* (1546), fol. 1^{v}, nebst *Gagliarda* und *Padoana* (Übertragung in deutsche Lautentabulatur bei Gerle 1552, fol. O 2^{r} als *Der 15. Passe Messo*; danach die Ed. bei Pierce, *Gerle*, Bd. 2, S. 656). Vgl. die Gegenüberstellung in Band II (dort ohne die variierte Wiederholung der Lautenbearbeitung).

212. [Pavana]
Konk.: London Roy. App. 59–62, fol. 24^{v} (Tanz ohne Titel).
Ed.: Morrow, *44 Italian Dances* 2, S. 19 (nach London Roy. App. 59–62).

218. [Pavane]
Konk.: Attaingnant 1530, Pavane 12 (Quinte höher); Hess 1555b, Nr. 319 (Quinte höher).
Ed.: ADP 1, S. 18 (nach Attaingnant 1530).

219. [*Pass'e mezo della pigna*]
Konk.: Susato 1551, fol. 14^{r} (*Reprinse le pingne*, abweichende Fassung).
Ed.: Band II, Nr. V.25; Giesbert, *Danserye* II, S. 47 (nach Susato 1551).

Diskant und Baß (letzterer eine Variante der *Romanesca*) dieses Satzes liegen auch dem *Pass'e mezo della pigna* bei Gorzanis 1563, S. 33 zugrunde (für Laute).[635]

Neben Abweichungen in der Stimmführung unterscheidet sich die Version bei Susato von der bei Hess durch die längeren Auftakte zu Beginn der Abschnitte (vgl. die Gegenüberstellung in Band II). Die kurzen Auftakte weist auch die Bearbeitung bei Gorzanis auf.

Der erste Abschnitt ist nahezu identisch mit dem zweiten der Pavane Nr. 132, der ebenfalls auf dem *Romanesca*-Baß basiert (vgl. oben Nr. 132).

221. [*Saltarello del Re*]
Intav.: 1551^{21}, fol. 18^{v} (*Saltarello del Re*; Ed. in CEKM 8, S. 55).
Ed.: Band II, Nr. V.26.

Neben der Intavolierung dieses Satzes in Antonio Gardanes *Intabolatura nova* (1551^{21}) überliefert die Handschrift Venedig Ital. IV. 1227 eine weitere Bearbeitung für Tasteninstrumente (Nr. 25: *Saltarello de roy*; Ed. in Jeppesen, *Balli*, S. 18).

224. [Pavana *El Colognese*]
Konk.: London Roy. App. 59–62, fol. 15^{v} (*El* [A/B: *La*] *Colognese*).[636]
Ed.: Morrow, *44 Italian Dances* 2, S. 7 (nach London Roy. App. 59–62).

---

635 Vgl Moe, *Dance Music*, S. 258. Das Gerüst findet sich ebd., S. 163, der Beginn des Satzes auf S. 408.

636 Auffällig bei der Fassung der Brüder Hess ist die Zusammenziehung von Tonwiederholungen zu den entsprechenden längeren Notenwerten.

226. [Pavana und *Saltarello de la Ragione*]
Konk.: London Roy. App. 59–62, fol 4^r (nur Saltarello unter dem Titel *Saltarello de la Ragione*, abweichende Fassung).
Ed.: Morrow, *44 Italian Dances* 1, S. 8 (Pavana nach Hess, mit ergänztem D) und S. 9 (Saltarello nach London Roy. App. 59–62).

229. [Pavana *La traditora*]
Ed.: Morrow, *44 Italian Dances* 1, S. 12 (mit ergänztem D).

Vgl. auch Nr. 19 und 32.

232. [Pavane]
Konk.: MünchenSB 1516, Nr. 188 (*Pavane 4*).
Ed.: Whisler, *Munich 1516*, S. 473f. (nach MünchenSB 1516).

233. [Gagliarda/Saltarello *Mi racomando*]
Konk.: London Roy. App. 59–62, fol. 18^r (*Mi racomando*).
Ed.: Morrow, *44 Italian Dances* 2, S.11 (nach London Roy. App. 59–62).

239. [Basse danse]
Konk.: Attaingnant 1530, Basse danse 2; Cambrai 125–128, fol. 138^r.
Ed.: ADP 1, S. 3 (nach Attaingnant 1530).

240. [Passamezzo antico]

Vgl. Nr. 126.

241. [Romanesca]

Der Baß entspricht im ersten Abschnitt genau dem der Romanesca, die beiden folgenden Teile bilden eine freie Fortführung (vgl. auch Nr. 126).

243. [Romanesca]

Vgl. Nr. 126.

248. [Pavane]
Konk.: Attaingnant 1530, Pavane 8.
Ed.: ADP 1, S. 16 (nach Attaingnant 1530).

249. [Basse danse *La magdalena*]
Konk.: Attaingnant 1530, Basse danse 6 (*La magdalena*).
Ed.: ADP 1, S. 5 (nach Attaingnant 1530).

250. [*Tourdion*]
Konk.: Attaingnant 1530, fol. 3^r (*Tourdion* zu Basse danse 6; vgl. oben Nr. 249).
Ed.: ADP 1, S. 5 (nach Attaingnant 1530).

254. [Pavane]
Konk.: Attaingnant 1530, Pavane 7; MünchenSB 1516, Nr. 187 (*Pavane 3*).

Ed.: ADP 1, S. 15 (nach Attaingnant 1530); Whisler, *Munich 1516*, S. 470ff. (nach MünchenSB 1516).

Die vorliegende Version stimmt mit der Attaingnants genau überein, die Münchner enthält nur geringfügige Abweichungen.

258. [Pavane]
Konk.: Attaingnant 1530, Pavane 23 (Quarte höher).
Ed.: ADP 1, S. 35 (nach Attaingnant 1530).

Trotz des vorgeschriebenen Tempus imperfectum diminutum ist diese Pavane (wie die nachfolgende Nr. 259) ungeradtaktig zu interpretieren.[637]

259. [Pavane?]
Ed.: Band II, Nr. V.27.

Möglicherweise eine andere Version von Nr. 258; Tenor und Baß weisen deutliche Ähnlichkeiten auf.

265. [Gagliarda/Saltarello *La gambetta*]
Konk.: Augsburg 142a, fol. 18^{v}–19^{r} (*Mantuanne*[r] *dantz de*[r] *schallter*, 3st., abweichende Fassung); London Roy. App. 59–62, fol. 17^{v} (*La gambetta*, 4st.).
Ed.: Band II, Nr. III.1 (nach Augsburg 142a); Jonas, *Augsburger Liederbuch* I, S. 61f. (nach London Roy. App. 59–62 [!], fehlerhaft); Morrow, *44 Italian Dances* 2, S. 11 (nach London Roy. App. 59–62).

266. [Gagliarda/Saltarello *L'inglese*]
Ed.: Morrow, *Italian Dances*, S. 19 (mit ergänzter Oberstimme).

Andere Bearbeitung der Melodie (im Tenor) in MünchenSB 1503h, Nr. 11 (*L'inglese*, Ed. in Morrow, *Italian Dances*, S. 18f.). Der letzte Abschnitt fehlt bei Hess.

268. [Pavane]
Konk.: Attaingnant 1530, Pavane 9.
Ed.: ADP 1, S. 16f. (nach Attaingnant 1530).

270. [Gaillarde]
Konk.: Attaingnant 1530, Gaillarde 4.
Ed.: ADP 1, S. 25 (nach Attaingnant 1530).

271. [Gaillarde]
Konk.: [c. 1528]^{9}, Gaillarde 4; Attaingnant 1530, Gaillarde 15.
Ed.: ADP 1, S. 33 bzw. 40 (nach Attaingnant 1530 bzw. [c. 1528]^{9}).

276. [Pavane]
Konk.: Attaingnant 1530, Pavane 1 (Quarte höher).[638]
Ed.: ADP 1, S. 10 (nach Attaingnant 1530).

---

637 Zu dieser From der ungeradtaktigen Pavane vgl. Sutton, *Triple pavans*.
638 Zu weiteren Bearbeitungen vgl. Heartz, *Preludes*, S. LXXXf.

277. [Gaillarde]
Konk.: Attaingnant 1530, Gaillarde 2 und 14 (Quarte höher, beide Sätze sind identisch).
Ed.: ADP 1, S. 24 (nach Attaingnant 1530).

278. [Saltarello *Non dite mai*]
Ed.: Band II, Nr. V.28.

Der Baß stimmt weitgehend mit dem der Bearbeitung für Laute in Drusinas *Tabulatura* von 1556 überein (*Non dite mai*, fol. k3^{v}), so daß sich die Oberstimme anhand der stark kolorierten Bearbeitung rekonstruieren läßt (vgl. die Gegenüberstellung mit dem Lautensatz in Band II). Der Tanz findet sich auch in einer Lautenbearbeitung in 1546^{30}, fol. 21^{v} (*Saltarello secondo novissimo detto non dite mai ch'io habbia il torto*; Beginn bei Moe, *Dance Music*, S. 374), ebenso bei Waissel 1573, Nr. 40 (*Non dite mai. Gagliarda*).[639]

288. [Gaillarde?]
Konk.: StockholmKB 229, 2. Abt., Nr. 30 (nur B und zusätzliche 6); StockholmKA 45, 2. Abt. Nr. 30 (*forte*, nur B).

289. [Pavane]
Konk.: StockholmKB 229, 2. Abt., Nr. 40 (nur B und zusätzliche 5. Stimme, zusammen mit Gaillarde Hess 1555b, Nr. 291); StockholmKA 45, 2. Abt., Nr. 40 (nur B, ebenso).

290. [Gaillarde]
Konk.: [c. 1528]^{9}, Gaillarde 1.
Ed.: ADP 1, S. 38 (nach [c. 1528]^{9}).

291. [Gaillarde]
Konk.: [c. 1528]^{9}, Gaillarde 2; StockholmKB 229, 2. Abt., Nr. 40 (nur B und zusätzliche 5. Stimme, als Gaillarde zur Pavane Hess 1555b, Nr. 289); StockholmKA 45, 2. Abt. Nr. 40 (nur B, ebenso).
Ed.: ADP 1, S. 38f.

Falscher Ton im T: c^{1} statt d^{1} wie bei Attaingnant (M 9, 2. Ton).

292. [Francesco Bendusi: *Pass'e mezzo ditto il Romano*, Passamezzo]
Konk.: Bendusi 1553, S. 1.[640]
Ed.: Bendusi, *Opera*, S. 2 (nach Bendusi 1553).

293. [Francesco Bendusi: *Moschetta*, Gagliarda/Saltarello]
Konk.: Bendusi 1553, S. 1 (Wiederholungen ausgeschrieben).[641]
Ed.: Bendusi, *Opera*, S. 3 (nach Bendusi 1553).

---

639 Vgl. auch Moe, *Dance Music*, S. 240.

640 Francesco Bendusis *Opera nova de balli*, Venedig 1553 wurde vollständig übernommen, mit Ausnahme von *Fusta* (S. 8).

641 Bei den meisten der aus dieser Sammlung Bendusis übernommenen Tänzen werden die dort ausgeschriebenen Wiederholungen durch Wiederholungszeichen gefordert.

294. [Francesco Bendusi: *Il ben ti vegna*, Gagliarda/Saltarello]
Konk.: Bendusi 1553, S. 10 (Quinte höher, Wiederholungen ausgeschrieben).
Ed.: Bendusi, *Opera*, S. 22f. (nach Bendusi 1553).

295. [Francesco Bendusi: *La Giovenetta*, Gagliarda/Saltarello]
Konk.: Bendusi 1553, S. 9 (Quarte höher, Wiederholungen ausgeschrieben).
Ed.: Bendusi, *Opera*, S. 21 (nach Bendusi 1553).

296. [Francesco Bendusi: *Bandera*, Gagliarda/Saltarello]
Konk.: Bendusi 1553, S. 9 (Quinte höher).
Ed.: Bendusi, *Opera*, S. 18f. (nach Bendusi 1553).

297. [Francesco Bendusi: *Galante*, Gagliarda/Saltarello]
Konk.: Bendusi 1553, S. 7.
Ed.: Bendusi, *Opera*, S. 15 (nach Bendusi 1553).

298. [Francesco Bendusi: *E dove vastu o bon solda*, Gagliarda/Saltarello]
Konk.: Bendusi 1553, S. 5 (Quarte höher).
Ed.: Bendusi, *Opera*, S. 11 (nach Bendusi 1553).
Folia-Baß.

299. [Francesco Bendusi: *Incognita*]
Konk.: Bendusi 1553, S. 6 (Quarte höher, Wiederholung des ersten Teils ausgeschrieben).
Ed.: Bendusi, *Opera*, S. 13 (nach Bendusi 1553).

300. [Francesco Bendusi: *Gioia,* Gagliarda/Saltarello]
Konk.: Bendusi 1553, S. 9 (Quinte höher, Wiederholungen ausgeschrieben).
Ed.: Bendusi, *Opera*, S. 20 (nach Bendusi 1553).

301. [Francesco Bendusi: *Pietoso*, Gagliarda/Saltarello]
Konk.: Bendusi 1553, S. 2.
Ed.: Bendusi, *Opera*, S. 5 (nach Bendusi 1553).

302. [Francesco Bendusi: *Desiderata*, Gagliarda/Saltarello]
Konk.: Bendusi 1553, S. 2 (Wiederholungen ausgeschrieben).
Ed.: Bendusi, *Opera*, S. 4 (nach Bendusi 1553).

303. [Francesco Bendusi: *La mala vecchia*, Gagliarda/Saltarello]
Konk.: Bendusi 1553, S. 3 (Wiederholungen ausgeschrieben).
Ed.: Bendusi, *Opera*, S. 7 (nach Bendusi 1553).

304. [Francesco Bendusi: *Doi stanchi*, Gagliarda/Saltarello]
Konk.: Bendusi 1553, S. 4 (Wiederholungen ausgeschrieben).
Ed.: Bendusi, *Opera*, S. 9 (nach Bendusi 1553).

305. [Francesco Bendusi: *Il stocco*, Gagliarda/Saltarello]
Konk.: Bendusi 1553, S. 4 (Wiederholungen ausgeschrieben).
Ed.: Bendusi, *Opera*, S. 8 (nach Bendusi 1553).

306. [Francesco Bendusi: *Speranza*, Gagliarda/Saltarello]
Konk.: Bendusi 1553, S. 3 (Wiederholungen ausgeschrieben).
Ed.: Bendusi, *Opera*, S. 6 (nach Bendusi 1553).

307. [Francesco Bendusi: *La falilea*, Gagliarda/Saltarello]
Konk.: Bendusi 1553, S. 5 (Wiederholungen ausgeschrieben).
Ed.: Bendusi, *Opera*, S. 10 (nach Bendusi 1553).

308. [Francesco Bendusi: *La Bruna*, Gagliarda/Saltarello]
Konk.: Bendusi 1553, S. 5 (Quarte höher).
Ed.: Bendusi, *Opera*, S. 10f. (nach Bendusi 1553).

309. [Francesco Bendusi: *Chi non ha martello*, Gagliarda/Saltarello]
Konk.: Bendusi 1553, S. 6.
Ed.: Bendusi, *Opera*, S. 12 (nach Bendusi 1553).

310. [Francesco Bendusi: *Bella foresta*, Gagliarda/Saltarello]
Konk.: Bendusi 1553, S. 7.
Ed.: Bendusi, *Opera*, S. 14 (nach Bendusi 1553).

311. [Francesco Bendusi: *Animoso*, Gagliarda/Saltarello]
Konk.: Bendusi 1553, S. 8.
Ed.: Bendusi, *Opera*, S. 17 (nach Bendusi 1553).

312. [Francesco Bendusi: *Violla*, Gagliarda/Saltarello]
Konk.: Bendusi 1553, S. 11 (Wiederholungen ausgeschrieben).
Ed.: Bendusi, *Opera*, S. 24 (nach Bendusi 1553).

313. [*Pavane*]
Konk.: Attaingnant 1530, Pavane 4.
Ed.: ADP 1, S. 12 (nach Attaingnant 1530).

Keinerlei Abweichungen gegenüber Attaingnant.

314. [Basse danse *La gatta en italien*]
Konk.: Attaingnant 1530, Basse danse 4.
Ed.: ADP 1, S. 4 (nach Attaingnant 1530).

Keinerlei Abweichungen gegenüber Attaingnant.

315. [Francesco Bendusi: *Pass'e mezzo ditto il compasso*, Passamezzo]
Konk.: Bendusi 1553, S. 10.
Ed.: Bendusi, *Opera*, S. 23 (nach Bendusi 1553).

318. [Pavane]
Intav.: Attaingnant 1531, fol. 16^r (*Pavenne*; Ed. in CEKM 8, S. 14f.).
Ed.: Band II, Nr. V.29.
Bei Attaingnant mit zugehöriger Gaillarde.

319. [Pavane]
= Nr. 218 (dort Quinte tiefer).

320. [Gaillarde]
Konk.: [c. 1528]^9, Gaillarde 3; StockholmKA 45, 2. Abt. Nr. 60 (nur B, ohne Titel); StockholmKB 229, 2. Abt., Nr. 60 (nur neue 5. und 6. Stimme).
Ed.: ADP 1, S. 39 (nach [c. 1528]^9).
Keinerlei Abweichungen gegenüber [c. 1528]^9.

321. [Gaillarde]
Konk.: Attaingnant 1530, Gaillarde 6.
Ed.: ADP 1, S. 26f. (nach Attaingnant 1530).
Keine Abweichungen gegenüber Attaingnant 1530.

322. [Francesco Bendusi: *Cortesa paduana*]
Konk.: Bendusi 1553, S. 8.
Ed.: Bendusi, *Opera*, S. 18 (nach Bendusi 1553).

b) Die Vorrede

Im Gegensatz zum anderen Band ist dieser Sammlung neben der Widmung eine längere Vorrede beigegeben. Die Brüder erachteten dies als notwendig, da es sich um ausländische Kompositionen von *frembder landt art* handele, die vielen hierzulande nicht vertraut seien. Dieser *underricht* betrifft vier verschiedene Punkte.

Bereits die Ausführungen zum ersten Punkt sind jedoch schwer verständlich: *Erstlich, weil dise noten und Composition ohne namen und Text verlassen ist, das iere Carmen dicke verkeret, auch solchs wenig zum singen, allein auff die instrument lieblich und dienstlich. Derwegen nichts daran gelegen wie sie jeder taufft.* Diese Ausführungen begründen die Tatsache, daß den Tänzen keine Titel beigegeben sind. Die Bemerkung, *das iere Carmen dicke verkeret* seien, ist in etwa so zu verstehen, daß „die Texte (Titel) oft unpassend“ seien.[642] Der Begriff *Carmen* wird hier eindeutig im Sinne von Text oder Titel gebraucht (vgl. Kap. III.2.). Hinter dieser dunklen Bemerkung steht offenbar die bereits bei der Übernahme von fremdsprachigen Kompositionen in deutsche Handschriften und Drucke beobachtete Schwierigkeit des Umgangs mit fremdsprachigen Titeln und

642 *dicke* = oft; *verkeret* = unpassend; vgl. Götze, *Frühneuhochdeutsches Glossar*, S. 50 bzw. S. 78.

erinnert an Formschneiders Begründung für die textlose Edition der *Trium vocum carmina* (vgl. S. 47). Angesichts der Tatsache, daß auch die deutschen Tänze ohne Titel veröffentlicht wurden, verliert dieses Argument allerdings an Gewicht. Möglicherweise waren auch drucktechnische Gründe ausschlaggebend, denn die Mischung von Text- und Notensatz wäre aufwendiger gewesen und hätte bei einer solch umfangreichen Sammlung die Druckkosten sicherlich deutlich erhöht.

Entscheidend ist freilich der Hinweis, daß die vorliegenden Sätze nur zum Spiel auf Instrumenten geeignet seien – aufschlußreich ist dabei, daß die Herausgeber hierauf trotz der Textlosigkeit noch eigens hinweisen. Daß es daher nicht von Bedeutung sei, welche Titel die einzelnen Tänze haben oder welcher Tanzgattung sie zugehören, ist allerdings (ähnlich wie bei den deutschen Tänzen) ein nicht ganz einsichtiges Argument. Denn schließlich ist es für die praktische Verwendung der Kompositionen zur Tanzbegleitung von einiger Bedeutung, wenigstens zu erfahren, welcher Tanzgattung sie zugehören.

All dies könnte darauf hindeuten, daß die Tänze weniger zur Tanzbegleitung als vielmehr als reine Spielmusik dienen sollten, was dann auch weiter unten im Text angedeutet wird: *Auch sindt solche stück von uns nit allein zum tantzen vermaint.* Die Aufführung einer solchen Instrumentalmusik käme beispielsweise als Untermalung eines Banketts Maximilians in Frage, wie es in der Abbildung oben S. 7 dargestellt ist. Wenn man auch davon ausgehen kann, daß das *welsch tanzen* weniger verbreitet war als die einheimischen Tanzarten, so schmälert das Fehlen von Titeln doch die praktische Verwendbarkeit – ein Problem, auf das bei den deutschen Tänzen bereits hingewiesen wurde.

Auch auf den zweiten Punkt wurde bereits eingegangen, nämlich die *vielfaltigen bezeichneten kreutzlen*, die nach Angabe der beiden Brüder in der deutschen Musik ungebräuchlich seien (vgl. oben S. 222). Die weiteren Konsequenzen, die sich daraus ergeben, sollen unten erörtert werden.

Der dritte Punkt bezieht sich unmittelbar auf die Aufführungspraxis und gibt auch Aufschluß über den kompositorischen Anteil der Brüder Hess. Er klärt uns darüber auf, daß bei den sechsstimmigen (Nr. 1–65) und fünfstimmigen (Nr. 66–134) Tänzen teilweise die fünfte bzw. sechste Stimme von ihnen hinzugefügt wurde. Grund hierfür ist von musikalischer Seite her eine klangliche Bereicherung (*wegen volkommenheit*) und von praktischer Seite her die Verwendbarkeit für ein größeres Ensemble. Damit wurden die Sätze der in der ersten Hälfte des 16. Jahrhunderts zu beobachtenden Vergrößerung städtischer und höfischer Instrumentalensembles angepaßt. Die hinzukomponierten Stimmen sind jeweils am Ende durch ein Kleeblatt gekennzeichnet. Je nach Bedarf können diese auch ausgelassen werden. Bei der vierstimmigen Ausführung muß bei einem Teil der Sätze der Baß eine Oktave höher gespielt werden; die betreffenden Baßstimmen sind am Ende durch ein Sternchen gekennzeichnet.

Zwei letzte aufführungspraktische Hinweise beziehen sich auf die Ausführung der Wiederholungen. Die Schlußtöne der einzelnen Abschnitte, die wiederholt werden, dürfen danach nicht länger ausgehalten werden als notiert, wobei auch darauf zu achten ist, daß der Grundschlag (*mensur*) durchgehalten wird. Dieser Hinweis deutet nun wieder auf eine tanzpraktische Verwendung der Kompositionen hin, da sich die Tänzer ja an einem gleichbleibenden Schlag orientieren müssen. Dieser Hinweis ist daher genauso auf die deutschen Tänze anzuwenden, wo (wie oben bereits beschrieben) diese enge Verbindung der einzelnen Wiederholungsabschnitte in einigen Fällen direkt auskomponiert ist. Der andere die Wiederholungen betreffende Hinweis bezieht sich ebenso auch auf die deutschen Tänze: Wo ein einfacher Strich (*zwerch liny*) erscheint, hat die nachfolgende Wiederholung dort zu beginnen und nicht wie sonst bei dem vorangegangenen Wiederholungszeichen. Hier ein Beispiel:

Abb. 22: Hess 1555b, T-Stimme von Nr. 144

In der Mehrzahl der Fälle findet dies allerdings bei Tänzen Anwendung, die mit Pausen beginnen. Diese Pausen, die zur Markierung eines Auftaktes dienen, müssen bei der Wiederholung ignoriert werden; daher werden sie durch den besagten Strich abgetrennt, wie folgendes Beispiel zeigt:

Abb. 23: Hess 1555b, T-Stimme von Nr. 290

Während bei Hess dieses Verfahren konsequent angewandt wird, fehlen solche Hinweise in den Drucken Attaingnants. Die Brüder Hess folgen dagegen dem Brauch anderer Quellen, die italienische Tänze überliefern, wie der Handschrift London Roy. App. 59–62. Im Blick auf die Quellen der Hess-Sammlung ist diese Beobachtung ebenfalls von Bedeutung, unterstreicht sie doch die Vermutung, daß trotz zahlreicher Konkordanzen zu den Attaingnantschen Tanzdrukken nicht diese, sondern teilweise verlorene italienische Quellen die Vorlagen für den Druck lieferten (vgl. unten S. 281).

c) Die Anlage der Sammlung

Wichtigstes Ordnungskriterium ist in diesem Druck die Stimmenzahl: Die ersten 65 Tänze sind sechsstimmig, die Nummern 66 bis 134 fünf- und schließlich die Nummern 135 bis 322 vierstimmig. Eine solche Anordnung nach der Zahl der Stimmen finden wir auch in anderen Drucken der Zeit wie z.B. dem von Paul Kugelmann herausgegebenen Sammeldruck *Etliche Teutsche Liedlein* (Königsberg 1558), hier allerdings in der Reihenfolgen vier-, fünf-, sechs-, dreistimmig. Auch die Handschrift der Kopenhagener Bläserkapelle Kopenhagen 1872, um nur ein weiteres Beispiel zu nennen, weist eine solche, wenn auch nicht ganz streng durchgeführte Anordnung auf, dort wie bei Hess mit steigender Stimmenzahl.[643]

Unter den 322 Nummern finden sich zahlreiche Tanzpaare, namentlich Pavane – Gaillarde bzw. Pavana – Saltarello/Gagliarda. Diese Paare sind im Druck jeweils deutlich voneinander abgesetzt, jedoch unter einer Nummer zusammengefaßt. Die Gruppierung zusammengehöriger Tanzpaare ist jedoch nicht durchgehend, in einigen Fällen erscheinen beide auch getrennt voneinander (vgl. z.B. die beiden Sätze der Gagliarda *La traditora* Nr. 19 und 32 sowie andererseits die Pavana Nr. 229). Der Grund hierfür dürfte jedoch nicht in einem Auseinanderreißen vorgefunder Paare zu suchen sein, sondern vielmehr in der Tatsache, daß in diesen Fällen verschiedene Quellen vorlagen. So finden sich z.B. in der Handschrift London Roy. App. 59–62 zwar sowohl Pavane als auch Gagliarde, jedoch keine zusammengehörigen Paare.

Die Zusammenfassung verschiedener Sätze einer Tanzweise zu Gruppen, wie wir sie bei der Sammlung deutscher Tänze beobachten konnten, läßt sich hier nur in wenigen Fällen wiederfinden (z.B. Nr. 163/164 und 258/269). Dennoch läßt sich auch ein gewisses Gespür für die Verwandtschaft verschiedener Tänze beobachten, die dann zusammengefaßt werden; vgl. z.B. oben die Ausführungen zu den Nummern 50 und 51, die beide auf einem eng verwandten Baßgerüst basieren.

643 Vgl. auch Henrik Glahn, *Introduction* zu Dania sonans IV, S. 16f.

d) Die von den Brüdern Hess hinzugefügten Stimmen und die alternativen Ausführungsmöglichkeiten

Tanzsätze zu mehr als vier Stimmen sind zur Zeit der Veröffentlichung der Tanzsammlungen der Brüder Hess noch recht selten. Alle italienischen Konkordanzquellen sind vierstimmig, und auch in den französischen Quellen sind fünf- und sechsstimmige Sätze selten. Je einen fünf- und einen sechsstimmigen Satz enthalten z.B. die *Neuf basses dances* Attaingnants von 1530 (siehe oben Nr. 30 bzw. Nr. 6). Die in der Vorrede beschriebene Kennzeichnung der von den Brüdern Hess hinzugefügten Stimmen macht einen genauen Überlick darüber möglich, in welchem Umfang zu den übernommenen Sätzen Stimmen hinzukomponiert wurden und welche bereits fünf- oder sechsstimmig vorlagen. Folgende Zusammenstellung anhand der Angaben mittels Kleeblättlein möge einen ersten Überblick geben.

1. Sechsstimmige Sätze
   a) ohne hinzukomponierte Stimme: 1, 2, 4, 6, 8
   b) mit einer hinzukomponierten Stimme: 3, 9, 11, 15, 16, 20, 22–28, 30, 32–34, 36–38, 55a
   c) mit zwei hinzukomponierten Stimmen: 5, 7, 10, 12–14, 17–19, 21, 29, 31, 35, 39–54, 55b, 56–65
2. Fünfstimmige Sätze
   a) ohne hinzukomponierte Stimmen: 66–131, 133
   b) mit einer hinzukomponierten Stimme: 132, 134

Diese Angaben im Druck werden durch die Parallelüberlieferung bestätigt. So ist die Pavane Nr. 6 bereits bei Attaingnant 1530 sechsstimmig zu finden, zu der dort fünfstimmigen Basse danse Nr. 30 wurde, wie bei Hess angegeben, eine sechste Stimme hinzukomponiert.

Bei der Stimmendisposition der sechsstimmigen Sätze lassen sich verschiedene Möglichkeiten der Plazierung der Zusatzstimmen beobachten. Eine Möglichkeit ist die Hinzufügung je eines zweiten Diskants und eines zweiten Basses. Diese Disposition findet sich bereits in der erwähnten Pavane Nr. 6, die schon bei Attaingnant sechsstimmig vorlag. Um für den zweiten Baß Raum in der Tiefe zu schaffen, wurde in vielen Fällen der Baß eine Oktave tiefer gesetzt und ist bei einer Ausführung ohne den zweiten Baß wieder eine Oktave aufwärts zu transponieren (diese Sätze sind im Druck, wie in der Vorrede angegeben, durch einen Stern gekennzeichnet). Der zweite Baß (*Quinta vox*) liegt meist zwischen Baß und Tenor, während der zusätzliche Diskant (*Sexta vox*) im Umfang meist dem Diskant entspricht, teilweise aber auch über ihm liegt.

Um einen Überblick über die Disposition der sechsstimmigen Stücke zu ermöglichen, sind in der folgenden Tabelle die Schlüsselkombinationen der Stücke aufgeführt, deren Diskantstimmen sich aus anderen Quellen ergänzen ließen. Bei Sätzen, die insgesamt tiefer transponiert wurden und bei solchen, die sonst nur in Intavolierungen vorliegen, wird für die Diskantstimme der Schlüssel in eckigen Klammern angegeben, der ihrem Umfang am besten entspricht. Mit „*“ sind die Baßstimmen gekennzeichnet, die beim Auslassen der Zusatzstimmen (gekennzeichnet durch „**“) nach Angabe des Druckes eine Oktave höher zu transponieren sind.

Tabelle 5: Schlüsselkombinationen der 6st. Tänze mit rekonstruierbarem D in Hess 1555b

Nr.	D	A	T	B	5	6
2	c1	c3	c3	f4	c4	c1
3	c2	c4	c4	f5	f4	c2**
5	c1	c3	c3	f3	c3**	g1**
6	c1	c3	c3	f4	f3	c1
12	[c2]	c4	c4	G5*	f4**	c2**
15	c2	c4	c4	G5	f4	c2**
16	c2	c4	c4	G4	f4	c2**
17	[c2]	c4	c4	G5*	G3**	c2**
19	c2	c4	c4	G4*	f4**	c1**
22	c2	c4	c4	G4	G3	c4**
23	c2	c4	c4	G3	f4	c2**
24	[c2]	c4	c4	G3	f4	c1**
26	c2	c2	c4	G3	f4	c2**
28	c2	c4	c4	G5*	f5**	c2
29	c2	c4	c4	G5*	f5**	f4**
30	[c2]	c4	c4	G3[644]	G3	c2**
32	c2	c4	c4	G3	f5**	f4
41	[c3]	c4	c4	G5*	c4**	c1**
43	c2	c4	c4	G5*	c4**	c1**
44	c2	c4	c4	G5*	c4**	c1**
45	c2	c4	c4	G5	c4**	c1**
47	c2	c4	c4	G5	c4**	c1**
48	c2	c4	c4	G5*	c4**	c1**
51	c2	c4	c4	G3	c4**	c1**
52	c2	c4	c4	G5*	f5**	f4**
54	[c1]	c4	c4	G3	f4**	c1**
55a	[c2]	c4	c4	G3	f4**	c1**
59	[c2]	c4	c4	G5*	f5**	c1**
60	c2	c4	c4	G5*	f4**	c1**
63	c2	c4	c4	f5	f4**	c1**
64	c1	c3	c3	f4	f4**	g2**
65	c1	c3	c3	G4*	f4**	c3**

644 Im Original f4-Schlüssel; die Stimme ist jedoch eine Quarte zu hoch notiert. Richtig entspräche dies einem G3-Schlüssel.

Betrachten wir zunächst jene sechsstimmigen Sätze mit *Sexta vox* in Diskantlage, die, wie die Übersicht zeigt, insgesamt überwiegen. Nr. 2 lag den Bearbeitern bereits sechsstimmig vor und eignet sich daher gut als Vergleichsbeispiel zu den erst nachträglich auf sechs Stimmen erweiterten Sätzen.[645] Die *Quinta vox* entspricht in ihrem Umfang dem Tenor und füllt zumeist den Raum zwischen jenem und dem Baß klanglich aus. Die *Sexta vox* entspricht ihrerseits im Umfang dem Diskant, wobei häufig Stimmkreuzungen zustande kommen. Bemerkenswert ist die *Sexta vox* insbesondere durch ihr Zusammenspiel mit dem Diskant. In M 12ff. ist sie zu diesem im Abstand einer Minima imitatorisch geführt, wobei als besonderer Effekt zunächst nachimitiert (M 12–13), unmittelbar anschließend dann vorausimitiert wird (M 14–15).

Dies und die streckenweise Führung in Terzparallelen (vgl. z.B. M 19–21) erinnern schon fast an den barocken Triosonatensatz mit seinem von Imitation und Parallelführung der Oberstimmen über einem harmonischen Fundament geprägten Satz. Auch lassen diese Beobachtungen den Schluß zu, daß dieser Satz tatsächlich sechsstimmig konzipiert ist und nicht nachträglich von vier auf sechs Stimmen erweitert wurde, wie dies ja bei den meisten Sätzen der Sammlung der Fall ist.

Diese nachträgliche Erweiterung ließ den Bearbeitern oft wenig Spielraum, wie z.B. bei dem folgenden Tanz Nr. 3 deutlich wird. Hier nämlich sind Diskant und Tenor bereits weitgehend in Sextparallelen geführt, so daß ein „Austerzen" des Diskants durch die *Sexta vox* ausgeschlossen ist, da dies zu Oktavparallelen zwischen dieser und dem Tenor führen würde. So kommt eine *Sexta vox* von außerordentlich sprunghaftem Charakter zustande. Der Ausschnitt in Notenbeisp. 36 (S. 272) zeigt deutlich, daß die Bearbeiter die *Sexta vox* in der Oberterz zum Diskant führen wollten, was jedoch zu Oktavparallelen zum Tenor geführt hätte; das Auf- und Abspringen der *Sexta vox* ist dabei das Resultat der Vermeidung dieser Parallelen. Das Ergebnis ist klanglich nicht sehr befriedigend, da die melodische, überwiegend in Sekundschritten geführte Diskantstimme von der unmelodisch umherspringenden Zusatzstimme überdeckt wird. Solche schnellen, sprunghaften Stimmführungen können durchaus als „Instrumentalismen" bezeichnet werden, da sie in der zeitgenössischen Vokalmusik nicht zu finden sind.[646] Sie sind hier allerdings ein sekundäres Stilmerkmal, das aus dem satztechnischen Problem der Einfügung einer Zusatzstimme in einen vorgefundenen Satz resultiert. Dieses Problem ließ sich dadurch lösen, daß dem flexibleren Instrument eine Stimmführung zugewiesen wurde, die man einer menschlichen Stimme nicht zugemutet hätte.

---

645 Edition in Band II, Nr. V.1.

646 Man vergleiche z.B. die fünf- und mehrstimmigen Sätze Ludwig Senfls, in denen solche gehäuften Sprungbewegungen sehr selten sind und nie in solch kurzen Notenwerten (d.h. Semiminimen) auftreten.

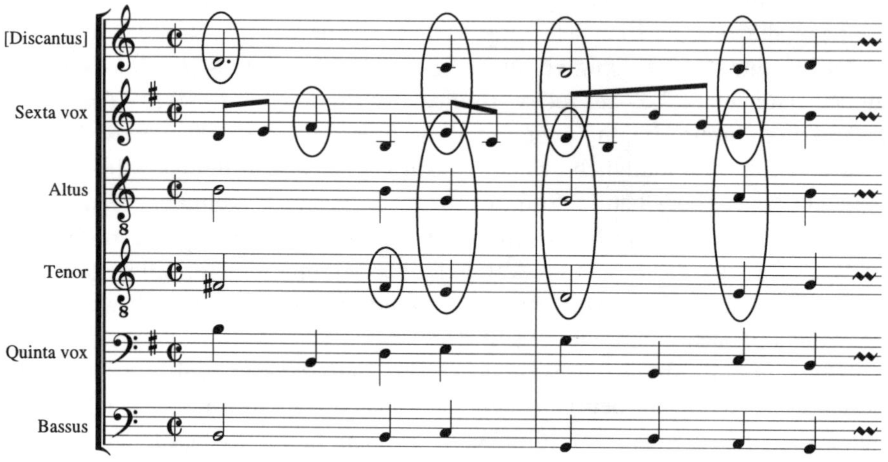

Notenbeisp. 36: Hess 1555b, Nr. 3 (M 3–4)

Interessante Vergleichsmöglichkeiten im Bezug auf die Hinzufügung der sechsten Stimme bietet auch die Überlieferung des urspünglich fünfstimmigen Passamezzo Nr. 23 in der Handschrift Kopenhagen 1872.[647] Diese wenige Jahre früher entstandene Handschrift aus der Instrumentalkapelle zu Kopenhagen (vgl. S. 136) nämlich enthält eine eigene sechste Stimme. Diese unterscheidet sich von der bei Hess vor allem dadurch, daß sie konsequent über dem Diskant liegt, während jene bei Hess beständig den Diskant kreuzt. Sodann ist das stärkere Streben nach Bewegung und einem Ausfüllen der Klänge auffällig (vgl. z.B. M 11f.).

Dieses Streben nach rhythmischer und klanglicher Bereicherung mehr oder weniger homorhythmischer Sätze läßt sich auch bei verschiedenen anderen Tänzen beobachten. Betrachten wir als Beispiel Nr. 16, so zeigt sich, daß insbesondere stehende Klänge innerhalb oder am Ende der einzelnen Abschnitte durch häufig synkopische Floskeln rhythmisch und melodisch belebt werden.[648] Typisch ist dabei ein Sprung aufwärts (im Verhältnis zum Diskant z.B. von der Oberterz zur Obersexte: M 3, 4, 7, 16, 19) mit anschließender stufenweiser Rückbewegung.

Was nun die tieferen Zusatzstimmen betrifft, so ist zunächst als Besonderheit das Verfahren der Oktavtransposition des Basses hervorzuheben. Um nämlich in der Tiefe Raum zu schaffen, wurde in zahlreichen Fällen die Baßstimme

647 Band II, Nr. V.6.
648 Band II, Nr. V.4.

gegenüber den ursprünglichen Versionen eine Oktave tiefer transponiert (vgl. die Angaben in der Tabelle oben sowie im Inhaltsverzeichnis).[649]

Diese Praxis, die hier erstmals belegt ist, wird erst von Michael Praetorius 1619 beschrieben.[650] Praetorius erwähnt diese im Zusammenhang mit dem Gebrauch der Subbaß-Viola da Gamba sowie der entsprechenden Dulziane und Pommern (zu Fragen der Besetzung vgl. unten), die es ermöglichen, einen gesamten Satz eine Oktave tiefer als notiert zu musizieren. Nach eigenen Angaben hatte Praetorius eine mehrchörige Motette *Lauda Hierusalem Dominum* komponiert, zu deren Veröffentlichung es jedoch nicht mehr kam, so daß das Werk selbst nicht überliefert ist. Interessant für unseren Zusammenhang sind jedoch Praetorius' Bemerkungen zur Aufführung dieser Motette. Eine Chor konnte nach Praetorius eine Oktave tiefer als notiert musiziert werden. Nachteil dieser Aufführungsweise ist jedoch, so Praetorius, daß ein solch tiefer Chor *gar zu sehr in einander summet und murmelt*; daher empfiehlt er, allein den Baß eine Oktave tiefer zu transponieren, was dann *von fernen / als ein tieffer Untersatz und SubBaß in einer Orgel / gehöret wird* (d.h. entsprechend einem 16-Fuß-Register).

Vergleicht man dieses Verfahren mit dem der Hess-Sammlung, so fallen zwei wesentliche Unterschiede ins Auge: Während Praetorius von klanglichen Aspekten, nämlich der Verstärkung des Baß-Registers, ausgeht, hat die Oktavtransposition hier satztechnische Gründe. Denn durch die Transposition wird Raum geschaffen für eine oder auch zwei tiefe Zusatzstimmen. Zudem führt dies zu eben jenem Effekt, den Praetorius vermeiden will, nämlich einem außerordentlich dicken Satz in der tiefen Lage. Genau dieser Effekt eines übermächtigen Tiefenregisters war für die Breslauer Stadtpfeifer offensichtlich von besonderem Reiz, wobei der Effekt häufig noch dadurch verstärkt wurde, daß der Satz insgesamt bereits eine Quarte oder auch Quinte tiefer transponiert wurde (vgl. z.B. Nr. 17).

Als zukunftsweisend erweist sich die Praxis des oktavversetzten Basses, jedoch ohne weitere tiefe Stimmen, im Blick auf die Continuo-Praxis des 17. Jahrhunderts mit seiner Oktavverdoppelung der Continuostimme. Bereits auf diese Praxis hinzudeuten scheinen einige Sätze, in denen die Oktavtransposition des Basses nicht satztechnisch begründet ist, da die Zusatzstimmen durchgehend über dem ursprünglichen Baß liegen und so auch ohne Transposition ein korrekter Satz zustande käme. In zahlreichen Fällen führt die Transposition sogar zu gravierenden Satzfehlern, da auf die Bildung von Kadenzen keine Rücksicht genommen wurde, in denen der Baß eine Oktavsprungklausel ausführt. In solchen Kadenzen liegt der Grundton im Tenor, während der Baß in die Oberquinte

---

649 Daß in einigen Fällen alle vier Stimmen der ursprünglichen Versionen eine Oktave tiefer transponiert wurden, wie Harald Kümmerling in einem Aufsatz angibt, trifft nicht zu; vgl. Kümmerling, *Subbasslage*, S. 228.

650 Praetorius, *Syntagma musicum*, Bd. II, S. 46. Vgl. auch Kümmerling, *Subbasslage*, S. 228f.

springt. Durch die Oktavtransposition liegt nun der Baß eine Quarte unter dem Tenor, wie folgendes Beispiel zeigt.

Notenbeisp. 37: Hess 1555b, Nr. 41, M 7–8

Daß hier und in zahlreichen anderen Fällen nicht die Tatsache berücksichtigt wurde, daß durch die Oktavtransposition fehlerhafte Schlußklänge entstehen, läßt an den musikalischen Fähigkeiten der Brüder doch einige Zweifel aufkommen (vgl. z.B. auch die Edition von Nr. 44).

Die Oktavsprungklausel mutet in der Musik des mittleren 16. Jahrhunderts sehr altertümlich an, da sie eigentlich dem 15. Jahrhundert angehört und gegen Ende desselben bereits weitgehend ausgestorben ist.[651] Doch finden sich Oktavsprungklauseln noch um die Mitte des 16. Jahrhunderts auch in den Tänzen der Handschrift London Roy. App. 59–62, einer italienischen Quelle mit zahlreichen Konkordanzen zu Hess, in großer Zahl. Es scheint sich dabei um eine Eigenheit der italienischen Tanzmusik zu handeln, denn in den beiden Drucken Attaingnants aus dem Jahre 1530 findet sich jeweils nur ein Beispiel.[652] Ob es sich dabei nur um eine stilistische Altertümlichkeit handelt oder um ein Indiz dafür, daß diese Sätze bereits wesentlich früher (etwa um 1500) entstanden sind, läßt sich aufgrund fehlender Quellen nicht eindeutig entscheiden. Auf die frühere Enstehung eines Teils der Sätze deutet immerhin die Überlieferung einiger Sätze in Handschriften vom Beginn des 16. Jahrhunderts (vgl. dazu unten).
Daß Baßstimmen auch tiefer transponiert wurden, wenn die Zusatzstimmen durchweg über dem Baß in seiner ursprünglichen Lage liegen, macht deutlich,

---

651 Zur Oktavsprungkadenz vgl. Besseler, *Bourdon*, S. 34f.

652 [c. 1528][9], Pavane 6 und Attaingnant 1530, Pavane 17.

daß die Oktavversetzung des Basses, ganz im Sinne von Praetorius, durchaus auch rein klangliche Gründe hat. Wenn Praetorius nun bemerkt, daß man den Spielern von Oktavposaune oder Kontrabaßgambe ihre Stimmen *in Epidiapason in die Octav drüber abschreiben solle*, da ihnen das Spielen von tiefen Bässen (er bringt ein Beispiel im G2- bzw. G3-Schlüssel) *etwas frembd und ungeübt an- und vorkömpt*, dann läßt dies doch darauf schließen, daß es für die Spieler dieser Kontrabaß-Instrumente gebräuchlich war, ihre Stimmen eine Oktave tiefer als notiert zu spielen.[653] Somit haben wir hier bei Hess die ersten notierten Beispiele dieser Praxis vor uns und können davon ausgehen, daß diese auch angewandt wurde, wenn die Stimmen in ihrer Originallage notiert waren (vgl. dazu weiter unten die Ausführungen zur Frage der Besetzung).

e) Die Probleme mit den *kreutzlen*

In ihrer Vorrede weisen die Brüder als Besonderheit dieser fremdländischen Tänze darauf hin, daß sich in ihnen häufig vorgezeichnete Kreuze fänden, *die wider den gebrauch deutscher Musica* seien. Aufmerken läßt der sich anschließende Hinweis, daß des öfteren Satzfehler (*vitia*) zu beobachten seien.[654] Gerechtfertigt werden diese damit, daß sie eben dem Gebrauch des Landes entsprächen, aus dem die Kompositionen stammten und dort *zum theil nit fur unrecht geacht* würden. Daß diese beiden Besonderheiten, nämlich der intensive Gebrauch der *Musica ficta* und die Satzfehler, hier in Zusammenhang gebracht werden, kommt nicht von ungefähr. Wie sich nämlich bei der Untersuchung der von den Brüdern Hess hinzugefügten Stimmen zeigen wird, führte häufig erst dieses Hinzukomponieren zu satztechnisch sehr problematischen Kompositionen, da die Brüder offensichtliche Schwierigkeiten hatten, mit diesen Sätzen umzugehen. Oder um es anders zu formulieren: Die Satzfehler sind in erster Linie Ergebnis der Bearbeitung durch die Brüder Hess.

Betrachten wir als Beispiel einen ursprünglich fünfstimmigen Satz, zu dem die Brüder Hess eine sechste Stimme hinzukomponiert haben. Im Tanz Nr. 26, dessen Diskant die Teilabschrift in Kopenhagen 1873 überliefert, verläuft der erste Abschnitt durchweg diatonisch (von der erhöhten Schlußterz *cis*^{1} im Alt abgesehen) und damit problemlos.[655] Vom zweiten Abschnitt an wird dann ein neues harmonisches Denken erkennbar, wie es gerade der Tanzmusik (und insbesondere der italienischen) dieser Zeit eigen ist. Es äußert sich hier in den zahlreichen vorgeschriebenen Vorzeichen, die zwar teilweise melodisch zu erklären

---

653 Praetorius, *Syntagma musicum*, Bd. II, S. 160, das Beispiel S. 161.

654 Der lateinische Terminus *vicium* ist auch in der deutschsprachigen Musiktheorie verbreitet; er bezeichnet z.B. bei Johann Singer (1531) zwei elementare Satzfehler, nämlich parallele perfekte Konsonanzen sowie den Tritonus; siehe Singer, *Ausszug*, fol. [7]^{v}.

655 Band II, Nr. V.8.

sind, aber gerade in der Altstimme rein klangliche Funktion haben. Die hinzugefügte *Sexta vox* nun ignoriert diese Vorzeichen und setzt konsequent das c^2 gegen das cis^1 der Altstimme (vgl. M 10 und 12). Das Vorzeichen ließe sich zwar editorisch ergänzen, melodisch und harmonisch ist das Ergebnis jedoch sehr unbefriedigend und offensichtlich auch nicht von den Bearbeitern intendiert. Daß sie sich der Unerfreulichkeit des Ergebnisses jedoch durchaus bewußt waren, dafür sprechen die genannten Bemerkungen in der Vorrede.

Es muß freilich noch hinzugefügt werden, daß dieses Ignorieren der Akzidentien in den anderen Stimmen nicht durchgehend zu beobachten ist, es finden sich durchaus auch Gegenbeispiele; man vergleiche etwa Nr. 3, wo das vorgezeichnete *gis* in der Altstimme durchweg bei der hinzugefügten *Sexta vox* beachtet wird (M 7 und 15).[656]

Auch finden sich entsprechende Probleme in anderen Quellen mit hinzugefügten Stimmen. So lassen sich ähnliche Kollisionen zwischen alterierten und nicht alterierten Tönen auch in der von Hess unabhängigen sechsten Stimme beobachten, welche die Handschrift Kopenhagen 1872 zu Nr. 23 überliefert und die bereits oben besprochen wurde (vgl. dort M 8 und 14).

f) Die Beziehungen der Sammlung zu anderen Quellen

In ihrer Vorrede betonen die Brüder Hess mit einem gewissen Stolz, daß sie bereits seit vielen Jahren *durch sondere unsre grosse mühe / unnd unkosten / aus allerley Nationen / mit Fleis zusamen gebracht haben mancherley schöne Composition / auff Spanische / Welsche / Englische / und Frantzösische art.* Wie die oft vergebliche Suche nach Konkordanzen zeigte, müssen viele dieser Quellen, die als Vorlagen für den Druck dienten, verloren gegangen sein. Die Sammlung bildet damit ein einmaliges Zeugnis der europäischen Tanzmusik in der ersten Hälfte des 16. Jahrhunderts und ermöglicht so eine Vervollständigung unseres Wissens über die Tanzmusik dieser Zeit. Dazu soll im folgenden einerseits untersucht werden, in welchem Verhältnis der Druck zu den Konkordanzquellen steht und welche möglicherweise von den Brüdern Hess für den Druck benutzt wurden. Andererseits soll versucht werden, aus dem hier überlieferten Repertoire Rückschlüsse auf die Existenz verlorener Quellen zu ziehen.

---

656 Band II, Nr. V.2.

g) Italienische Quellen

Die Quellensituation in Italien ist gekennzeichnet von einem deutlichen Mißverhältnis zwischen der großen Zahl von Tänzen für Soloinstrumente, hauptsächlich für die Laute, und der geringen Zahl überlieferter Tänze für Instrumentalensemble.[657] Folgende Ensemblequellen aus der Zeit bis etwa 1580 sind erhalten:

Franceso Bendusi: *Opera nova de balli*, Venedig 1553
  24 Tänze, die mit einer Ausnahme von Hess übernommen wurden: Nr. 292–312, 315, 322.
Giorgio Mainerio: *Il primo libro de balli*, Venedig 1578
London Roy. App. 59–62
  Um 1550 in Italien entstanden, jedoch seit 1560 in England im Besitz von Henry Fitzalan, Earl of Arundel; 44 Tänze, daneben etliche dreistimmige *Napoletane*.[658] Konkordanzen zu Hess: Nr. 17, 19, 29, 63, 162, 183, 202, 204, 212, 224, 226, 233, 265.
MünchenSB 1503h
  Konkordanz zu Hess: Nr. 12, mehrere Tänze in anderen Bearbeitungen; zu dieser Handschrift vgl. auch unten S. 298.

Die Frage, wie verschiedene Quellen überlieferungsgeschichtlich zusammenhängen (im Sinne eines Stemmas also), ist, um dies vorauszuschicken, bei der Tanzmusik im Gegensatz zur Vokalmusik sehr viel schwerer zu beantworten, da die Quellen oft Versionen überliefern, die sehr viel stärker variieren, als dies bei der Vokalmusik der Fall ist. Als Erklärung hierfür lassen sich verschiedene Überlegungen anführen. Offensichtlich wurden die Tanzkompositionen, die überwiegend anonym überliefert sind, nicht in dem Maße als abgeschlossene Werke betrachtet wie Vokalkompositionen. Ein wichtiges Moment dürfte sicherlich auch das der Mündlichkeit sein – man vergegenwärtige sich, daß Tanzmusiker im 16. Jahrhundert auf Bilddarstellungen praktisch nie mit Noten zu sehen sind. Somit ist auch davon auszugehen, daß verschiedene Varianten aus der schriftlosen Praxis erwachsen sind, indem Tanzkompositionen nach geschriebenen oder gedruckten Vorlagen musiziert bzw. erlernt wurden und zu einem späteren Zeitpunkt nicht nach diesen Vorlagen, sondern aus der schriftlosen Praxis heraus wiederum notiert wurden.[659]

Eine weitere Frage schließlich ist die, ob denn die Herausgeber (abgesehen von der Hinzufügung von Stimmen) die vorgefundenen Sätze in irgendeiner Weise bearbeitet haben. Wie die folgenden Untersuchungen zur Parallelüberlie-

---

657 Vgl. Cunningham, *Ensemble Dances*, S. 160.
658 Vgl. die Einleitung zu Morrow, *44 Italian Dances* 1, S. II sowie Kämper, *Studien*, S. 160.
659 Vgl. dazu auch die Ausführungen zur Handschrift Augsburg 142a, oben S. 150.

ferung zeigen, finden sich sowohl identische als auch deutlich abweichende Lesarten. Die Frage wird daher von Fall zu Fall erörtert werden müssen.

Unter den oben angeführten Tanzsammlungen, die ausschließlich vierstimmige Tänze enthalten, ragt durch die Zahl von 13 Konkordanzen die Handschrift London Roy. App. 59–62 heraus. Dennoch weicht die Mehrzahl der Sätze so deutlich, oft gravierend, ab, daß eine unmittelbare Beziehung beider Quellen nicht vorausgesetzt werden kann. Vergleicht man beispielsweise die beiden Versionen der Pavane *La bataille* (Nr. 63), so zeigen sich zwar deutliche Abweichungen in der Stimmführung, dennoch steht unter den verschiedenen Versionen die der Londoner Handschrift der bei Hess am nächsten. Auffällig ist dies bei der Führung des Basses in Oktavparallelen zum Diskant in M 13 und 14 der handschriftlichen Version – die Baßstimme stimmt hier im Druck überein (vgl. die Gegenüberstellung beider Versionen in Band II, Nr. V.12).

Eine bemerkenswerte Bereicherung des Tanzbestandes der Londoner Handschrift bietet der Druck dadurch, daß er zu einigen einzelnen Pavanen bzw. Saltarelli das entsprechende Pendant bietet. So überliefert die Handschrift von Nr. 162 und Nr. 226 nur den Saltarello, während der Druck auch die Pavana enthält; entsprechend bietet der Druck zu der Pavana *La tenerina* auch den Saltarello (Nr. 204). Dieser Befund bestätigt zudem die Annahme, daß Handschrift und Druck verschiedenen Überlieferungssträngen angehören.

Der einzige aus der Zeit vor dem Erscheinen der Hess-Sammlung erhaltene Druck italienischer Tanzmusik, Francesco Bendusis *Opera nova de balli* (1553), wurde fast vollständig übernommen.[660] Diese Tänze bilden eine relativ geschlossene Gruppe gegen Ende der Sammlung, wobei jedoch die Reihenfolge (offenbar willkürlich) verändert wurde.

Neben der Tiefertransposition etlicher Sätze ist die auffälligste Veränderung gegenüber dem Originaldruck die häufige Ersetzung ausgeschriebener Wiederholungen durch die Einfügung von Wiederholungszeichen. Dieses Ausschreiben der Wiederholungen ist eine Besonderheit des Bendusi-Druckes. Bei einigen Tänzen finden sich in den Wiederholungen leichte Variationen. In diesen Fällen (z.B. *E dove vastu*, Nr. 298) bleiben die ausgeschriebenen Wiederholungen jedoch erhalten.[661]

Eine wichtige Rolle bei der Identifikation der Tänze kommt auch deren Überlieferung in Tabulaturen zu. Aufgrund der recht geringen Anzahl von Ensemblequellen sind insbesondere jene Tabulaturüberlieferungen wertvoll, die Intavolierungen sonst nur in der Hess-Sammlung überlieferter Sätze enthalten.

---

660 Zu dieser Sammlung vgl. Kämper, *Studien*, S. 173–178.

661 Geringfügige Abweichungen gibt es gelegentlich, wenn Bendusi nach einer ausgeschrieben Wiederholung beim Übergang zum nachfolgenden Abschnitt die Führung einzelner Stimmen leicht abändert (z.B. Nr. 295 *La Giovenetta*, M 6).

Der Nachweis bislang unbekannter Ensemblevorlagen für einige Intavolierungen könnte auch gewisse Anstöße zur Untersuchung der Intavolierungspraxis geben.

Eine erste handschriftliche Lautentabulatur zeichnet sich dadurch aus, daß sie Intavolierungen dreier Sätze (nebst deren Titeln) enthält, die auch in unserem Druck erscheinen. Es handelt sich dabei um die vermutlich von einem italienischen Schreiber angefertigte Handschrift MünchenSB 1511b (siehe Nr. 44, 155 und 163).[662] Sie stammt aus der gewaltigen Musikaliensammlung des Augsburger Patriziers Hans Heinrich Herwart.[663] Die Intavolierungen stimmen (auf drei Stimmen reduziert) in der Form und bis hin zu Einzelheiten der Stimmführung so genau mit den Fassungen im Druck überein, daß kein Zweifel daran bestehen kann, daß beide auf eine gemeinsame Vorlage, vermutlich einen italienischen Druck, zurückgehen. Die Tatsache, daß die Titel der Tänze in venezianischem Dialekt geschrieben sind,[664] läßt den Schluß zu, daß dieser aus Venedig stammte. Da Breslauer Kaufleute gerade mit Venedig einen regen Handel betrieben und dort sogar eine eigene Niederlassung unterhielten, könnten auf diesem Wege auch Musikalien an die Breslauer Stadtpfeifer gelangt sein.[665]

Zu einem erhaltenen venezianischen Druck, jedoch für Tasteninstrumente, besteht ebenfalls eine Repertoirebeziehung: Die *Intabolatura nova di varie sorte de balli*, die Antonio Gardane 1551 herausgab (1551^{21}), enthält einen Tanz, zu dem die Hess-Sammlung die bislang unbekannten Ensemble-Vorlage überliefert (Nr. 221, *Saltarello del Re*).

Ebenfalls aus Venedig stammt die bereits um 1520 entstandene Handschrift Venedig Ital. IV. 1227, die etwa 40 Tänze für Tasteninstrumente enthält.[666] Fünf dieser Tänze finden sich auch bei Hess (Nr. 45, 48, 156, 183, 221), allerdings geht nur eine der Intavolierungen auf einen Satz zurück, den wir auch bei Hess finden (Nr. 156, *La sguizera*). Immerhin belegt dies, daß die bearbeiteten Tanzmelodien bereits zu dieser Zeit in Italien verbreitet waren und daß zumindest *La sguizera* bereits um 1520 in dem Satz vorlag, den die Hess-Sammlung überliefert. Daß derselbe Satz auch in zwei französischen Quellen überliefert ist, weist darauf hin, daß auch in diese französischen Quellen italienisches Gut eingegangen ist; dies wird im Zusammenhang mit den französischen Parallelüberlieferungen noch zu erörtern sein.

Jene drei Tänze, die Benedikt de Drusina in seiner *Tabulatura* von 1556 intavolierte (siehe Nr. 22, 51 und 278), zeigen dagegen deutliche Unterschiede. Zwar käme aufgrund der zeitlichen und räumlichen Nähe dieses Druckes (er er-

---

662 Zu dieser Handschrift vgl. Ness, *Herwarth*, Bd. 1, S. 36–40, hier bes. S. 40. Ausführliche Beschreibung der Handschrift in Göllner, *Musikhandschriften*, S. 79–84. Ness datiert die Handschrift auf die 1530er Jahre, Göllner auf die Mitte des 16. Jahrhunderts.

663 Vgl. auch unten Abschn. VI.8.j).

664 Siehe Ness, *Herwarth*, Bd. 1, S. 40, Anm. 34 sowie Göllner, *Musikhandschriften*, S. 79.

665 Vgl. *Scriptores rerum silesiacarum*, Bd. 3, S. 137f.

666 Vgl. Jeppesen, *Tanzbuch*, bes. S. 245f.

schien in Frankfurt an der Oder) auch die Hess-Sammlung als Vorlage in Frage, dagegen spricht jedoch, daß zwei der Tänze (Nr. 51 und 278) bei Drusina mit ihren Titeln erscheinen und sich auch in italienischen Tabulaturen (freilich in anderen Sätzen) mit den entsprechenden Titeln wiederfinden lassen (vgl. die entsprechenden Nachweise oben). Zudem weicht die Baßführung des Saltarellos *Bel fiore* (Nr. 51) streckenweise deutlich ab (vgl. M 3ff.), und nicht zuletzt fehlt in der Intavolierung der abschließende dritte Abschnitt (M 10–14).

In die Überlegungen zu den Beziehungen der Hess-Sammlung zu anderen Quellen sind jene Tänze mit einzubeziehen, die auch die aus dem Umkreis der Hofkapelle Kaiser Maximilians I. stammende Handschrift Augsburg 142a überliefert (Nr. 60, 144, 265). Zwei der Tänze sind auch in italienischen Quellen nachweisbar. Der Passamezzo antico *Caminata* (Nr. 60) findet sich bereits in der aus dem frühen 16. Jahrhundert stammenden Handschrift FlorenzBN Panc. 27.[667] Ein zweiter Tanz ist auch in der bereits erwähnten Handschrift London Roy. App. 59–62 überliefert (*La gambetta*, Nr. 265). Überlieferungsgeschichtlich ist dieser Befund insofern aufschlußreich, als er zeigt, daß der Druck ein italienisches Tanzrepertoire überliefert, das bereits im zweiten Jahrzehnt des 16. Jahrhunderts in Deutschland bekannt war. Darüber hinaus dokumentiert der Druck den Übergang jenes höfischen Repertoires in das der Stadtpfeifer. Angesichts der Beziehungen der Gebrüder Hess zum Hof Kaiser Ferdinands I. ist es durchaus denkbar, daß sie auf diesem Wege auch Zugang zu älteren Beständen der kaiserlichen Hofkapelle erlangten und diese in den Druck integrierten.

Zu erwähnen sind schließlich auch noch die Tänze über Baßmodelle, die sich in der zeitgenössischen Musik für Laute und Tasteninstrumente so großer Beliebtheit erfreuten, jedoch selten in Versionen für Instrumentalensemble überliefert sind. Es sind dies Tänze über den Passamezzo antico (Nr. 23, 60, 61, 159, 240) bzw. Passamezzo moderno (Nr. 2, 20, 22, 50, 194). Daneben finden wir noch Beispiele für die Romanesca (Nr. 126, 241, 243). Einige Tänze basieren dagegen auf Baßgerüsten, die sonst nur aus einzelnen Lautenkompositionen bekannt sind, so der *Pass'e mezzo de la louetta* (Nr. 110) oder der Passamezzo Nr. 210.

h) Französische Quellen

Unter den französischen Quellen kommt den beiden ersten Tanzdrucken für Instrumentalensemble besondere Bedeutung zu, die Pierre Attaingnant 1530 in Paris herausbrachte ([c. 1528]^9 und Attaignant 1530).[668] Von den 12 Tänzen in den *Six Gaillardes et six Pavanes* ([c. 1528]^9) finden sich 10 auch bei Hess (Nr.

667 Vgl. *Census Catalogue*, Bd. 1, S. 232.

668 Zur Datierung von [c. 1528]^9 vgl. Heartz, *Attaingnant*, S. 230.

12, 52, 65, 156, 158, 191, 197 [andere Version von Nr. 156], 271, 290, 291, 320). Von den 51 in den *Neuf basses dances* (Attaingnant 1530) sind es immerhin 22 (Nr. 6, 30, 59, 158, 175, 184, 194, 218 [= 319], 239, 248–250, 254, 258, 268, 270, 271, 276, 277, 313, 314, 321). Wenn auch die große Zahl von Konkordanzen für eine direkte Übernahme spricht, so scheinen doch bei einigen Tänzen andere Quellen vorgelegen zu haben.[669] Denn teilweise stimmen die anderen Quellen genau überein, teilweise aber finden sich deutliche Abweichungen (vgl. Nr. 12, 52, 65, 156 zu [c. 1528]^9; Nr. 175 zu Attaingnant 1530).

Ein Beispiel ist Nr. 175: hier bietet Hess gegenüber Attaingnant deutlich korrektere Lesarten.[670] Ein wesentlicher satztechnischer Unterschied besteht in der durchgängigen Oktavsprungklausel bei Hess anstelle der Quintfall- bzw. Quartsprungklausel jeweils am Ende der Abschnitte (ähnlich in Nr. 258). Es wurde oben darauf hingewiesen, daß diese Oktavsprungklauseln eine Eigenheit der italienischen Tänze zu sein scheinen, so daß Attaingnant und Hess auch auf eine gemeinsame italienische Quelle zurückgehen könnten, wobei jedoch von Attaingnant Veränderungen vorgenommen wurden und sich auch einige Fehler einschlichen. Für Attaingnant ist dies mehrfach durch italienische Titel belegbar, die teilweise nur leicht „französisiert" wurden und die auch in italienischen Quellen überliefert sind (vgl. z.B. *La scarpa my faict mal* in Attaingnant 1530, siehe oben Nr. 48).

Es findet sich jedoch auch die Spur weiterer französischer Quellen, möglicherweise eines weiteren Attaingnant-Druckes. Zwei Pavanen nämlich konnten sonst nur in Intavolierungen für ein Tasteninstrument in den *Quatorze Gaillardes* nachgewiesen werden, die dieser 1531 herausgab (Nr. 132, Gaillarde 2 und Nr. 318). Die Vorlagen einiger dort intavolierter Tänze finden sich nämlich in den genannten Ensembledrucken, und es scheint daher sehr wahrscheinlich, daß auch andere Intavolierungen auf von ihm herausgegebene Sammlungen zurückgehen, die nicht mehr erhalten sind.[671]

Die spätere Serie Attaingnantscher Tanzdrucke war den Hess-Brüdern offensichtlich nicht bekannt.[672] Nur zum ersten erhaltenen Band, dem *Second livre* von 1547 (das erste ist nicht mehr erhalten), besteht eine Konkordanz. Dieser Tanz, dort nur als *Pavane* bezeichnet, ist aber eine italienische Pavana mit dem

---

669 Daß beide Drucke in Deutschland bekannt waren, zeigt ihre Erwähnung im Katalog der Herwart-Bibliothek in Augsburg (vgl. unten S. 300). Für italienische Quellen spricht auch die von Attaingnant abweichende Schreibung der Wiederholungen, die oben beschrieben wurde.

670 So ein falsches *G* gegenüber dem korrekten *F* bei Hess in M 13 und eine überflüssige Semibrevis in M 17 (vgl. die Ed. in ADP 1, S. 18f.). Korrektere Lesarten bieten auch Nr. 184 und 191.

671 Vgl. die Angaben bei Brown, *Instrumental Music*, S. 37.

672 Brown, *Instrumental Music* 1547_6, 1557_3, 1550_5, 1550_6, 1555_5 sowie schließlich 1557_4.

Titel *La morte de la ragione* (Nr. 202), die zudem in der hier vorliegenden Fassung die typischen Oktavsprungklauseln aufweist.[673]

i) Englische Quellen

Sehr viel schwieriger ist die Überlieferungslage bei den englischen Quellen – aus der Zeit vor dem Erscheinen der Hess-Sammlung sind praktisch keine Tänze für Instrumentalensemble überliefert.[674] Die aus der Zeit zwischen etwa 1560 und 1580 überlieferten Tänze förderten keine Konkordanzen zu Tage.[675] Anhand einiger Quellen für Laute und Tasteninstrumente konnten immerhin drei Tänze identifiziert werden.

Zwei von ihnen überliefert in einer Aufzeichnung für Tasteninstrumente die um die Mitte des Jahrhunderts entstandene Handschrift London Roy. App. 58. Sie enthält auch zahlreiche Vokalkompositionen und einige Stücke für Laute; ihr Schreiber war, so vermutet John Ward, ein professioneller Musiker mit Verbindungen zum Hof König Heinrichs VIII.[676] Letzteres ist von besonderem Interesse im Blick auf Nr. 86, die sich in dieser Handschrift als *Kyng Harry the VIIIth Pavyn* findet. So haben wir hier ein offensichtlich authentisches Stück, das der Hofkultur des musikliebenden Königs entstammt – und zwar in der Form, in der es (anders als die Intavolierung) tatsächlich auch zum Tanz Verwendung finden konnte. Auch der zweite in dieser Handschrift intavolierte Tanz (*A Galyard*, Nr. 107), könnte dort seine praktische Verwendung gefunden haben.

Neben einem Pavane-Gaillarde Paar (Nr. 24), dessen Pavane sich im sogenannten „Osborn Commonplace-book“ in einer Lautenbearbeitung findet,[677] dürfte auch die *Pavane d'Angleterre* bzw. *Prince Edward's Paven* (Nr. 28) einer englischen Quelle entstammen (vgl. die Ausführungen im Inhaltsverzeichnis). Diese englische Quelle lag auch Gervaise vor, aus der er die Pavane im selben Jahr wie die Brüder Hess in seine Sammlung aufnahm. Daß man diese sowohl in Paris als auch in Breslau kannte, läßt darauf schließen, daß es sich dabei um einen Druck handelte, der einige Verbreitung fand und dem vermutlich auch die obengenannten englischen Tänze entnommen wurden. Dafür, daß alle ein und demselben Druck entnommen wurden, spricht auch die Tatsache, daß alle Tänze (nach den Angaben im Druck) den Bearbeitern bereits fünfstimmig vorlagen.

---

673 Vgl. die Bemerkungen im Inhaltsverzeichnis. Entsprechend verhält es sich mit der englischen Pavane Nr. 28; vgl. unten.

674 Vgl. Paul Doe, *Introduction* zu MB XLIV, S. XXf. sowie den Quellenüberblick bei Edwards, *Sources*, S. 714–717.

675 Ausgaben in MB XV und XLIV.

676 Vgl. Ward, *Music*, Bd. 1, S. 13–16 sowie die dort genannte weitere Literatur.

677 Zu dieser Handschrift vgl. Ward, *Music*, Bd. 1, S. 22–42.

j) Spanische Quellen

Daß es sich bei den auf dem Titelblatt angekündigten spanischen Tänzen nicht nur um einen Werbetrick handelt, sondern daß tatsächlich auch Tänze vom anderen Ende Europas aufgenommen wurden, dafür fand sich lediglich ein Beleg. Allerdings ist hier die Quellenlage besonders dürftig – aus dem Spanien des 16. Jahrhundert sind uns, von der *Alta* Francesco de la Torres abgesehen, überhaupt keine mehrstimmigen Tänze überliefert, und auch die Quellen für Tasten- und Zupfinstrumente enthalten nur wenige Tänze. Um so wertvoller ist jedoch ist die Feststellung, daß die *Pavana* in Alonso Mudarras *Tres libros de musica en cifras para vihuela* von 1546 keine Eigenschöpfung Mudaras ist, sondern die Intavolierung eines Satzes, den die Hess-Sammlung überliefert (siehe die Ausführungen zu Nr. 132).

k) Die Teilabschrift in der Handschrift Kopenhagen 1873

Die aus der Hofkapelle des dänischen Königs Christian III. stammende Handschrift Kopenhagen 1873 enthält in einer nahezu geschlossenen Gruppe 23 Tänze, die aus der Hess-Sammlung abgeschrieben wurden (Nr. 1–3, 5, 15–17, 19, 22, 23, 26, 28, 32, 43–45, 47, 48, 51, 52, 67, 75, 87). Diese Abschrift ist dadurch besonders wertvoll, daß sie auch die Diskantstimmen enthält, von den ursprünglich sechs Stimmbüchern fehlt lediglich das Altstimmbuch. Die Handschrift, die auf dem Einband die Jahreszahl 1556 trägt, entstand unter der Leitung von Erhart Herdegen; dieser ist 1545 und 1549 als Trompeter Herzog Ulrichs VI. von Württemberg in Stuttgart nachweisbar[678] und trat 1550 in das Trompeterkorps Christians III. von Dänemark ein, das er von 1556 bis 1560 leitete.[679]

Daß es sich hier um eine Abschrift aus dem Druck handelt, belegt nicht nur der identische Notentext, sondern auch die Art der Numerierung: Im Diskant wurden die Tänze mit einer eigenen Numerierung von 1 bis 25 versehen, zusätzlich sind sie durch ihre Nummer im Druck gekennzeichnet; in den anderen Stimmen finden sich nur die Nummern aus dem Druck (lediglich zwei Tänze stammen nicht aus Hess). Auffällig ist dabei jedoch, daß einige Stücke in einzelnen Stimmen ganz fehlen oder nur durch die Nummer im Druck gekennzeichnet sind

678 Siehe Ruhnke, *Hofmusikkollegien*, S. 239.

679 Vgl. Glahn, *Introduction* zu Dania sonans IV, S. 14 und 31f. sowie zu Dania sonans V, S. 34, außerdem Glahn, *Musik*, S. 66f. Henrik Glahn hat eine Studie zu diesem sehr interessanten Manuskript angekündigt. Die Handschrift ist inventarisiert in *Tenorlied*, Bd. 2, S. 149–168; dort werden jedoch teilweise nicht zusammen gehörige Stimmen zusammengefaßt bzw. im Gegenteil zusammengehörige Stimmen nicht als solche erkannt und einzeln numeriert.

(vgl. die einzelnen Nachweise im Inhaltsverzeichnis). So wurde beispielsweise die Nummer 17 im Diskant nicht eingetragen, ebenso fehlen bei Nr. 19 Diskant und Baß (laufende Nummern 5 und 6 der Handschrift). In den entsprechenden Stimmen finden sich jedoch Hinweise auf die Nummern im Druck; dies bedeutet, daß die Handschrift nicht ohne den Druck zum Musizieren verwendet werden konnte. Einzige Erklärung für dieses Verfahren ist, daß es sich bei den Abschriften um Duplierstimmen handelt, die zusammen mit dem Druck benutzt wurden. Es scheint allerdings wenig wahrscheinlich, daß die Stimmen der Handschrift die des Druckes verdoppeln sollten. Denn meist sind ja alle Stimmen (von dem nicht erhaltenen Altstimmbuch abgesehen) in die Handschrift übertragen worden. Eine Verdoppelung hätte nicht nur die außerordentliche Zahl von bis zu 12 Instrumentalisten erfordert, der Klang wäre dadurch auch überaus dick geworden.

Bemerkenswert ist auch, daß der Schreiber offenbar über nähere Kenntnisse zu einzelnen Tänzen verfügte. So fügte er z.B. dem Tanz Nr. 1 aus Hess den Vermerk *englÿch* [*englisch*] *tanz* hinzu. Daß dieser Titel auch nicht aus dem verlorenen Diskantstimmbuch stammen kann, belegt der Hinweis in der Vorrede, wonach alle Kompositionen *ohne namen und Text* abgedruckt seien.

l) Zur Aufführungspraxis

Die Frage der möglichen Besetzungen für diese Tänze stellt sich insbesondere aufgrund der außerordentlich tiefen Lage vieler Stücke. Diese tiefe Lage kommt hauptsächlich durch die oben beschriebene Praxis der Oktavtransposition des Basses zustande; hinzu kommt noch die Tatsache, daß viele Sätze außerdem insgesamt eine Quarte oder auch Quinte tiefer transponiert wurden. Diese zusätzliche Gesamttransposition der Sätze macht deutlich, daß die extreme Tiefe tatsächlich beabsichtigt war. In den am tiefsten liegenden Stücken findet sich häufig das F_I (Nr. 15, 17, 22, 29, 43–45, 47, 48, 50, 52, 59, 60), es wird aber auch das D_I (Nr.28) und selbst das C_I (Nr. 41) gefordert. Solch tiefe Stimmen sind sonst in der Musik der Zeit m.W. nicht zu finden.[680] Es liegt auf der Hand, daß dieser extreme Vorstoß in die Tiefe eine Besonderheit der Instrumentalmusik ist. Hinweise darauf gibt bereits Martin Agricola in seinem Lehrwerk *Ein kurtz Deudsche Musica* (1528), wo er darauf hinweist, daß Fortschreitungen unter den Ton *G* (als *Γ* der tiefste Ton des traditionellen Tonsystems) eine Eigenheit der

680 Zu denken wäre hier allenfalls an einige, allerdings mehrere Generationen früher entstandene, geistliche Kompositionen von Johannes Ockeghem und Johannes Tinctoris. Diese verwenden allerdings maximal den Ton *BB*; vgl. die zusammenfassende Darstellung bei Kreitner, *Very low ranges*.

Instrumentalmusik sind:[681] *Solche tieffe felle / unter das Γ ut / sind gemeyn ynn denn Finalen*[682] */ auff den Instrumenten.*[683] Dieselbe Begründung für die Erweiterung des Tonraums nach unten gibt jedoch schon Adam von Fulda in seiner *Musica* von 1490, der diese Neuerung Guillaume Dufay zuschreibt.[684] Adam von Fulda bezieht sich jedoch lediglich auf eine Erweiterung bis zum Ton *D*, und Agricola kennt als tiefsten Ton das B_l auf dem extendierten Baß-Krummhorn.[685]

Somit stellt sich im Blick auf die Aufführungspraxis die Frage nach den Instrumenten, die diese Tiefe überhaupt bewältigen konnten. Hauptproblem der musikinstrumentenkundlichen Literatur ist in diesem Zusammenhang die Frage, zu welcher Zeit genau die Erweiterung des Tiefenregisters stattfand. Eckpunkte in der musiktheoretischen Literatur der Zeit sind die *Musica instrumentalis deudsch* Martin Agricolas (mehrere Auflagen von 1529 bis 1545) und der zweite Band von Michael Praetorius' *Syntagma musicum* (*De organographia*) von 1619. Wie bereits bemerkt wurde, kennt Agricola (und dies gilt für alle Auflagen) als tiefstes Instrument nur das extendierte Baßkrummhorn, das durch Zusatzklappen den Ton B_l erreicht.

Der wichtigste Schritt zur noch weiteren Vergrößerung des zur Verfügung stehenden Tonvorrates wurde jedoch schon 1535 (unbemerkt von Agricola) in Nürnberg gemacht. Wie Ekkehart Nickel in seiner umfassenden Studie zum Nürnberger Blasinstrumentenbau zeigen konnte, entwickelte der Nürnberger Stadtpfeifer und Pfeifenmacher Sigmund Schnitzer (gest. 1557) wohl als erster ein Instrument in Kontrabaßlage, und zwar einen Pommer mit dem tiefsten Ton F_l.[686] Praetorius bildet dieses Instrument in seiner *Organographia* unter der Bezeichnung *Groß Doppel Quint-Pommer* ab:[687]

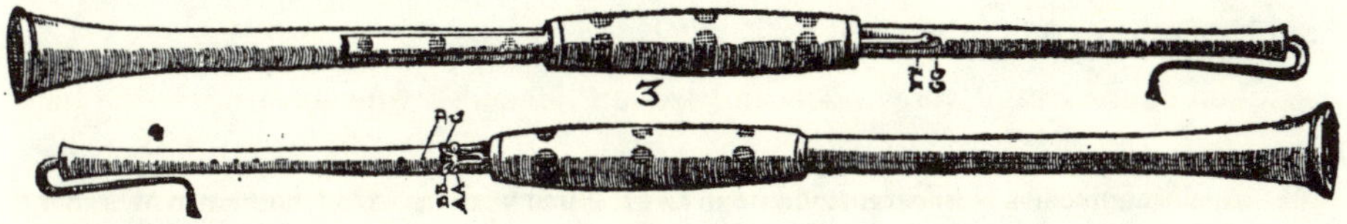

Abb. 24: *Groß Doppel Quint-Pommer* (*Groß Baß Pommer*) aus Praetorius, *Syntagma musicum*, Bd. II, Tafel VI.

681 Die Erweiterung bis zum Ton *F* ist allerding schon in der Musik des 15. Jahrhunderts gang und gäbe.

682 Gemeint sind wohl durch Quintfallklauseln erreichte Schlußtöne in Kadenzen.

683 Agricola, *Ein kurtz Deudsche Musica* 1528, fol. 13^v.

684 Vgl. Besseler, *Bourdon*, S. 49.

685 Agricola, *Musica instrumentalis* 1529, fol. 9^r.

686 Siehe Nickel, *Holzblasinstrumentenbau*, S. 59–61 und 72–75.

687 An anderer Stelle bezeichnet er das Instrument als *Groß Baß Pommer* (Praetorius, *Syntagma musicum*, Bd. II, S. 22).

Über dieses neue Instrument berichtet Johann Apel,[688] der in Nürnberg den Kauf von Instrumenten für die Hofkapelle Herzog Albrechts von Preußen vermittelte:

Es werden hie pfeuffen gemacht / ist die gröst vill höher und lenger dan ich / aber dermaßen mit einem ror zugericht / das man uber sich pfeuft oder blest / und gleichwol auch alle löcher greuffen kan.[689]

Wenn Apel in seinem Brief an Albrecht von Preußen weiter erwähnt, daß sieben Instrumente zu einem vollständigen Satz gehörten, so läßt dies eindeutig auf eine chorische Verwendung dieser Pommern schließen. Angesichts großer Unterschiede in der Stimmtonhöhe, aber auch der Unterschiede in der Fertigung und damit im Klang von Ort zu Ort war es für das Ensemblemusizieren von großer Bedeutung, aufeinander abgestimmte Instrumente zu erwerben. Hinweise darauf finden sich immer wieder in Korrespondenzen, in denen es um die Anschaffung von Instrumenten geht, und auch Martin Agricola weist in der überarbeiteten Auflage seiner *Musica Instrumentalis Deudsch* von 1545 darauf hin:

Wist auch meine lieben knaben
Wolt ihr gstimpte pfeiffen haben /
So keufft euch die inn futtern fein
Dann die andern sind falsch gemein.[690]

Ob es sich bei den erwähnten sieben Instrumenten um jeweils unterschiedliche Größen gehandelt hat, läßt sich zwar nicht mit Sicherheit sagen, es scheint jedoch wahrscheinlicher, daß einzelne Instrumente doppelt vorhanden waren.[691] Die relativ große Zahl von Instrumenten ermöglicht einerseits die Ausführung vielstimmiger Kompositionen, andererseits die Ausführung verschiedener Stücke in unterschiedlichen Stimmendispositionen.

Praetorius führt sieben zu seiner Zeit gebräuchliche Pommerntypen auf, deren Umfänge er wie folgt angibt:[692]

---

688 Apel stammte aus Nürnberg, studierte in Leipzig und war u.a. 1523 Chorherr in Würzburg, mußte die Stadt jedoch wegen seiner unerlaubten Ehe mit einer Nonne verlassen und las im Jahr darauf an der Wittenberger Universität. 1530 bis 1534 war er in Königsberg, anschließend wieder in Nürnberg. Vgl. Pietzsch, *Universitäten*, S. 73.

689 Hier zitiert nach Federmann, *Musik und Musikpflege*, S. 56. Vgl. dazu Nickel, *Holzblasinstrumentenbau*, S. 60.

690 Agricola, *Musica Instrumentalis* 1545, fol. 19^{v}. Der Begriff *futter* („Futteral") wird auch in zeitgenössischen Instrumenteninventaren verwendet und meint einen kompletten Satz der verschiedenen Stimmlagen.

691 So z.B. im Inventar der Instrumente der Nürnberger Stadtpfeifer von 1575; vgl. das Faksimile bei Zirnbauer, *Notenbestand*, S. 5–8

692 Praetorius, *Syntagma musicum*, Bd. II, S. 22. In seinen Schemata benutzt Praetorius weiße Semibreven, um anzuzeigen, wie *Tieff und wie Hoch ein jedes blasendes Instrument in seinem natürlichen Thon zubringen*, mit schwarzen Semibreven wird dagegen angegeben, *was vor Falset Stimmen / oben und unten / uber eines jeden Instruments Natur und Eigenschafft*

Groß Baß Pommer: F_I–*e*(*f*)
Baß Pommer: *C*–*h*(c^1)
Tenor Pommer (*Basset*): *G*–g^1
Nicolo: *c*–g^1
Klein Alt Pommer: *g*–d^2 (g-Alt)
Schalmeyen: d^1–a^2(h^2)
Exilent (*gar kl. Discant Schalmeye*): a^1–e^2(?)[693]

In der folgenden Tabelle sind jene oben genannten Stücke, deren Baß bis zum Ton F_I reicht, zusammengestellt; zusätzlich werden die möglichen Stimmlagen des Pommernensembles angegeben (bei verschiedenen Möglichkeiten wird jeweils das spieltechnisch günstigste Instrument genannt).

Tabelle 6: Besetzungsmöglichkeiten für Pommernensemble in Hess 1555b

Nr.	D	A	T	B	5	6
15	*h*–a^1 g-Alt	*a*–c^2 g-Alt	*f*–c^1 Tenor/Nicolo	F_I–*D* Großbaß	*c*–*a* Tenor/Nicolo	*a*–c^2 g-Alt
17	c^1(*cis*)–f^1 g-Alt	*fis*–c^1 Tenor/Nicolo	*d*–*a* Tenor/Nicolo	F_I–*D* Großbaß	A_I–*d* Großbaß	d^1–c^2 g-Alt/Schalmei
22	*a*–c^2 g-Alt	*d*–e^1 Tenor/Nicolo	*d*–d^1 Tenor/Nicolo	F_I–*D* Großbaß	B_I–*e* Großbaß	*B*–*a* Tenor/Baß
29	*a*–a^1 g-Alt	*d*–e^1 Tenor/Nicolo	*d*–f^1 Tenor/Nicolo	F_I–*A* Großbaß	*D*–*d* Baß	*G*–*g* Baß
43	*a*–f^1 g-Alt	*d*–d^1 Tenor/Nicolo	*c*–c^1 Tenor/Nicolo	F_I–*G* Großbaß	*c*–d^1 Tenor/Nicolo	c^1–d^2 g-Alt
44	*g*–a^1 g-Alt	*c*–c^1 Tenor/Nicolo	*c*–c^1 Tenor/Nicolo	F_I–*G* Großbaß	*c*–d^1 Tenor/Nicolo	c^1–d^2 g-Alt
45	*h*–a^1 g-Alt	*e*–e^1 Tenor/Nicolo	*d*–*a* Tenor/Nicolo	F_I–*A* Großbaß	*c*–d^1 Tenor/Nicolo	d^1–c^2 g-Alt/Schalmei
47	*a*–f^1 g-Alt	*c*–c^1 Tenor/Nicolo	*c*–*a* Tenor/Nicolo	F_I–*G* Großbaß	*c*–d^1 Tenor/Nicolo	d^1–d^2 g-Alt/Schalmei
48	*a*–f^1 g-Alt	*e*–d^1 Tenor/Nicolo	*c*–*a* Tenor/Nicolo	F_I–*G* Großbaß	*c*–*g* Tenor/Nicolo	c^1–d^2 g-Alt
52	*a*–a^1 g-Alt	*f*–e^1 Tenor/Nicolo	*d*–c^1 Tenor/Nicolo	F_I–*G* Großbaß	*D*–*f* Baß	*F*–*a* Baß
59	*a*–a^1 g-Alt	*c*–e^1 Tenor/Nicolo	*c*–*b* Tenor/Nicolo	F_I–*G* Großbaß	*E*–*f* Baß	d^1–d^2 g-Alt/Schalmei

---

von einem geübtem [sic] *und erfahrnem Instrumentisten zuwege bracht werden können* (hier in Klammern angegeben); ebd., S. 19.

693 Praetorius‘ Angabe h^1–h^3 ist offensichtlich fehlerhaft; vermutlich lag das Instrument eine Quinte über der Schalmei und hatte damit einen Umfang von a^1 bis e^2. Zu den Umfängen der verschiedenen Pommerngrößen vgl. auch Munrow, *Musikinstrumente*, S. 66.

Nr.	D	A	T	B	5	6
60	*a–f*^{1} g-Alt	*c–c*^{1} Tenor/Nicolo	*c–a* Tenor/Nicolo	F_1–*C* Großbaß	*G–f* Baß	*a–a*^{1} g-Alt

Diese chorischen Besetzungen sind freilich nur eine Möglichkeit, darüber hinaus sind zahlreiche Mischungen z.B. von Pommern und Posaunen usw. denkbar. Festzuhalten bleibt aber die Tatsache, daß die Tänze durch die Forderung von Subbaßinstrumenten keineswegs, wie auf dem Titelblatt angegeben, *auff alle Instrument dienstlich* sind, sondern zu einem beträchtlichen Teil doch relativ seltene und zudem sehr teure Instrumente erfordern. In dem oben bereits zitierten Brief bezüglich der Subbaßpommern wird nämlich berichtet, daß ein solches Instrument für 30 Gulden kaum zu bekommen sei. Zum Vergleich: Aus der Korrespondenz Jörg Neuschels mit Herzog Albrecht von Preußen geht hervor, daß Neuschels aus Messing, Silber und Gold gearbeitete Trompeten pro Stück sieben bis acht Gulden kosteten.[694] Albrecht scheint denn der Pommer auch zu teuer gewesen zu sein, ein Kauf kam offenbar nicht zustande.[695] Die Stadt Nürnberg erwarb dagegen 1539 für ihre Stadtpfeifer einen *grossen pumhart*, bei dem es sich höchstwahrscheinlich um ein Subbaßinstrument handelte und von dem bereits ein Exemplar an Pfalzgraf Friedrich geliefert worden war.[696] Das Instrument besaß offenbar großen Repräsentationswert, denn der Rat der Stadt betonte, man solle es *zu gemeiner stat ehrn geprauchen*, sorgsam verwahren und nicht *zu gemein machen*.[697]

Wenn nun die beiden Breslauer Stadtpfeifer Tänze bearbeiteten, zu deren Ausführung ein solches Instrument erforderlich war, so richteten sie sich damit an einen recht exklusiven Kreis reicher Städte und Fürsten. Da sie zudem selbst als Händler und vermutlich auch als Hersteller von Pommern tätig waren, liegt der Gedanke nahe, daß sie diese Instrumente ebenfalls in ihrem Programm hatten und zugleich bestrebt waren Musik bereit zu stellen, welche die besonderen Möglichkeiten dieser Instrumente ausnutzte.

694 Vgl. Federmann, *Musik und Musikpflege*, S. 63f.

695 Vgl. ebd., S. 56.

696 Vgl. Nickel, *Holzblasinstrumentenbau*, S. 58f. Am 10. Juli 1538 beschloß danach der Nürnberger Rat, von Sigmund Schnitzer *ein grossen Bommart sampt dazugehörigen rauschpfeiffen* zu bestellen *wie si dem pfaltzgrafen Friedrich zugericht haben*. Es ist sehr wahrscheinlich, daß diese Instrumente bereits 1535 (dem Jahr ihrer ersten Erwähnung in den Nürnberger Dokumenten) anläßlich Friedrichs feierlicher Hochzeit mit Dorothea von Dänemark bestellt und dort zum Tanz verwendet wurden (vgl. oben S. 131).
In den entsprechenden Dokumenten ist auch von *dazugehörigen rauschpfeiffen* die Rede. Wie Barra Boydell zeigte, ist hier das Wort *rauschpfeiffe* als Allgemeinbegriff für Rohrblattinstrumente zu verstehen; vgl. Boydell, *Crumhorn*, S. 362–364. Aus späteren Dokumenten wird deutlich, daß in diesem Zusammenhang andere Pommerngrößen gemeint sind.

697 Nickel, *Holzblasinstrumentenbau*, S. 409, Anm. 352.

Aufführungspraktisch problematisch bleiben allerdings zwei Stücke: Nr. 28 (tiefster Ton D_1) und Nr. 41 (tiefster Ton C_1). So weit hinab reichende Stimmen sind nämlich nur auf solchen Instrumenten ausführbar, die (soweit bekannt) zur Zeit des Drucks noch gar nicht entwickelt waren. Die erste mögliche Besetzung wäre eine Oktavposaune: Ihr tiefster regulärer Ton ist das E_1, jedoch können mittels eines speziellen Ansatzes nach Praetorius noch die Töne D_1 und C_1 hervorgebracht werden.[698] Dieses Instrument ist jedoch erst seit dem Ende des 16. Jahrhunderts nachweisbar und war, so schreibt Praetorius 1619, *vor der zeit gar selten gefunden worden.*[699] Entsprechendes gilt für das Rankett, dessen tiefster Vertreter nach Praetorius den Ton C_1 erreichen konnte. Auch dieses Instrument ist für diese Zeit noch nicht belegt.[700] Angesichts der Tatsache, daß lediglich zwei Tänze der gesamten Sammlung Töne unterhalb des F_1 fordern, dürfte es sich hier um Zufälle bzw. Versehen bei der Transposition handeln.

8. Weitere Quellen mit Tanzmusik für Ensemble aus dem deutschen Sprachraum vor ca. 1590

a) Basel, Universitätsbibliothek, Ms. F.X. 5–9

Diese Handschrift enthält zwei zusammengehörige vierstimmige Tanzsätze (Tanz und Nachtanz), denen die *Schwarzknab*-Weise zugrunde liegt.[701]

20. *Chorea* [Hoftanz *Schwarzknab*]

23. *Proportio* [Nachtanz zu Nr. 20]
Ed.: Geering, *Stadtpfeifer*, S. 111ff.; Erig, *Basel*, S. 4f.

Die fünf Stimmbücher dienten dem Basler Humanisten Bonifacius Amerbach und später dessen Sohn Basilius als Material für den Musikunterricht.[702] Die erste Schicht entstand bereits etwa 1510, die zweite Schicht, in der sich die beiden Tanzsätze finden, wurde von Christoph Piperinus geschrieben, von dem Basilius Amerbach im November 1546 Musikunterricht erhielt. Piperinus wurde bei seiner Arbeit offensichtlich von dem Komponisten Johannes Wannenmacher beaufsichtigt, der einige Textanfänge und Komponistenzuschreibungen hinzufügte und den Notentext kontrollierte.

Arnold Geering wies auf die Möglichkeit hin, daß die Tänze (oder vielmehr

698 Vgl. Praetorius, *Syntagma musicum*, Bd. II, S. [20].
699 Ebd., S. 32; vgl. auch Baines, *Brass Instruments*, S. 117.
700 Vgl. Munrow, *Musikinstrumente*, S. 72ff.
701 Vgl. die Ausführungen zu Hess 1555a, Nr. 100 oben S. 192.
702 Siehe Kmetz, *Basel*, S. 254f.

der Tanz, denn es handelt sich ja um ein zusammengehöriges Paar, bestehend aus Tanz und Nachtanz) aus dem Repertoire der Berner Stadtpfeifer stammen könnten.[703] Piperinus stammte aus Bern und dürfte während seiner Zeit als Pfarrhelfer in Interlaken (1541 bis 1543) Wannenmacher kennengelernt haben, der dort seit 1531 Landschreiber war. Piperinus immatrikulierte sich 1543/44 an der Universität Basel und war daneben 1546 Schulmeister zu St. Peter in Basel.[704] In diesem Zusammenhang wären auch Wannenmachers Bicinien zu nennen, die Mathias Apiarius 1553 herausgab (Wannenmacher war 1551 gestorben) und den Berner Stadtpfeifern widmete.[705] Daß die Kompositionen tatsächlich aus Bern stammen, läßt sich jedoch nicht mit Sicherheit nachweisen. Ein Vermerk bei Cosmas Alders Motette *Veni electa mea* (Nr. 24, alte Nr. 16) weist allerdings nicht nur nach Bern, sondern auch auf die Mitwirkung der dortigen Stadtpfeifer hin, denn es heißt in der Handschrift (T, fol. 19^{r}): *Cosmas Alderinus faciebat uf pusunen Berne / 1546 in actu Noe*. Hierbei handelt es sich um das Spiel *Wie Noe vom Wein überwunden* des Hans von Rüti (Rüte), in dem Alders Motette (unter Mitwirkung von Posaunen) als musikalische Einlage fungierte.[706] Freilich finden sich in der Handschrift auch Hinweise auf die Städte Interlaken und Basel.[707] Es wäre also ebensogut möglich, daß Piperinus das Stück von den Basler Stadtpfeifern erhielt.

b) Basel, Universitätsbibliothek, Ms. F.X. 22–24

Diese drei Stimmbücher (der Tenor fehlt) wurden nach John Kmetz um 1547 entweder von dem bereits genannten Christoph Piperinus oder von Samuel Übelin geschrieben. Geht man von Kmetz' Datierung der Handschrift aus, so ist es allerdings sehr unwahrscheinlich, daß Übelin als Schreiber in Frage kommt, da dieser erst 1541 geboren ist.[708] Die Handschrift diente offenbar, wie die zuvor behandelte, als Material für den musikalischen Unterricht Basilius Amerbachs, der auch die Stimmbezeichnungen hinzufügte.

Im einzelnen finden sich hier folgende Tanzkompositionen:[709]

6. *Paduaner* – [Nachtanz]
Konk.: Hess 1555a, Nr. 93; Attaingnant 1530, Pavane 3 (ohne Nachtanz).
Ed.: Erig, *Basel*, Nr. 5.

Der vierte Teil des Tanzes in den anderen Quellen fehlt.

---

703 Vgl. Geering, *Stadtpfeifer*, S. 107.
704 Zu den Biographien vgl. auch Kmetz, *Basel*, S. 344f.
705 Die Bicinien sind allerdings nicht eigens für die Stadtpfeifer komponiert; vgl. oben S. 63.
706 Vgl. Geering, *Vokalmusik*, S. 170f.
707 Vgl. Kmetz, *Basel*, S. 263.
708 Siehe ebd., S. 311f.; zu Übelin vgl. ebd., S. 345.
709 Incipits zu allen Kompositionen der Handschrift in *Tenorlied*, Bd. 2, S. 48–52.

9. *Paduaner* – [Nachtanz] [= Bearbeitung von *La scarpa mi fa mal*]
Konk.: siehe Hess 1555a, Nr. 132 (oben S. 201).

44. *Ein tantz* – [Nachtanz]
Oben: *Trium* [vocum], daher nur D und B vorhanden.

45. *Ein tantz* – [Nachtanz]
Wie Nr. 44.

c) Basel, Universitätsbibliothek, Ms. F.IX. 59–62

Dies ist eine weitere Handschrift aus dem Besitz Jakob Hagenbachs, der vermutlich auch der Schreiber war.[710] Sie bildet einen Anhang an den Druck 1543^{24}.

31. *Die kurtz schlacht* (D, A, B) bzw. *Die schlacht in kurtz* [= Pavane *La bataille*]
Konk.: siehe Hess 1555b, Nr. 63 (oben S. 250).

d) Basel, Universitätsbibliothek, Ms. F.X. 17–20

Auf diese Handschrift wurde bereits hingewiesen als Beispiel einer Sammlung textloser Kompositionen, zu denen separat Texte notiert wurden (vgl. S. 19). Der erste Teil der Handschrift, zu dem auch die Tänze gehören, entstand nach den Untersuchungen von John Kmetz vermutlich um 1545 in Augsburg und kam dann in den Besitz des Basler Goldschmieds Jacob Hagenbach (1533–1556/66).[711] Möglicherweise erwarb Hagenbach, der sich in seiner Jugend in Diensten am Hof Kaiser Maximilians II. befand, die Handschrift in Augsburg. Als Ort von Reichstagen war ja Augsburg insbesondere durch die Anwesenheit des Kaisers mit seiner Hofkapelle ein wichtiger Umschlagsplatz für Kompositionen. Daher könnten die vier Tänze der Handschrift durchaus dem Repertoire der Kapelle Maximilians II. entstammen. Zwei von ihnen finden sich zudem in dem Maximilian gewidmeten zweiten Band der Tanzsammlung der Gebrüder Hess (Hess 1555b).

In ihrem Nebeneinander von Vokalkompositionen und Tänzen ist diese Handschrift typisch für die Repertoirezusammenstellung handschriftlicher Tanzquellen. Nicht ganz außer acht gelassen werden sollte allerdings bei dieser Quelle die Möglichkeit, daß auch die Tanzkompositionen mit Text gesungen wurden. Denn in der von John Kmetz besprochenen Textsammlung Felix Platters, zu der ein Großteil der zugehörigen Musik in Hagenbachs Stimmbüchern

710 Ebd., S. 187ff.
711 Siehe Kmetz, *Basel*, S. 278f.

überliefert ist, finden sich auch mehrere Hinweise auf Tänze, auf deren Musik deutsche Texte gesungen werden sollten.[712]

5. *Die schlacht* [= Pavane *La Bataille*]
Konk.: siehe Hess 1555b, Nr. 63.

6. *Ain Padoaner*
Konk.: Der dritte Teil stimmt überein mit dem vierten der Pavane 3 in Attaingnant 1530 (vgl. Hess 1555a, Nr. 94).
Ed.: Erig, *Basel*, Nr. 14.

10. *Traditora*
Konk.: siehe Hess 1555b, Nr. 19.
Ed.: Erig, *Basel*, Nr. 8.

49. *Die schlacht*
Konk.: RegensburgTH 3/I, Nr. 38 (vgl.oben S. 95).
Ed.: Erig, *Basel*, Nr. 6.

Es handelt sich hier nicht um Clément Janequins Chanson *La guerre* (*Escoutez vous gentilz*), wie Kmetz angibt, sondern um eine Tanzkomposition, die (wie Nr. 5) auf diese Chanson zurückgeht.[713]

e) Sitten, Kapitelarchiv, Ms. Tir. 87-4

Diese Handschrift, von der nur das Baßstimmbuch erhalten ist, fügt sich ein in die Reihe von Musikhandschriften bürgerlicher und studentischer Musikliebhaber. Sie wurde nach den Untersuchungen Jürg Stenzls um 1555–1560 von Simon Zmutt geschrieben, der 1564 in Brig (Wallis) als Lehrer an der dortigen Landschule nachweisbar ist.[714] Später war er Notar und Bürgermeister in Sitten (ebenfalls im Wallis); er starb nach 1605. Geschrieben wurde das Manuskript auf Papier, das sich in verschiedenen schlesischen Orten nachweisen läßt. Stenzl schließt daher darauf, daß Zmutt, wie schon vor ihm Thomas Platter, in Breslau eine Schule besuchte und vermutet weiterhin, daß (insbesondere aufgrund der Repertoirebeziehungen zu der Küffer-Handschrift RegensburgBZ A.R. 940/41) Zmutt in Wittenberg studierte und dort Musik kennenlernte, die er dann in seine Handschrift aufnahm. Diese enthält neben dem (gerade in schweizerischen und süddeutschen Handschriften weit verbreiteten) Tanz lateinische Motetten, deutsche geistliche und weltliche Lieder sowie Chansons – eine für diesen Kreis studentischer Sammelhandschriften typische Repertoirezusammenstellung.

---

712 So z.B. zwei Liedtexte mit der Angabe *Englischs Dantz*; vgl. Kmetz, *Singing Texted Songs*, S. 138.
713 Vgl. Kmetz, *Basel*, S. 287.
714 Vgl. Stenzl, *Musikheft*.

7r–7v *Alabaria oder die kleine Schlacht* [= *Pavane La Bataille*]
Konk.: siehe Hess 1555b, Nr. 63.

f) Iserlohn, Stadtarchiv, Ms. IV 36 F 124

Von dieser wohl ursprünglich aus vier Stimmbüchern bestehenden Handschrift sind heute nur noch Fragmente verschiedener Stimmen erhalten.[715] Die umfangreichen Stimmbücher (sie enthielten 201 Nummern) wurden zerschnitten und aufeinandergeklebt, um als Einbände verwendet zu werden. Zahlreiche Einzelblätter (aber teilweise auch nur noch schmale Papierstreifen) der Handschrift konnte aus dem Einband eines *Herbarius* von 1485 im „Haus der Heimat" in Iserlohn herausgelöst werden. Die Handschrift enthält an einer Stelle die Datierung *Anno 1544 22 Decemery* (bei der Tenorstimme von Nr. 115 *Ich habbes gewaget*), was sich vermutlich auf das Datum der Niederschrift bezieht. Nach den Untersuchungen von Georg Sowa scheinen die Stimmbücher in Soest geschrieben worden zu sein.

Die Sammlung zeigt die für die Musikübung bürgerlicher Liebhaber typische Zusammenstellung deutscher Lieder (die hier deutlich überwiegen), Chansons und Motetten, denen wie etwa im Fall der Handschrift RegensburgBZ A.R. 940/41 auch einige Tänze hinzugefügt wurden. Mit dieser studentischen Musikhandschrift ist das Fragment (neben anderen Konkordanzen) auch durch die nur in diesen beiden Quellen überlieferte humanistische Schuldichtung *D. e. de. f. a* (Nr. 118, in Regensburg Nr. 171) verbunden, in welcher der Text in wohl humoristischer Absicht zunächst einzeln buchstabiert und dann vollständig vorgetragen wird.[716] Sehr wohl denkbar wäre es daher, daß das hier versammelte Repertoire auf die Studienzeit des Besitzers (in Wittenberg?) zurückgeht.

Sowa konnte auch mehrere Liederdrucke identifizieren, die der Schreiber offensichtlich benutzte.[717] Der Besprechung der Tänze, zu denen Sowa keine Konkordanzen angeben konnte, seien hier einige Ergänzungen zu Sowas Verzeichnis vorangestellt.

---

715 Zur Handschrift und deren Inhalt vgl. Sowa, *Liederhandschrift*. Ein Incipitverzeichnis findet sich in *Tenorlied*, Bd. 2, S. 102–106. Bei diesem ist allerdings zu beachten, daß in einigen Fällen nicht die Stimmenanfänge mitgeteilt werden, da diese teilweise fehlen. Auch wurden einige Stimmen übersehen.

716 Vgl. Brennecke, *Regensburg*, S. 34 und 49.

717 Vgl. Sowa, *Liederhandschrift*, S. 270f.

38. *Illumina oculos meos* [Heinrich Isaac]
Konk.: [c. 1535]^{14}, Bd. III, Nr. 2 (anonym);[718] 1542^{8}, Nr. 16 (anonym); [1560]^{1}, Nr. 15 (anonym); RegensburgBZ B 216–219, fol. 1^{r} (Isaac).
Ed.: Rhau, *Musikdrucke*, Bd. IX, Nr. 16.[719]

43. [*Cest mal charche*] [Alexander] *Agricola*
Konk.: 1501, fol. 14^{v}–15^{r} (*Cest mal charche*, [Alexander] *Agricola*).
Ed.: Hewitt, *Odhecaton*, Nr. 12 (dort auch weitere Konkordanzen).

44. [*Je cuide sece tamps me dure*] [Marbrianus] *De Orto* [= P. Congiet / J. Japart?]
Konk.: 1501, fol. 4^{v}–5^{r} (*Je cuide sece tamps me dure*, anonym[!]); [c. 1535]^{14}, Bd. I, Nr. 32 (*Je cuide*, anonym, Quarte tiefer, nur D).
Ed.: Hewitt, *Odhecaton*, Nr.2 (dort auch weitere Konkordanzen mit Zuschreibungen an P. Congiet und J. Japart).

45. [*Hor oires une chanzon*] *Jo. Stocken* [= Johannes de Stokem]
Konk.: 1501, fol. 5^{v}–6^{r} (*Hor oires une chanzon*, anonym[!], 5st.).
Ed.: Hewitt, *Odhecaton*, Nr. 3 (dort auch weitere Konkordanzen, alle anonym).

46. [*Je nay dueul*] [Alexander] *Agricola*
Konk.: 1501, fol. 42^{v}–43^{r} (*Je nay dueul*, Agricola).
Ed.: Hewitt, *Odhecaton*, Nr.38 (dort auch weitere Konkordanzen).

140. *Mon amment* [Ninot le petit]
Konk.: [c. 1535]^{14}, Bd. I, Nr. 15 (*Mon ammant*, anonym, nur D); 1504^{3}, fol. 84^{v}–85^{r} (*Mon ami mavoyt promis*, anonym, 4st.); FlorenzBC 2442, fol. 26^{v} (*Mon amy m'avoit promis*, *Ninot le petit*, 3st., B fehlt).

Die vier textlosen Sätze Nr. 43 bis 46 wurden offensichtlich aus Petruccis *Harmonice Musices Odhecaton A* übernommen (RISM 1501, weitere Auflagen 1503^{2} und 1504^{2}), da sie hier in geschlossener Folge erscheinen. Bemerkenswert sind die beiden Zuschreibungen anonymer Sätze (Nr. 44 und 45). Da in den verschiedenen Ausgaben des *Odhecaton* die Zuschreibungen mitunter differieren, wäre es sehr wohl möglich, daß diese einer unbekannten Auflage entstammen. In den Werkverzeichnissen de Ortos und Stokems (die beide mit anderen Werken im *Odhecaton* vertreten sind) sind diese Stücke nicht nachgewiesen.

Der Bestand an Tänzen setzt sich wie folgt zusammen:

51./57.? [E]*yn tantz*

Nur Fragment einer Baßstimme.[720]

---

718 Unter der RISM-Sigle [c. 1535]^{14} sind drei Drucke Christian Egenolffs zusammengefaßt, von denen nur die Diskantstimmbücher (in einem Band zusammengebunden) erhalten sind; vgl. Bridgman, *Egenolff* sowie Staehelin, *Egenolff*.

719 Zur fragwürdigen Zuschreibung an Isaac vgl. Rhau, *Musikdrucke*, Bd. IX, S. 283.

66. *Dalienischer tantz*
Nur unvollständige Alt- oder Tenorstimme.

112. *Der baren tantz* (T) / *Bauren tantz* (B) – *Sprunck* [= Nachtanz]
Konk.: siehe Hess 1555a, Nr. 154 (5st.).
Nur unvollständige Tenor- und Baßstimmen.

128. [E]*inn palnscher*[!] *dantz*[721] [= *Der Schäfer von der neuen Stadt*]
Konk.: siehe Hess 1555a, Nr. 86 (5st.).
Nur Fragment der Tenorstimme (der Beginn fehlt).

132. *Der studenten dantz* (Register) *Appel* [Komponist?]
Nur Beginn der Baßstimme.

Tänze dieses Titels begegnen in verschiedenen Tabulaturen für Laute und Tasteninstrumente, z.B.: *Studenten Tantz* in MünchenSB 262, fol. 61^r (Ed. in Halbig, *Klaviertänze*, S. 15); *Der recht Studenten Tantz* in Neusidler 1549, fol. 4^r–h 4^v.

Die vorliegende Baßstimme stimmt zwar nicht mit dem Studententanz in Hess 1555a (Nr. 36) überein, paßt aber zu dessen Oberstimme.

g) München, Bayerische Staatsbibliothek, Mus. Ms. 1516

Diese Handschrift besteht aus vier Stimmbüchern und entstand etwa zwischen 1530 und 1540. Sie ist Gegenstand einer Dissertation von Bruce A. Whisler, die auch eine vollständige Edition enthält.[722] Neben den sieben Tänzen enthält die Sammlung überwiegend französische Chansons, einige deutsche Lieder sowie Motetten. Sie alle sind, bis auf eine Ausnahme,[723] nur mit Textincipits versehen. Die meisten Stücke sind Abschriften nach italienischen und französischen Drukken. So wurden mehrere Pariser Drucke Pierre Attaingnants benutzt, zwei von ihnen wurden vollständig abgeschrieben: *Trente et quatre chansons musicales a quatre parties* ([c.1528]^6, 2. Auflage 1529^3) sowie *Trente et cinq chansons musicales a quatre parties* ([c.1528]^7). Daneben wurden auch zahlreiche Sätze aus Ottaviano Petruccis *Canti C* (1504^3) übernommen.

Hier eine Übersicht über die Tänze der Handschrift, die gegen Ende der Sammlung eine geschlossene Gruppe bilden:

---

720 Das in *Tenorlied*, Bd. 2, S. 102 (Nr. 156.6) angegebene Incipit ist nicht der Beginn des Tanzes, sondern dessen zweite Zeile; sowohl Beginn als auch Schluß fehlen.

721 So im Register; beim Notentext nur *...scher tantz*.

722 Whisler, *Munich 1516*. Eine Beschreibung der Handschrift mit Konkordanzen bietet auch Göllner, *Musikhandschriften*, Bd. 2, S. 92–101. Die Konkordanzen zu den Sammlungen der Gebrüder Hess (Hess 1555a und Hess 1555b) werden jedoch nicht nachgewiesen.

723 Nr. 192, anonym: *Hertzu hertzu und secht euch fur*.

180. *Polnischer tantz*
Ed.: Whisler, *Munich 1516*, S. 452f.

181. *Tantz* [Hoftanz *Benzenauer*]

182. *Trippel* [zu Nr. 182]
Konk.: siehe Hess 1555a, Nr. 64.
Ed.: Whisler, *Munich 1516*, S. 454–459.

183. *Hofftantz* [*Le petit rouen*]

184. *Trippel* [*Der annder Hoff danntz*, zu Nr. 183]
Ed.: Heartz, *Hoftanz*, S. 29–33; Whisler, *Munich 1516*, S. 460–464.

Vgl. Hess 1555a, Nr. 72 und Nr. 74.

185. *Pavane 1*
Konk.: siehe Hess 1555b, Nr. 41.
Ed.: Whisler, *Munich 1516*, S. 465ff.

186. *Pavane 2*
Konk.: siehe Hess 1555b, Nr. 52.
Ed.: Whisler, *Munich 1516*, S. 468f.

187. *Pavane 3*
Konk.: siehe Hess 1555b, Nr. 254.
Ed.: Whisler, *Munich 1516*, S. 470ff.

188. *Pavane 4*
Konk.: Hess 1555b, Nr. 232.
Ed.: Whisler, *Munich 1516*, S. 473f.

h) Regensburg, Bischöfliche Zentralbibliothek, Ms. A.R. 940/41

Diese Handschrift mit ihrer für viele der hier behandelten Handschriften typischen Mischung von Chansons, Liedern, Motetten usw. mit einigen Tänzen wurde bereits oben besprochen (vgl. S. 21). Hier eine Zusammenstellung der Tänze der Handschrift:

61. *Ein beurisch tantz* (D) / *Ein baurn tantz* (A) / *Ein gutter nerrisch tantz* (T) / *Ein guts nerrisch tentzlin* (B) *Casp*[ar] *Othmeir* [Othmayr]
Ed.: Brennecke, *Carmina*, Bd. 1, Nr. 2.

177. *Welscher tantz* [= Hoftanz – Nachtanz *Benzenauer*] (3st., vom B nur Schluß vorhanden))
Konk.: siehe Hess 1555a, Nr. 64.
Ed.: Brennecke, *Carmina* 1, Nr. 3.

i) Ulm, Bibliothek der von Schermarschen Familienstiftung, Ms. 236a–d

Dieser Stimmbuchsatz besteht aus zwei erst nachträglich zusammengebundenen Teilen mit jeweils separater Numerierung. Da sich die Tänze im älteren ersten Teil finden, kann der etwas jüngere zweite hier zunächst unberücksichtigt bleiben. Über die Herkunft der Handschrift gehen die Meinungen in der jüngsten Literatur auseinander. Alfred Wendel kommt in seiner Dissertation über diese Handschrift zu dem Schluß, der erste Teil sei wahrscheinlich, der zweite sicher in Wittenberg entstanden.[724] Begründung für die Lokalisierung des ersten Teils sind vor allem die Repertoiregemeinsamkeiten mit der in Wittenberg entstandenen Handschrift RegensburgBZ A.R. 940/41,[725] obschon das hier verwendete Papier aus einer Papiermühle in Brieg (Schlesien) stammt und 1566 in Breslau nachweisbar ist. Doch vermutet Wendel, das Papier sei aus Brieg importiert oder möglicherweise von schlesischen Studenten mitgebracht worden. Dem widerspricht allerdings die Vermutung, Schreiber der Handschrift seien die Brüder Johann und Werner Schermar aus Ulm, aus deren Besitz die Handschrift später in die Bibliothek Anton Schermars (1604–1681) übergegangen sei.

Demgegenüber bemerkt Clytus Gottwald in seinem Katalog der Ulmer Musikalien, daß das im ersten Teil verwendete Papier (belegt von 1563 bis 1581) „fast ausnahmslos" in Brieg nachgewiesen ist und „das Papier im engeren schlesischen Raum verbraucht, nicht oder kaum exportiert wurde".[726] So kommt er zu dem Schluß, daß dieser erste Teil der Handschrift „um 1570 in Brieg entstanden sein" dürfte.[727] Weiter bringt Gottwald die Entstehung der Handschrift in Zusammenhang mit der Gründung des Brieger Gymnasiums durch Herzog Georg II. im Jahre 1569. Als ersten Besitzer (und Schreiber?) vermutet er den ersten Rektor des Gymnasiums Franz Besler, der 1584 von Brieg nach Breslau ging. Da nun zwei Lautentabulaturdrucke der Schermarbibliothek (das zweite und dritte Lautenbuch Hans Neusidlers 1544^{25} und Neusidler 1549) nach Breslau weisende Besitzvermerke tragen, liegt es nahe, daß diese zusammen mit der Handschrift von dort nach Ulm gelangten.[728]

Auch die gemeinsame Überlieferung des Tanzes Nr. 80 und des Madrigals *Quando ritrovo* (in Ulm Nr. 114, vgl. dazu auch S. 211) in der Tanzsammlung aus dem unweit von Brieg gelegenen Breslau belegt, daß wenigstens dieser Teil des Repertoires in Schlesien bekannt war. Nicht zuletzt gegen Wittenberg und

---

724 Zum folgenden vgl. Wendel, *Musiksammlung*, Bd. I, S. 10–14, 49–57 und 150–157.

725 Vgl. ebd., S. 56f.

726 Gottwald, *Ulm*, S. 100.

727 Ebd., S. XV. Zum weiteren vgl. ebd., S. XVf.

728 Der Besitzvermerk in beiden Drucken lautet: *Johannes Binewald Kratzschmer zu Breslau*. Wie Gottwald ausführt bedeutet *Kratzschmer* im Schlesischen Gastwirt, und er bemerkt weiter: „In Schlesien scheinen sogar die Gastwirte Bücher [und zwar Lautenbücher!] gesammelt zu haben". (Ebd., S. XVI).

für Schlesien (oder den weiteren Bereich des Königreichs Böhmen, zu dem Schlesien ja gehörte) sprechen die beiden mit tschechischen Textmarken versehenen Chansons Nr. 49 und 50 (vgl. RegensburgTH 3/I, Nr. 95 bzw. 144). In beiden wurden übrigens (wie in einem Fall auch in der Regensburger Handschrift) zusätzliche Wiederholungszeichen eingefügt, die in der ursprünglichen Chanson nicht vorhanden waren – spricht dies nicht für die intendierte vokale Ausführung mit einem als bekannt vorausgesetzten Text?

Die Handschrift enthält die folgenden Tänze:

80. *Der Polnisch tantz – Tripla* [= Hoftanz – Nachtanz *Benzenauer*]
Konk.: siehe Hess 1555a, Nr. 64.
Ed.: Wendel, *Musiksammlung*, Bd. III, Nr. 11.

81. *Des königs von Polen tantz – Tripla* *B. Schwertfeger*
Ed.: Wendel, *Musiksammlung*, Bd. III, Nr. 12; Thomas/Gingell, *Renaissance-Tanzbuch*, S. 116ff.

Vgl. Hess 1555a, Nr. 82.

82. *Des königs tantz – Tripla*
Ed.: Wendel, *Musiksammlung*, Bd. III, Nr. 13.

Vgl. Hess 1555a, Nr. 87.

j) München, Bayerische Staatsbibliothek, Mus. Ms. 1503h und die Tanzdrucke der Bibliothek von Hans Heinrich Herwart in Augsburg

Die Handschrift MünchenSB 1503h entstammt der Musikbibliothek des bedeutenden Augsburger Kaufmanns Hans (Johann) Heinrich Herwart (1520–1583), die nach dessen Tod von den Erben an Herzog Wilhelm V. verkauft wurde und sich heute in der Bayerischen Staatsbibliothek in München befindet.[729] Den breitesten Raum nimmt innerhalb dieser Sammlung die Lautenmusik ein. Der Bestand ist vor allem dadurch bemerkenswert, daß er eine große Zahl von Einzelfaszikeln enthält, die an Herwart gesandt wurden. Diese wichtige Art der Verbreitung von Musik ist wegen der Vergänglichkeit solch ungebundener Heftchen oder Einzelblätter nur selten dokumentiert – die Herwart-Bibliothek ist die umfangreichste erhaltene Sammlung solcher „musical missives“.[730]

729 Eine Ausnahme bildet die heute in Augbsurg verwahrte Handschrift Augsburg 142a. Zur Geschichte und zu den Beständen der Herwartschen Bibliothek vgl. Martinez-Göllner, *Bibliothek Herwart*, Slim, *Music Library*, Taricani, *A Renaissance Bibliophile* sowie Ness, *Herwart Lute Manuscripts*.

730 Taricani, *A Renaissance Bibliophile*, S. 1357f. Sie beziffert den Gesamtumfang des handschriftlichen Materials auf über 1200 Blätter (ebd., S. 1361). Ein Überblick über die Handschriften der Sammlung und deren Inhalt findet sich ebd., S. 1367ff.

Auch die vier Stimmhefte (je acht Blätter), die heute in einen modernen Pappband gebunden sind, scheinen zu diesen ungebundenen Materialien gehört zu haben. Neben einer Vielzahl von überwiegend italienischen Tänzen in Lautentabulaturen ist dies die einzige Handschrift von Ensembletänzen der Herwartschen Sammlung. Sowohl der Notentext als auch die Titel der 14 Tänze sind sehr sorgfältig geschrieben, so daß man annehmen könnte, die Handschrift sei italienischen Ursprungs. Jedoch konnte JoAnn Taricani nachweisen, daß die Handschrift auf Papier mit vorgedruckter Rastrierung geschrieben wurde, das der Augsburger Offizin Philipp Ulhards entstammt. Das Wasserzeichen sowie die Maße der Systeme stimmen mit denen der *Concentus octo, sex, quinque, et quatuor vocum* überein, die Ulhard 1545 herausbrachte (1545^{2}).[731] Taricani weist darauf hin, daß auch in verschiedenen Lautentabulaturen der Herwartschen Sammlung Papiere verwendet wurden, die Ulhard sowie sein Augsburger Kollege Melchior Kriesstein für verschiedene Drucke um die Mitte der 1540er Jahre verwendeten. Mehrere dieser Drucke befanden sich ebenfalls in Herwarts Bibliothek, so daß Taricani zu dem Schluß kommt, Herwart habe sowohl Papier als auch fertige Druckwerke von diesen Druckern bezogen.[732]

Um dem noch einige Vermutungen hinzuzufügen, sei auf die Person des Herausgebers all dieser Drucke (sie enthalten durchweg Vokalmusik) hingewiesen: Sigmund Salminger (Salblinger).[733] Salminger war zunächst Franziskanermönch in München, heiratete dann und schloß sich in Augsburg der Wiedertäuferbewegung an. Im Zuge der Verfolgung der Wiedertäufer wurde er dort 1527 verhaftet und drei Jahre lang eingekerkert, widerrief dann 1530 und mußte die Stadt verlassen. 1537 kehrte er zurück und war als deutscher Schulmeister und Stadtpfeifer, später auch als Buchhändler tätig. Angesichts der engen Verbindung von Drucker, Herausgeber und Kunden wäre es sehr wohl möglich, daß Salminger auch an der handschriftlichen Verbreitung von Notenmaterial beteiligt war. Denkbar wäre auch, daß die Handschrift als Vorlage für einen Druck dienen sollte.

Da die Handschrift in einer vollständigen Neuausgabe mit Bemerkungen zu Konkordanzen usw. von Michael Morrow vorliegt, kann hier auf eine nähere Beschreibung des Inhalts verzichtet werden.[734]

Es sei jedoch noch auf einige Tanzdrucke der Herwartschen Bibliothek hingewiesen, die sich heute ebenfalls in der Bayerischen Staatsbibliothek befinden.[735] Zum einen sind dies zwei Ausgaben Pierre Attaingnants, die bereits im

---

731 Siehe Taricani, *A Renaissance Bibliophile*, S. 1381. Taricani kündigt weitere Untersuchungen hierzu an.

732 Ebd., S. 1377–1381.

733 Zu ihm vgl. Krautwurst, *Salminger*, Schletterer, *Salminger* sowie Wallner, *Musikalische Denkmäler*, S. 28–34.

734 Siehe Morrow, *Italian Dances*.

735 Vgl. Slim, *Music Library*, S. 76.

Blick auf ihre Beziehung zur zweiten Sammlung der Gebrüder Hess untersucht wurden (vgl. oben S. 280): *Six Gaillardes et six Pavanes* ([c. 1528][9]) und *Neuf basses dances* (Attaingnant 1530). Außerdem findet sich dort Francesco Bendusis *Opera nova de balli* (Venedig 1553); diese Sammlung wurde fast vollständig von den Brüdern Hess übernommen (vgl. oben S. 278). Wir haben damit, neben der Hess-Sammlung, einen weiteren Beleg für die Kenntnis dieser Drucke im deutschsprachigen Raum.

k) Tanzmusik in historischen Noteninventaren

Um den Überblick über die Verbreitung der Tanzmusik abzurunden, sind schließlich noch jene Hinweise heranzuziehen, die sich in alten Noteninventaren finden. In diesen sind sowohl verschollene Handschriften als auch einige Tanzmusikdrucke nachzuweisen. Sie bieten somit eine wertvolle Ergänzung des bisher gewonnen Bildes und belegen die Verbreitung und Ausübung sowohl einheimischer als auch ausländischer Tanzformen.

Mehrere Tanzsammlungen weist das Musikalieninventar der Hofkapelle Pfalzgraf Ottheinrichs von Pfalz-Neuburg in Neuburg (Donau) nach. Es wurde 1544 angefertigt, „als Ottheinrich nach seinem finanziellen Ruin ins Exil gehen mußte und seine Notenbestände katalogisieren ließ".[736] Die im Inventar verzeichneten Musikalien sind leider fast vollständig verlorengegangen.

Das Inventar weist einige verstreute Tänze in Sammlungen mit Vokalmusik sowie eine Handschrift mit italienischen Tänzen nach:

Fol. 119^{v}: Fünf Stimmbücher mit deutschen Liedern, darunter eine Komposition mit der Bezeichnung *Tantz weiß*.

Fol. 128^{v}: *Tantz maß* (offenbar ein Einzelblatt).

Fol. 128r: Sammlung von 13 italienischen Tänzen, darunter *La gambetta* (zu diesem Tanz vgl. Hess 1555b, Nr. 265) und *La bona nocte* (ein Tanz dieses Titels in der Handschrift MünchenSB 1503h, Nr. 4).

Fol. 80^{v}: Neben geistlichen und weltlichen deutschen und lateinischen Kompositionen dreimal *Maruscai tantz*, gezeichnet mit *H. Finckh*, außerdem *Welsch tantz. quatuor et quinque vocum*.[737] Der Moriskentanz erfreute sich im

736 Lambrecht, *Heidelberger Kapellinventar*, Bd. 1, S., 9; vgl. auch ebd., S. 21–32. Vollständige Edition des Inventars (Heidelberg UB, cpg 318) ebd., S. 37–296.

737 In einem weiteren Inventar aus dem Jahre 1581 findet sich *H. Fink Maras tantz 5. vocum*, vermutlich einer dieser Tänze; vgl. Lambrecht, *Heidelberger Kapellinventar*, Bd. 2, S. 619 bzw. 639.

15. und 16. Jahrhundert einiger Beliebtheit.[738] Beim Komponisten dieser Moriskentänze kann es sich nur um Heinrich Finck handeln.[739]

Diese zuletzt genannte Handschrift wurde laut Inventar von Pfalzgraf Ottheinrichs Kopisten Lienhard Pistor geschrieben, der zudem 1552 eine Handschrift anfertigte, die *95 Welsch tentz* enthielt.[740] Die starke Betonung italienischer Tänze ist wohl auf Ottheinrichs intensive Beziehungen zu den Herzögen von Mantua, Ferrara und Florenz zurückzuführen. Auf gewisse musikalische Beziehungen deutet jedenfalls hin, daß Ottheinrich von Herzog Ercole II. von Ferrara 1539 sechs Harfen als Geschenk erhielt.[741] Auch ein *Welscher Geyger* stand seit 1540 in Ottheinrichs Diensten, doch war dieser Jacob de Mallgrate auch als Seidenweber tätig.[742] Auf den alljährlichen Reisen zum Seideneinkauf nach Italien, die ihm in seinem Bestallungsrevers ausdrücklich zugestanden wurden, wird er sicherlich auch so manche Kompositionen mitgebracht haben.

Eine weitere handschriftliche Sammlung von Tänzen findet sich in einem Inventar des württembergischen Grafen Georg von Montbéliard (1498–1558) aus dem Jahre 1555: *Item vier geschribne Partes mit dantzmassen darin dz erst Ain bassentants genant Laborossa.*[743] Möglicherweise handelt es sich bei diesem Tanz um die Basse danse *La brosse* in Attaingnant 1530, fol. 3^{v}.

Drei Tanzsammlungen verzeichnet das Inventar der Hofkapelle des Markgrafen Philipp II. von Baden-Baden aus dem Jahr 1582. Neben der ersten Sammlung der Gebrüder Hess (vgl. oben S. 161) sind dies:

partes mit vier stimmen, darinnen seindt passamezo, paduana, gaillarde, saltarello, Bransle. und deutsch däntz mit schwartzem leder überzogen und grünem schnit.

5 partes, auch in goldtgelb pergamen und grünen auch gelben schnit gebunden, darinnen allerlai pazamezo, Gailarde und deutsche däntz mit 5 stimmen.[744]

Bei diesen beiden Sammlungen ist nicht klar, ob es sich um Handschriften oder Drucke handelt und aus welcher Zeit diese stammen, da das Inventar neben neueren Drucken auch noch solche vom Beginn des Jahrhunderts verzeichnet.[745]

Die umfangreiche Musikaliensammlung Raimund Fuggers d.J. in Augsburg (1566) verzeichnet: *Hett tweettste ende derde musicus Boucksken mit 4.*[746] Sowie *Troys livres De Danseries, mis. En musicus a 4 Voix par Jehan d'Estree Impri-*

---

738 Vgl. Brown, *Moresca.* Als eine deutsche Version sei hier gennant der *Morischgen tantz* in Berlin 40588 (Ed. in Niehüser, *Handschrift 40588*, S. 78).

739 Vgl. Lambrecht, *Heidelberger Kapellinventar*, Bd. 2, S. 337. Dieses Werk wird nicht erwähnt bei Hoffmann-Erbrecht, *Finck.*

740 Siehe Lambrecht, *Heidelberger Kapellinventar*, Bd. 1, S. 7.

741 Vgl. Layer, *Ottheinrich*, S. 261f.

742 Ebd., S. 262.

743 Siehe Meyer, *Inventaire*, S. 127.

744 Nedden, *Quellen*, S. 24 und 25.

745 So etwa vier Stimmbücher mit Messen Jacob Obrechts; siehe Nedden, *Quellen*, S. 24.

746 Schaal, *Musikbibliothek*, S. 131.

mis a Paris 1559.[747] Bei den erstgenannten Drucken handelt es sich um die Tanzsammlung *Het derde musyck boexken* [...] *daer inne begrepen syn alderhande danserye* von Tielman Susato (Susato 1551) sowie dessen *Het tvueetste musyck boexken*, eine Sammlung von vierstimmigen Liedern in niederdeutscher Sprache (1551^{19}).[748] Der zweite Eintrag bezieht sich auf eine heute nur noch in zwei (von ursrünglich vier) Stimmbüchern erhaltene Sammlung von Jean d'Estrée: *Premier (Second / Tiers) Livre de danseries*, Paris 1559.[749]

Neben Sammlungen mit Tanzmusik des 17. Jahrhunderts finden sich auch zwei wichtige Tanzdrucke des 16. Jahrhunderts im Inventar der Kantorei des Augsburger Gymnasiums St. Anna: Die in Antwerpen gedruckten Tanzsammlungen 1571^{14} und 1583^{21}.[750] Das einzige erhaltene Exemplar der erstgenannten Sammlung, das heute im Stadtarchiv Heilbronn verwahrt wird, stammt aus der Bibliothek des dortigen Lateinschulrektors Johannes Lauterbach (1531–1598).[751] Wie einige handschriftliche Bemerkungen zum Notentext zeigen hat Lauterbach diese Tänze auch (im geselligen Kreis mit Schülern oder Freunden?) tatsächlich aufgeführt.[752]

Dieser Überblick zeigt, daß in Deutschland in recht breitem Umfang neben einheimischen Tänzen auch solche aus Frankreich und Italien eine bedeutende Rolle spielten. Viele der ehemals vorhandenen Sammlungen, von denen ja die alten Inventare auch nur einen schwachen Eindruck geben können, zeigen, daß das vorhandene Repertoire doch ebenso umfangreich wie umfassend gewesen ist.

---

747 Ebd., S. 132.

748 Vollständige Exemplare beider Drucke befinden sich in der Biblioteka Jagiellonska in Krakau (nicht in RISM angegeben). Faksimile-Ausgaben: Schreurs, *Het tvueetste musyck boexken* und Schreurs, *Het derde musyck boexken*.

749 Beschreibung bei Brown, *Instrumental Music*, S. 184–187.

750 Siehe die Edition von Schaal, *Inventar*, S. 57 bzw. 47.

751 Vgl. Siegele, *Heilbronn*, S. 9f. und 201f.

752 So trug er an einigen Stellen Korrekturen ein (z.B. Diskant, fol. 16^{r}: eine fehlerhaft notierte ausgeschriebene Wiederholung gegen Ende) oder wies auf die Zusammengehörigkeit von Tanzsätzen hin (fol. 7^{r}: dem *Passomezo d'italye* folgt – nach einer *Reprinse* – *La gaillarde*, zu der er ergänzt *d'italye auf das ober passomezo*).

VII. Schluß

Es wurde in Kapitel II anhand von Text- und Bildzeugnissen darauf hingewiesen, daß die Aneignung der Schriftlichkeit durch professionelle Instrumentalisten wesentlich durch ihre Beteiligung an der Ausführung von Vokalmusik gefördert wurde. Die nachfolgenden Quellenstudien haben dies bestätigt und gezeigt, daß auch das rein instrumentale Repertoire (also ohne die Beteiligung von Sängern) zu einem großen Teil von instrumental ausgeführter Vokalmusik geprägt war. Dies zeigt, daß der Übergang von der schriftlosen Spielmannstradition des Mittelalters zur Schriftlichkeit im Bereich der Instrumentalmusik auf dem Weg über die Rezeption der Vokalmusik vonstatten ging. Die Aufwertung der Instrumentalmusik im Musikleben des 16. Jahrhunderts fand also vor allem ihren Niederschlag in der instrumentalen Darbietung von Vokalkompositionen.

Sicherlich ist hier mit größeren Quellenverlusten zu rechnen, doch finden die Beobachtungen zum instrumentalen Ensemblerepertoire ihre Entsprechung und Bestätigung in einem Vergleich mit dem Repertoire der solistischen Instrumente – auch die Sammlungen von Musik für Tasten- und Zupfinstrumente werden während des 16. Jahrhunderts noch deutlich von Intavolierungen vokaler Kompositionen geprägt. Die Intavolierungen (oder Bearbeitungen) entfernen sich freilich sehr viel deutlicher von den vokalen Vorlagen, insbesondere durch die häufig ausufernd angewandte Praxis der Kolorierung. Notation und Spieltechnik dieser Instrumente verlangten die genaue schriftliche Fixierung der Kolorierungen. Denn zum einen erschwert die Tabulaturnotation deren Improvisation aufgrund des Fehlens optischer Bezugspunkte bezüglich des Tonhöhenverlaufs, wie dies bei der Mensuralnotation der Fall ist. Zum anderen erfordert das Anbringen von Kolorierungen in einem mehrstimmigen Satz auf der Laute oder einem Tasteninstrument sehr viel mehr Geschick als dies auf einem Melodieinstrument erforderlich ist. Von Instrumentalisten, die nach Mensuralnotation musizierten, wurde dagegen die Fähigkeit erwartet, diese Diminutionen auch ohne schriftliche Fixierung ausführen zu können.[753] Die Untersuchung der Tabulaturaufzeichnungen Wiltzells mit ihren wenigen Kolorierungen ließ immerhin erahnen, daß das Kolorieren tatsächlich nicht nur in der Theorie gefordert, sondern auch in der Praxis angewandt wurde.

Das vokale Repertoire der Instrumentalisten spiegelt, wie die Quellenstudien zeigten, das jeweils aktuelle Repertoire der Zeit wider. Es bestand zunächst hauptsächlich aus zeitgenössischen Tenorliedsätzen, im Zuge der verstärkten Rezeption der französischen Chanson und des italienischen Madrigals fanden (par-

---

753 So z.B. bei Martin Agricola, der empfiehlt, dies bei einem *Pfeiffer* zu lernen (Agricola, *Musica instrumentalis* 1529, fol. VII^r^). In der Ausgabe der *Musica instrumentalis* von 1545 bezeichnet er dagegen *die Organistische art und Coloratur* als besonders nachahmenswert (fol. 51^v^).

allel zur Kontrafaktur im Bereich der Vokalmusik) auch fremdsprachige Gattungen zunehmend Interesse. Auch diese Entwicklung läßt sich parallel im Repertoire für Soloinstrumente (z.B. in den Lautenbüchern Hans Neusidlers) beobachten.

Auffällig ist auch die Bevorzugung vielstimmiger Sätze, d.h. solcher, welche die zeitübliche Standardstimmenzahl überschreiten. Zur Zeit Wiltzells, dessen Handschrift 1523/24 datiert, lag der Standard noch bei vier Stimmen; im Nürnberg seiner Zeit wurde aber auch ein fünfstimmiges Ensemble verwendet, dem er durch die Hinzufügung einer fünften Stimme zu mehreren Sätzen gerecht zu werden suchte. Entsprechendes gilt auch für die Sammlung deutscher Tänze der Gebrüder Hess, die den vierstimmig vorgefundenen Tanzsätzen eine fünfte Stimme hinzufügten. Ein anderes Verfahren wandten dagegen die Musiker der Grazer Hofkapelle gegen Ende des Jahrhunderts an (in der Handschrift RegensburgBZ A.R. 775–777): Sie wählten, nachdem der fünfstimmige Satz zum Standard geworden war, konsequent Kompositionen zu sechs und mehr Stimmen aus und schreckten dabei auch nicht davor zurück, bei mehrteiligen Kompositionen mit wechselnder Stimmenzahl geringstimmige Teile auszulassen.

Ein wichtiges Merkmal des instrumentalen Ensembles im 16. Jahrhundert ist damit die Bevorzugung vergleichsweise großer Ensembles – und dies nicht nur im Bereich der professionellen Musiker, sondern (in geringerem Maße) auch im Bereich des Liebhabermusizierens.

Mit der Handschrift Augsburg 142a wird im zweiten Jahrzehnt des 16. Jahrhunderts erstmals das Repertoire mehrstimmiger komponierter Tanzmusik in Deutschland greifbar. Doch ist gerade bei der Tanzmusik von besonders großen Quellenverlusten auszugehen, denn es finden sich auch Hinweise auf die Existenz älterer Sammlungen von Tanzkompositionen. So erfahren wir aus einem Bericht über die Hochzeit Herzog Johanns von Sachsen mit Sofie von Mecklenburg in Torgau 1500, daß dort beim Tanz *die tromther ubir lange herkommende gewonheit und alten gebrauch mit Concordantzien gesetzte tentze / pass und sprung masse geblasen haben.*[754] Aus dieser Formulierung geht eindeutig hervor, daß es sich hier um komponierte (*gesetzte*) Tänze handelte – und zwar sowohl um einheimische als auch um das Tanzpaar Passamezzo und Saltarello.[755] Der namentlich nicht bekannte Berichterstatter versäumt nicht, eigens darauf hinzuweisen, daß dies *mit grosser frolockunge* der *verstendigen* Zuhörer, der kunstverständigen also, zur Kenntnis genommen wurde.

Die Sammlungen professioneller Musiker hatten allerdings kaum Chancen, als Teil einer Bibliothek bewahrt zu werden, da sie als Aufführungsmaterial meist im Besitz der Musiker waren. So ist es bezeichnend, daß neben den Bän-

754 Weimar, THStA, Reg. D 46, fol. 84^{v}; auch zitiert bei Aber, *Pflege der Musik*, S. 81.

755 Dies dürfte mit den *pass und sprung masse*[*n*] gemeint sein, die sich den gewöhnlichen *tentze*[*n*] hinzugesellen.

den der Gebrüder Hess nur vereinzelt Tänze in Handschriften Eingang gefunden haben, die aus dem Besitz von Musikliebhabern stammen. Die große Anzahl von Tänzen, zu denen keine Konkordanzen ermittelt werden konnten, macht deutlich, daß hier mit großen Quellenverlusten zu rechnen ist. Doch ermöglichte der Nachweis von Intavolierungen bzw. anderen Bearbeitungen in Tabulaturen immerhin eine nicht unbeträchtliche Erweiterung unserer Kenntnis des Tanzrepertoires im 16. Jahrhundert.

Auch ist davon auszugehen, daß in diesem Zeitraum die schriftlose Praxis noch eine wichtige Rolle spielte. Die einstimmige Tanzmusik, z.B. in der Besetzung mit Flöte und Trommel (vgl. oben S. 151), bedurfte der Schriftlichkeit noch nicht – der Melodienvorrat konnte nach mittelalterlicher Spielmannstradition von einem Spielmann zum anderen weitergegeben werden.[756]

Ein wichtiger Schritt der Weiterentwicklung war die mehrstimmige Improvisation über gegebene *Tenores*, die insbesondere vom *Alta capella-* Ensemble bei der Basse danse praktiziert wurde.[757] Ein interessantes Zeugnis für diesen Übergang ist die bereits oben (S. 212) beschriebene Augsburger Tanzdarstellung aus dem Jahre 1522. Das Bild dokumentiert anschaulich das Verhältnis von Schriftlichkeit und Mündlichkeit sowie von Improvisation und Komposition: Die Melodie (hier der Begin der Tenorstimme von *Der annder Hoff danntz*, vgl. S. 197) wird zwar im Bild dargestellt, doch die Musiker benötigen keine schriftliche Gedächtnisstütze. Zum anderen dokumentiert die Notation von nur einer Melodie die althergebrachte improvisatorische Praxis, bei der ein Instrument die bekannte Melodie übernimmt, während die übrigen dazu improvisieren. Dies scheint auch auf die Existenz von reinen Tenor-Sammlungen hinzudeuten, die (ähnlich den Sammlungen von Basse-danse-Tenores) als Orientierung für die Tänzer und Improvisationsvorlagen der Musiker dienten.[758] Einige Jahre später schafften die Augsburger Stadtpfeifer die Hess-Sammlungen an. In der Sammlung deutscher Tänze finden sich zwei fünfstimmige Sätze, die diese Melodie im Tenor verarbeiten (Nr. 112 und 113). Es sind dies die einzigen Sätze über diese Hoftanzmelodie für Ensemble. An die Stelle der „kunstlosen" schriftlosen Praxis tritt die Reproduktion schriftlich fixierter Kompositionen und damit der Eintritt der Instrumentalmusik in die Kunstmusik.

Gefördert wurde dieser Prozeß von verschiedenen Faktoren. Zunächst erschlossen sich die Instrumentalisten die Schriftlichkeit, und zwar vor allem durch Aneignung des vokalen Repertoires. Mit der wachsenden musikalischen Bildung und dem daraus erwachsenden Kunstanspruch entstand auch das Bedürfnis,

756 Vgl. Salmen, *Spielmann*, S. 127.

757 Vgl. dazu insbesondere Welker, *Alta capella*.

758 Hinter den nicht mehr erhaltenen *tenori tedeschi*, die sich in der Hofbibliothek zu Ferrara befanden, verbarg sich vermutlich eine solche Sammlung deutscher Tanzmelodien (vgl. Polk, *German Instrumental Music*, S. 134).

selbst schaffend kompositorisch tätig zu werden. Die Tanzmusik als ureigenste Aufgabe der Instrumentalisten lag daher als Erprobungsfeld besonders nahe.

Wichtig war auch die Internationalisierung des höfischen Kulturgeschmacks, die sich insbesondere bei der Verbreitung der italienischen Tanzmanieren in Deutschland zeigte. Die Verwendung schriftlicher Aufzeichnungen machte es den Musikern möglich, ein breites musikalisches Repertoire von Tänzen verschiedenster Gattungen bereitzustellen. So ist es wohl kein Zufall, daß die frühesten im deutschen Sprachraum überlieferten Tänze (in der Handschrift Augsburg 142a) italienischer Herkunft sind. Sie entstammten einer anderen musikalischen Kultur, nämlich der italienischen, und bedurften daher als etwas Neues in besonderem Maße der schriftlichen Fixierung.

Die zahlreichen Musikhandschriften aus Kreisen bürgerlicher Musikliebhaber, in die nun auch vereinzelt Tänze aufgenommen wurden, zeigen, daß auch diese an der neuen Entwicklung partizipierten. Diese zwischen Vokalkompositionen eingestreuten Tänze scheinen aber mehr als instrumentale Hausmusik denn als Tanzbegleitung Verwendung gefunden zu haben. Diese Zusammenstellungen von instrumental oder vokal ausgeführten Vokalkompositionen und einzelnen Tänzen nämlich entsprechen auffällig der ebenso gestalteten Mischung in den zeitgenössischen Sammlungen mit Lautenmusik, die sich gleichfalls an den Musikliebhaber wenden.

Quellenverzeichnis

1. Handschriften

Amsterdam 208. A. 27	Amsterdam, Toonkunst-Bibliotheek, Ms. 208. A. 27 (Lautentabulatur)
Augsburg 142a	Augsburg, Staats- und Stadtbibliothek, 2° Cod. 142a (Cim. 43)
Basel F.VI. 26a	Basel, Universitätsbibliothek, Ms. F.VI. 26a
Basel F.VI. 26f	Ebd., Ms. F.VI. 26f
Basel F.IX. 22	Ebd., Ms. F.IX. 22 (Orgeltabulatur)
Basel F.IX. 23	Ebd., Ms. F.IX. 23 (Lautentabulatur)
Basel F.IX. 32–35	Ebd., Ms. F.IX. 32–35
Basel F.IX. 58	Ebd., Ms. F.IX. 58 (Orgeltabulatur)
Basel F.IX. 59–62	Ebd., Ms. F.IX. 59–62
Basel F.IX. 70	Ebd., Ms. F.IX. 70 (Lautentabulatur)
Basel F.X. 1–4	Ebd., Ms. F.X. 1–4
Basel F.X. 5–9	Ebd., Ms. F.X. 5–9
Basel F.X. 10	Ebd., Ms. F.X. 10 (nur B)
Basel F.X.11	Ebd., Ms. F.X.11 (Lautentabulatur)
Basel F.X. 17–20	Ebd., Ms. F.X. 17–20
Basel F.X. 21	Ebd., Ms. F.X. 21 (nur T)
Basel F.X. 22–24	Ebd., Ms. F.X. 22–24 (T fehlt)
Basel F.X. 25–26	Ebd., Ms. F.X. 25–26
Berlin 733	Berlin, Staatsbibliothek Preußischer Kulturbesitz, Ms. Germ. 4° 733 (Orgeltabulatur)
Berlin 40021	Ebd., Ms. Mus. 40021 (olim Z 21)
Berlin 40115	Ebd., Ms. Mus. 40115
Berlin 40193	Ebd., Ms. Mus. 40193 (nur T)
Berlin 40588	Ebd., Ms. Mus. 40588 (Lautentabulatur)
Berlin 40613	Ebd., Ms. 40613 („Lochamer Liederbuch“)
Bologna Q 16	Bologna, Civico Museo Bibliografico Musicale, Ms. Q 16
Bologna Q 17	Ebd., Ms. Q 17
Bologna Q 18	Ebd., Ms. Q 18
Brügge 41	Brügge, Stadsarchief, Ms. 41
Brüssel 228	Brüssel, Bibliothèque Royale Albert 1er, Ms. 228
Brüssel 11239	Ebd., Ms. 11239
Cambrai 125–128	Cambrai, Bibliothèque municipale, Ms. 125–128 (olim 124)
Cambridge 1760	Cambridge, Magdalene College (Samuel Pepys Library), Ms. 1760
Donaueschingen G I 4	Donaueschingen, Fürstlich Fürstenbergische Hofbibliothek, Ms. G I 4 (Lautentabulatur)
Dresden 1–E–24	Dresden, Sächsische Landesbibliothek, Ms. Mus. 1–E–24
Dresden J 307	Ebd., Ms. J 307
Dresden M 53	Ebd., Ms. M 53
Dublin 408	Dublin, Trinity College Library, Ms. 408 (olim D.3.30; „Dublin Virginal Manuscript“)
FlorenzBC 2439	Florenz, Biblioteca del Conservatorio „L. Cherubini“, Ms. Basevi 2439

FlorenzBC 2442	Ebd., Ms. Basevi 2442
FlorenzBN B.R. 229	Florenz, Biblioteca Nazionale Centrale, Ms. B.R. 229 (olim Magl., XIX 59)
FlorenzBN Panc. 27	Ebd., Ms. Panciatichi 27
FlorenzBN XIX, 107bis	Ebd., Ms. Magl. XIX, 107bis
FlorenzBN XIX, 178	Ebd., Ms. Magl. XIX, 178
Gdańsk 4004	Gdańsk, Biblioteka Polskiej Akademii Nauk, Ms. 4004
Greifswald 640–641	Greifswald, Universitätsbibliothek, Ms. BW 640–641 (olim Eb 133)
Heidelberg cpg 318	Heidelberg, Universitätsbibliothek, Cod. Pal. Germ. 318
Heidelberg cpg 337	Ebd., Cod. Pal. Germ. 337
Heilbronn X/2	Heilbronn, Stadtarchiv, Musiksammlung, Ms. X/2 (nur B)
Heilbronn XXXII–XXXIV/6	Ebd., Ms. XXXII–XXXIV/6 (nur D, T, B)
Herdringen 9821	Herdringen, Schloß Herdringen, Biblioteca Fuerstenbergiana (olim Paderborn, Erzbischöfliche Akademische Bibliothek), Ms. 9821
Herdringen 9822–9823	Ebd., Ms. 9822–9823
Hradec Králové II A 7	Hradec Králové, Státní vedecká knihovna, Ms. II A 7 (Speciálník Codex)
Hradec Králové II A 20	Ebd., Ms. II A 20
Iserlohn IV 36 F 124	Iserlohn, Evangelische Kirchengemeinde, Varnhagen-Bibliothek, Ms. IV 36 F 124 (Fragment)
Kassel 53/2	Kassel, Gesamthochschulbibliothek, Landesbibliothek und Murhardsche Bibliothek der Stadt Kassel, 8° Ms. Mus. 53/2
Kopenhagen 1848	København, Kongelige Bibliotek, Ny Kgl. Samling Ms. 1848/2°
Kopenhagen 1872	Ebd., Gamle Kgl. Samling Ms. 1872/4°
Kopenhagen 1873	Ebd., Gamle Kgl. Samling Ms. 1873/4°
KrakauBJ 40092	Kraków, Biblioteka Jagiellońska, Mus. Ms. 40092 (ehemals Berlin, Preussische Staatsbibliothek)
KrakauBJ 40098	Ebd., Mus. Ms. 40098 (ehemals Berlin, Preussische Staatsbibliothek; „Glogauer Liederbuch“)
KrakauBJ 40154	Ebd., Mus. Ms. 40154 (ehemals Berlin, Preussische Staatsbibliothek; Lautentabulatur)
KrakauBJ W 510	Ebd., Mus. ant. pract. W 510 (ehemals Berlin, Preussische Staatsbibliothek; Lautentabulatur)
KrakauBP 1716	Krakau, Biblioteka Polskiej Akademii Nauk, Ms. 1716 („Tabulaturbuch des Jan von Lublin“; Orgeltabulatur)
Leiden 133.1.63	Leiden, Rijksuniversiteitsbibliotheek, Ms. 133.1.63 („Luitboek van Johan Thysius“; Lautentabulatur)
LeipzigMB I.8.191	Leipzig, Musikbibliothek, I.8.191 (handschriftlicher Anhang; Orgeltabulatur)
LeipzigMB II.6.15	Ebd., II.6.15 („Lautenbuch des Albert D©ugorai“, Lautentabulatur)
LeipzigUB 1494	Leipzig, Universitätsbibliothek, Ms. 1494
London Add. 29485	London, British Library, Ms. Add. 29485
London Add. 31922	Ebd., Ms. Add. 31922
London Add. 35087	Ebd., Ms. Add. 35087
London Harley 5242	Ebd., Ms. Harley 5242
London Roy. App. 58	Ebd., Ms. Roy. App. 58

London Roy. App. 59–62	Ebd., Ms. Roy. App. 59–62
MünchenSB 262	München, Bayerische Staatsbibliothek, Mus. Ms. 262 (Orgeltabulatur)
MünchenSB 1501	Ebd., Mus. Ms. 1501
MünchenSB 1503h	Ebd., Mus. Ms. 1503h
MünchenSB 1511b	Ebd., Mus. Ms. 1511b (Lautentabulatur)
MünchenSB 1512	Ebd., Mus. Ms. 1512 (Lautentabulatur)
MünchenSB 1516	Ebd., Mus. Ms. 1516
MünchenSB 3154	Ebd., Mus. Ms. 3154
MünchenSB 3155	Ebd., Mus. Ms. 3155
MünchenSB 3232	Ebd., Mus. Ms. 3232
MünchenSB 9516	Ebd., Mus. Ms. 9516 (Lautentabulatur)
MünchenUB 328–331	München, Universitätsbibliothek, 8° Cod. ms. 328–331 (Cim. 44c)
MünchenUB 718	Ebd., 4° Cod. ms. 718 (Gambentabulatur)
New Haven 13	New Haven, Connecticut, Yale University, Beinecke Rare Book and Manuscript Library, The James Marshall and Marie-Louise Osborn Collection, Music Ms. 13 („Osborn Commonplace-book“; Lautentabulatur)
New Haven 91	Ebd., Ms. 91 („Mellon Chansonnier“)
Nürnberg 8842	Nürnberg, Bibliothek des Germanischen Nationalmuseums, Hs. 8842
Paris 57	Paris, Bibliothèque Nationale, Rés. Vmc. ms. 57 („Chansonnier Nivelle de la Chaussée“)
Paris 676	Ebd., Fonds du Conservatoire, Département de la musique, Rés. Vm^7 676
Paris 1596	Ebd., Ms. fonds fr. 1596
Paris 1597	Ebd., Ms. fonds fr. 1597
Paris 4379	Ebd., Ms. nouv. acq. fr. 4379
Paris 15123	Ebd., Ms. fonds fr. 15123
RegensburgBZ A.R. 774	Regensburg, Bischöfliche Zentralbibliothek (Proskesche Musikbibliothek), Ms. A.R. 774
RegensburgBZ A.R. 775–777	Ebd., Ms. A.R. 775–777
RegensburgBZ A.R. 855	Ebd., Ms. A.R. 855
RegensburgBZ A.R. 940/41	Ebd., Ms. A.R. 940/41
RegensburgBZ B 205–210	Ebd., Ms. B 205–210
RegensburgBZ B 216–219	Ebd., Ms. B 216–219
RegensburgBZ B 223–233	Ebd., Ms. B 223–233
RegensburgBZ B 268–270	Ebd., Ms. B 268–270
RegensburgBZ C 120	Ebd., Ms. C 120 („Codex Pernner“)
RegensburgTH 3/I	Regensburg, Thurn und Taxissche Hofbibliothek, Ms. F.K. Mus. 3/I (olim 10122)
RomBAV C.G. XIII,27	Rom, Biblioteca Apostolica Vaticana, Cappella Giulia, Cod. XIII,27
RomBAV 11953	Ebd., Cod. Vat. lat. 11953
RomBC 2856	Rom, Biblioteca Casanatense, Cod. 2856
Samedan M 1	Samedan, Biblioteca Fundaziun Planta, Ms. M 1 (Lautentabulatur)
Samedan M 30/31	Ebd., Ms. M 30/31 (nur A und B)

Segovia s.s.	Segovia, Archivo Capitular de la Catedral, Ms. ohne Signatur (olim 18)
Sevilla 5–I–43	Sevilla, Biblioteca Colombina, Ms. 5–I–43
Sitten Tir. 87-4	Sitten, Kapitelarchiv, Ms. Tir. 87-4
St. Gallen 461	St. Gallen, Stiftsbibliothek, Ms. 461
St. Gallen 462	Ebd., Ms. 462
St. Gallen 463	Ebd., Ms. 463
St. Gallen 530	Ebd., Ms. 530
StockholmKA 45	Stockholm, Kungliga Musikaliska Akademiens Biblioteket, Ms. Tyska Kyrkans Samling 45 (nur T; D und B siehe StockholmKB 229)
StockholmKB 229	Stockholm, Kungliga Biblioteket, Ms. Holm. S 229:1–2 (nur D und B von ursprünglich acht Stimmbüchern; vgl. StockholmKA 45)
Stuttgart XVII 26	Stuttgart, Württembergische Landesbibliothek, Cod. mus. HB XVII 26
Toruń 102680/4	Toruń, Książnica Miejska im. M. Kopernika, Ms. 102680/4.29–32 (handschriftlicher Anhang)
TrientBC 1947/4	Trient, Biblioteca Comunale, Ms. 1947/4
TrientC 89	Trient, Castello del Buon Consiglio, Codex 89
TrientC 91	Ebd., Codex 91
Ulm 131b	Ulm, Bibliothek der von Schermarschen Familienstiftung (aufbewahrt in der Stadtbibliothek), Misc. 131b (Lautentabulatur)
Ulm 235	Ebd., Misc. 235a–d
Ulm 236	Ebd., Misc. 236a–d
Ulm 237	Ebd., Misc. 237a–d
Uppsala 76a	Uppsala, Universitetsbiblioteket, Vok. mus. i hskr. 76a
Uppsala 76c	Ebd., Vok. mus. i hskr. 76c
Venedig Ital. IV. 1227	Venedig, Biblioteca Nazionale Marciana, Ms. Ital. IV. 1227
Verona DCCLVII	Verona, Biblioteca Capitolare, Cod. DCCLVII
Warschau 58	Warschau, Biblioteka Uniwersytecka, Rps. Mus. 58 (ehemals Breslau, Musikalisches Institut bei der Universität, Cod. Mf. 2016)
Wertheim 6	Wertheim am Main, Fürstlich Löwenstein'sche Bibliothek, Musikalien Nr. 6 (Lautentabulatur)
Wien 9704	Wien, Österreichische Nationalbibliothek, Cod. 9704 (Lautentabulatur)
Wien 18688	Ebd., Cod. 18688 (Lautentabulatur)
Wien 18810	Ebd., Cod. 18810
Wien 19259	Ebd., Cod. 19259 (Lautentabulatur)
Wolfenbüttel Guelf. 292	Wolfenbüttel, Herzog August Bibliothek, Cod. Guelf. 292 Musica Handschrift (nur A)
Wrocław 428	Wrocław, Biblioteka Uniwersytecka, Ms. I F 428 („Grüner Codex der Viadrina")

Zürich Q 901	Zürich, Zentralbibliothek, Kantons-, Staats- und Universitätsbibliothek, Q 901 (nur T, verschollen)
Zürich Z.XI.301	Ebd., Ms. Z.XI.301 (Orgeltabulatur)
Zwickau I/3	Zwickau, Ratsschulbibliothek, Ms. I/3
Zwickau LXXVIII/2	Ebd., Ms. LXXVIII/2
Zwickau LXXVIII/3	Ebd., Ms. LXXVIII/3
Zwickau XCVII/1	Ebd., Ms. XCVII/1

2. Archivalien

Berlin, GStAPK	Berlin, Geheimes Staatsarchiv Preussischer Kulturbesitz, XX. HA StA Königsberg, HBA A 4 1542 November 26 (K. 208)
Dresden, HStA	Dresden, Sächsisches Hauptstaatsarchiv, Loc. 8506
Weimar, THStA	Weimar, Thüringisches Hauptstaatsarchiv, Reg. D 46
Wien, ÖStA	Wien, Österreichisches Staatsarchiv, Finanz- und Hofkammerarchiv, Hofzahlamts-Rechnungen 1549

3. Einzeldrucke

Ammerbach 1571 – Ammerbach, Elias Nicolaus: *Orgel oder Instrument Tabulatur.* [...], Leipzig, J. Berwald Erben, 1571

Ammerbach 1583 – Ammerbach, Elias Nicolaus: *Orgel und Instrument Tabulaturbuch* [...], Nürnberg, Gerlach, 1583

Arbeau 1588 – Arbeau, Thoinot: *Orchesographie. Et traicte en forme de dialogue, par lequel toutes personnes peuvent facilement apprendre & practiquer l'honneste exercise des dances*, Lengres 1588

Attaingnant 1530 – Attaingnant, Pierre (Hrsg.): *Neuf basses dances deux branles vingt et cinq Pavennes avec quinze Gaillardes en musique a quatre parties* [...], Paris, P. Attaingnant, 1530

Attaingnant 1531 – Attaingnant, Pierre (Hrsg.): *Quatorze Gaillardes neuf Pavennes, sept Branles et deux Basses Dances le tout reduict de musique en la tabulature du jeu Dorgues Espinettes Manicordions & telz semblables instrumentz musicaulx*, Paris, P. Attaingnant, 1531

Attaingnant 1547 – Attaingnant, Pierre (Hrsg.): *Second livre contenant trois Gaillardes, trois Pavanes, vingt trois Branles, Tant gays, Simples, Que doubles, Douze basses dances, & Neuf tourdions* [...], Paris, P. Attaingnant, 1547

Babst 1545 – *Geystliche Lieder*, Leipzig, Valentin Babst, 1545; Faksimile: *Das Babstsche Gesangbuch von 1545*, hrsg. von Konrad Ameln, Kassel usw. 1988 (Documenta musicologica, 1. Reihe, Bd. XXXVIII)

Barberiis 1549 – Barberiis, Melchiore de: *Intabolatura di lauto libro nono intitolato il Bembo* [...], Venedig, G. Scotto, 1549

Bendusi 1553 – Bendusi, Francesco: *Opera nova de Balli*, Venedig, A. Gardane, 1553

Brandt 1573 – Brandt, Jobst vom: *Der erste theil Geistlicher Psalmen und teutscher Kyrchengeseng* [...] *auff Instrumenten / Posaunen / und menschlicher stimme zu gebrauchen*, Eger, H. Bürger und M. Mülmarckart, 1573

Caroso 1581 – Caroso, Fabritio: *Il Ballarino* [...], Venedig, F. Ziletti, 1581

Caroso 1600 – Caroso, Fabritio: *Nobilità di dame*, Venedig 1600

Crema 1546 – Crema, Giovanni Maria da: *Intabolatura de lauto* [...], Venedig, A. Gardane, 1546

De Latre 1552 – De Latre, Petit Jean: *Sixiesme livre de chansons*, Louvain, P. Phalèse, 1552
Drusina 1556 – Drusina, Benedikt de: *Tabulatura*, Frankfurt/O., J. Eichorn, 1556
Estrée 1559a–c – Estrée, Jean d': *Premier (Second / Tiers) livre de danseries* [...], Paris, N. du Chemin, 1559
Fabritius 1595 – Fabritius, Albinus: *Cantiones sacrae sex vocum*, Graz, G. Widmannstetter, 1595
Frescobaldi 1624 – Frescobaldi, Girolamo: *Il primo libro di capricci fatti sopra diversi soggetti et arie in partitura*, Rom 1624
Fruytiers 1565 – Fruytiers, Ian: *Ecclesiasticus oft de wijse sproken Iesu des soons Syrach: Nu eerstemael deurdeelt ende ghestelt in Liedekens, op bequame en ghemeyne voisen, naer wtwijsen der musijck-noten daer by gheuoecht* [...], Antwerpen, W. Silvius, 1565
Gerle 1532 – Gerle, Hans: *Musica Teusch / auf die Instrument der grossen unnd kleinen Geygen / auch Lautten* [...], Nürnberg, H. Formschneider, 1532; 2. Auflage mit dem verbesserten Titel *Musica Teutsch*, ebd. 1537
Gerle 1546 – Gerle, Hans: *Musica und Tabulatur, auff die Instrument der kleinen und großen Geygen, auch Lautten* [...], Nürnberg, H. Formschneider, 1546
Gervaise 1550 – Gervaise, Claude (Hrsg.): *Quart livre de danceries a quatre parties* [...], Paris, P. Attaingnant, 1550
Gervaise 1555 – Gervaise, Claude: *Sixieme livre de danceries, mis en musique a quatre parties*, Paris, Witwe des P. Attaingnant, 1555
Gorzanis 1563 – Gorzanis, Giacomo de: *Il secondo libro de intabulatura di liuto*, Venedig, G. Scotto, 1563
Heckel 1562 – Heckel, Wolff: *Lautten Buch, von mancherley schönen und lieblichen stucken* [...], Straßburg, Christian Müller, 1562 (RISM 1562[24]), zwei Bände: *Discant* und *Tenor*
Hess 1555a – Hess, Bartholomäus und Paul: *TENOR Etlicher gutter Teutscher und Polnischer Tentz / biss in die anderthalbhundert mit fünff und vier stimmen zugebrauchen / auff allerley Instrument dinstlich / mit sonderm vleis zusamen getragen / dermassen vor nie in Druck komen*, Breslau, C. Scharffenberg, 1555 (RISM 1555[34])
Hess 1555b – Hess, Bartholomäus und Paul: *Viel Feiner Lieblicher Stucklein / Spanischer / Welscher / Englischer / Frantzösischer composition und tentz / Uber drey hundert / mit Sechsen / Fünffen / und Vieren / auff alle Instrument dienstlich / mit sonderm fleis zusamen bracht / vor nie in druck kommen*, Breslau, C. Scharffenberg, 1555 (RISM 1555[35])
Jobin 1573 – Jobin, Bernhard (Hrsg.): *Das Ander Buch Newerlessner Kunstlicher Lautenstück* [...], Straßburg, B. Jobin, 1573
Judenkünig ca. 1515 – Judenkünig, Hans: *Utilis & compendiaria introductio* [...], Wien ca. 1515–1519
Judenkünig 1523 – Judenkünig, Hans: *Ain schone kunstliche underweisung*, Wien, H. Singriener, 1523
Kargel 1575 – Kargel, Sixt und Lais, Johann Domenicus: *Toppel Cythar* [...], Straßburg, B. Jobin, 1575
Kugelmann 1558 – Kugelmann, Paul: *Etliche Teutsche Liedlein / Geistlich und Weltlich* [...], Königsberg, J. Daubmann, 1558
Lange 1580 – Lange, Gregor: *Cantiones aliquot novae* [...], Fankfurt/O., A. Eichorn, 1580
Lange 1584 – Lange, Gregor: *Liber secundus cantionum sacrarum* [...], Nürnberg, Gerlach/A. Wolcken, 1584
Lasso 1556 – Lasso, Orlando di: *Il primo libro di mottetti*, Antwerpen 1556
Lasso 1565b – Lasso, Orlando di: *Modulorum* [...] *modulatorum secundum volumen*, Paris 1565
Lasso 1565c – Lasso, Orlando di: *Quinque et sex vocibus perornatae sacrae cantiones* [...] *liber secundus*, Venedig 1565
Lasso 1566b – Lasso, Orlando di: *Sacrae cantiones* [...] *liber secundus*, Venedig 1566
Lasso 1566c – Lasso, Orlando di: *Sacrae cantiones* [...] *liber tertius*, Venedig 1566
Lasso 1566d – Lasso, Orlando di: *Sacrae cantiones* [...] *liber quartus*, Venedig 1566

Lasso 1567 – Lasso, Orlando di: *Libro quarto de madrigali*, Venedig 1567

Lasso 1568 – Lasso, Orlando di: *Selectissimae cantiones* [...] *sex & pluribus vocibus*, Nürnberg 1568

Lasso 1569 – Lasso, Orlando di: *Cantiones aliquot*, München 1569

Lasso 1570 – Lasso, Orlando di: *Selectiorum aliquot cantionum sacrarum* [...], München 1570

Lasso 1577 – Lasso, Orlando di: *Moduli quatuor quinque sex septem octo & novem vocum*, Paris 1577

Lasso 1579 – Lasso, Orlando di: *Sacrae cantiones (vulgo motecta appellatae) sex et octo vocum, tum viva voce, tum omnis generis instrumentis cantatu commodissimae, liber quartus*, Venedig, A. Gardano, 1579

Lasso 1582a – Lasso, Orlando di: *Fasciculi aliquot sacrarum cantionum*, Nürnberg 1582

Lasso 1582b – Lasso, Orlando di: *Motetta typis nondum uspiam excusa*, München 1582

Lasso 1585 – Lasso, Orlando di: *Cantica sacra, recens numeris et modulis musicis ornata*, München 1585

Le Roy 1551 – Le Roy, Adrian: *Premier livre de tabulature de luth* [...], Paris, A. Le Roy & R. Ballard, 1551

Mainerio 1578 – Mainerio, Giorgio: *Il primo libro de balli a quatro voci, accommodati per cantar et sonar d'ogni sorte de istromenti*, Venedig, A. Gardano, 1578

Manchicourt 1545 – Manchicourt, Pierre: *Le neufiesme livre des Cansons a quatre parties* [...] *convenables tant a la Voix comme aux Instrumentz. Composees par Maistre Pier Manchicourt* [...], Antwerpen, T. Susato, 1545

Meiland 1564 – Meiland, Jakob: *Cantiones sacrae* [...], Nürnberg, U. Neuber & J. Bergs Erben, 1564

Monte 1569a – Monte, Philippe de: *Il primo libro de madrigali a sei voci*, Venedig 1569

Monte 1569b – Monte, Philippe de: *Il secondo libro delli madrigali*, Venedig 1569

Mudarra 1546 – Mudarra, Alonso: *Tres libros de musica en cifras para vihuela* [...], Sevilla, Juan de Leon, 1546

Negri 1602 – Negri, Cesare: *Le gratie d'amore*, Mailand 1602

Neusidler 1536 – Neusidler, Hans: *Ein Newgeordent Künstlich Lautenbuch* [...], Nürnberg, J. Petreius, 1536 (RISM 1536^{12})

Neusidler 1540 – Neusidler, Hans: *Ein newes Lautenbüchlein* [...], Nürnberg, H. Guldenmundt, 1540

Neusidler 1544^{23} – Neusidler, Hans: *Das Ander Buch. Ein New künstlich Lautten Buch* [...], Nürnberg, H. Günther, 1544 (RISM 1544^{23})

Neusidler 1544^{24} – Neusidler, Hans: *Das Erst Buch. Ein Newes Lautenbüchlein* [...], Nürnberg, H. Günther, 1544 (RISM 1544^{24})

Neusidler 1544^{25} – Neusidler, Hans: *Das Dritt Buch. Ein New künstlich Lauten Buch* [...], Nürnberg, H. Günther, 1544 (RISM 1544^{25})

Neusidler 1547 – Neusidler, Hans: *Das Erst Buch. Ein Newes Lautenbüchlein* [...], Nürnberg, Ch. Gutknecht, 1547 (RISM 1547^{26})

Neusidler 1549 – Neusidler, Hans: *Das Ander Buch. Ein new künstlich Lauten Buch*, Nürnberg, J. P. Fabritius, 1549 (RISM 1549^{41})

Neusidler 1566 – Neusidler, Melchior: *Il secondo libro. Intabolatura di liuto* [...], Venedig, A. Gardano, 1566

Neusidler 1574 – Neusidler, Melchior: *Teutsch Lautenbuch* [...], Straßburg, B. Jobin, 1574

Othmayr 1549 – Othmayr, Caspar: *Reutterische unnd Jegerische Liedlein*, Nürnberg, J. vom Berg und U. Neuber, 1549

Paix 1583 – Paix, Jacob: *Ein schön nutz und gebreüchlich Orgel Tabulaturbuch* [...], Lauingen, L. Reinmichel 1583 (RISM 1583^{23})

Phinot 1548a – Phinot, Dominique: *Premier livre contenant trente et sept chansons*, Lyon, G. & M. Beringen, 1548

Phinot 1548b – Phinot, Dominique: *Second livre contenant vingt et six chansons*, ebd., 1548

Pifaro 1546 – Pifaro, Marcantonio del: *Intabolatura de lauto*, Venedig, A. Gardane, 1546
Responsoria 1550 – *Responsoria, que annuatim in veteri Ecclesia de Tempore, Festis, et Sanctis cantari solent*, Nürnberg, J. Petreius, 1550
Rotta 1546 – Rotta, Antonio: *Intabolatura de lauto* [...], Venedig 1546
Ruffo 1583 – Ruffo, Vincenzo: *Sacrae modulationes* [...], Brixen, P. M. Marchetto, 1583
Schmid 1577 – Schmid, Bernhard: *Zwey Bücher. Einer Neuen Kunstlichen Tabulatur auff Orgel und Instrument* [...], Straßburg, B. Jobin, 1577
Susato 1551 – Susato, Tilmann: *Het derde musyck boexken* [...], Antwerpen, T. Susato, 1551
Tritonius 1507 – Tritonius, Petrus: *Melopoiae sive harmoniae tetracenticae super XXII genera carminum heroicorum*, Augsburg, E. Oeglin, 1507
Utendal 1573 – Utendal, Alexander: *Sacrae cantiones*, Nürnberg 1573
Vaet 1562 – Vaet, Jacob: *Modulationes quinque et sex vocum* [...] *Liber secundus*, Venedig, Gardano, 1562
Waissel 1573 – Waissel, Matthäus: *Tabulatura* [...], Frankfurt/O., A. Eichorn, 1573
Waissel 1591 – Waissel, Matthäus: *Tabulatura* [...], Frankfurt/O., A. Eichorn, 1591
Wecker 1552 – Wecker, Hans Jacob: *Tenor Lautenbuch vonn mancherley schönen und lieblichen stucken* [...], Basel, L. Lück, 1552
Wert 1561 – Wert, Giaches de: *Madrigale del fiore, libro secondo*, Venedig 1561
Wert 1566 – Wert, Giaches de: *Motectorum liber primus*, Venedig 1566

4. Musiktheoretische und literarische Werke

Agricola, *Duo libri* – Agricola, Martin: *Duo libri musices, continentes compendium artis & illustra exempla*, Wittenberg, G. Rhau Erben, 1561
Agricola, *Musica choralis* – Agricola, Martin: *Musica choralis deudsch*, Wittenberg, G. Rhau, 1533
Agricola, *Musica figuralis* – Agricola, Martin: *Musica figuralis deudsch*, Wittenberg, G. Rhau, 1532
Agricola, *Musica instrumentalis* 1529 – Agricola, Martin: *Musica instrumentalis deudsch*, Wittenberg, G. Rhau, 1529
Agricola, *Musica instrumentalis* 1545 – Agricola, Martin: *Musica instrumentalis deudsch* [...], Wittenberg, G. Rhau, 1545
Agricola, *Rudimenta* – Agricola, Martin: *Rudimenta musices*, Wittenberg, G. Rhau, 1539
Bergkreyen – *Bergkreyen. Etliche Schöne gesenge / newlich zusamen gebracht / gemehret und gebessert*, o.O. [1536] (Faksimile in: *Das Weimarer Liederbuch. Schätzbare Sammlung alter Volkslieder*, Zürich 1976, S. 1–78)
Cochlaeus, *Tetrachordum* – Cochlaeus, Johannes: *Tetrachordum musices*, Nürnberg, J. Stuchs, 1512
Crusius, *Isagoge* – Crusius, Johannes: *Isagoge ad artem musicam*, Nürnberg, Chr. Lochner & J. Hofmann, 1592
Dasypodius, *Dictionarium* – Dasypodis, Petrus: *Dictionarium latinogermanicum*, Straßburg, W. Rihelius, 1535
Faber, *Compendiolum* – Faber, Heinrich: *Compendiolum musicae pro incipientibus* [...], Braunschweig 1548
Finck, *Practica musica* – Finck, Hermann: *Practica musica Hermanni Finckii* [...], Wittenberg, G. Rhaus Erben, 1556
Ganassi, *Fontegara* – Ganassi dal Fontego, Sylvestro di: *Opera intitulata fontegara*, Venedig 1535
Glarean, *Dodekachordon* – Glareanus, Henricus: *Dodekachordon*, Basel, H. Petrus, 1547

Heyden, *Musicae* – Heyden, Sebald: *Musicae, id est, artis canendi libri duo*, Nürnberg, J. Petreius, 1537

Mareschall, *Porta musices* – Mareschall, Samuel: *Porta musices, das ist Eynführung zu der edlen Kunst Musica, mit einem kurtzen Bericht und Anleitung zu den Violen, auch wie ein jeder Gesang leichtlich anzustimmen seye*, Basel, S. Henricpetri, 1589

Ortiz, *Primo libro* – Ortiz, Diego: *El primo libro de Diego Ortiz tolletano. Nel quale si tratta delle Glose sopra le Cadenze & altre sorte de punti in la Musica dei Violone novamente posti in luce*, Rom, Valerio und Luis Dorico, 1553

Praetorius, *Syntagma musicum* – Praetorius, Michael: *Syntagmatis musici tomus primus / secundus / tertius*, Wolfenbüttel 1614–1620

Reuchlin, *Henno* 1498 – Reuchlin, Johannes: *Joannis Köchlin*[!] *Phorcensis Scenica Progymnasmata: hoc est: Ludicra preexercitamenta*, in: Brant, Sebastian: *Varia Sebastiani Brant Carmina*, Basel, J. Bergmann von Olpe 1498, fol. A^{r}–[B 4]^{r}

Reuchlin, *Henno* 1512 – Reuchlin, Johannes: *Joannis Reuchlin Phorcensis scaenica progymnasmata, hoc est ludicra praeexercitamenta, cum explanatione Jacobi Spiegel Selestani*, Tübingen, Anshelmi, 1512

Reuchlin, *Henno* 1514 – Reuchlin, Johannes: *Scenica Progymnasmata*, Leipzig, V. Schumann, 1514

Reuchlin, *Henno* 1519 – Reuchlin, Johannes: *Joan*[*nis*] *Reuchlin Phorcensis comoediae duae; scaenica progymnasmata et Sergius vel capitis caput*, Köln 1519

Rüxner, *Turnierbuch* 1532 – Rüxner, Georg: *Anfang / ursprung und herkomen des Thurniers inn Teutscher nation* [...], Siemern, Rodler, 1532

Rüxner, *Turnierbuch* 1566 – Rüxner, Georg: *Thurnier=Buch. Wahrhafftige Beschreibung aller Kurtzweil und Ritterspil so der Durchleuchtigst* [...] *Herr Maximilian* [...] *lassen halten*, Frankfurt/M. 1566

Singer, *Ausszug* – Singer, Johann: *Ein kurtzer Ausszug der Music, den Jungen, die singen unnd auff den Instrumenten lernen wöllen, gantz nützlich*, Nürnberg, F. Peypus, 1531

Spangenberg, *Quaestiones* – Spangenberg, Johann: *Quaestiones musicae*, Wittenberg, G. Rhaus Erben, 1551

Virdung, *Musica getutscht* – Virdung, Sebastian: *Musica getutscht und aussgezogen*, Basel 1511

Vorzeichnus 1548 – *Vorzeichnus was vor Chur und Fürsten etc. auff dem Herlichen Beylager und Freud des Hochlöblichen Fürsten Hernn Augusten Hertzogen zu Sachssen etc. mit der Durchlauchten Fürstin Freulein Anna etc. Kö. wirde zu Dennemarck etc. tochter / gescheen den siebenden tag Octobris Anno etc. XLVIII zu Torgaw / gewesen*, o.O. u. J.

Wilflingseder, *Musica* – Wilflingseder, Ambrosius: *Musica Teutsch / der Jugent zu gut gestelt*, Nürnberg, J. vom Berg und U. Neuber, 1572

Zanger, *Praecepta* – Zanger, Johann: *Practicae musicae praecepta* [...], Leipzig, G. Hantzsch, 1554

Neuausgaben und Literatur

Aber, *Pflege der Musik* – Aber, Adolf: *Die Pflege der Musik unter den Wettinern und wettinischen Ernestinern, von den Anfängen bis zur Auflösung der Weimarer Hofkapelle, 1662*, Bückeburg 1921

ADP – *The Attaingnant Dance Prints*

Bd. 1 – Attaingnant, Pierre: *Neuf basse dances deux branles. Vingt et cinq pavennes avec quinze gaillardes en musique a quatre parties 1530*, hrsg. von Bernard Thomas, London 1989

Agricola, *Instrumentische Gesänge* – Agricola, Martin: *Instrumentische Gesänge*, hrsg. v. Heinz Funck, Wolfenbüttel 1933

Albrecht, *Bicinium* – Albrecht, Hans: Artikel *Bicinium*, in: MGG, Bd. 1, Sp. 1839–1846

Albrecht, *Othmayr* – Albrecht, Hans: *Caspar Othmayr. Leben und Werk*, Kassel/Basel 1950

AMl – Acta Musicologica

Anonym, *Chiarentana* – Anonym: Artikel *Chiarentana*, in: New Grove, Bd. 4, S. 219f.

Apel, *Attaingnant* – Apel, Willi: *Attaingnant: Quatorze Gaillardes*, in: Mf XIV (1961), S. 361–370 (auch in Apel, Willi: *Collected Articles and Reviews*, Bd. 3, Stuttgart 1989, S. 159–168)

Apel, *Notation* – Apel, Willi: *Die Notation der polyphonen Musik 900–1600*, Wiesbaden 1981

Back, *Lieder* – Back, Wilhelm (Hrsg.): *Lieder, Tänze und Präambeln. Lautenmusik des 16. Jahrhunderts aus der deutschen und der italienischen Tabulatur*, hrsg. von Wilhelm Back, Neuhausen-Stuttgart [1975]

Baines, *Brass Instruments* – Baines, Anthony: *Brass Instruments: their History and Development*, London 1978

Baines, *Woodwind Instruments* – Baines, Anthony: *Woodwind Instruments and their History*, London 1957

Bäumker, *Liederbuch* – Bäumker, Wilhelm (Hrsg.): *Ein deutsches geistliches Liederbuch mit Melodien aus dem XV. Jahrhundert nach einer Handschrift des Stiftes Hohenfurt*, Leipzig 1895

Bendusi, *Opera* – Bendusi, Franceso: *Opera Nova de Balli 1553 for four instruments*, hrsg. von Bernard Thomas, London 1974 (Italian Instrumental Music of the Renaissance, Bd. 5)

Bente, *Neue Wege* – Bente, Martin: *Neue Wege der Quellenkritik und die Biographie Ludwig Senfls. Ein Beitrag zur Musikgeschichte des Reformationszeitalters*, Wiesbaden 1968

Berger, *Musica ficta* – Berger, Karol: *Musica ficta*, in: *Performance Practice. Music Before 1600*, hrsg. von Howard M. Brown und Stanley Sadie, New York/London 1989, S. 107–125

Bernoulli/Moser, *Arnt von Aich – Das Liederbuch des Arnt von Aich (Köln um 1510)*, hrsg. von Eduard Bernoulli und Hans Joachim Moser, Kassel 1930

Bernstein, *Sohier* – Bernstein, Lawrence F.: Artikel *Sohier, Mathieu*, in: New Grove, Bd. 17, S. 444

Besseler, *Bourdon* – Besseler, Heinrich: *Bourdon und Fauxbourdon. Studien zum Ursprung der niederländischen Musik*, 2. Auflage, hrsg. und ergänzt von Peter Gülke, Leipzig 1974

Besseler, *Singstil* – Besseler, Heinrich: *Singstil und Instrumentalstil in der europäischen Musik*, in: Kongreßbericht Bamberg 1953, Kassel/Basel 1954, S. 223–240

Besseler, *Spielfiguren* – Besseler, Heinrich: *Spielfiguren in der Instrumentalmusik*, in: Deutsches Jahrbuch der Musikwissenschaft für 1956, Leipzig 1957, S. 12–38

Birkendorf, Codex Pernner – Birkendorf, Rainer: *Der Codex Pernner. Quellenkundliche Studien zu einer Musikhandschrift des frühen 16. Jahrhunderts (Regensburg, Bischöfliche Zentralbibliothek, Sammlung Proske, Ms. C 120)*, 3 Bände, Augsburg 1994 (Collectanea Musicologica, Bd. 6)

Bischoff/Zirnbauer, *Lieder und Tänze* – Bischoff, Heinz und Zirnbauer, Heinz (Hrsg.): *Lieder und Tänze auf die Lauten (um 1540) aus der Tabulaturhandschrift der Münchner Staatsbibliothek*, Mainz/Leipzig 1938

Blackburn, *Chansons* – Blackburn, Bonnie J.: *Josquin's Chansons: Ignored and Lost Sources*, in: JAMS XXIX (1976), S. 30–76

Blankenburg, *Luther* – Blankenburg, Walter: *Luther und Bach*, in: Musik und Kirche LIII (1983), S. 233–242

Blankenburg, *Walter* – Blankenburg, Walter: *Johann Walter. Leben und Werk, aus dem Nachlaß hrsg. von Friedhelm Brusniak*, Tutzing 1991

Boetticher, *Orlando di Lasso* – Boetticher, Wolfgang: *Orlando di Lasso und seine Zeit*, Kassel 1958

Böhme, *Altdeutsches Liederbuch* – Böhme, Franz M.: *Altdeutsches Liederbuch. Volkslieder der Deutschen nach Wort und Weise aus dem 12. bis zum 17. Jahrhundert*, Leipzig 1877, Nachdruck Hildesheim 1966

Böhme, *Geschichte des Tanzes* – Böhme, Franz M.: *Geschichte des Tanzes in Deutschland*, 2 Bände, Leipzig 1886

Bolte, *Geschichte des Tanzes* – Bolte, Johannes: *Zur Geschichte des Tanzes*, in: Alemannia 18 (1890), S. 74–93

Boockmann, *Stadt* – Boockmann, Hartmut: *Die Stadt im späten Mittelalter*, Frankfurt(M.)/ Olten/ Wien 1987

Bowles, *La pratique musicale* – Bowles, Edmund A.: *La pratique musicale au moyen age*, Genf 1983

Boydell, *Crumhorn* – Boydell, Barra: *The Crumhorn and Other Renaissance Windcap Instruments. A Contribution to Renaissance Organology*, Buren 1982

Brainard, *Courtly Dancing* – Brainard, Ingrid: *The Art of Courtly Dancing in Transition: Nürnberg, Germ. Nat.Mus. MS 8842, a Hithero Unknown German Dance Source*, in: Crossroads of Medieval Civilization: The City of Regensburg and its Intellectual Milieu, hrsg. von Edelgard E. DuBruck und Karl Heinz Göller, Detroit 1984 (Medieval and Renaissance Monograph Series, Bd. V), S. 61–79

Braun, *Vokal- und Instrumentalmusik* – Braun, Werner: *Zum Verhältnis zwischen Vokal- und Instrumentalmusik im 17. Jahrhundert*, in: Kongreßbericht Leipzig 1966, Kassel usw. 1970, S. 221–226

Brennecke, *Musique* – Brennecke, Wilfried: *Musique instrumentale d'après un manuscrit allemand*, in: La musique instrumentale de la Renaissance, hrsg. von Jean Jacquot, Paris 1954, S. 127–137

Brennecke, *Regensburg* – Brennecke, Wilfried: *Die Handschrift A.R. 940/41 der Proske-Bibliothek zu Regensburg. Ein Beitrag zur Musikgeschichte im zweiten Drittel des 16. Jahrhunderts*, Kassel/Basel 1953 (Schriften des Landesinstituts für Musikforschung Kiel, Bd. 1)

Bridgman, *Egenolff* – Bridgman, Nanie: *Christian Egenolff, Imprimeur de musique (A propos du recueil Rés. Vm^7 504 de la Bibliothèque nationale de Paris*, in: Annales Musicologiques III (1955), S. 77–177

Brinzing, *Carmen* – Brinzing, Armin: Artikel *Carmen*, in: MGG 2, Sachteil, Bd. 2, Sp. 452–456

Brinzing, *Zum Problem textloser Überlieferung* – Brinzing, Armin: *Zum Problem textloser Überlieferung in deutschen Quellen aus der ersten Hälfte des 16. Jahrhunderts*, in: Heinrich Isaac und Paul Hofhaimer im Umfeld von Kaiser Maximilian I., hrsg. von Walter Salmen, Innsbruck 1997 (Innsbrucker Beiträge zur Musikwissenschaft, Bd. 16), S. 43–56

Brown, *Chansonnier* – Brown, Howard M. (Hrsg.): *A Florentine Chansonnier from the Time of Lorenzo The Magnificent, Florence, Biblioteca Nazionale Centrale MS Banco Rari 229, ed. with an Introduction by H.M. Brown*, 2 Bände, Chicago/London 1983 (Monuments of Renaissance Music, Bd. VII)

Brown, *Embellishing* – Brown, Howard M.: *Embellishing Sixteenth-Century Music*, London 1976 (Early Music Series, Bd. 1)

Brown, *Instrumental Music* – Brown, Howard M.: *Instrumental Music Printed Before 1600. A Bibliography*, 3. Aufl. Cambridge, Mass./London 1979

Brown, *Instrumentalmusik* – Brown, Howard M.: Artikel *Instrumentalmusik*, in: MGG, Bd. 16, Sp. 775–809

Brown, *Moresca* – Brown, Alan: Artikel *Moresca*, in: New Grove, Bd. 12, S. 572f.

Brown, *Viol* – Brown, Howard M.: *Notes (and Transposing Notes) on the Viol in the Early Sixteenth Century*, in: *Music in Medieval and Early Modern Europe*, hrsg. von Iain Fenlon, Cambridge 1981, S. 61–78

Brückner, *Festlichkeiten* – Brückner, G.: *Die zu Dresden im April 1575 zu Ehren des Kaisers Maximilian II. veranstalteten Festlichkeiten*, in: Archiv für die Sächsische Geschichte, hrsg. von Karl von Weber, Bd. 4, Leipzig 1866, S. 225–241

Brunner, *Städtisches Tanzen* – Brunner, Wolfgang: *Städtisches Tanzen und das Tanzhaus im 16. Jahrhundert*, in: *Alltag im 16. Jahrhundert. Studien zu Lebensformen in mitteleuropäischen Städten*, hrsg. von Alfred Kohler und Heinrich Lutz, München 1987 (Wiener Beiträge zur Geschichte der Neuzeit, Bd. 14), S. 45–64

Burbianka, *Scharffenberg* – Burbianka, Marta: *Produkcja typograficzna Scharffenbergów we Wrocławiu*, Wrocław 1968 (Wrocławskie towarzystwo naukowe. Śląskie prace bibliograficzne i bibliotekoznawcze, Bd. XII)

Burger, *Nürnberger Totengeläutbücher* – Burger, Helene (Bearb.): *Nürnberger Totengeläutbücher III. St. Sebald 1517–1572*, Neustadt a. d. Aisch 1972 (Freie Schriftenfolge der Gesellschaft für Familienforschung in Franken, Bd. 19)

CEKM – *Corpus of Early Keyboard Music*

Bd. 6 – *Johannes of Lublin: Tablature of Keyboard Music*, hrsg. von John Reeves White, 6 Bände, American Institute of Musicology 1964ff.

Bd. 8 – *Keyboard Dances from the Earlier Sixteenth Century*, hrsg. von Daniel Heartz, American Institute of Musicology 1965

Census Catalogue – *Census-Catalogue of Manuscript Sources of Polyphonic Music 1400–1550*, hrsg. von Charles Hamm und Herbert Kellman, 5 Bände, Neuhausen-Stuttgart 1979–1988 (Renaissance Manuscript Studies 1)

Chilesotti, *Lautenspieler* – Chilesotti, Oskar: *Lautenspieler des XVI. Jahrhunderts. Ein Beitrag zur Kenntnis des Ursprungs der modernen Tonkunst*, Leipzig 1891

Chroniken der deutschen Städte – *Die Chroniken der deutschen Städte vom 14. bis ins 16. Jahrhundert*, Bd. 11, Leipzig 1874

Chybiński, *Tabulatura* – Chybiński, Adolf: *Tabulatura organowa Jana z Lublina (1540)*, in: Kwartalnik Muzyczny I (1911/1912), S. 9–39, 122–141, 217–252, 297–336

CMM – *Corpus Mensurabilis Musicae*, Rom 1948–1977, Neuhausen-Stuttgart 1978ff.

Bd. 4 – Clemens non Papa, Jacobus: *Opera omnia*, hrsg. von K. Ph. Bernet Kempers, 21 Bände (1950–1976)

Bd. 5 – Brumel, Antoine: *Opera omnia*, hrsg. von Barton Hudson, 6 Bände (1969–1972)

Bd. 20 – Attaingnant, Pierre: *Transcriptions of Chansons for Keyboard*, hrsg. von Albert Seay (1961)

Bd. 22 – Agicola, Alexander: *Opera omnia*, hrsg. von Edward R. Lerner, 5 Bände (1961-1970)

Bd. 23 – Ghiselin-Verbonnet, Johannes: *Opera omnia*, hrsg. von Clytus Gottwald, 4 Bände (1961-1968)

Bd. 24 – Wert, Giaches de: *Opera omnia*, hrsg. von Carol MacClintock und Melvin Bernstein, 17 Bände (1961ff.)

Bd. 25 – Festa, Costanza: *Opera omnia*, hrsg. von Alexander Main und Albert Seay, 8 Bände (1962–1978)

Bd. 31 – Arcadelt, Jacobus: *Opera omnia*, hrsg. von Albert Seay, 10 Bände (1965–1971)
Bd. 32/X – Francesco Corteccia: *The First Book of Madrigals for Five and Six Voices* (1981)
Bd. 52 – Sermisy, Claudin de: *Opera omnia*, hrsg. von Gaston Allaire u. Isabelle Cazeaux, 6 Bände (1970–1986)
Bd. 59 – Phinot, Dominique: *Opera omnia*, hrsg. von Janez Höfler und Roger Jacob, 4 Bände (1972ff.)
Bd. 63 – Crecquillon, Thomas: *Opera omnia*, hrsg. von Barton Hudson, 5 Bände (1974ff.)
Bd. 93 – *Anonymous Chansons published by Pierre Attaingnant*, hrsg. von Albert Seay, 5 Bände (1983ff.)

Cochlaeus, *Descriptio* – Cochlaeus, Johannes: *Brevis Germaniae descriptio (1512)*, hrsg. von K. Langosch, 3. Aufl. Darmstadt 1976

Crane, *Materials* – Crane, Frederick: *Materials for the Study of the Fifteenth Century Basse Danse*, Brooklyn, New York 1968 (Musicological Studies, Bd. XVI)

Crema, *Intavolatura* – Crema, Joan Maria da: *Intavolatura di Liuto libro primo*, hrsg. von Giuseppe Gullino, Florenz 1955

Cunningham, *Ensemble Dances* – Cunningham, Caroline M.: *Ensemble Dances in Early Sixteenth-Century Italy: Relationships with Villotte and Franco-Flemish Danceries*, in: MD XXXIV (1980), S. 159–203

Curtis, *Nederlandse klaviermuziek* – Curtis, Alan (Hrsg.): *Nederlandse klaviermuziek uit de 16e en 17e eeuw*, Amsterdam 1961 (Monumenta Musica Neerlandica, Bd. III)

Dania sonans
Bd. IV/V – *Musik fra Christian IIIs tid. Udvalgte satser fra det danske hofkapels stemmbøger (1541)*, hrsg. von Henrik Glahn, Teil 1: Kopenhagen 1978, Teil 2: ebd. 1986

Denk, *Musica getutscht* – Denk, Rudolf: *'Musica getutscht'. Deutsche Fachprosa des Spätmittelalters im Bereich der Musik*, München 1981 (Münchener Texte und Untersuchungen zur deutschen Literatur des Mittelalters, Bd. 69)

Dieckmann, *Tänze* – Dieckmann, Jenny: *Die in deutscher Lautentabulatur überlieferten Tänze des 16. Jahrhunderts*, Kassel 1931

Diehl, *Cambrai* – Diehl, George K.: *The Partbooks of a Renaissance Merchant, Cambrai: Bibliothèque municipale, MSS 125–128*, Diss. Univ. of Pennsylvania 1974

Dorfmüller, *Studien* – Dorfmüller, Kurt: *Studien zur Lautenmusik in der ersten Hälfte des 16. Jahrhunderts*, Tutzing 1967 (Münchner Veröffentlichungen zur Musikgeschichte, Bd. 11)

DTÖ – *Denkmäler der Tonkunst in Österreich*
Bd. 28 – Isaac, Heinrich: *Weltliche Werke*, hrsg. von Johannes Wolf, Wien 1907
Bd. 32 – Isaac, Heinrich: *Choralis Constantinus liber II*, hrsg. von Anton von Webern, mit Supplement zu DTÖ 28, *Weltliche Werke*, hrsg. von Johannes Wolf, Wien 1909
Bd. 37 – *Österreichische Lautenmusik im 16. Jahrhundert*, hrsg. von Adolf Koczirz, Wien 1911
Bd. 72 – *Das deutsche Gesellschaftslied in Österreich von 1480–1550*, hrsg. von Leopold Nowak und Adolf Koczirz, Wien 1930

Dunning, *Baston* – Dunning, Albert: Artikel *Baston, Josquin* in: MGG, Bd. 15, Sp. 543–545

Dürer, *Schriftlicher Nachlass* – Dürer, Albrecht: *Schriftlicher Nachlass*, hrsg. von Hans Rupprich, Bd. 1, Berlin 1956

Duyse, *Lied* – Duyse, Flor van (Hrsg.): *Het oude nederlandse lied*, 3 Bände, Den Haag 1903–1908

EdM – *Das Erbe deutscher Musik*
Bd. 4, 8, 85, 86 – *Das Glogauer Liederbuch*, hrsg. von H. Ringmann und Chr. Väterlein, Kassel usw. 1936–1981
Bd. 20 – Forster, Georg: *Frische Teutsche Liedlein (1539–1556). Erster Teil: Ein Außzug guter alter und neuer teutscher Liedlein (1539)*, hrsg. von Kurt Gudewill und Wilhelm Heiske, Wolfenbüttel/Berlin 1942

Bd. 32–34 – *Der Mensuralkodex des Nikolaus Apel (Ms. 1494 der Universitätsbibliothek Leipzig)*, hrsg. von R. Gerber, L. Finscher und W. Dömling, Kassel usw. 1956–1975

Bd. 60 – Forster, Georg: *Frische Teutsche Liedlein (1539–1556). Zweiter Teil (1540)*, hrsg. von Kurt Gudewill und Hinrich Siuts, Wolfenbüttel/Zürich 1969

Bd. 61 – Forster, Georg: *Frische Teutsche Liedlein (1539–1556). Dritter Teil (1549)*, hrsg. von Kurt Gudewill und Horst Brunner, Wolfenbüttel 1976

Bd. 76–78 – *Der Kodex Berlin 40021. Staatsbibliothek Preußischer Kulturbesitz Berlin, Mus. ms. 40021*, hrsg. von Martin Just, Kassel usw. 1990–1991

Bd. 80–82 – *Der Kodex des Magister Nicolaus Leopold: Staatsbibliothek München Mus. ms. 3154*, hrsg. von Thomas L. Noblitt, Kassel usw. 1987–1994

Edwards, *Songs Without Words* – Edwards, Warwick: *Songs Without Words by Josquin and his Contemporaries*, in: *Music in Medieval and Early Modern Europe*, hrsg. von Iain Fenlon, Cambridge 1981, S. 79–92

Edwards, *Sources* – Edwards, Warwick: Artikel *Sources of instrumental ensemble music to 1630*, in: New Grove, Bd. 17, S. 702–717

Ehmann, *Was guett auff Posaunen ist* – Ehmann, Wilhelm: *Was guett auff Posaunen ist etc.*, in: Zeitschrift für Musikwissenschaft 17 (1935), S. 171–175

Einstein, *Viola da Gamba* – Einstein, Alfred: *Zur deutschen Literatur für Viola da Gamba im 16. und 17. Jahrhundert*, Leipzig 1905 (Publikationen der Internationalen Musikgesellschaft, Beihefte, 2. Folge, Heft I)

Eitner, *Apiarius* – Eitner, Robert: *Mathias Apiarius Vorrede*, in: MfM 8 (1876), S. 101–103

Eitner, *Quellenlexikon* – Eitner, Robert: *Biographisch-Bibliographisches Quellen-Lexikon der Musiker und Musikgelehrten der christlichen Zeitrechnung bis zur Mitte des neunzehnten Jahrhunderts*, 10 Bände, Leipzig 1900–1904

Eitner, *Zwei Briefe* – Eitner, Robert: *Zwei Briefe von Georg Wytzel*, in: MfM 8 (1876), S. 157–159

EML – *Early Music Library*

Bd. 111 – *Hoftanz 'Benzenauer' (2 settings) for 4–5 instruments*, hrsg. von Bernard Thomas, London 1987

Bd. 171 – *2 Passamezzi for 6 instruments*, hrsg. von Bernard Thomas, London 1990

Bd. 237 – *2 Hoftänze from the Hessen Books for 5 instruments*, hrsg. von Bernard Thomas, London 1993

Engel, *Das mehrstimmige Lied* – Engel, Hans (Hrsg.): *Das mehrstimmige Lied des 16. Jahrhunderts in Italien, Frankreich und England*, Köln o.J. (Das Musikwerk, ohne Bandnummer)

Erig, *Basel* – Erig, Richard: *Musik aus dem alten Basel*, Zürich o.J. (Musica instrumentalis, Heft 31)

Expert, *Danceries* – Expert, Henry (Hrsg.): *Danceries (1er volume): Claude Gervaise, Estienne du Tertre et anonymes*, Paris 1908, Reprint New York o.J. (Les Maîtres Musiciens de la Renaissance Française, Bd. XXIII)

Fallows, *Renaissance Music* – Fallows, David: *Renaissance Music in Facsimile*, in: Early Music XVII (1989), S. 421–424

FAM – Fontes Artis Musicae

Federhofer, *Fabritius* – Federhofer, Hellmut: Artikel *Fabritius, Albinus*, in: MGG, Bd. 2, Sp. 1708f.

Federhofer, *Musikpflege* – Federhofer, Hellmut: *Musikpflege und Musiker am Grazer Habsburgerhof der Erzherzöge Karl und Ferdinand von Innerösterreich (1546–1619)*, Mainz 1967

Federhofer, *Prenner* – Federhofer, Hellmut: Artikel *Prenner, Georg*, in: MGG, Bd. 10, Sp. 1611f.

Federmann, *Musik und Musikpflege* – Federmann, Maria: *Musik und Musikpflege zur Zeit Herzog Albrechts. Zur Geschichte der Königsberger Hofkapelle in den Jahren 1525–1578*, Kassel 1932 (Königsberger Studien zur Musikwissenschaft, Bd. 14)

Fiedler, *Regensburg* – Fiedler, Eric: *'Zingen, Pumhart, Pusaun': The Manuscript Regensburg, Bischöfliche Zentralbibliothek, MS A.R. 775-777 as a source of information about wind-band performing practice in late sixteenth-century southern Germany*, in: Festschrift für Winfried Kirsch zum 65. Geburtstag, hrsg. von Peter Ackermann, Ulrike Kienzle und Adolf Nowak, Tutzing 1996 (Frankfurter Beiträge zur Musikwissenschaft, Bd. 24), S. 34-48

Finscher, *Beiträge* – Finscher, Ludwig: *Beiträge zur Geschichte der Königsberger Hofkapelle*, in: Musik des Ostens I, Kassel 1962, S. 165–189

Fischart, *Geschichtklitterung* – Fischart, Johann: *Geschichtklitterung (Gargantua)*, hrsg. von Hildegard Schnabel, 2 Bände, Halle (Saale) 1969 (Neudrucke deutscher Literaturwerke, Bd. 65/69, 70/71)

Flotzinger, *Lautenbüchlein* – Flotzinger, Rudolf (Hrsg.): *Das Lautenbüchlein des Jakob Thurner*, Graz 1971 (Musik alter Meister, Heft 27)

Formschneyder, *Trium vocum carmina* – Formschneyder, Hieronymus: *Trium vocum carmina. Nürnberg, 1538*, hrsg. von Helmut Mönkemeyer, 2 Teile, Celle o.J. (Monumenta Musicae Ad Usum Practicum, Bd. 1)

Freudenberger, *Ammerbachs Orgeltabulaturen* – Freudenberger, Berthold: *Studien zu Elias Nikolaus Ammerbachs Orgeltabulaturen von 1571 und 1583 und ihrer Stellung in der Zeit des Stilwandels, zugleich ein Beitrag zur Intavolierungstechnik Ammerbachs im ausgehenden 16. Jahrhundert*, Diss. Kiel 1990

Funck, *Agricola* – Funck, Heinz: *Martin Agricola. Ein frühprotestantischer Schulmusiker*, Wolfenbüttel 1933

Fürstenau, *Canntoreiordnung* – Fürstenau, Moritz: *Churfürstlich Sechsische Canntoreiordnung (1555)*, in: MfM 9 (1877), S. 235–246

Geering, *Ein tütsche Musica* – Geering, Arnold: *Ein tütsche Musica des figurirten Gsangs 1491*, in: Festschrift Karl Gustav Fellerer zum 60. Geburtstag, hrsg. von Heinrich Hüschen, Regensburg 1962, S. 178-181

Geering, *Ein tütsche Musica (Faksimilie)* – Geering, Arnold (Hrsg.): *Ein tütsche Musica. Faksimile-Ausgabe nach der Handschrift der Burgerbibliothek Bern, Mss. Hist. Helv. LI. 76, 1. Teil: Faksimile, 2. Teil: Transkription und Kommentar*, 2 Bände, Bern 1964 (Schriften der literarischen Gesellschaft Bern, Bd. IX)

Geering, *Stadtpfeifer* – Geering, Arnold: *Von den Berner Stadtpfeifern*, in: Schweizer Beiträge zur Musikwissenschaft I (1972), S. 105–113

Geering, *Vokalmusik* – Geering, Arnold: *Die Vokalmusik in der Schweiz zur Zeit der Reformation. Leben und Werke von Bartholomäus Frank, Johannes Wannenmacher, Cosmas Alder*, Aarau 1933

Glahn, *Musik* – Glahn, Henrik: *'Musik fra Christian IIIs tid' – nogle supplerende oplysninger til udgivelsen i Dania Sonans IV og V*, in: Dansk Årbog for Musikforskning XVII (1986), S. 65–67

Göhler, *Cornelius Freundt* – Göhler, Georg: *Cornelius Freundt. Ein Beitrag zur Geschichte des Cantorats zu St. Marien zu Zwickau,* in: Mitteilungen des Altertumsvereins für Zwickau und Umgegend, Heft V (1896), S. 1–79

Göllner, *Lute Intabulation* – Göllner, Marie Louise: *On the Process of Lute Intabulation in the Sixteenth Century*, in: Ars iocundissima. Festschrift Kurt Dorfmüller zum 60. Geburtstag, hrsg. von Horst Leuchtmann und Robert Münster, Tutzing 1984, S. 83–96

Göllner, *Musikhandschriften* – Göllner, Marie Louise: *Bayerische Staatsbibliothek. Katalog der Musikhandschriften, 2: Tabulaturen und Stimmbücher bis zur Mitte des 17. Jahrhunderts,* München 1979 (Kataloge Bayerischer Musiksammlungen, Bd. 5/2)

Gombosi, *Capirola* – Gombosi, Otto (Hrsg.): *Compositione di Meser Vincenzo Capirola Lute-Book (circa 1517)*, Neuilly-sur-Seine 1955

Gombosi, *Folia* – Gombosi, Otto: *Zur Frühgeschichte der Folia*, in: AMl 8 (1936), S. 119–129

Gombosi, *Hoftanz* – Gombosi, Otto: *Der Hoftanz*, in: AMl 7 (1935), S. 50–61

Gombosi, *Obrecht* – Gombosi, Otto: *Jacob Obrecht. Eine stilkritische Studie*, Leipzig 1925 (Sammlung musikwissenschaftlicher Einzeldarstellungen, Bd. 4)

Gottwald, *Augsburg* – Gottwald, Clytus: *Die Musikhandschriften der Staats- und Stadtbibliothek Augsburg*, Wiesbaden 1974 (Handschriftenkataloge der Staats- und Stadtbibliothek Augsburg, Bd. 1)

Gottwald, *München* – Gottwald, Clytus: *Die Musikhandschriften der Universitätsbibliothek München*, Wiesbaden 1968

Gottwald, *Ulm* – Gottwald, Clytus: *Katalog der Musikalien in der Schermar-Bibliothek zu Ulm*, Wiesbaden 1993 (Veröffentlichungen der Stadtbibliothek Ulm, Bd. 17)

Götze, *Frühneuhochdeutsches Glossar* – Götze, Alfred: *Frühneuhochdeutsches Glossar*, 7. Aufl. Berlin 1967 (Kleine Texte für Vorlesungen und Übungen, Bd. 101)

Graesse/Benedict, *Orbis latinus* – Graesse, Johann Georg Theodor: *Orbis latinus oder Verzeichnis der wichtigsten lateinischen Orts- und Ländernamen*, 2. Aufl. bearb. von Friedrich Benedict, Berlin 1909, Nachdruck Berlin 1983

Grüber, *Kurzweil* – Grüber, Pia Maria (Hrsg.): *Kurzweil viel ohn' Maß und Ziel: Augsburger Patrizier und ihre Feste zwischen Mittelalter und Neuzeit* [Ausstellungskatalog Augsburg 1994], München 1994

Gstrein, *Tanzmusik-Ensembles* – Gstrein, Rainer: *Tanzmusik-Ensembles zur Zeit und am Hofe Kaiser Maximilians I.*, in: *Muziek aan het hof van Margaretha van Oostenrijk*, Peer 1987 (Jaarboek van het vlaamse centrum voor oude muziek, Bd. III), S. 79–96

Gudewill, *Carmen* – Gudewill, Kurt: Artikel *Carmen*, in: MGG, Bd. 2, Sp. 846–850

Gurlitt, *Isidor* – Gurlitt, Willibald: *Zur Bedeutungsgeschichte von musicus und cantor bei Isidor von Sevilla*, in: Abhandlungen der Akademie der Wissenschaften und der Literatur (Mainz), Geistes- und sozialwissenschaftliche Klasse, Mainz/Wiesbaden 1950, Nr. 7, S. 84–97 (Nachdruck in: Beihefte zum AfMw, Bd. I, Wiesbaden 1966, S. 18–30)

Haar, *Perissone Cambio* – Haar, James: Artikel *Perissone Cambio*, in: New Grove, Bd. 14, S. 535

Haase, *Jobst vom Brandt* – Haase, Hans: *Jobst vom Brandt (1517–1570)*, Kassel usw. 1967 (Kieler Schriften zur Musikwissenschaft, Bd. XIII)

Haberkamp, *Regensburg* – Haberkamp, Gertraut: *Bischöfliche Zentralbibliothek Regensburg, thematischer Katalog der Musikhandschriften*, Bd. 1, München 1989 (Kataloge Bayerischer Musiksammlungen, Bd. 14/1)

Haberkamp, *Thurn und Taxis* – Haberkamp, Gertraut: *Die Musikhandschriften der Fürst Thurn und Taxis Hofbibliothek Regensburg: thematischer Katalog*, München 1981 (Kataloge Bayerischer Musiksammlungen, Bd. 6)

Habich, *Geschlechtertanz* – Habich, Georg: *Der Augsburger Geschlechtertanz von 1522*, in: Jahrbuch der Preußischen Kunstsammlungen, Bd. XXXII (1911), S. 213–235

Haebler, *Rollen- und Plattenstempel* – Haebler, Konrad: *Rollen- und Plattenstempel des 16. Jahrhunderts*, Leipzig 1928 (Sammlung bibliothekswissenschaftlicher Arbeiten, Nr. 41–42)

Halbig, *Klaviertänze* – Halbig, Hermann (Hrsg.): *Klaviertänze des 16. Jahrhunderts*, Stuttgart/Berlin [1928]

Harding, *Dancing Terms* – Harding, Ann: *An Investigation into the Use and Meaning of Medieval German Dancing Terms*, Göppingen 1973 (Göppinger Arbeiten zur Germanistik 93)

Hausswald, *Dresdner Kapellbuch* – Hausswald, Günter: *Dresdner Kapellbuch*, Dresden 1948

Heartz, *Attaingnant* – Heartz, Daniel: *Pierre Attaingnant, Royal Printer of Music. A Historical Study and Bibliographical Catalogue*, Berkeley/Los Angeles 1969

Heartz, *Hoftanz* – Heartz, Daniel: *Hoftanz and Basse Dance*, in: JAMS XIX (1966), S. 13–36

Heartz, *Preludes* – Heartz, Daniel (Hrsg.): *Preludes, Chansons and Dances for Lute. Published by Pierre Attaignant, Paris (1529–1530)*, Neuilly-sur-Seine 1964

Heartz, *Sources* – Heartz, Daniel: *Sources and Forms of the French Instrumental Dance in the 16th Century*, Diss. Harvard University 1957

Henning, *Musica Maximiliana* – Henning, Uta: *Musica Maximiliana. Die Musikgraphiken in den bibliophilen Unternehmungen Kaiser Maximilians I.*, Neu-Ulm 1987

Herrmann, *Dresdner Hofmusik* – Herrman, Matthias: *Untersuchungen zur Geschichte der Dresdner Hofmusik zwischen 1464 und 1541*, Diss. Leipzig 1987

Heumann, *Documenta* – Heumann, Johann: *Documenta literaria varii argumenti in lucem prolata cura Johannis Heumanni*, Altdorf 1758

Hewitt, *Odhecaton* – Hewitt, Helen (Hrsg.): *Harmonice Musices Odhecaton A*, 2. Aufl. Cambridge (Mass.) 1946

Hibberd, *Instrumental Style* – Hibberd, Lloyd: *On 'Instrumental Style' in Early Melody*, in: The Musical Quarterly XXXII (1946), S. 107–130

Hirzel, *Dienstinstruktion* – Hirzel, Bruno: *Dienstinstruktion und Personalstatus der Hofkapelle Ferdinands I. aus dem Jahre 1527*, in: Sammelbände der Internationalen Musikgesellschaft 10 (1908/09), S. 151–158

Hoffmann, *Tonkünstler Schlesiens* – Hoffmann, Carl Julius Adolph: *Die Tonkünstler Schlesiens. Ein Beitrag zur Kunstgeschichte Schlesiens, vom Jahre 960 bis 1830*, Breslau 1830

Hoffmann-Erbrecht, *Finck* – Hoffmann-Erbrecht, Lothar: *Henricus Finck – musicus excellentissimus (1445-1527)*, Köln 1982

Holzmann, *Formschneider* – Holzmann, Klaus: *Hieronymus Formschneiders Sammeldruck Trium vocum carmina Nürnberg 1538*, Diss. Freiburg 1956

Hudson, *Allemande* – Hudson, Richard: *The Allemande, the Balletto, and the Tanz*, 2 Bände, Cambridge 1986

Isaac, *Messe* – Isaac, Heinrich: *Messe*, hrsg. von Fabio Fano, Milano 1962 (Archivium Musices Metropolitanum Mediolanense, Bd. 10)

Isaac, *Messen* – Isaac, Heinrich: *Messen*, aus dem Nachlaß von Herbert Birtner hrsg., revidiert und ergänzt von Martin Staehelin, Mainz 1971 (Musikalische Denkmäler, Bd. VII)

Jacobs, *Ammerbach* – Ammerbach, Elias Nicolaus: *Orgel oder Instrument Tabulaturbuch*, hrsg. von Charles Jacobs, Oxford 1984

Jahn, *Nürnberger Trompeten- und Posaunenmacher* – Jahn, Fritz: *Die Nürnberger Trompeten- und Posaunenmacher im 16. Jahrhundert*, in: AfMw 7 (1925), S. 23–52

JAMS – Journal of the American Musicological Society

Jauernig, *Ergänzungen* – Jauernig, Reinhold: *Ergänzungen und Berichtigungen zu Eitners Quellenlexikon für Musiker und Musikgelehrte des 16. Jahrhunderts*, in: Mf 6 (1953), S. 146–156, 249–258, 347–356

Jeppesen, *Balli* – Jeppesen, Knud (Hrsg.): *Balli antichi veneziani*, Kopenhagen 1962

Jeppesen, *Kontrapunkt* – Jeppesen, Knud: *Kontrapunkt. Lehrbuch der klassischen Vokalpolyphonie*, 10. Aufl. Wiesbaden 1980

Jeppesen, *Tanzbuch* – Jeppesen, Knud: *Ein altvenezianisches Tanzbuch*, in: Festschrift Karl Gustav Fellerer zum 60. Geburtstag, hrsg. von Heinrich Hüschen, Regensburg 1962, S. 245–263

Jonas, *Augsburger Liederbuch* – Jonas, Luise: *Das Augsburger Liederbuch*, 2 Bände, München/Salzburg 1983 (Berliner musikwissenschaftliche Arbeiten 21)

Josquin, *NJE* – Josquin Desprez: *New Josquin Edition*, Bd. 27, hrsg. von Jaap van Benthem und Howard M. Brown, 2 Bände, Utrecht 1987/1991

Josquin, *Werken* – Josquin Desprez: *Werken*, hrsg. von A. Smijers u.a., Amsterdam 1921–1969

Just, *Bemerkungen* – Just, Martin: *Bemerkungen zu den kleinen Folio-Handschriften deutscher Provenienz um 1500*, in: Quellenstudien zur Musik der Renaissance I. Formen und Probleme der Überlieferung mehrstimmiger Musik im Zeitalter Josquins Desprez, hrsg. von Ludwig Finscher, München 1981 (Wolfenbütteler Forschungen, Bd. 6), S. 25–43, Diskussion S. 44f.

Kade, *Scandellus* – Kade, Reinhard: *Antonius Scandellus, 1517–1580. Ein Beitrag zur Geschichte der Dresdner Hofkantorei*, in: Sammelbände der Internationalen Musikgesellschaft 15 (1913/14), S. 535–565

Kämper, *Agricola* – Kämper, Dietrich: *Instrumentale Stilelemente bei Alexander Agricola*, in: Tijdschrift van de Vereniging voor Nederlandse Muziekgeschiedenis XXVIII (1978), S. 1–13

Kämper, *Kriterien* – Kämper, Dietrich: *Kriterien der Identifizierung instrumentaler Sätze in italienischen Chansonniers des frühen 16. Jahrhunderts*, in: *Formen und Probleme der Überlieferung mehrstimmiger Musik im Zeitalter Josquins Desprez*, hrsg. von Ludwig Finscher, München 1981 (Quellenstudien zur Musik der Renaissance 1), S. 143–163

Kämper, *Studien* – Kämper, Dietrich: *Studien zur instrumentalen Ensemblemusik des 16. Jahrhunderts in Italien*, Köln/Wien 1970 (Analecta musicologica, Bd. X)

Kaiser, *Bernstein* – Kaiser, Lisa: Artikel *Bernstein, Hans von*, in: Neue Deutsche Biographie, Bd. 2, S. 134f.

Katalog Dresden – *Katalog der Handschriften der Sächsischen Landesbibliothek zu Dresden*, Dresden 1981

Keyboard Repertoire – *The Keyboard Repertoire. Early music for harpsichord and organ*
Bd. 14 – Attaingnant, Pierre: *Quatorze Gaillardes, neuf Pavennes, sept Branles et deux Basse Dances 1531*, hrsg. von Bernard Thomas, London 1980

Keyl, *Tenorlied* – Keyl, Stephen: *Tenorlied, Discantlied, polyphonic lied: voices and instruments in German secular polyphony of the Renaissance*, in: Early Music XX (1992), S. 434–445

Kinkeldey, *Dance Tunes* – Kinkeldey, Otto: *Dance Tunes of the Fifteenth Century*, in: Instrumental Music, hrsg. von David G. Hughes, Cambridge, Mass. 1959, S. 3–30 und 89–152

Kmetz, *Basel* – Kmetz, John: *Die Handschriften der Universitätsbibliothek Basel. Katalog der Musikhandschriften des 16. Jahrhunderts. Quellenkritische und historische Untersuchung*, Basel 1988

Kmetz, *Basel Songbooks* – Kmetz, John: *The Sixteenth-Century Basel Songbooks: Origins, Contents and Contexts*, Bern/Stuttgart/Wien 1995 (Publikationen der Schweizerischen Musikforschenden Gesellschaft, Serie II, Vol. 35)

Kmetz, *Singing Texted Songs* – Kmetz, John: *Singing Texted Songs from Untexted Songbooks: The Evidence of the Basler Liederhandschriften*, in: Le Concert des voix et des instruments à la Renaissance, hrsg. von Jean-Michel Vaccaro, Paris 1995, S. 121–143

Koch, *Der polnische Tanz* – Koch, Klaus-Peter: *Der polnische Tanz in deutschen Sammlungen des 16. und 17. Jahrhunderts*, Diss. Halle/S. 1970

Köchel, *Hof-Musikkapelle* – Köchel, Ludwig Ritter von: *Die Kaiserliche Hof-Musikkapelle in Wien von 1543 bis 1867*, Wien 1869

Krautwurst, *Salminger* – Krautwurst, Franz: Artikel *Salminger, Sigmund*, in: MGG, Bd. 11, Sp. 1308f.

Kreitner, *Very low ranges* – Kreitner, Kenneth: *Very low ranges in the sacred music of Ockeghem and Tinctoris*, in: Early music XIV (1986), S. 467–479

Kümmerling, *Subbasslage* – Kümmerling, Harald: *Entdeckung und Verwendung der Subbasslage*, in: Kongreßbericht Leipzig 1966, Kassel usw. 1970, S. 227–229

Kurras, *Rixner* – Kurras, Leonore: *Georg Rixner, der Reichsherold 'Jerusalem'*, in: Mitteilungen des Vereins für die Geschichte Nürnbergs 69 (1982), S. 341ff.

Kyriss, *Berichtigungen* – Kyriss, Ernst: *Berichtigungen zu Haebler: Rollen- und Plattenstempel des 16. Jahrhunderts*, in: Zentralblatt für Bibliothekswesen 64 (1950), S. 113–121

Lambrecht, *Heidelberger Kapellinventar* – Lambrecht, Jutta: *Das „Heidelberger Kapellinventar" von 1544 (Cod. Pal. Germ. 318). Edition und Kommentar*, 2 Bände, Heidelberg 1987 (Heidelberger Bibliotheksschriften 26)

Lasso, *Werke* – Lasso, Orlando di: *Sämtliche Werke*, hrsg. von Franz Xaver Haberl und Adolf Sandberger, 21 Bände, Leipzig 1894–1927

Lasso, *Werke (n.R.)* – Lasso, Orlando di: *Sämtliche Werke: neue Reihe*, hrsg. von S. Hermelink u.a., Kassel 1956ff.

Layer, *Musik und Musiker* – Layer, Adolf: *Musik und Musiker der Fuggerzeit. Begleitheft zur Ausstellung der Stadt Augsburg 1959*, Augsburg 1959

Layer, *Ottheinrich* – Layer, Adolf: *Pfalzgraf Ottheinrich und die Musik*, in: AfMw 15 (1958), S. 258–275

Leitzmann, *Fischartiana* – Leitzmann, Albert: *Fischartiana*, Jena 1924 (Jenaer Germanistische Forschungen, Bd. 6)

Leuchtmann, *Münchner Fürstenhochzeit* – Leuchtmann, Horst (Hrsg.): *Die Münchner Fürstenhochzeit von 1568. Massimo Troiano: Dialoge italienisch/deutsch*, München/Salzburg 1980

Liliencron, *Chorgesänge* – Liliencron, Rochus von: *Die Chorgesänge des lateinisch-deutschen Schuldramas im XVI. Jahrhundert*, in: Vierteljahreshefte für Musikwissenschaft VI (1890), S. 309–387

Lipphardt, *Reißner* – Lipphardt, Walther: *Das wiedergefundene Gesangbuch-Autograph von Adam Reißner aus dem Jahre 1554*, in: Jahrbuch für Liturgik und Hymnologie 10 (1965), S. 55–86

Lipphardt, *Volksliedweisen* – Lipphardt, Walther: *Adam Reißners handschriftliches Gesangbuch von 1554 als Quelle deutscher Volksliedweisen des 16. Jahrhunderts*, in: Jahrbuch für Volksliedforschung 12 (1967), S. 42–79

Litterick, *Ensemble Music* – Litterick, Louise: *On Italian Instrumental Ensemble Music in the Late Fifteenth Century*, in: Music in Medieval and Early Modern Europe, hrsg. von Iain Fenlon, Cambridge 1981, S. 117–130

Litterick, *Franco-Netherlandish secular music* – Litterick, Louise: *Performing Franco-Netherlandish Secular Music of the Late 15th Century: Texted and Untexted Parts*, in: Early Music 8 (1980), S. 474–485

Lockwood, *Ferrara* – Lockwood, Lewis: *Music in Renaissance Ferrara 1400–1505: The Creation of a Musical Center in the Fifteenth Century*, Oxford 1984

Martinez-Göllner, *Bibliothek Herwart* – Martinez-Göllner, Marie Louise: *Die Augsburger Bibliothek Herwart und ihre Lautentabulaturen*, in: FAM 16 (1969), S. 29–48

MB – *Musica Britannica*

Bd. XV – *Music of Scotland 1500–1700*, hrsg. von Kenneth Elliott, London 1957

Bd. XLIV – *Elizabethan Consort Music: I.*, hrsg. von Paul Doe, London 1979

Bd. LXVI – *Tudor Keyboard Music c. 1520–1580*, hrsg. von John Caldwell, London 1995

MD – Musica Disciplina

Meconi, *Art-Song Reworkings* – Meconi, Honey: *Art-Song Reworkings: An Overwiew,* in: Journal of the Royal Musical Association 119 (1994), S. 1–42

Meier, *Octo Tonorum Melodiae* – Meier, Bernhard: *Thomae Stoltzeri 'Octo Tonorum Melodiae' re-examinatae*, in: Von Isaac bis Bach. Studien zur älteren deutschen Musikgeschichte. Festschrift Martin Just zum 60. Geburtstag, hrsg. von Frank Heidlberger, Wolfgang Osthoff und Reinhard Wiesend, Kassel 1991, S. 97-104

Merian, *Tanz* – Merian, Wilhelm: *Der Tanz in den deutschen Tabulaturbüchern* Leipzig 1927 (Nachdruck Hildesheim 1968)

Meyer, *Inventaire* – Meyer, Christian: *Un inventaire des livres et des instruments de musique de la chapelle des Comtes de Montbéliard (1555)*, in: FAM 38 (1991), S. 122–129

Meyer, *Musique et danse* – Meyer, Christian: *Musique et danse à Nuremberg au debut du 16. siècle*, in: Revue de Musicologie 61 (1981), S. 61–68

Meyer, *Sources* – Meyer, Christian (Hrsg.): *Sources manuscrites en tablature. Luth et theorbe (c.1500–c.1800), Vol. I: Confoederatio Helvetica (CH), France (F)*, Baden-Baden/ Bouxwiller 1991, *Vol. II: Bundesrepublik Deutschland (D)*, ebd. 1994 (Sammlung musikwiss. Abhandlungen, Bd. 82)

Meyer, *Un répertoire de luth* – Meyer, Christian: *Un répertoire de luth allemand des années 1520: Kraków, Biblioteka Jagiellońska, Mus. ms. 40154*, in: FAM 39 (1992), S. 331–343

Meylan, *Attaingnant* – Meylan, Raymond (Hrsg.): *Pierre Attaingnant: danseries à 4 parties (second livre, 1547)*, Paris [1969] (Le pupitre, Bd. 9)

Meylan, *Migration* – Meylan, Raymond: *Migration et transformation des polyphonies à armatures (Basse danse et Hoftanz)*, in: Le Concert des voix et des instruments à la Renaissance, hrsg. von Jean-Michel Vaccaro, Paris 1995, S. 213-229

Meylan, *Tanzmusik* – Meylan, Raymond: *Strukturkonkordanzen in der deutschen Tanzmusik des 16. Jahrhunderts*, in: Kongreßbericht Berlin 1974, Kassel usw. 1980, S. 265–271

Mf – Die Musikforschung

MfM – Monatshefte für Musikgeschichte

MGG – *Die Musik in Geschichte und Gegenwart*, hrsg. von Friedrich Blume, 17 Bände, Kassel 1949–1986

MGG 2 – *Die Musik in Geschichte und Gegenwart*, 2. Auflage, hrsg. von Ludwig Finscher, Kassel usw. 1994–

Militz, *Neuschel* – Militz, Th. von/Eitner, [Robert]: *Briefe von Jörg Neuschel in Nürnberg, nebst einigen anderen*, in: MfM 9 (1877), S. 149–159

MME – *Monumentos de la Música Española*

Bd. VII – Mudarra, Alonso: *Tres libros de música en cifra para vihuela (Sevilla, 1546)*, hrsg. von Emilio Pujol, Barcelona 1949

Moe, *Dance Music* – Moe, Lawrence Henry: *Dance Music in Printed Italian Lute Tablatures from 1507 to 1611*, Diss. Harvard University 1956

Mohnike, *Sastrow* – Mohnike, Gottl[ieb] Christ[ian] Friedr[ich] (Hrsg.): *Bartholomäi Sastrowen Herkommen, Geburt und Lauff seines gantzen Lebens, auch was sich in dem Denckwerdiges zugetragen, so er mehrentheils selbst gesehen und gegenwärtig mit angehöret hat, von ihm selbst beschriben*, Greifswald 1823–1824

Morlaye, *Œuvres* – Morlaye, Guillaume: *Œuvres pour le luth*, hrsg. von Michel Renault, Paris 1980 (Corpus des luthistes français)

Morrow, *44 Italian Dances* – Morrow, Michael (Hrsg.): *44 Italian Dances of the sixteenth century*, 2 Hefte, London 1978 (Early Dance Music, Bd. 2–3)

Morrow, *Italian Dances* – Morrow, Michael (Hrsg.): *Italian dances of the early sixteenth century for four instruments*, London 1976 (Dance Music of the Middle Ages and Renaissance, Bd. 1)

Morrow, *Viol Music* – Morrow, Michael: *16th century ensemble viol music*, in: Early Music 2 (1974), S. 160–163

Moser, *Cöln* – Moser, Hans Joachim: *Zur mittelalterlichen Musikgeschichte der Stadt Cöln*, in: AfMw 1 (1918/19), S. 135–144

Moser, *Hofhaimer* – Moser, Hans Joachim: *Paul Hofhaimer. Ein Lied- und Orgelmeister des deutschen Humanismus*, 2. ergänzte Aufl. Hildesheim 1966

Moser, *Zanger* – Moser, Hans Joachim: *Johannes Zanger's Praecepta,* in: MD 5 (1961), S. 195–201

Müller, *Gedechtnus* – Müller, Jan-Dirk: *Gedechtnus. Literatur und Hofgesellschaft um Maximilian I.*, München 1982 (Forschungen zur Geschichte der älteren deutschen Literatur, Bd. 2)

Munrow, *Musikinstrumente* – Munrow, David: *Musikinstrumente des Mittelalters und der Renaissance*, Celle 1980

Nedden, *Quellen* – Nedden, Otto zur: *Quellen und Studien zur oberrheinischen Musikgeschichte im 15. und 16. Jahrhundert*, Kassel 1931 (Veröffentlichungen des Musik-Instituts der Universität Tübingen, Heft IX)

Ness, *Herwart Lute Manuscripts* – Ness, Arthur: *The Herwart Lute Manuscripts at the Bavarian State Library, Munch: A Bibliographical Study with Emphasis on the Works of Marco dall'Aquila and Melchior Newsidler*, Diss. New York University 1984

Neudörfer, *Nachrichten* – *Des Johann Neudörfer Schreib- und Rechenmeisters zu Nürnberg Nachrichten von Künstlern und Werkleuten daselbst aus dem Jahre 1547 nebst der Fortsetzung des Andreas Gulden*, hrsg. von G. W. K. Lochner, Wien 1875 (Quellenschriften für Kunstgeschichte und Kunsttechnik des Mittelalters und der Renaissance, Bd. X)

Neusidler, *Intabolatura* – Neusidler, Melchior: *Intabolatura di Liuto (Venice, 1566)*, hrsg. von Charles Jacobs, Ottawa 1994 (The Institute of Mediaeval Music, Gesamtausgaben, Bd. XV)

New Grove – *The New Grove Dictionary of Music and Musicians*, hrsg. von Stanley Sadie, 20 Bände, London 1980

Nickel, *Holzblasinstrumentenbau* – Nickel, Ekkehart: *Der Holzblasinstrumentenbau in der freien Reichsstadt Nürnberg*, München 1971 (Schriften zur Musik, Bd. 8)

Niehüser, *Handschrift 40588* – Niehüser, Heiner: *Die Handschrift Mus. Ms. 40588 der Staatsbibliothek Berlin „Tabulatur uf die Luten". Eine Lautenschule aus der Mitte des 16. Jahrhunderts*, Magisterarbeit Universität Heidelberg 1989

Niemeyer, *Zwickauer Stadtpfeifer* – Niemeyer, Wolfgang: *Die Zwickauer Stadtpfeifer im 16. Jahrhundert*, in: Mitteilungen des Altertumsvereins für Zwickau und Umgegend, Heft XIV (1929), S. 41–102 und Heft XV (1931), S. 34–79

Niemöller, *Bildungsideal* – Niemöller, Klaus Wolfgang: *Die Musik im Bildungsideal der allgemeinen Pädagogik des 16. Jahrhunderts*, in: AfMw 17 (1960), S. 243–257

Niemöller, *Untersuchungen* – Niemöller, Klaus Wolfgang: *Untersuchungen zu Musikpflege und Musikunterricht an den deutschen Lateinschulen vom ausgehenden Mittelalter bis um 1600*, Regensburg 1969 (Kölner Beiträge zur Musikforschung, Bd. LIV)

Noblitt, *Rhoda* – Noblitt, Thomas: *Additional Compositions by Paulus de Rhoda?*, in: Tijdschrift van de Vereniging voor Nederlandse Muziekgeschiedenis XXXVII (1987), S. 49–63

Obrecht, *Opera* – Obrecht, Jacobus: *Opera omnia, Missae*, Bd. 7, hrsg. von M. van Crevel, Amsterdam 1964

Obrecht, *Werke* – *Werken van Jacob Obrecht*, hrsg. von Johannes Wolf, 30 Teile, Leipzig/Amsterdam 1908–1921

Othmayr, *Liedlein* – Othmayr, Caspar: *Reutterische und Jegerische Liedlein mit vier Stimmen componirt, Nürnberg 1549*, hrsg. von Fritz Piersig, 2 Bände, Wolfenbüttel/Berlin 1928–1933

Ottmann, *Lautentabulatur* – Ottmann, Elisabeth: *Neue Konkordanzen zu einer anonymen Lautentabulatur des 16. Jahrhunderts*, in: Musik in Bayern 29 (1984), S. 61–68

Owens, *Glogauer Liederbuch* – *Kraków, Biblioteka Jagiellónska, Glogauer Liederbuch*, Einleitung von Jessie Ann Owens, 3 Bände, New York/London 1986 (Renaissance Music in Facsimile, hrsg. von Howard M. Brown, Frank A. D'Accone und Jessie Ann Owens, Bd. 6)

Palestrina, *Werke* – Palestrina, Giovanni Pierluigi da: *Werke*, hrsg. von Franz X. Haberl u.a., 33 Bände, Leipzig 1862–1907

PäMw – *Publikationen älterer praktischer und theoretischer Musikwerke*

Bd. I–III – Ott, Johann: *Ein hundert fünfzehn weltliche und einige geistliche Lieder*, hrsg. von Robert Eitner, Ludwig Erk und Otto Kade, 3 Bände, Berlin 1873–1875

Bd. XXV – Lange, Gregor: *Eine ausgewählte Sammlung Motetten*, hrsg. von R. Starke, Leipzig 1901

Pass, *Maximilian II.* – Pass, Walter: *Musik und Musiker am Hof Maximilians II.*, Tutzing 1980

Pensel, *Jena* – Pensel, Franzjosef: *Verzeichnis der altdeutschen und ausgewählter neuerer deutscher Handschriften in der Universitätsbibliothek Jena*, Berlin 1986 (Deutsche Texte des Mittelalters, Bd. LXX/2)

Peter, *Ganassi* – Ganassi, Sylvestro: *La Fontegara. Schule des kunstvollen Flötenspiels und Lehrbuch des Diminuierens, Venedig 1535*, hrsg. von Hildemarie Peter, Berlin-Lichterfelde 1956

Petzsch, *Reigenlied* – Petzsch, Christoph: Artikel *Reigenlied*, in: New Grove, Bd. 15, S. 711

Pfanner, *Briefe* – *Briefe von, an und über Caritas Pirckheimer (aus den Jahren 1498–1530)*, hrsg. von Josef Pfanner, Landshut 1966 (Caritas Pirckheimer-Quellensammlung, 3. Heft)

Picker, *Chanson Albums* – Picker, Martin: *The Chanson Albums of Marguerite of Austria: MSS 228 and 11239 of the Bibliothèque Royale de Belgique, Brussels*, Berkeley/Los Angeles 1965

Pierce, *Gerle* – Pierce, Jane Gail Illingworth: *Hans Gerle: Sixteenth-Century Lutenist and Pedagogue*, Diss. University of North Carolina at Chapel Hill 1973

Pietzsch, *Archivalische Quellen* – Pietzsch, Gerhard: *Archivalische Quellen zur Geschichte der fürstlichen Kantoreien und Instrumentalkapellen (Hofmusikkollegien) des späten Mittelalters in Deutschland*, maschinenschriftliches Manuskript, aufbewahrt im Institut für Musikwissenschaft der Universität Köln

Pietzsch, *Fürstenhochzeiten* – Pietzsch, Gerhard: *Die Beschreibungen deutscher Fürstenhochzeiten von der Mitte des 15. bis zum Beginn des 17. Jahrhunderts als musikgeschichtliche Quellen*, in: Annuario Musical 15 (1960), S. 21–62

Pietzsch, *Heidelberg* – Pietzsch, Gerhard: *Quellen und Forschungen zur Geschichte der Musik am kurpfälzischen Hof zu Heidelberg bis 1622*, Wiesbaden 1963 (Akademie der Wissenschaften und der Literatur in Mainz, Abh. der Geistes- und Sozialwiss. Klasse, Jg. 1963, Nr. 6, [S. 583–763])

Pietzsch, *Universitäten* – Pietzsch, Gerhard: *Zur Pflege der Musik an den deutschen Universitäten bis zur Mitte des 16. Jahrhunderts*, Hildesheim 1971

Pirckheimer, *Briefwechsel* – *Willibald Pirckheimers Briefwechsel*, Bd. 1–2 in Verb. mit Arnold Reimann gesammelt, hrsg. und erläutert von Emil Reicke, München 1940/1956 (Veröffentlichungen der Kommission zur Erforschung der Geschichte der Reformation und Gegenreformation. Humanistenbriefe, Bd. 4–5), Bd. 3, hrsg. von Dieter Wuttke, München 1989

Plamenac, *Reconstruction* – Plamenac, Dragan: *A Reconstruction of the French Chansonnier in the Biblioteca Colombina, Seville*, in: The Musical Quarterly XXXVII (1951), S. 501–542, XXXVIII (1952), S. 86–117 und 246–277

Polk, *Civic Patronage* – Polk, Keith: *Civic Patronage and Instrumental Ensembles in Renaissance Florence*. in: Augsburger Jahrbuch für Musikwissenschaft 1986, S. 51–68

Polk, *German Instrumental Music* – Polk, Keith: *German Instrumental Music of the Late Middle Ages. Players, Patrons and Performance Practice*, Cambridge 1992

Polk, *Patronage* – Polk, Keith: *Patronage, Imperial Image, and the Emperor's Musical Retinue: On the Road with Maximilian I.*, in: Musik und Tanz zur Zeit Kaiser Maximilian I., hrsg. von Walter Salmen, Innsbruck 1992, S. 79–88

Polk, *Schubingers* – Polk, Keith: *The Schubingers of Augsburg: innovation in Renaissance instrumental music*, in: Quaestiones in musica. Festschrift für Franz Krautwurst, Tutzing 1989, S. 495–503

Polk, *Vedel and Geige* – Polk, Keith: *Vedel and Geige – Fiddle and Viol: German String Traditions in the Fifteenth Century*, in: JAMS XLII (1989), S. 504–546

Pölnitz, *Matrikel* – *Die Matrikel der Ludwig-Maximilians-Universität, Ingolstadt, Landshut, München*, hrsg. von Götz Freiherr von Pölnitz, Band 1 und 2, München 1937 und 1940

Poulton, *Spanish Pavan* – Poulton, Diana: *Notes on the Spanish Pavan*, in: The Lute Society Journal III (1961), S. 5–16

Press, *Maximilian II.* – Press, Volker: Artikel *Maximilian II.*, in: Neue Deutsche Biographie, Bd. 16, S. 471–475

Ravizza, *Ensemble* – Ravizza, Victor: *Das instrumentale Ensemble von 1400-1550 in Italien. Wandel eines Klangbildes*, Bern 1970 (Publikationen der Schweizerischen Musikforschenden Gesellschaft, Serie II, Bd. 21)

Reimer, *Musicus – cantor* – Reimer, Erich: Artikel *Musicus – cantor*, in: Handwörterbuch der musikalischen Terminologie

Remnant, *Rebec* – Remnant, Mary: Artikel *Rebec*, in: New Grove, Bd. 15, S. 635–638

Reuchlin, *Henno*, ed. Schnur – Reuchlin, Johannes: *Henno. Komödie. Lateinisch und deutsch*, übersetzt und hrsg. von Harry C. Schnur, Stuttgart 1981 (Universal-Bibliothek Nr. 7923)

Rhau, *Musikdrucke* – Rhau, Georg: *Musikdrucke aus den Jahren 1538–1545 in praktischer Neuausgabe*

Bd. VI – *Bicinia gallica, latina, germanica. Tomus I, II 1545*, hrsg. von Bruce Bellingham, Kassel/Basel usw. 1980

Bd. IX – *Tricinia tum veterum tum recentiorum in arte musica symphonistarum, Latina, Germanica, Brabantica et Gallica 1542*, hrsg. von Thomas Noblitt, Kassel/Basel usw. 1989
Bd. XI – *Neue deutsche geistliche Geänge für die gemeinen Schulen, Wittenberg 1544*, hrsg. von Joachim Stalmann, Kassel/Basel usw. 1992

Riess, *Eger* – Riess, Karl: *Musikgeschichte der Stadt Eger im 16. Jahrhundert*, Brünn/Prag/Leipzig/Wien 1935 (Veröff. des Musikwiss. Institutes der deutschen Universität in Prag, Bd. 6)

Rimmer, *Instrumental Music* – Rimmer, Joan: *German Instrumental Music c. 1350-1520* [Rezension von Polk, *Instrumental Music*], in: Music and Letters 75 (1994), S. 47-57

RISM – *Répertoire International des Sources Musicales*: *Recueils Imprimés XVI*[e]*–XVII*[e] *Siècles I* (Bd. B I/1), München/Duisburg 1960

Robison, *Vienna* – Robison, John D.: *Vienna, Austrian National Library, Manuscript 18810: A Repertory Study and Manuscript Inventory with Concordances*, in: R.M.A. Research Chronicle 19 (1983–1985), S. 68–84

Ruhnke, *Hofmusikkollegien* – Ruhnke, Martin: *Beiträge zu einer Geschichte der deutschen Hofmusikkollegien im 16. Jahrhundert*, Berlin 1963

Salmen, *Musikleben* – Salmen, Walter: *Musikleben im 16. Jahrhundert*, Leipzig 1976 (Musikgeschichte in Bildern, Bd. III, Lfg. 9)

Salmen, *Schichtung* – Salmen, Walter: *Die Schichtung der mittelalterlichen Musikkultur in der ostdeutschen Grenzlage*, Kassel 1954 (Die Musik im alten und neuen Europa, Bd. 2)

Salmen, *Spielmann* – Salmen, Walter: *Der Spielmann im Mittelalter*, Innsbruck 1983 [rev. 2. Aufl. der Ausg. Kassel 1960] (Innsbrucker Beiträge zur Musikwissenschaft, Bd. 8)

Sandberger, *Bemerkungen* – Sandberger, Adolf: *Bemerkungen zur Biographie Hans Leo Haßlers und seiner Brüder sowie zur Musikgeschichte der Städte Nürnberg und Augsburg im 16. und zu Anfang des 17. Jahrhunderts*, in: DTB V (=8/9), 1904, S. XI–CIV

Sannemann, *Musik* – Sannemann, Friedrich: *Die Musik als Unterrichtsgegenstand in den evangelischen Lateinschulen des 16. Jahrhunderts. Ein Beitrag zur Geschichte des Schulgesanges*, Berlin 1904 (Musikwiss. Studien, Heft IV)

Schaal, *Hessen* – Schaal, Richard: Artikel *Hessen, Bartholomäus*, in: MGG, Bd. 6, Sp. 325

Schaal, *Inventar* – Schaal, Richard: *Das Inventar der Kantorei St. Anna in Augsburg. Ein Beitrag zur protestantischen Musikpflege im 16. und beginnenden 17. Jahrhundert*, Kassel 1965 (Catalogus Musicus, Bd. III)

Schaal, *Musikbibliothek* – Schaal, Richard: *Die Musikbibliothek von Raimund Fugger d.J. Ein Beitrag zur Musiküberlieferung des 16. Jahrhunderts*, in: AMl 29, S. 126–137

Schering, *Orgelmesse* – Schering, Arnold: *Die niederländische Orgelmesse im Zeitalter des Josquin. Eine stilkritische Untersuchung*, Leipzig 1912, Reprint Amsterdam/Wiesbaden 1971 (Bibliotheca Organologica. Facsimiles of rare books on organ and organbuilding, Bd. XVI)

Schestag, *Triumph* – Schestag, Franz: *Kaiser Maximilian I. Triumph*, in: Jahrbuch der kunsthistorischen Sammlungen des Allerhöchsten Kaiserhauses 1 (1883), S. 154–181

Scheurleer, *Ecclesiasticus* – Fruytiers, Ian: *Ecclesiasticus oft de wijse sproken Iesu des soons Syrach*, hrsg. von Daniel F. Scheurleer, Amsterdam 1898

Schindler, *Silesia togata* – Schindler, Caspar Theophil (Hrsg.): *Jo. Henrici, Casp. Fil. Cunradi Silesia togata*, Liegnitz 1706

Schletterer, *Salminger* – Schletterer, Hans M.: *Sigmund Salminger*, in: MfM 21 (1889), S. 177–186

Schmeller, *Rožmital* – Schmeller, J[ohann] A[ndreas] (Hrsg.): *Des böhmischen Herrn Leo's von Rožmital Ritter-, Hof- und Pilgerreise durch die Abendlande 1465–1467*, Stuttgart 1844 (Bibliothek des literarischen Vereins in Stuttgart, Bd. 7)

Schmid, *Dürer* – Schmid, Manfred Hermann: *Dürer und die Musik. Das Rätsel der „nicht entzifferten Aufzeichnungen" im schriftlichen Nachlaß*, in: Mf 46 (1993), S. 131–156

Schneider, *Introduction* – Schneider, Matthias: *Introduction* zu *Collection of German, French and Instrumental Pieces. Wien, Österreichische Nationalbibliothek MS 18810*, hrsg. von Eugeen Schreurs und Martine Sanders, Peer 1987

Schreurs, *Het derde musyck boexken* – *Het derde musyck boexken (Alderhande danserye)*, hrsg. von Eugeen Schreurs und Martine Sanders, *Introduction* von Herman Baeten, Peer 1987

Schreurs, *Het tvueetste musyck boexken* – *Het tvueetste musyck boexken*, hrsg. von Eugeen Schreurs und Martine Sanders, *Introduction* von Eugeen Schreurs, Peer 1987

Schwab, *Anfänge* – Schwab, Heinrich W.: *Die Anfänge des weltlichen Berufsmusikertums in der mittelalterlichen Stadt. Studien zu einer Berufs- und Sozialgeschichte des Stadtmusikantentums*, Kassel 1982 (Kieler Studien zur Musikwissenschaft 24)

Scriptores rerum silesiacarum – *Scriptores rerum silesiacarum*, Bd. 3, hrsg. von Gustav A. Stenzel, Breslau 1847

Sehling, *Kirchenordnungen* – *Die evangelischen Kirchenordnungen des XVI. Jahrhunderts*, hrsg. von Emil Sehling, fortgeführt vom Institut für evangelisches Kirchenrecht der Evangelischen Kirche in Deutschland zu Göttingen, Bd. 11, Tübingen 1961

Senfl, *Werke* – Senfl, Ludwig: *Sämtliche Werke*, hrsg. von Walter Gerstenberg u.a., 11 Bände, Wolfenbüttel usw. 1937–1974

Senn, *Innsbruck* – Senn, Walter: *Musik und Theater am Hof zu Innsbruck*, Innsbruck 1954

Serauky, *Halle* – Serauky, Walter: *Musikgeschichte der Stadt Halle*, 3 Bände Text, 2 Bände Musik, Halle/Berlin 1935–1943

Silbiger, *Musica Teutsch* – Silbiger, Alexander: *The First Viol Tutor: Hans Gerle's Musica Teutsch*, in: Journal of the Viola da Gamba Society of America 6 (1969), S. 34–48

Singer, *Tänze von 1478* – Singer, Friedrich Wilhelm: *Der 'Trotter' und der 'Zeuner' – zwei nordbairische Tänze von 1478*, in: Jahrbuch des Österreichischen Volksliedwerkes 30 (1981), S. 39–42

Slim, *Instrumental Versions* – Slim, H. Colin: *Instrumental Versions, c. 1515–1554, of a Late-Fifteenth-Century Flemish Chanson, O waerde mont*, in: Music in Medieval and Early Modern Europe, hrsg. von Iain Fenlon, Cambridge 1981, S. 131–161

Slim, *Music Library* – Slim, H. Colin: *The Music Library of the Augsburg Patrician, Hans Heinrich Herwart (1520–1583)*, in: Annales Musicologiques VII (1964–1977), S. 67–109

SMd – *Schweizerische Musikdenkmäler*

Bd. 5 – *Das Liederbuch des Johannes Heer von Glarus. Ein Musikheft aus der Zeit des Humanismus (Codex 462 der Stiftsbibliothek St. Gallen)*, hrsg. von Arnold Geering und Hans Trümpy, Basel 1967

Bd. 6 – *Tabulaturen des XVI. Jahrhunderts. Teil 1: Die Tabulaturen aus dem Besitz des Basler Humanisten Bonifacius Amerbach*, hrsg. von Hans Joachim Marx, Basel 1967

Bd. 7 – *Tabulaturen des XVI. Jahrhunderts. Teil 2: Die Orgeltabulatur des Clemens Hör (Ms. Zürich, Zentralbibliothek, Z.XI.301)*, hrsg. von Hans Joachim Marx, Basel 1970

Smijers, *Hofmusik-Kapelle* – Smijers, Albert: *Die kaiserliche Hofmusik-Kapelle von 1543–1619*, in: Studien zur Musikwissenschaft VI (1919), S. 139–186, VII (1920), S. 102–142, VIII (1921), S. 176–206, IX (1922), S. 43–81 (auch erschienen als Separatdruck, Wien 1922)

Smith, *Renaissancequerflöte* – Smith, Anne: *Die Renaissancequerflöte und ihre Musik. Ein Beitrag zur Interpretation der Quellen*, in: Basler Jahrbuch für historische Musikpraxis II (1978), S. 9–76

Smithers, *Inventory* – Smithers, Don. A.: *Textual-Musical Inventory and Concordance of Munich University MS 328–331*, in: R.M.A. Research Chronicle 8 (1970), S. 34–89

Southern, *Basse-Dance Music* – Southern, Eileen: *Basse-Dance Music in Some German Manuscripts of the 15th Century*, in: Aspects of Medieval and Renaissance Music. A Birthday Offering for Gustave Reese, hrsg. von Jan LaRue, New York 1966, S. 738–755

Sowa, *Liederhandschrift* – Sowa, Georg: *Die Liederhandschrift 1544. Manuskript Iserlohn (Westfahlen)*, in: AfMw 24 (1967), S. 266–282

Staehelin, *Derwischmusik* – Staehelin, Martin und Neubauer, Eckhard: *Türkische Derwischmusik bei Heinrich Isaac*, in: Von Isaac bis Bach: Studien zur älteren deutschen Musikgeschichte.

Festschrift Martin Just zum 60. Geburtstag, hrsg. von Frank Heidlberger, Wolfgang Osthoff und Reinhard Wiesend, Kassel 1991, S. 27–40

Staehelin, *Egenolff* – Staehelin, Martin: *Zum Egenolff-Diskantband der Bibliothèque Nationale in Paris. Ein Beitrag zur musikalischen Quellenkunde in der 1. Hälfte des 16. Jahrhunderts*, in: AfMw 23 (1966), S. 93–109

Staehelin, *Isaac* – Staehelin, Martin: *Die Messen Heinrich Isaacs*, 3 Bände, Bern/Stuttgart 1977 (Publikationen der schweizerischen musikforschenden Gesellschaft, Serie II, Bd. 28^{I}–28^{III})

Staehelin, *Kontrafakturpraxis* – Staehelin, Martin: *Zur Begründung der Kontrafakturpraxis in deutschen Musikhandschriften des 15. und frühen 16. Jahrhunderts*, in: Florilegium Musicologicum, H. Federhofer zum 75. Geburtstag, hrsg. von Ch.-H. Mahling, Tutzing 1988, S. 389–396

Staehelin, *Neue Quellen* – Staehelin, Martin: *Neue Quellen zur mehrstimmigen Musik des 15. und 16. Jahrhunderts in der Schweiz*, in: Schweizer Beiträge zur Musikwissenschaft III (1978), S. 57–83

Staehelin, *Platter* – Staehelin, Martin: *Felix Platter und die Musik*, in: Felix Platter (1536–1614) in seiner Zeit, hrsg. von Ulrich Tröhler, Basel 1990 (Basler Veröffentlichungen zur Geschichte der Medizin und Biologie, N.F., Fasc. 3), S. 74–81

Staehelin, *Zürich* – Staehelin, Martin: *Aus 'Lukas Wagenrieders' Werkstatt: ein unbekanntes Lieder-Manuskript des frühen 16. Jahrhunderts in Zürich*, in: Formen und Probleme der Überlieferung mehrstimmiger Musik im Zeitalter Josquins Desprez, hrsg. von Ludwig Finscher, München 1981 (Quellenstudien zur Musik der Renaissance 1), S. 71–94

Stenzl, *Musikheft* – Stenzl, Jürg: *Das Musikheft des Simon Zmutt von Sitten. Sitten, Kapitelarchiv, Tir. 87-4*, in: Schweizer Beiträge zur Musikwissenschaft, Bd. 1 (1972), S. 115–132

Sterl, *Materialien* – Sterl, Raimund W.: *Materialien zum Spielmann und Stadtpfeifer im spätmittelalterlichen Regensburg*, in: Die Oberpfalz, Bd. 56 (1968), S. 73–80

Steude, *Untersuchungen* – Steude, Wolfram: *Untersuchungen zur mitteldeutschen Musiküberlieferung und Musikpflege im 16. Jahrhundert*, Leipzig 1978

Strohm, *Ensemblemusik* – Strohm, Reinhard: *Instrumentale Ensemblemusik vor 1500: das Zeugnis der mitteleuropäischen Quellen*, in: Musik und Tanz zur Zeit Kaiser Maximilian I., hrsg. von Walter Salmen, Innsbruck 1992 (Innsbrucker Studien zur Musikwissenschaft, Bd. 15), S. 89–106

Strohm, *Private Kunst* – Strohm, Reinhard: *Die private Kunst und das öffentliche Schicksal von Hermann Poll, dem Erfinder des Cembalos*, in: Musica Privata. Die Rolle der Musik im privaten Leben. Festschrift zum 65. Geburtstag von Walter Salmen, hrsg. von Monika Fink u.a., Innsbruck 1991, S. 53–66

Suppan, *Collection* – Suppan, Wolfgang: *A Collection of European Dances, Breslau 1555*, in: Studia Musicologica VII (1965), S. 165–169

Susato, *Danserye* – Susato, Tielmann: *Danserye 'zeer lustich ende bequaem om spelen op alle musicale Instrumenten' 1551*, hrsg. von F. J. Giesbert, Mainz 1936

Sutton, *Triple pavans* – Sutton, Julia: *Triple pavans: clues to some mysteries on 16th century dance*, in: Early Music XIV (1986), S. 175–181

Tappert, *Sang und Klang* – Tappert, Wilhelm (Hrsg.): *Sang und Klang aus alter Zeit. Hundert Musikstücke aus Tabulaturen des XVI. bis XVIII. Jahrhunderts*, Berlin 1906

Taricani, *A Renaissance Bibliophile* – Taricani, Joann: *A Renaissance Bibliophile as Musical Patron: the Evidence of the Herwart Sketchbooks*, in: Notes 49 (1993), S. 1357–1389

Tenorlied – *Das Tenorlied. Mehrstimmige Lieder in deutschen Quellen 1450–1580*, hrsg. vom Deutschen Musikgeschichtlichen Archiv Kassel und vom Staatlichen Institut für Musikforschung Preußischer Kulturbesitz Berlin. Zusammengestellt und bearbeitet von Norbert Böker-Heil, Harald Heckmann und Ilse Kindermann, 3 Bände, Kassel/Basel/London 1979–1986

Teramoto/Brinzing, *Petreius* – Teramoto, Mariko und Brinzing, Armin: *Katalog der Musikdrucke des Johannes Petreius in Nürnberg*, Kassel 1993 (Catalogus Musicus XIV)

Thomas, *Music for Crumhorns* – Thomas, Bernard: *Music for Crumhorns 1: 43 Pieces in 4 and 5 Parts*, London 1980

Thomas/Gingell, *Renaissance-Tanzbuch* – Thomas, Bernard und Gingell, Jane: *Das Renaissance-Tanzbuch. Tänze des 16. und frühen 17. Jahrhunderts mit Erläuterungen und Choreographien*, Kassel/Basel 1989

Tinctoris, *Diffinitorium*, ed. Machabey – Tinctoris, Johannes: *Terminorum Musicae Diffinitorium*, hrsg. und übersetzt von Armand Machabey, Paris 1951

Toft, *Aural Images* – Toft, Robert: *Aural Images of Lost Traditions. Sharps and Flats in the Sixteenth Century*, Toronto usw. 1992

Tolle, *Grundformen* – Tolle, Wilhelm: *Grundformen des reformatorischen Schulliederbuches vorwiegend um 1600*, Wolfenbüttel/Berlin 1936

Vaccaro, *La musique de luth* – Vaccaro, Jean-Michel: *La musique de luth en France au XVIe siècle*, Paris 1981

Vanhulst, *Phalèse* – Vanhulst, Henri: *Catalogue des Éditions de musique publiées à Louvain par Pierre Phalèse et ses fils 1545–1578*, Brüssel 1990 (Académie Royale de Belgique, Mémoires de la Classe des Beaux-Arts, Collection in-8° – 2e série, T. XVI – Fascicule 2.XLVIII)

Vogel, *Musikgeschichte Zwickaus* – Vogel, C.: *Einiges zur älteren Musikgeschichte Zwickaus*, in: Alt-Zwickau 1922, Nr. 8, S. 29f.

Wackernagel, *Kirchenlied* – Wackernagel, Philipp: *Das deutsche Kirchenlied von der ältesten Zeit bis zu Anfang des 17. Jahrhunderts*, 5 Bände, Leipzig 1864–1877, Nachdruck Hildesheim 1964

Wallner, *Musikalische Denkmäler* – Wallner, Bertha Antonia: *Musikalische Denkmäler der Steinätzkunst des 16. und 17. Jahrhunderts nebst Beiträgen zur Musikpflege dieser Zeit*, München 1912

Wandruszka, *Ferdinand I.* – Wandruszka, Adam: Artikel *Ferdinand I.*, in: Neue Deutsche Biographie, Bd. 5, S. 81–83

Ward, *Broadside Ballad* – Ward, John M.: *Apropos The British Broadside Ballad and its Music*, in: JAMS XX (1967), S. 28–86

Ward, *Dublin* – Ward, John: *The Dublin Virginal Manuscript*, Wellesley 1954 (The Wellesley Edition, No. 3)

Ward, *Music* – Ward, John M.: *Music for Elizabethan Lutes*, 2 Bände, Oxford 1992

Weber, *Iselin* – Weber, Angelika: *Die Lautentabulatur des Ludwig Iselin. Eine kritische Übertragung der Lautentabulatur Basel U.B. Ms. F.IX.23*, Lizentiatsarbeit der Philosophischen Fakultät der Iniversität Freiburg i.Ue. 1972

Welker, *Alta capella* – Welker, Lorenz: *'Alta capella'. Zur Ensemblepraxis der Blasinstrumente im 15. Jahrhundert*, in: Basler Jahrbuch für historische Musikpraxis VII (1983), S. 119–165

Welker, *Bläserensembles* – Welker, Lorenz: *Bläserensembles der Renaissance*, in: Basler Jahrbuch für historische Musikpraxis XIV (1990), S. 249–270

Welker, *Oswald von Wolkenstein* – Welker, Lorenz: *New Light on Oswald von Wolkenstein: Central European Traditions and Burgundian Polyphony*, in: Early Music History 7 (1987), S. 187–226

Welker, *Renaissance* – Welker, Lorenz: *Die Musik der Renaissance*, in: Musikalische Interpretation, hrsg. von Hermann Danuser, Laaber 1992 (Neues Handbuch der Musikwissenschaft, Bd. 11), S. 139–215

Welker, *Studien* – Welker, Lorenz: *Studien zur musikalischen Aufführungspraxis in der Zeit der Renaissance ca. 1300 bis 1600*, Diss. Basel 1992

Wendel, *Musiksammlung* – Wendel, Alfred: *Eine studentische Musiksammlung der Reformationszeit. Die Handschrift Misc. 236a–d der Schermar-Bibliothek in Ulm*, 3 Teile, Baden-Baden 1993 (= Sammlung musikwissenschaftlicher Abhandlungen, Bd. 85)

Werner, *Vier Jahrhunderte* – Werner, Arno: *Vier Jahrhunderte im Dienste der Kirchenmusik. Geschichte des Amtes und Standes der evangelischen Kantoren, Organisten und Stadtpfeifer seit der Reformation*, Leipzig 1933

Wessely, *Mahu* – Wessely, Othmar: Artikel *Mahu, Stephan*, in: New Grove 11, S. 534

Wetzel, *Otto danze* – Wetzel, Ingrid: *'Hie innnen sindt geschriben die wellschen tenntz': Le otto danze italiane del manoscritto di Norimberga*, in: Guglielmo Ebreo da Pesaro e la danza nelle corti italiane del XV secolo. Atti del Convegno Internazionale di Studi, Pesaro 16/18 luglio 1987, hrsg. von Maurizio Padovan, Pisa 1990, S. 321–343

Whisler, *Munich 1516* – Whisler, Bruce A.: *Munich Mus. ms. 1516: a Critical Edition*, Diss. Univ. of Rochester, NY 1974

White, *Lublin* – White, John R.: *The Tablature of Johannes of Lublin*, in: MD XVII (1963), S. 137–162

Wilkowska-Chomińska, *Lublin* – Wilkowska-Chomińska, Krystyna: *Préface* und *Index thématique* zu: *Tabulatura organowa Jana z Lublina*, Bd. 1, Warschau 1964 (Monumenta Musicae in Polonia, seria B, vol. I,1) [= Faksimile der Handschrift KrakauBP 1716], S. 10–46

Woitas, *Allemande* – Woitas, Monika: Artikel *Allemande*, in: MGG 2, Bd. 1, Sp. 462–470

Wolf, *Handbuch* – Wolf, Johannes: *Handbuch der Notationskunde*, 2 Bände, Leipzig 1913–1919 (Kleine Handbücher der Musikgeschichte nach Gattungen, Bd. 8), Nachdruck Hildesheim 1963

Wolf, *Sing- und Spielmusik* – Wolf, Johannes: *Sing- und Spielmusik aus älterer Zeit*, Leipzig 1926

Wolf, *Lieder* – Wolf, Johannes: *Lieder aus der Reformationszeit*, in: AfMw 7 (1925), S. 53–64 und 412 (*Nachtrag*)

Woodfield, *Viol* – Woodfield, Ian: *The Early History of the Viol*, Cambridge 1984

Wustmann, *Musikgeschichte Leipzigs* – Wustmann, Rudolf: *Musikgeschichte Leipzigs in drei Bänden. Erster Band: Bis zur Mitte des 17. Jahrhunderts*, Leipzig/Berlin 1909

Zahn, *Kirchenlieder* – Zahn, Johannes: *Die Melodien der deutschen evangelischen Kirchenlieder aus den Quellen geschöpft und mitgeteilt*, 6 Bände, Gütersloh 1889–1893, Nachdruck Hildesheim 1963

Žak, *Repräsentation* – Žak, Sabine: *Fürstliche und städtische Repräsentation in der Kirche (Zur Verwendung von Instrumenten im Gottesdienst)*, in: MD XXXVIII (1984), S. 231–259

Zirnbauer, *Notenbestand* – Zirnbauer, Heinz: *Der Notenbestand der reichsstädtisch Nürnbergischen Ratsmusik. Eine bibliographische Rekonstruktion von Heinz Zirnbauer. Mit einem Beitrag von Theodor Wohnhaas: Leistungen der Reichsstadt zur Ratsmusik (1550–1670)*, Nürnberg 1959

Verzeichnis der Abbildungen

Register

Das folgende Register erschließt Personen, Werke, Orte, wichtige Sach-Stichworte sowie zitierte Handschriften. Die Werktitel bzw. Textanfänge folgen dem Wortlaut der Quellen und wurden nur in einzelnen Fällen zur besseren Auffindbarkeit vereinheitlicht. Bei den häufig sehr zahlreichen Varianten der Tanz-Titel wurden nur die wichtigsten aufgenommen. Handschriften werden unter ihren jeweiligen Siglen im Quellenverzeichnis aufgeführt.

A

B

C

D

G

H

I

M

Q

R

S

T

Y

Z

Abhandlungen zur Musikgeschichte

In Verbindung mit Ulrich Konrad und Hans Joachim Marx herausgegeben von Martin Staehelin.

1: Bernd Wiechert

Heinrich von Herzogenberg (1843-1900)

Studien zu Leben und Werk
1997. X, 339 Seiten mit 13 Abbildungen, kartoniert. ISBN 3-525-27901-9

Heinrich von Herzogenberg gehörte zum engeren Freundes- und Künstlerkreis um Brahms. Der musikwissenschaftlichen Forschung ist er lange Zeit gleichgültig gewesen; zwar findet sich sein Name als Randerscheinung in Musiklexika und Brahms-Biographien, doch ist über die äußeren Daten kaum etwas über diesen Komponisten bekannt geworden. Diese Dissertation bietet die erste umfassende Würdigung der Lebensleistung Herzogenbergs.

2: Dorothea Schröder

Zeitgeschichte auf der Opernbühne

Barockes Musiktheater in Hamburg im Dienst von Politik und Diplomatie (1690-1745). 1998. XI, 366 Seiten mit 14 Abbildungen, kartoniert. ISBN 3-525-27900-0

Die Hamburger Gänsemarkt-Oper spielte seit etwa 1690 eine bedeutende Rolle im politischen Leben der Hansestadt. Hervorragende Ereignisse wurden durch die Aufführung von Festopern gefeiert, wobei die Veranstalter das Musiktheater nutzten, um politische Botschaften zu übermitteln. Die privat betriebene Oper stand dabei verschiedenen Parteien zur Verfügung. Die Auswertung von bisher unbekannten Quellen zeigt, wie der Hamburger Rat die Oper in den Dienst seiner Handels- und Außenpolitik stellte und wie schließlich die Tradition der Festoper zu Ende ging.

3: Markus Frei-Hauenschild

Friedrich Ernst Fesca (1789-1826)

Studien zu Biographie und Streichquartettschaffen
1998. XIV, 597 Seiten mit zahlr. Notenbeispielen, kartoniert. ISBN 3-525-27902-7

Die Streichquartette Friedrich Ernst Fescas eroberten sich ab etwa 1815 rasch einen prominenten Platz im Repertoire. In der Folge war Fesca der am meisten rezensierte Quartettkomponist seiner Zeit, dessen Werke von Kritikern wie Carl Maria von Weber als Modelle einer zeitgemäßen Quartettkomposition exponiert wurden. Die Dissertation ist die erste umfassende Würdigung Fescas, dessen Leben und Werk hier in sozial geschichtlichen und ästhetischen Zusammenhängen dargestellt werden. Das thematisch-bibliographische Verzeichnis sämtlicher Werke Fescas und ein Personenregister komplettieren die Darstellung.

€ 14,90
-2 Bde-

V&R

ABHANDLUNGEN ZUR MUSIKGESCHICHTE

In Verbindung
mit Ulrich Konrad und Hans Joachim Marx
herausgegeben von Martin Staehelin

Band 4

ARMIN BRINZING

Studien zur instrumentalen Ensemblemusik im deutschsprachigen Raum des 16. Jahrhunderts

Band II: Editionen

VANDENHOECK & RUPRECHT IN GÖTTINGEN

Die Deutsche Bibliothek – CIP-Einheitsaufnahme

Brinzing, Armin:
Studien zur instrumentalen Ensemblemusik im deutschsprachigen Raum des 16. Jahrhunderts / Armin Brinzing. –
Göttingen : Vandenhoeck und Ruprecht
ISBN 3-525-27903-5

Bd. 2. Editionen. – 1998

D7
Göttinger philosophische Dissertation

Druck: Hubert & Co., Göttingen

Inhaltsverzeichnis

Vorbemerkung

Die hier vorgelegten Übertragungen erheben nicht den Anspruch einer kritischen Edition. Sie sollen in erster Linie das im Text Dargestellte veranschaulichen und die überwiegend bislang noch nicht edierten Kompositionen zugänglich machen. Den Schwerpunkt bilden dabei jene Sätze in den Tanzsammlungen der Gebrüder Hess, zu denen die fehlenden Oberstimmen rekonstruiert werden konnten.[1] Bei jenen Sätzen, die sonst nur in Intavolierungen überliefert sind, wurden diese parallel zu den Ensemblesätzen abgedruckt, um so die Beziehungen zwischen Intavolierung und mehrstimmigem Satz einerseits sowie das Zustandekommen der rekonstruierten Stimme andererseits nachvollziehbar zu machen.

Angesichts der – gerade bei den Tanzkompositionen – oft erheblichen Abweichungen zwischen den verschiedenen Quellen wurde auf Lesartenvergleiche verzichtet, da diese mitunter sehr umfangreich und damit wenig lesefreundlich ausfallen müßten. Stattdessen wurden in einigen besonders aussagekräftigen Fällen diese verschiedenen Fassungen parallel abgedruckt, um einen bequemen Vergleich zu ermöglichen.

Die Notenwerte wurden gegenüber den Quellen halbiert, originale Mensurzeichen erscheinen über den modernen Taktzeichen. Originale Schlüssel sowie Korrekturen werden im Kommentar aufgelistet. Eine geschlossene eckige Klammer trennt dabei die korrigierte von der originalen Lesung (z.B. „T: 5,4 *h*] *a*": Tenor, 5. Mensur, 4. Zeichen korrigiert *h* statt im Original *a*). Angaben zu Notenwerten beziehen sich hier stets auf die originalen, unverkürzten Notenwerte.

1 Eine praktische Ausgabe ausgewählter Tanzsätze aus den beiden Hess-Sammlungen befindet sich in Vorbereitung.

I. MünchenUB 718

1. Martin Wolff: *Ach unnfals Neydtt*

a) MünchenUB 718, Nr. 10
b) 1539[27], Nr. 39

7
1.
2.
13

20
27

2. Paul Hofhaimer: *Trostlicher lieb* (Beginn)

a) MünchenUB 718, Nr. 14
b) 1512[1], Nr. 8

8

3. Anonym: *So hab ich al mein tag gehertt*

a) MünchenUB 718, Nr. 27
b) 1513^2, Nr. 50

8
15

22
29

II. RegensburgTH 3/I

1. Pierre de Manchicourt: *De profundis. De funde ma pensse*

B-Stimme aus RegensburgTH 3/I, übrige Stimmen ergänzt aus Manchicourt 1545, fol. 2r (Quarte tiefer transponiert)

25
33
41
48

III. Augsburg 142a

1. Fol. 18v–19r: *Mantuanne*[r?] *dantz de*[r?] *schallter* [= *La gambetta*]

2. Fol. 19v: Tanz ohne Titel

3. Fol. 20[r]: [*La scarpa mi fa mal*]

4. Fol. 20v: [*La monina*]

5. Fol. 20v–21r: Tanz ohne Titel

6. Fol. 21r: [*Caminata*]

a) Augsburg 142a, fol. 21r
b) FlorenzBN Panc. 27, fol. 116v–117r: *Caminata*

7. Fol. 21ᵛ: Tanz ohne Titel

IV. Hess 1555a

1. Nr. 27: Tanz – Nachtanz

a) Hess 1555a, Nr. 27 (D rekonstruiert)

b) KrakauBP 1716, fol. 212[r]: *Corea* (nach CEKM 6/V, S. 20f.)

[Nachtanz]

a'
5
1.
2.
b

9
1.
2.
c

13
1.
2.

2. Nr. 36: [*Studenden Dantz*]

a) Hess 1555a, Nr. 36 (D rekonstruiert)

b) Ammerbach 1583, S. 185f.: *Studenden Dantz* (nach Jacobs, Ammerbach, S. 329)

[Nachtanz]

3. Nr. 43: Tanz – Nachtanz

a) Hess 1555a, Nr. 43 (D rekonstruiert)
b) Drusina 1556, fol. l 2^{v}–l 3^{r}: *Tantz – Sprunck*

12

16
C

[Nachtanz]

10

18 c

4. Nr. 46: Tanz – Nachtanz [*Brunsmedelijn*?]

a) Hess 1555a, Nr. 46 (D rekonstruiert)
b) Susato 1551, fol. 12v: *Allemaigne*

a)

b)

[Nachtanz]

5. Nr. 48: Tanz – Nachtanz [*Haÿduczkÿ*]

a) Hess 1555a, Nr. 48 (D rekonstruiert)
b) KrakauBP 1716, fol. 220ᵛ: *Haÿduczkÿ* (nach CEKM 6/V, S. 37f.)

[Nachtanz]

6. Nr. 52: Tanz – Nachtanz [*Zaklolam szÿa Tharnem*]

D rekonstruiert

[Nachtanz]

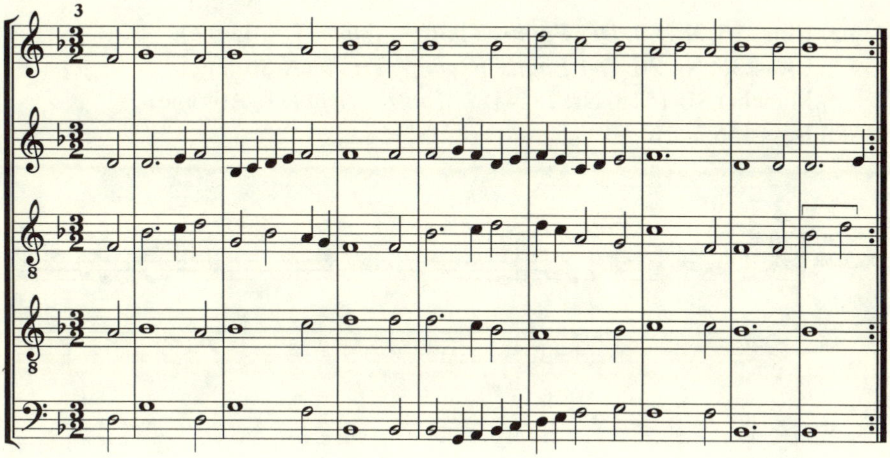

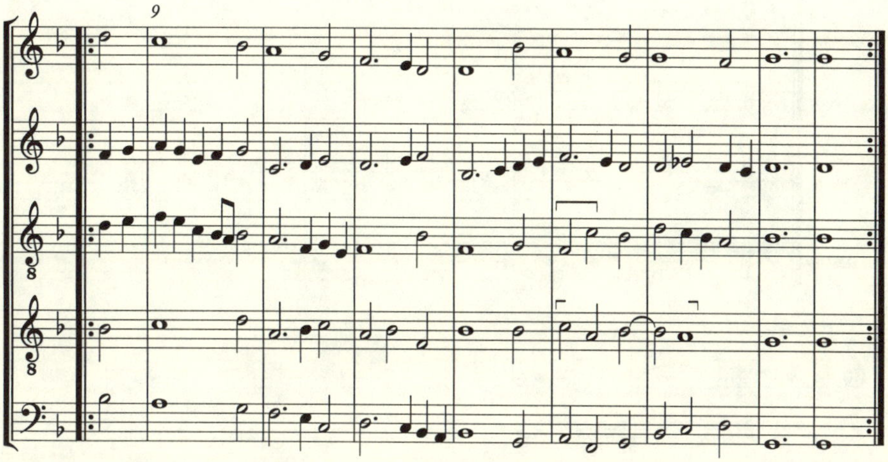

7. Nr. 64: Hoftanz – Nachtanz [*Benzenauer*]

a) Ulm 236, Nr. 80: *Der Polnisch tantz – Tripla* (D-Stimme)
b) Ulm 236, Nr. 80: *Der Polnisch tantz – Tripla* (A-Stimme)
c) MünchenSB 1516, Nr. 181–182: *Tantz – Trippl* (A-Atimme)
d) Hess 1555a, Nr. 64

8
B

12 C

[Nachtanz]

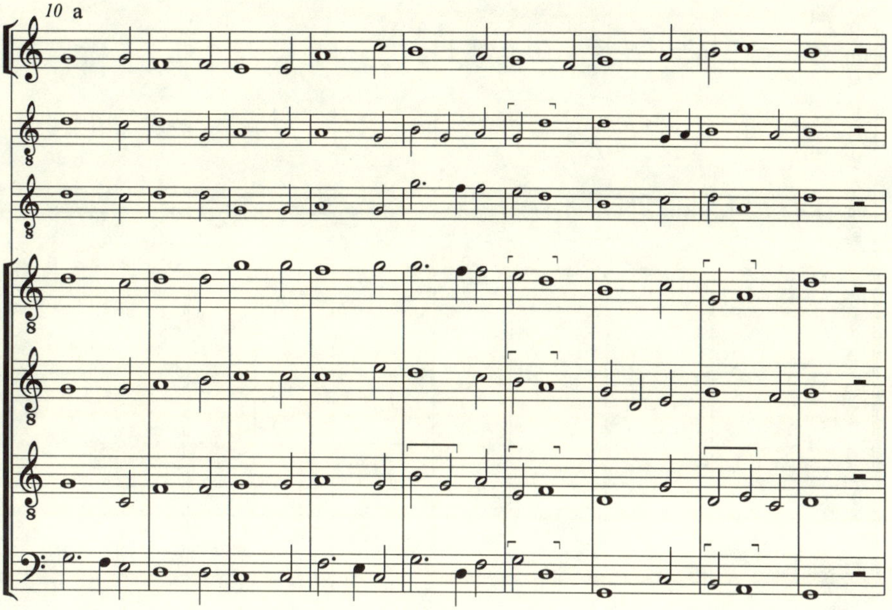
10 a

19 b
c

28
c

37

8. Nr. 67: Tanz – Nachtanz [*Wer sich der bulschafft unterwindt*]

D rekonstruiert nach [1519][5], Nr. 29

[Nachtanz]

9
18

9. Nr. 86: Tanz – Nachtanz [*Polnischer Tanz / Der Schäfer von der neuen Stadt*]

D rekonstruiert in Anlehnung an *Pastorum Dantz* in Ammerbach 1571, fol. 50[v] (ed. in Jacobs, *Ammerbach*, S. 81f.)

[Nachtanz]

10. Nr. 89: Bettlertanz – Nachtanz

[Nachtanz]

11. Nr. 93: Tanz – Nachtanz [*Königs Ferdinandus tantz*]

D rekonstruiert nach Basel F.X. 22–24, Nr. 6 und Attaingnant 1530, Pavane 3

3
6
13
1.
2.

12. Nr. 94: Tanz [Pavane *La rote de rode*] – Nachtanz

a) Hess 1555a, Nr. 94 (D rekonstruiert)
b) [c. 1528][9], Pavane 4

5
9

[Nachtanz]

13. Nr. 103: Tanz – Nachtanz [*Rex*]

a) Hess 1555a, Nr. 103 (D rekonstruiert)
b) KrakauBP 1716, fol. 132r: *Rex* (nach CEKM 6/V, S. 12f.)

[Nachtanz]

14. Nr. 119: Tanz – Nachtanz

[Nachtanz]

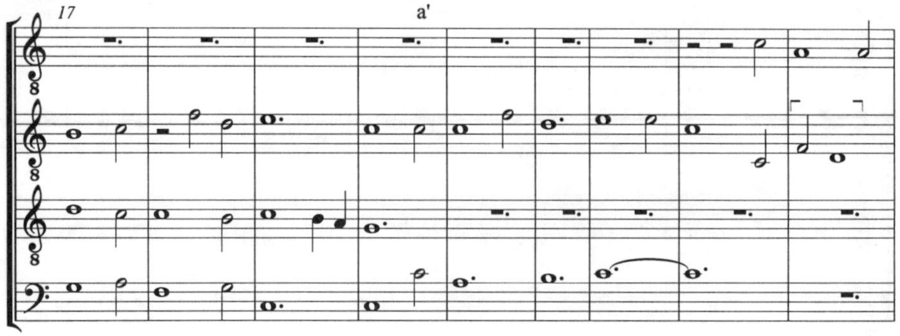

26
35
b
44
b'
52
1.
2.

15. Nr. 122: Tanz – Nachtanz

a) Hess 1555a, Nr. 122 (D rekonstruiert)
b) Ammerbach 1571, fol. 57v–58v: *Ein ander hübscher Dantz – Proportio* (nach Jacobs, *Ammerbach*, S. 95f.)

[Nachtanz]

9
b
c

18
d
d'

16. Nr. 127: Tanz – Nachtanz [*Wer ich ein falck*]

D rekonstruiert

[Nachtanz]

17. Nr. 132: Tanz – Nachtanz [*La scarpa mi fa mal*]

a) Hess 1555a, Nr. 132 (D rekonstruiert)
b) Basel F.X. 22–24, Nr. 9: *Paduaner* (T fehlt)

[Nachtanz]

18. Nr. 137: Tanz – Nachtanz

a) Hess 1555a, Nr. 137 (D rekonstruiert)

b) Ammerbach 1571, fol. 55v: *Ein ander hübscher Dantz – Proportio* (nach Jacobs, *Ammerbach*, S. 91ff.)

[Nachtanz]

19. Nr. 142: Tanz – Nachtanz

a) Hess 1555a, Nr. 142 (D rekonstruiert)
b) KrakauBP 1716, fol. 102^{v}: ohne Titel (nach CEKM 6/V, S. 5)

[Nachtanz]

20. Nr. 143: Tanz – Nachtanz [*Ein kurtzer Dantz*]

a) Hess 1555a, Nr. 143 (D rekonstruiert)

b) Ammerbach 1571, fol. L 2^{v}: *Ein kurtzer Dantz* (nach Jacobs, *Ammerbach*, S. 90)

[Nachtanz]

21. Nr. 148: Tanz – Nachtanz [*Der alten Weiber Tantz*]

a) Hess 1555a, Nr. 148 (D rekonstruiert)
b) Drusina 1556, fol. l 2r: *Tantz – Sprunck*

[Nachtanz]

7
1.
2.

22. Nr. 150: [*Zeuner tantz – Hupff auff*]

D rekonstruiert

[Nachtanz]

23. Nr. 153: Tanz – Nachtanz

a) Hess 1555a, Nr. 153 (D rekonstruiert)
b) KrakauBP 1716, fol. 222v: ohne Titel (nach CEKM 6/V, S. 40f.)

[Nachtanz]

8

14
13

V. Hess 1555b

1. Nr. 2: Passamezzo moderno – Saltarello

D ergänzt aus Kopenhagen 1873 (D fol. 166[r])

14
20
¢3 [Sprung]

7
14
20

2. Nr. 3: Pavana – Saltarello

D ergänzt aus Kopenhagen 1873 (D fol. 168r)

12
18
C3
[Saltarello]

5

9

3. Nr. 5: Gagliarda [*La rocha el fuso*]

D rekonstruiert

7
1.
2.
10
1.
2.

4. Nr. 16: Pavane

D ergänzt aus Kopenhagen 1873 (D fol. 166r)

13

21

5. Nr. 22: Tanz – Nachtanz

D ergänzt aus Kopenhagen 1873 (D fol. 166[v])

11

15

[Nachtanz]

6. Nr. 23: Passamezzo antico – Saltarello

a) Kopenhagen 1872, Nr. 104/I: *Welsch Tantz / Lamelanza – Sprung* (D und 6)
b) Hess 1555b, Nr. 23

[Saltarello]

7. Nr. 24: Pavane – Gaillarde

a) Hess 1555b, Nr. 24 (D rekonstruiert)

b) New Haven 13, fol. 18v–19r: *A pavin* (nach Ward, *Music*, Bd. 2, S. 124)

[Gaillarde]

5

9

8. Nr. 26: Pavane

D ergänzt aus Kopenhagen 1873 (D fol. 166[v])

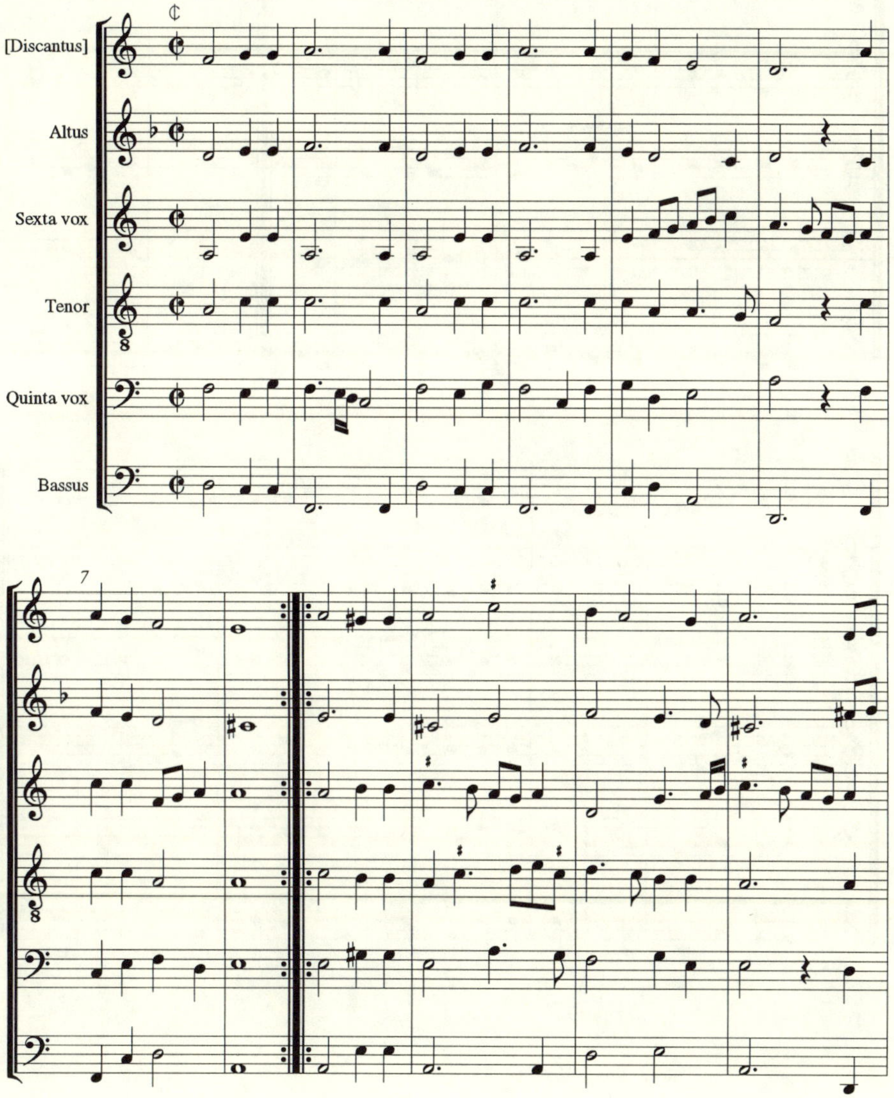

13

19

9. Nr. 29: Pavana [*El Todescho*]

a) Hess 1555b, Nr. 29 (D rekonstruiert)
b) London Roy. App. 59–62, fol. 16[r]: *El Todescho*

11

17

13

10. Nr. 44: Chiarentana [*La geomatria*]

D ergänzt aus Kopenhagen 1873 (D fol. 167r)

15

11. Nr. 55: Pavane – Gaillarde

D rekonstruiert nach Uppsala 76c, fol. 137^{v}: Pavane ohne Titel

12
19

[Gaillarde]

12. Nr. 63: Pavane [*La bataille*]

a) Hess 1555b, Nr. 63 (D aus London Roy. App. 59–62)
b) London Roy. App. 59–62, fol. 7[v]: *La bataglia*

9
17

25

13. Nr. 64: *Jamais n'aymeray masson* (nach Jean Mouton)

D rekonstruiert nach 1542[8], Nr. 86

14
B
21
C
C
A
28
B

14. Nr. 65: Pavane – Gaillarde [*J'ay le rebours*]

D in der Pavane ergänzt aus [c. 1528][9] (Pavane 3), in der Gaillarde danach rekonstruiert

15
¢3 [Gaillarde]
4
12

15. Nr. 76: Gagliarda/Saltarello [*La rocha el fuso / El tu tu*]

D rekonstruiert nach London Roy. App. 59–62, fol. 6r (*La rocha el fuso*) und MünchenSB 1503h, Nr. 5 (*La rocha el fuso*)

16. Nr. 86: [*Kyng Harry the VIIIth Pavyn*]

a) Hess 1555b, Nr. 86 (D rekonstruiert)
b) London Roy. App. 58, fol. 47^{v}: *Kyng Harry the VIIIth Pavyn* (nach MB LXVI, S. 70; hier Quarte tiefer transponiert)

12

19

17. Nr. 132: Pavane – Gaillarde 1 – Gaillarde 2

Pavane

a) Hess 1555b, Nr. 132 (Pavane, D rekonstruiert)

b) Mudarra 1546, Libro I, fol. 18r: *Pavana* (nach MME VII, Notenteil S. 22f.; Quarte tiefer transponiert)

10

15

Gaillarde 1

(D rekonstruiert)

Gaillarde 2

a) Hess 1555b, Nr. 132 (Gaillarde 2, D rekonstruiert)

b) Attaingnant 1531, fol. 6r: *Gaillarde* (nach CEKM 8, S. 5f., Quarte tiefer transponiert)

C
4

18. Nr. 144: Tanz ohne Titel

D rekonstruiert nach Augsburg 142a, fol. 19ᵛ

19. Nr. 155: [*La castalda*]

a) Hess 1555b, Nr. 1555 (D rekonstruiert)
b) MünchenSB 1511b, fol. 6[r]: *La castalda*

20. Nr. 162: Pavana – Saltarello

D rekonstruiert nach London Roy. App. 59–62, fol. 3v (*El saltarello*)

21. Nr. 163: [*El stendardo*]

a) Hess 1555b, Nr. 163 (D rekonstruiert)

b) MünchenSB 1511b, fol. 7v: *El stendardo* (Quarte tiefer transponiert)

10
16

22. Nr. 164: [*El stendardo*]

a) Hess 1555b, Nr. 164 (D rekonstruiert)

b) MünchenSB 1511b, fol. 7ᵛ: *El stendardo* (Quarte tiefer transponiert)

10
8
8
8
16
8
8

23. Nr. 204: Pavane – Gaillarde [*Dellestarpe / La tenerina*]

a) Hess 1555b, Nr. 204 (D rekonstruiert)
b) London Roy. App. 59–62, fol. 11^{r}: *La tenerina*
c) Gervaise 1550, fol. 18^{v}–19^{r}: *Pavane DELLESTARPE* (Quarte tiefer transponiert)

9

17

a)

b)

₵3 **[Gaillarde]**

8
10

24. Nr. 210: Passamezzo

a) Hess 1555b, Nr. 210 (D rekonstruiert)
b) Rotta 1546, fol. 1v: *Pass'e mezo* (Quinte tiefer transponiert)

11

17

22

25. Nr. 219: [*Pass'e mezo della pigna*]

a) Hess 1555b, Nr. 219 (D rekonstruiert)
b) Susato 1551, fol. 14r: *Reprinse le pingne*

26. Nr. 221: [*Saltarello del Re*]

a) Hess 1555b, Nr. 221 (D rekonstruiert)
b) 1551[21], fol. 18ᵛ: *Saltarello del Re* (Quarte tiefer transponiert)

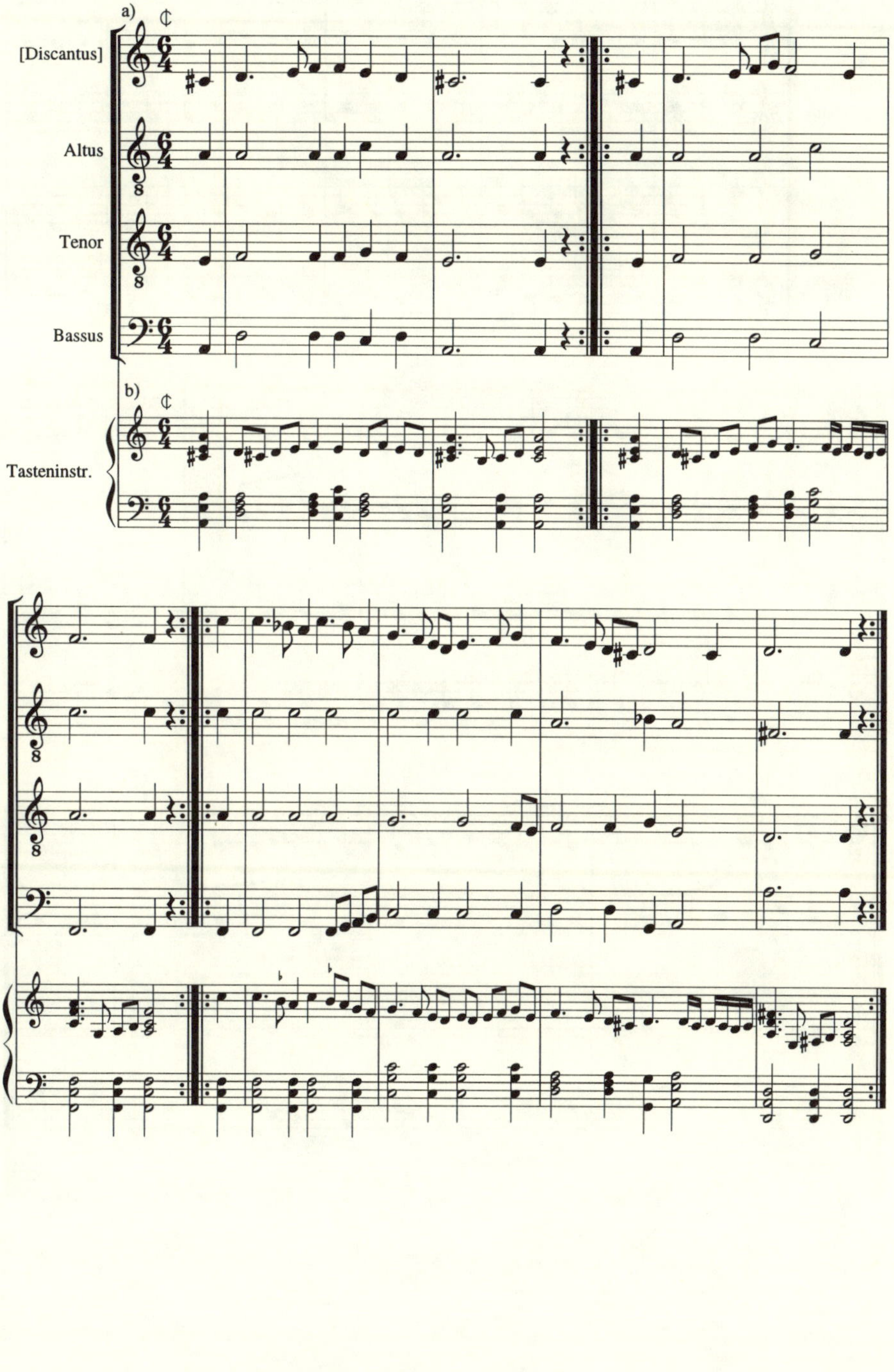

27. Nr. 259: Pavane(?)

D rekonstruiert

28. Nr. 278: Saltarello [*Non dite mai*]

a) Hess 1555b, Nr. 278 (D rekonstruiert)

b) Drusina 1556, fol. k3^{v}: *Non dite mai* (Terz tiefer transponiert)

13

20

29. Nr. 318: Pavane

a) Hess 1555b, Nr. 318 (D rekonstruiert)

b) Attaingnant 1531, fol. 16^{r}: *Pavenne* (nach CEKM 8, S. 14f.; Quarte tiefer transponiert)

10
B'
B'
15
C
C
21 C

Kommentar

I. MünchenUB 718

1. Martin Wolff: *Ach unnfals Neydtt*

a) Keine Mensurzeichen.

b) Schlüssel: c1, c3, c4, f4.

2. Paul Hofhaimer: *Trostlicher lieb* (Beginn)

a) Keine Mensurzeichen.

D: 12,2 *g*^{1}] *a*^{1}.

T (Version fol. 127^{v}): 6,1 Minima] Fusa; 6,2 ebenso.

b) Schlüssel: c1, c3, c4, f4.

3. Anonym: *So hab ich al mein tag gehertt*

a) Keine Mensurzeichen.

D: 33,1 Fusa] Semiminima.

A: 5,1 Brevis] Semibrevis.

T: 33, 1 fehlt im Ms.

b) Schlüssel: c1, c3, c4, f4.

II. RegensburgTH 3/I

1. Pierre de Manchicourt: *De profundis. De funde ma pensse*

Schlüssel (untransponiert): g2, c2, c3, f3.

B: 24,3 *H*] *c* (untransponiert *f*).

III. Augsburg 142a

1. Fol. 18^{v}–19^{r}: *Mantuanne*[r?] *dantz de*[r?] *schallter* [= *La gambetta*]

Vgl. Bd. I, S. 148.

2. Fol. 19^{v}: Tanz ohne Titel

Vgl. auch Bd. I, S. 148.

T: 18,2 *f*] *g*; nach 11,2 im Ms. Wiederholungszeichen (bezieht sich auf die vergessene Wiederholung von M 9,2–11,2).

3. Fol. 20^{r}: [*La scarpa mi fa mal*]

Vgl. auch Bd. I, S. 148.

T: Wiederholungen nicht ausgeschrieben (Wiederholungszeichen über 4,1 bzw. 10,1); diese Stimme ist außerordentlich korrupt überliefert (vgl. auch die Quartparallelen zum D in M 3), die Fassung von M 8–11 ist als Vorschlag anzusehen (Text der Handschrift über dem System angegeben).

4. Fol. 20^{v}: [*La monina*]

T: Wiederholungszeichen M 8 fehlt. Wiederholung M 13–16 in D und B ausgeschrieben.

Vgl. auch Bd. I, S. 149.

5. Fol. 20^{v}–21^{r}: Tanz ohne Titel

D: 24,1 Fermate im Ms. zwei Töne früher.

T: 2,1 im Ms. nicht punktiert; 28,1–3 Minima] Semibrevis (dreimal).

Vgl. auch Bd. I, S. 149.

6. Fol. 21^{r}: [*Caminata*]

a) Schlüssel fehlerhaft, keine Mensurzeichen (vgl. Bd. I, S. 149).

D: Wiederholung M 13–16 im Ms. nicht ausgeschrieben (Wiederholungszeichen nach 12,1).

b) Schlüssel: c2, c4, f3, f4.

In FlorenzBN Panc. 27 folgt nochmals AA'A, nun alle Breven und Semibreven in Minimen gespalten.

7. Fol. 21^{v}: Tanz ohne Titel

D: 2,1 Minima *e*^{1}] Semibrevis *e*^{1}, Minima Pause (ebenso 5,1); 4,1 überflüssiges Wiederholungszeichen (Wiederholung ist ausgschrieben).

A: 8,2 *d*] *a*; 12,2 *g*] *a*.

Vgl. auch Bd. I, S. 149.

IV. Hess 1555a

1. Nr. 27: Tanz – Nachtanz

a) Schlüssel: –, c2, c3, f3, c4.

b) Im Nachtanz wurden die Notenwerte gegenüber dem Original verdoppelt. Die Anordnung der Abschnitte lautet hier: ‖:AABC:‖:C'D:‖ – ‖:a:‖cd. Einen Versuch der Rekonstruktion des fehlenden Abschnitts b bietet CEKM 65/V, S. 21.

2. Nr. 36: [*Studenden Dantz*]

a) Schlüssel: –, c3, c3, f3, f4.

A (Nachtanz): 6,2 *d*^{l}] *c*^{l}.

3. Nr. 43: Tanz – Nachtanz

a) Schlüssel: –, c3, c3, f3, c4.

T: 5,4 *h*] *a*.

b) 6,4 *g*] c^1 (Buchstabe *n* in der Tabulatur).

4. Nr. 46: Tanz – Nachtanz [*Brunsmedelijn*?]
a) Schlüssel: –, c3, c4, f4, c4.

5. Nr. 48: Tanz – Nachtanz [*Haÿduczkÿ*]
b) Nachtanz: Wiederholungszeichen nach M 4, kein Wiederholungszeichen am Ende.

6. Nr. 52: Tanz – Nachtanz [*Zaklolam szÿa Tharnem*]
Schlüssel: –, c3, c3, f4, c4.
T: 4,3 *b*] *a*.

7. Nr. 64: Hoftanz – Nachtanz [*Benzenauer*]
a) Schlüssel: c1.
Wiederholung des Abschnitts A im Ms. durch Wiederholungszeichen gefordert, Wiederholung von b im Ms. ausgeschrieben.
b) Schlüssel: c3.
Wiederholungen im Ms. nicht ausgeschrieben.
c) Schlüssel: c3.
Alle Wiederholungen im Ms. ausgeschrieben.
d) Schlüssel: c3, c4, f4, c4.
Wiederholungen im Druck nicht ausgeschrieben.

8. Nr. 67: Tanz – Nachtanz [*Wer sich der bulschafft unterwindt*]
Schlüssel: c4, c4, f4, f3.

9. Nr. 86: Tanz – Nachtanz [*Polnischer Tanz / Der Schäfer von der neuen Stadt*]
Schlüssel: –, c3, c3, f4, f3.

10. Nr. 89: Bettlertanz – Nachtanz
Schlüssel: c3, c3, f4, c4.

11. Nr. 93: Tanz – Nachtanz [*Königs Ferdinandus tantz*]
Schlüssel: c3, c3, f3, f3.
T (Nachtanz): 8,2 c^1] *a*.

12. Nr. 94: Tanz [Pavane *La rote de rode*] – Nachtanz
a) Schlüssel: –, c3, c3, f4, c4.
b) Schlüssel: c1, c3, c4, f4.
B: 2,3 Semibrevis] Minima; 3,1 Semibrevis] Minima; 5,1 *c*] *d*.

13. Nr. 103: Tanz – Nachtanz [*Rex*]
a) Schlüssel: c3, c3, f4, c4.
b) Variierte Wiederholungen im Tanz hier ausgelassen (im Original: ABCC'DEE').

14. Nr. 119: Tanz – Nachtanz
Schlüssel: c4, c4, f4, c4.

15. Nr. 122: Tanz – Nachtanz
a) Schlüssel: –, c3, c3, f4, c4.

16. Nr. 127: Tanz – Nachtanz [*Wer ich ein falck*]
Schlüssel: –, c3, c4, f4, f3.

17. Nr. 132: Tanz – Nachtanz [*La scarpa mi fa mal*]
a) Schlüssel: –, c3, c3, f4, c4.
b) Schlüssel: c1, c3, f4.

18. Nr. 137: Tanz – Nachtanz
a) Schlüssel: –, c3, c3, f4, c4.

19. Nr. 142: Tanz – Nachtanz
a) Schlüssel: –, c3, c3, f4, c1.
b) Im Original ohne Wiederholung der Abschnitte C und c.

20. Nr. 143: Tanz – Nachtanz [*Ein kurtzer Dantz*]
a) Schlüssel: –, c3, c3, f4, c4.

21. Nr. 148: Tanz – Nachtanz [*Der alten Weiber Tantz*]
a) Schlüsel: –, c3, c3, f4, f3.
A (Nachtanz): 5,2 d^1] es^1.
b) Mensurstriche gegenüber der Edition um eine halbe Mensur verschoben.

22. Nr. 150: [*Zeuner tantz – Hupff auff*]
Schlüssel: –, c3, c3, f4, f3.
A (Nachtanz): 7,1 d^1] e^1.

23. Nr. 153: Tanz – Nachtanz
a) Schlüssel: –, c3, c3, f4, f4.
b) Im Manuskript ohne Wiederholungen.

V. Hess 1555b

1. Nr. 2: Passamezzo moderno – Saltarello
Schlüssel: c1, c3, c3, f4, c4, c1.

2. Nr. 3: Pavana – Saltarello
Schlüssel: c2, c4, c4, f5, f4, c2.

3. Nr. 5: Gagliarda [*La rocha el fuso*]
Schlüssel: –, c3, c3, f3, c3, g1.

4. Nr. 16: Pavane
Schlüssel: c2, c4, c4, G4, f4, c2.
D: Mensurzeichen fehlt.
6: 22,1 Semibrevis] Minima.

5. Nr. 22: Tanz – Nachtanz
Schlüssel: c2, c4, c4, G4, G3, c4.
B: Stimme Ganzton zu hoch notiert, Vermerk am Beginn: *Secunt niderer.*

6. Nr. 23: Passamezzo antico – Saltarello
a) Schlüssel: c2, c2.
D (Saltarello): 6,3 fehlt im Ms.; 7,5–6 Fusa, Fusa] Semiminima, Semiminima.
b) Schlüssel: c4, c4, G3, f4, c1.
M 9 (Saltarello) nur in D, 5 und 6 der Handschrift Kopenhagen 1872 vorhanden.

7. Nr. 24: Pavane – Gaillarde
a) Schlüssel: –, c4, c4, G3, f4, c1.
b) kleine Terz tiefer transponiert, Notenwerte halbiert; im Original ohne Wiederholungen.

8. Nr. 26: Pavane
Schlüssel: c2, c2, c4, G3, f4, c2.
A: durchgängiges Warnungsakzidens für *f* statt *fis* (♭-Vorzeichen zwischen 3. und 4. Linie).
Zum Problem der Akzidentiensetzung in diesem Satz vgl. Band I, S. 275.

9. Nr. 29: Pavana [*El Todescho*]
a) Schlüssel: –, c4, c4, G5, f5, f4.
b) Schlüssel: c2, c4, c4, f4.

10. Nr. 44: Chiarentana [*La geomatria*]
Schlüssel: c2, c4, c4, G5, c4, c1.

11. Nr. 55: Pavane – Gaillarde
D: hier Quarte tiefer transponiert; 2,3 g^1] f^1; 7–8,1 Longa] punktierte Semibrevis, Minima, Semibrevis, Semibrevis; 15–16 und 23–24 ebenso.
6: 17,2 e^1] d^1.

12. Nr. 63: Pavane [*La bataille*]
a) Schlüssel: c2, c4, c4, f4, f4, c1
B: 15,1 *G*] *F*
b) Schlüssel: c2, c4, c4, f4

13. Nr. 64: *Jamais n'aymeray masson* (nach Jean Mouton)
Schlüssel: c1, c3, c3, f4, f5, g2.
D: Stimme rhythmisch und formal angepaßt (hier Veränderungen gegenüber 1542^8 angegeben); Form im Original: ‖:AB:‖‖:AB:‖ CCABB; M 1 im Druck Semibrevis Pause, ebenso M 25,2–26,2; Beginn der Abschnitte B und C im Original jeweils ♩♪♪ statt ♩.♪.
6: 2,1 b^1] a^1; ebenso 14,1 und 26,3.

14. Nr. 65: Pavane – Gaillarde [*J'ay le rebours*]
Schlüssel: c1, c3, c3, G4, f4, c3.

15. Nr. 76: Gagliarda/Saltarello [*La rocha el fuso / El tu tu*]
Schlüssel: –, c4, c4, f4, f4.

16. Nr. 86: [*Kyng Harry the VIII*th *Pavyn*]
a) Schlüssel: c4, c4, G3, f4.
b) im Original ohne Wiederholungen; für M 3–8 wurde die alternative Version der Handschrift benutzt (siehe MB LXVI, S. 70, Anm. 1).

17. Nr. 132: Pavane – Gaillarde 1 – Gaillarde 2
Pavane
a) Schlüssel: –, c4, c4, f5, c2.
b) variierte Wiederholungen hier ausgelassen.
Gaillarde 1
Schlüssel: –, c4, c4, f5, c2.
Gaillarde 2
a) Schlüssel: –, c4, c4, f5, c2.
b) Variierte Wiederholungen hier ausgelassen (im Original: ABA'B'CC').

18. Nr. 144: Tanz ohne Titel
Schlüssel: –, c4, c4, f4.

19. Nr. 155: [*La castalda*]
a) Schlüssel: –, c4, c4, f4.

20. Nr. 162: Pavana – Saltarello
B: 11,2 *B*] *c*.

21. Nr. 163: [*El stendardo*]
a) Schlüssel: –, c4, c4, f4.
A: 4, 4 *b*] d^1.
T: 5,4 *a*] *h*.

22. Nr. 164: [*El stendardo*]
a) Schlüssel: –, c4, c4, f4.

23. Nr. 204: Pavane – Gaillarde [*Dellestarpe / La tenerina*]
a) Schlüssel: –, c4, c4, f4.
B (Gaillarde): Mensurzeichen C3.

b) Schlüssel: c2, c3, c4, f4.
c) Schlüssel: c1, c3, c3, f4.

24. Nr. 210: Passamezzo
a) Schlüssel: –, c4, c4, f4.
b) ohne variierte Wiederholungen.

25. Nr. 219: [*Pass'e mezo della pigna*]
a) Schlüssel: –, c4, c4, f4.
b) Schlüssel: c2, c4, c4, f4.
Contratenor: 6,2 *g*] *h*.

26. Nr. 221: [*Saltarello del Re*]
a) Schlüssel: –, c4, c4, f4.

27. Nr. 259: Pavane
Schlüssel: –, c4, c4, f4.

28. Nr. 278: Saltarello [*Non dite mai*]
a) Schlüssel: –, c3, c4, f4.
A: 14,2 Semibrevis c^1, Minima c^1 zu viel.
b) ohne die variierten Wiederholungen.

29. Nr. 318: Pavane
a) Schlüssel: –, c4, c4, f4.
Wiederholungen im Druck nicht ausgeschrieben.